北京市考古研究院田野考古报告（第 68 号）

北京考古

第 8 辑

北京市考古研究院　编著

文物出版社

北京·2024

图书在版编目（CIP）数据

北京考古 . 第 8 辑 / 北京市考古研究院编著 .

北京 ： 文物出版社，2024. 12. -- ISBN 978-7-5010
-8591-0

Ⅰ．K872.1

中国国家版本馆 CIP 数据核字第 2024U97V79 号

北京考古（第 8 辑）

编　　著：北京市考古研究院

责任编辑：黄　　曲
助理编辑：蔡睿恺
封面设计：王文娴
责任印制：张　　丽

出版发行：文物出版社
社　　址：北京市东城区东直门内北小街 2 号楼
邮　　编：100007
网　　址：http://www.wenwu.com
邮　　箱：wenwu1957@126.com
经　　销：新华书店
印　　刷：河北鹏润印刷有限公司
开　　本：889mm×1194mm　1/16
印　　张：31.25
版　　次：2024 年 12 月第 1 版
印　　次：2024 年 12 月第 1 次印刷
书　　号：ISBN 978-7-5010-8591-0
定　　价：480.00 元

北京文物与考古系列丛书

内容简介

　　本书是北京市考古研究院（北京市文化遗产研究院）近年来配合基本建设的田野考古发掘报告集，涉及东城、海淀、朝阳、丰台、通州、大兴、房山、平谷、怀柔等9区的14个遗址。时代跨度为战国至明清及民国时期，遗迹类型有墓葬、明堂、窑址等，出土的器物数量多，类型丰富，比较全面、及时地反映了北京市近年配合基本建设考古工作的新成果。

　　本书可供从事考古、文物、历史等研究的学者及相关院校师生阅读和参考。

目　录

插图目录

怀柔区郑重庄村汉代墓葬考古发掘报告

房山区阎村镇明清时期墓葬考古发掘报告

通州区黄瓜园明清时期墓葬考古发掘报告

通州区麦庄村清代墓葬发掘报告

朝阳区善各庄村清代墓葬考古发掘报告

房山区元武屯村清代墓葬考古发掘报告

房山区阎村镇清代墓葬考古发掘报告

房山区良乡高教园区清代墓葬考古发掘报告

丰台区菜户营清代墓葬及窑址考古发掘报告

海淀区田村路清代墓葬考古发掘报告

大兴区采育清代、民国时期墓葬及窑址考古发掘报告

彩版目录

房山区元武屯村战国、唐代、金代、元代、明代墓葬及东汉水井发掘报告

为配合房山区中医医院新院区建设项目，2020年11月25日至12月31日，北京市文物研究所（今北京市考古研究院）对其用地范围内勘探发现的19座墓葬和1眼水井进行了考古发掘工作。发掘地点位于北京市房山区阎村镇元武屯村东，发掘区东邻翠柳大街，南邻良园二路，地理坐标为北纬39°42′53″、东经116°07′15″（图一）。此次发掘1座战国墓、1眼东汉水井、3座西晋墓、1座唐墓、1座金墓、4座元墓、9座明墓（图二）。3座西晋墓已另文详述，余报告如下。

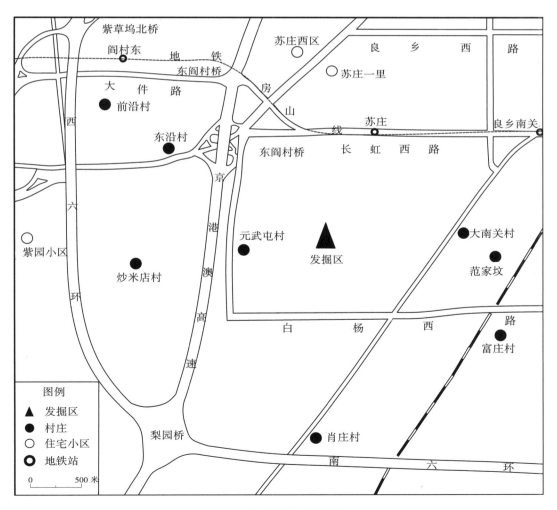

图一　发掘区位置示意图

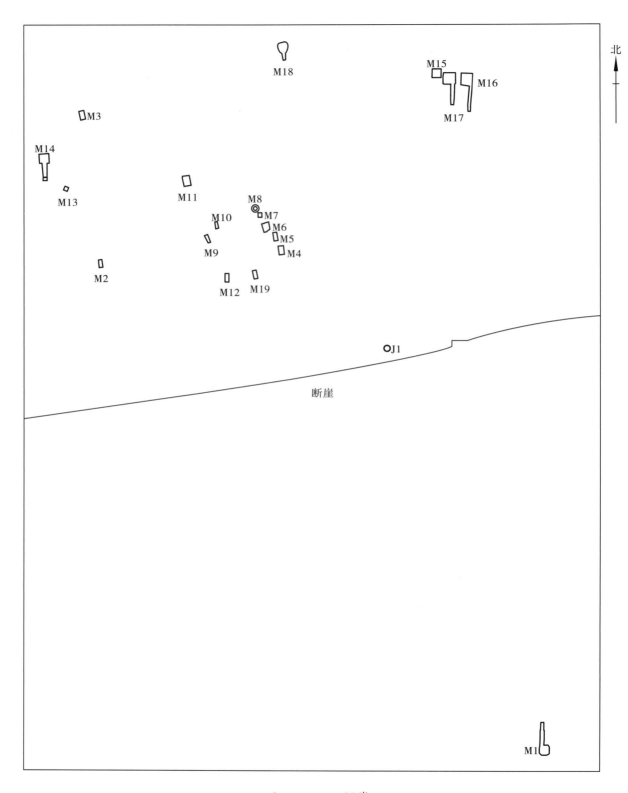

图二　遗迹分布示意图

一、地层堆积

房山区阎村镇元武屯村遗址地层堆积比较统一，自上而下分为5层，以与J1相距60米的断崖处为例，分述如下（图三）。

①层：灰褐色土。厚0.3~0.45米。土质较软，结构较疏松，内含较多植物根系。分布于整个发掘区域。

②层：灰黄色土。深0.3~0.45米，厚0.05~0.35米。土质较硬，内含少量白灰颗粒、炭粒。分布于整个发掘区域。

③层：浅红色土。深0.52~0.65米，厚0.3~0.55米。土质较硬、纯净。分布于整个发掘区域。

④层：浅灰褐色土。深0.93~1.01米，厚0.3~0.65米。土质较硬、纯净。分布于整个发掘区域。

⑤层：浅黄褐色土。深1.27~1.65米，厚0.3~0.65米。土质较软、纯净。分布于整个发掘区域。

⑤层下为生土。

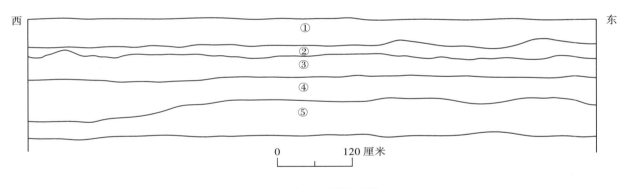

图三　遗址地层剖面图

二、遗迹与遗物

（一）战国墓葬

发现战国墓葬1座，编号M13。

M13 位于发掘区的西北部。南北向，方向20°。开口于⑤层下，墓口距地表深1.3米。为梯形竖穴土圹瓮棺墓。墓圹南北长1.38米，东西宽0.9~1米，深0.38米。墓圹四壁竖直，未见加工痕迹，底部平整。墓内填褐色花土，土质较疏松（图四；彩版一，1）。

墓底正中置瓮棺。瓮棺由五个泥质陶釜口部相互对接而成，保存一般。总长1.25米，腹径0.38~0.4米。棺内人骨已碎。

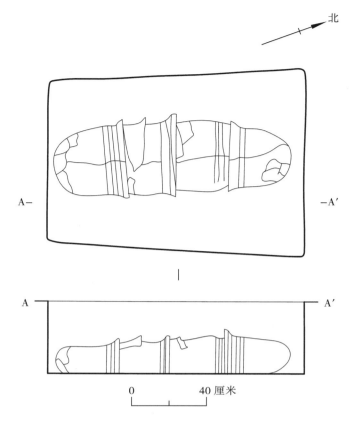

图四　战国墓葬 M13 平面、剖视图

随葬品　5 件。均为陶釜。均残。轮制。夹云母泥质陶。敞口，内敛，圆唇，沿面微弧、向内倾斜，弧腹，下腹斜收。

M13：1，底部无存。红陶。素面。上腹内、外侧有数道清晰的折棱。口径 31.9、腹径 30.4、残高 29.3 厘米（图五，1；彩版一，2）。

M13：2，红陶。圜底。壁面局部留有细绳纹印痕，内侧为素面。上腹外侧有数道凸旋棱，下腹外侧有清晰的火烧痕迹。口径 27.9、腹径 25、高 31.4 厘米（图五，4；彩版一，3）。

M13：3，底部无存。红褐陶。壁面局部留有竖绳纹，下部为素面。上腹外侧有数道凸旋棱，上腹内侧有竖绳纹。口径 31.2、腹径 30.5、残高 27.2 厘米（图五，2；彩版一，4）。

M13：4，红褐陶。圜底。素面。上腹内、外侧有数道凸旋棱，下腹有火烧痕迹。口径 33.2、腹径 29.6、高 36.9 厘米（图五，5；彩版一，5）。

M13：5，下半部无存。红褐陶。上腹内、外侧均有数道凸旋棱。口径 32、残高 19.2 厘米（图五，3）。

（二）东汉水井

发现东汉水井 1 眼，编号 J1。

J1　位于发掘区的南部。开口于⑤层下，开口距地表深 1.95 米（图六；彩版二，1）。为圆形竖穴土圹井，口大底小，分上、下两部分。上部壁陡直，下部外伸，底较平。上部开口径长

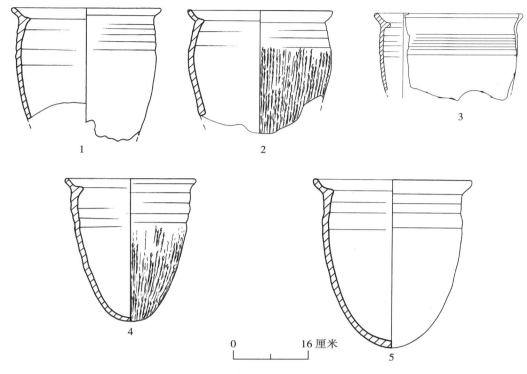

图五　战国墓葬 M13 出土陶釜
1~5. M13:1、3、5、2、4

2.46~2.6 米，深 5.8 米；下部口径长 1.2 米，深 1.2 米；底径 1.05 米，总深 7 米。

井内堆积分为 2 层：第 1 层为浅黄褐色淤土，土质较硬，内含较多灰陶片及绳纹板瓦、筒瓦片，可辨器形有罐、盆等；第 2 层为浅灰褐色淤土，土质较硬，内含较多灰陶片和红陶片，可辨器形有罐、盆、釜等。

筒瓦　1 件。J1:1，残，末端不存。泥质灰陶。呈半圆筒状，前端有长舌，方唇，直筒身。外饰竖向绳纹，内饰布纹。残长 24.6、宽 15、厚 1.2 厘米（图七，4；彩版二，2）。

陶瓮腹片　1 件。J1:2，残。夹砂红陶。外壁饰由斜向绳纹组成的带状附加堆纹，内壁粗糙，留有按压痕迹。残长 17.2、残宽 25、厚 1.1 厘米（图七，5；彩版二，3）。

陶釜口沿　1 件。J1:3，残。夹云母红陶。敛口，方圆唇，斜沿，沿面较宽且内斜。腹壁上部残留轮制痕迹。口径 32.8、残高 11.6 厘米（图七，1；彩版二，4）。

板瓦残片　3 件。

J1:4，泥质灰陶。正面饰斜向粗绳纹，背面饰横向绳纹。残长 12.5、残宽 12.9、厚 1.1 厘米（图七，3；彩版二，5）。

J1:6，泥质灰陶。正面饰数道凹弦纹，背面饰布纹。残长 8.7、残宽 15.2、厚 1.2 厘米（图七，2；彩版二，6）。

J1:7，夹砂灰陶。正面饰竖向绳纹，背面饰网格纹。残长 23.2、残宽 10.4、厚 1.2 厘米（图七，7；彩版二，7）。

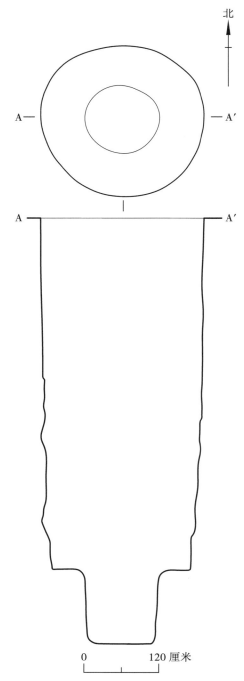

北

图六　东汉水井 J1 平面、剖视图

0　　　　120 厘米

陶瓮口沿　1 件。J1:5，残。夹砂灰陶。侈口，方唇，口沿外斜，矮颈。颈部饰一周凸弦纹，肩部模印一"大"字。口径 37、残高 9.8 厘米（图七，6；彩版二，8）。

（三）唐代墓葬

发现唐代墓葬 1 座，编号 M18。

M18　位于发掘区北部。南北向，方向 190°。开口于②层下，打破生土，墓口距地表深 0.58 米。竖穴土圹砖室墓。平面呈"甲"字形，由墓道、墓门和墓室三部分组成。墓圹四壁用规格为 34 厘米 ×17 厘米 ×6 厘米的素面泥质青砖砌筑。墓圹总长 6.12 米，宽 0.64～3.34 米，深 0～1.61 米（图八；彩版三，1）。

墓道位于墓室南侧，平面呈梯形，底部为阶梯状，南窄北宽。南北长 2.6 米，宽 0.64～0.82 米，深 1.61 米。自上而下残留三级阶梯：一级阶梯长 0.65 米，宽 0.5 米，高 0.25 米；二级阶梯长 0.68 米，宽 0.3 米，高 0.25 米；三级阶梯长 0.7 米，宽 0.36 米，高 0.2 米。阶梯下为底坡，坡度 24°，底坡长 1.5 米。

墓门位于墓道北部，连接墓道和墓室。仅存数块砖，其余已无存。内宽 0.8 米，进深 0.4 米，残高 1.2 米。

墓室位于墓门北侧。平面近方形。土圹被严重破坏，上部无存，墓圹南北长 3.55 米，宽 2.47～3.34 米，深 1.61 米。砖墙外部南北长 3.07 米，宽 2.47～3.18 米，残高 0.44～1.55 米。北侧砖墙以两卧一竖叠砌，其余三壁以一卧一竖和两卧一竖混用叠砌。圆弧拐角处有四处斗拱，均为三立砖错缝叠砌。墓室北侧为棺床。棺床西部紧邻一长方形器物台，长 0.68 米，宽 0.44 米，高 0.16 米。墓室内未铺地砖。砖墙内部南北长 2.7 米，宽 2.1～2.79 米，残高 0.44～1.55 米。

棺床位于墓室内部北部。填生土。其上未见葬具及人骨痕迹。东西长 2.79 米，南北宽 1.28 米，高 0.16 米。

陶罐　2 件。

M18:1，残，仅存上半部分。轮制。泥质深灰陶。筒形，敞口，圆唇略外翻。口沿下侧有

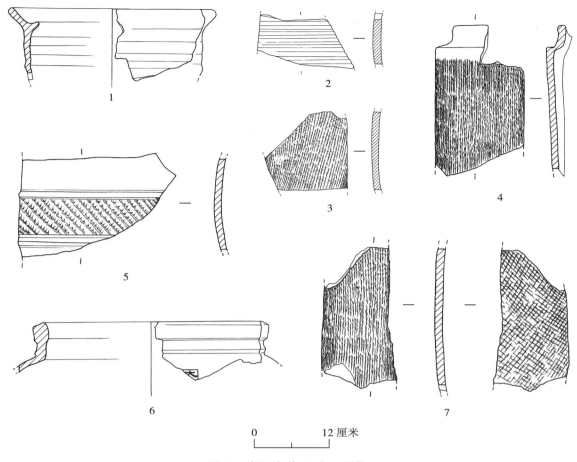

0　　　　　12厘米

图七　东汉水井 J1 出土器物

1.陶釜口沿（J1:3）　2、3、7.板瓦残片（J1:6、4、7）　4.筒瓦（J1:1）　5.陶瓮腹片（J1:2）　6.陶瓮口沿（J1:5）

一道凹弦纹，肩部饰一周网格纹组合。口径10.8、腹径12.5、残高14.3厘米（图九，3；彩版三，2）。

M18:5，残，仅存上半部分。轮制。细泥质灰陶。筒形，敞口，圆唇，束颈，深腹。圆唇下侧饰一周凹旋纹，肩部饰一周细绳纹。口径12、腹径13、残高14厘米（图九，4）。

陶盘　1件。M18:2，轮制。细泥质灰陶。敞口，圆唇，斜直腹，大平底。底部周缘有六周弦纹。表面残留有黑釉。口径20、底径16、高2.4厘米（图九，5；彩版三，3）。

瓷碗　1件。M18:3，残。轮制。敞口，圆唇，腹部弧收至底，假圈足，足面略宽，底部中间有一"鸡心纽"。浅白釉，内侧施全釉，外侧中腹以上施釉，碗底部分露灰白色胎。口径13.8、足径6.7、高3.7厘米（图九，1；彩版三，4）。

瓷壶　1件。M18:4，残，现存颈至肩部与椭圆把手。其他部分无存。喇叭形口，圆唇，束颈。把手正面中间凹槽中装饰精美。浅白釉，内外施全釉。口径6.5、残高9厘米（图九，2；彩版三，5）。

（四）金代墓葬

发现金代墓葬1座，编号M10。

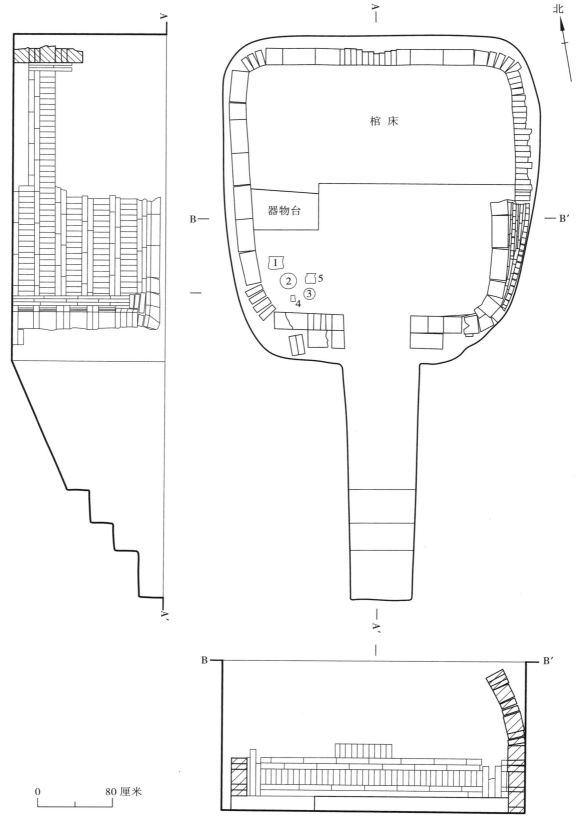

图八　唐代墓葬 M18 平面、剖视图

1、5.陶罐　2.陶盘　3.瓷碗　4.瓷壶

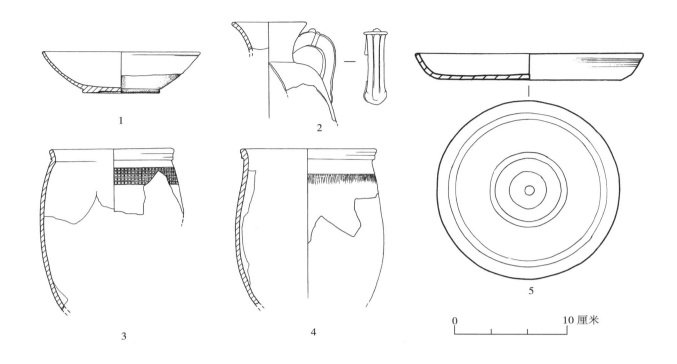

图九　唐代墓葬 M18 出土器物

1. 瓷碗（M18：3）　2. 瓷壶（M18：4）　3、4. 陶罐（M18：1、5）　5. 陶盘（M18：2）

M10　位于发掘区西北部。南北向，方向 5°。开口于②层下，打破③、④、⑤层，墓口距地表深 0.58 米。竖穴土圹单室砖墓。墓圹平面呈梯形，墓圹南北长 2.48 米，宽 0.97～1.09 米，深 0.59 米。墓内填黄褐色花土，土质较疏松。用砖为 34 厘米 ×16 厘米 ×5 厘米的素面泥质青砖（图一○；彩版四，1）。

墓室平面呈梯形。砖墙外部长 2.33 米，宽 0.82～1.01 米，残高 0.2 米。顶无存。四壁用半砖、整砖以平砖错缝叠砌。砖墙内部长 2 米，宽 0.53～0.6 米，残高 0.2 米。底部未铺地砖，仅有两排垫棺砖，分别位于墓主盆骨及小腿处。未见葬具痕迹。人骨保存较差，仰身直肢葬，头向北，面向上，男性，约 50～60 岁，残长 1.67 米。头骨左上部随葬陶双系罐 1 件，颈骨左侧随葬铜钱 5 枚，左侧腿骨处随葬瓷鸡腿瓶 2 件、白瓷盘 3 件。

陶双系罐　1 件。M10：1，残。轮制。黑釉。直口微敞，圆唇，短直颈，平折圆肩，弧腹，下腹弧收，圈足外撇。足中间有一凸起的"鸡心纽"。肩颈部间有两只对称的椭圆形耳，耳面有数道凸棱。腹部至底部有清晰的轮转痕。罐外侧口部至下腹施釉，有流釉，底部露出灰白色胎。罐内施全釉，腹部至底部有轮转痕，底部有两处椭圆形支钉痕。口径 10.6、腹径 13.6、底径 6.3、高 10.3 厘米（图一一，2；彩版四，2）。

瓷鸡腿瓶　2 件。

M10：2，残，仅存下半部分。轮制。土褐色粗瓷，制作粗糙。内、外壁饰凸旋棱数道。下腹略斜收，小平底。外施土褐色釉，有流釉，底部露红褐色胎。残高 17.2、底径 5 厘米（图一一，6；彩版四，3）。

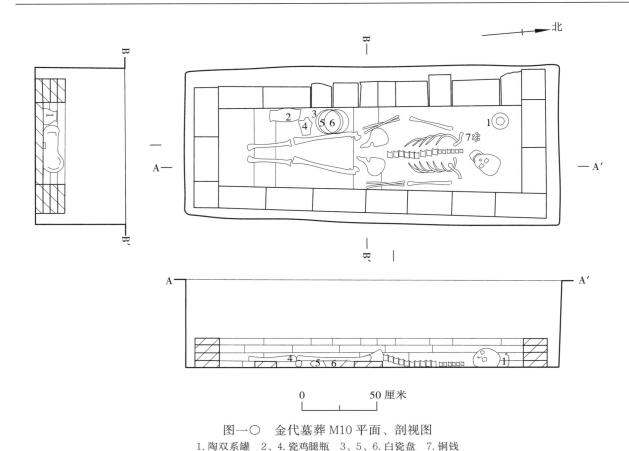

图一〇　金代墓葬M10平面、剖视图

1.陶双系罐　2、4.瓷鸡腿瓶　3、5、6.白瓷盘　7.铜钱

　　M10:4，残。轮制。土褐色粗瓷，制作粗糙。直口，圆唇，束颈溜肩，腹部略鼓，小平底。下腹至底有数道凸旋棱。口沿至肩部有对称的双耳痕迹。口沿至下腹施土褐色釉，底部露出红褐色胎。口径5.3、腹径7.6、底径4.6、高25.4厘米（图一一，5；彩版四，4）。

　　白瓷盘　3件。均轮制。形制相近，敞口，尖圆唇，腹弧收至底，平底圈足，足底中间有凸起的"鸡心纽"。盘内中间周缘饰两周平行铁锈纹，在纹饰中间画有抽象图案。白釉泛黄。盘内侧施全釉，外侧施半釉，底部露出灰白色胎。盘内纹饰周围有五处支钉痕。

　　M10:3，有清晰的轮转痕。足面周缘有对称的五处不规则支钉痕。口径14.2、底径6.7、高3.1厘米（图一一，3；彩版四，5）。

　　M10:5，残。盘内底部中间饰有抽象的铁锈图案。足面有对称的四处椭圆形支钉痕。口径13.9、底径6.7、高3.1厘米（图一一，1；彩版四，6）。

　　M10:6，腹部有清晰的轮转痕。足面有对称的五处椭圆形支钉痕。口径14.6、底径6.7、高3.4厘米（图一一，4；彩版四，7）。

　　铜钱　20枚。均范铸。圆钱，方穿。

　　M10:7-1，正面楷书"大定通宝"，对读；背面穿下部楷书"申"。钱径2.5、穿径0.69、郭宽0.2、郭厚0.11厘米，重3.8克（图一二，1）。

　　M10:7-2，正面楷书"大定通宝"，对读；背素面。钱径2.55、穿径0.7、郭宽0.2、郭厚

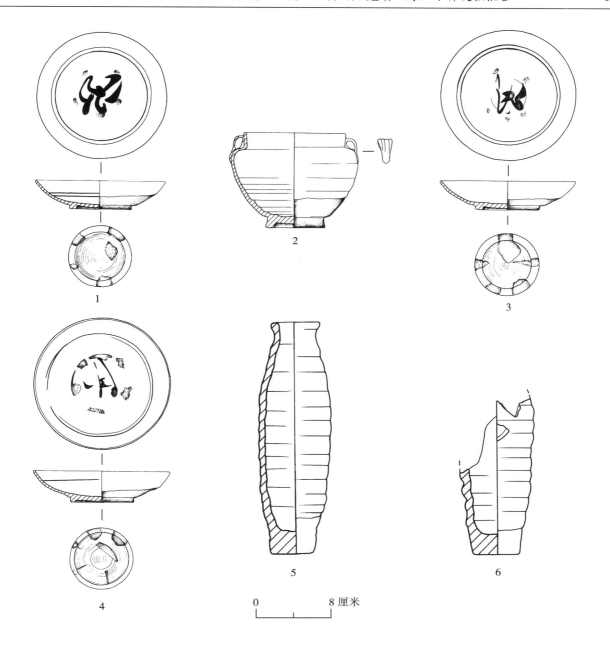

图一一　金代墓葬 M10 出土器物

1、3、4.白瓷盘（M10:5、3、6）　2.陶双系罐（M10:1）　5、6.瓷鸡腿瓶（M10:4、2）

0.15 厘米，重 3.41 克（图一二，2）。

　　M10:7-3，正面楷书"开元通宝"，对读；背素面。钱径 2.5、穿径 0.85、郭宽 0.25、郭厚 0.1 厘米，重 2.74 克（图一二，3）。

　　M10:7-4，正面篆书"绍圣元宝"，旋读；背素面。钱径 2.4、穿径 0.7、郭宽 0.35、郭厚 0.1 厘米，重 2.76 克（图一二，4）。

　　M10:7-5，正面楷书"皇宋通宝"，对读；背素面。钱径 2.5、穿径 0.85、郭宽 0.31、郭厚 0.1 厘米，重 3.21 克（图一二，5）。

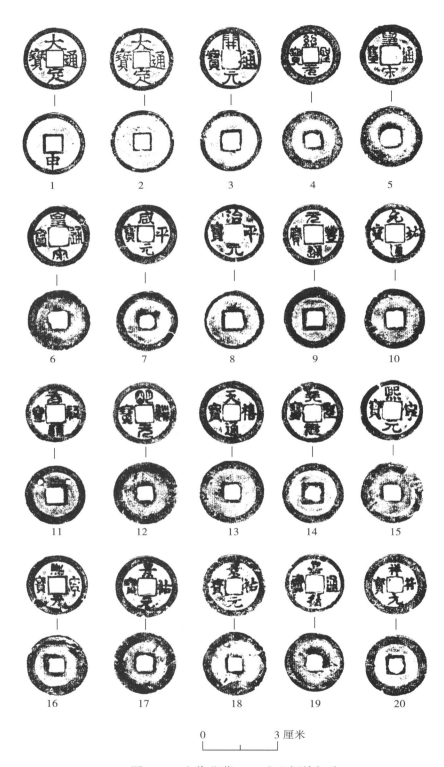

图一二　金代墓葬 M10 出土铜钱拓片

1、2."大定通宝"（M10:7-1、7-2）　3."开元通宝"（M10:7-3）　4."绍圣元宝"（M10:7-4）　5、6."皇宋通宝"（M10:7-5、7-6）
7."咸平元宝"（M10:7-7）　8."治平元宝"（M10:7-8）　9."元丰通宝"（M10:7-9）　10、11."元祐通宝"（M10:7-10、7-11）
12."明道元宝"（M10:7-12）　13."天禧通宝"（M10:7-13）　14."天圣元宝"（M10:7-14）　15、16."熙宁元宝"（M10:7-15、7-16）
17、18."景祐元宝"（M10:7-17、7-18）　19."嘉祐通宝"（M10:7-19）　20."祥符元宝"（M10:7-20）

M10：7-6，正面篆书"皇宋通宝"，对读；背素面。钱径2.45、穿径0.85、郭宽0.31、郭厚0.11厘米，重3.49克（图一二，6）。

M10：7-7，正面楷书"咸平元宝"，旋读；背素面。钱径2.45、穿径0.75、郭宽0.3、郭厚0.11厘米，重2.07克（图一二，7）。

M10：7-8，正面楷书"治平元宝"，旋读；背素面。钱径2.4、穿径0.7、郭宽0.2、郭厚0.1厘米，重3.34克（图一二，8）。

M10：7-9，正面篆书"元丰通宝"，旋读；背素面。钱径2.5、穿径0.8、郭宽0.25、郭厚0.1厘米，重3.45克（图一二，9）。

M10：7-10，正面行书"元祐通宝"，旋读；背素面。钱径2.45、穿径0.8、郭宽0.22、郭厚0.15厘米，重3.87克（图一二，10）。

M10：7-11，穿上部左、右两侧各有一穿孔。正面篆书"元祐通宝"，旋读；背素面。钱径2.44、穿径0.7、郭宽0.23、郭厚0.1厘米，重3.85克（图一二，11）。

M10：7-12，正面篆书"明道元宝"，旋读；背素面。钱径2.55、穿径0.71、郭宽0.29、郭厚0.1厘米，重3.32克（图一二，12）。

M10：7-13，正面楷书"天禧通宝"，旋读；背素面。钱径2.55、穿径0.78、郭宽0.3、郭厚0.1厘米，重3.28克（图一二，13）。

M10：7-14，正面篆书"天圣元宝"，旋读；背素面。钱径2.5、穿径0.8、郭宽0.3、郭厚0.1厘米，重3.22克（图一二，14）。

M10：7-15，正面楷书"熙宁元宝"，旋读；背素面。钱径2.5、穿径0.73、郭宽0.2、郭厚0.1厘米，重2.85克（图一二，15）。

M10：7-16，正面楷书"熙宁元宝"，旋读；背素面。钱径2.45、穿径0.65、郭宽0.28、郭厚0.14厘米，重4.16克（图一二，16）。

M10：7-17，残。正面楷书"景祐元宝"，旋读；背素面。钱径2.55、穿径0.65、郭宽0.35、郭厚0.11厘米，重2.95克（图一二，17）。

M10：7-18，正面楷书"景祐元宝"，旋读；背素面。钱径2.51、穿径0.75、郭宽0.29、郭厚0.1厘米，重3.32克（图一二，18）。

M10：7-19，正面楷书"嘉祐通宝"，对读；背素面。钱径2.4、穿径0.75、郭宽0.21、郭厚0.15厘米，重4.16克（图一二，19）。

M10：7-20，正面楷书"祥符元宝"，旋读；背素面。钱径2.5、穿径0.7、郭宽0.31、郭厚0.11厘米，重3.73克（图一二，20）。

（五）元代墓葬

发现元代墓葬4座，编号M7、M8、M14、M15。

M7　位于发掘区西北部。南北向，方向11°。开口于②层下，打破③、④、⑤层，墓口距地表深0.56米。竖穴土圹单室砖墓。墓圹平面呈梯形，南北长1.3米，东西宽1～1.13米，深

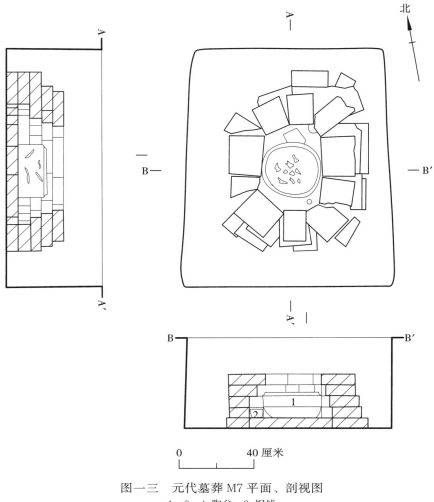

图一三　元代墓葬 M7 平面、剖视图
1、2、4. 陶盆　3. 铜钱

0.51 米。墓内填浅黄色花土，土质较疏松。用砖为 36 厘米 ×18 厘米 ×6 厘米的素面泥质青砖（图一三；彩版五，1）。

墓室平面近椭圆形。砖墙外部长 0.98 米，宽 0.74 米，残高 0.3 米。顶无存。四壁以平砖错缝叠砌，向上逐层内收。地砖以平砖错缝平铺。砖墙内部长 0.66 米，宽 0.44 米，残高 0.3 米。葬具以灰陶盆为瓮棺，内置烧骨。瓮棺旁随葬陶盆 2 件、铜钱 1 枚。

陶盆　3 件。均轮制。细泥质在陶。素面。

M7：1，残。敞口，平沿微弧，略向内倾斜，圆唇，腹斜收至底，底略内凹。外侧壁面有清晰的轮转痕。口径 30.5、底径 21.9、高 7.4 厘米（图一四，1；彩版五，2）。

M7：2，子母口，外口微敞，尖圆唇；内直口微敛，圆唇略外撇；弧腹弧收至底，平底略内凹。上腹部有两个明显的圆孔。壁面有清晰的轮转痕。口径 27.3、底径 23、高 17.4 厘米（图一四，3；彩版五，3）。

M7：4，残。子母口，外敞口，圆唇，内、外口间有凹槽，内敛口，圆唇，弧腹弧收至底，

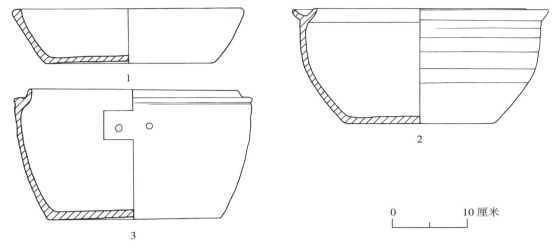

图一四　元代墓葬 M7 出土陶盆
1~3. M7:1、4、2

平底。腹部有清晰的轮转痕。口径 34、底径 20、高 15.6 厘米（图一四，2；彩版五，4）。

铜钱　1 枚。M7:3，范铸。圆钱，花口方穿。正面楷书"嘉祐通宝"，对读；背素面。钱径 2.45、穿径 0.89、郭宽 0.3、郭厚 0.11 厘米。重 3.96 克（图二四，1）。

M8　位于发掘区北部。南北向，方向 360°。开口于②层下，打破③、④、⑤层，墓口距地表深 0.58 米。竖穴土圹砖室墓。墓圹平面呈圆形，南北直径 2.35 米，东西直径 2.2 米，深 1.1 米。墓内填浅灰褐色花土，土质较疏松。用砖为素面泥质青砖，皆半砖（图一五；彩版六，1）。

墓室平面近圆形。砖墙外部直径 1.31 米，残高 0.89 米。顶无存。下部呈正方形，以平砖错缝叠砌五层，其上起圆形穹隆顶。未铺地砖。砖墙内部长 1 米，宽 1 米，残高 0.8 米。未见葬具及人骨痕迹。

墓室底部随葬陶罐 9 件、陶盆 5 件、陶壶 1 件、陶杯 1 件、陶釜 1 件、铜钱 1 枚。

陶双系罐　2 件。轮制。细泥质灰陶。

M8:1，敞口，圆唇略外翻，束颈溜肩，鼓腹斜收，小平底。肩颈部有两只对称的椭圆形耳。素面。腹部至底部有清晰的轮转痕。口径 5.5、腹径 6、底径 3.5、高 4.8 厘米（图一六，4；彩版六，2）。

M8:18，残。侈口，沿微弧，略外翻，圆唇，溜肩，鼓腹弧收，小平底。口沿下侧与肩之间有两只对称的椭圆形耳，已残缺。腹部至底部有清晰的轮转痕。口径 4.9、腹径 5.6、底径 3.6、高 4.5 厘米（图一六，1；彩版六，3）。

陶罐　7 件。轮制。细泥质灰陶。素面。

M8:3，残，变形。侈口，平沿微弧，唇中间有一周凹旋纹，略外翻，溜肩，鼓腹斜收，平底略内凹。腹部至底部有清晰的轮转痕。口径 9.1、腹径 9.3、底径 5、高 6.8 厘米（图一六，14；彩版七，1）。

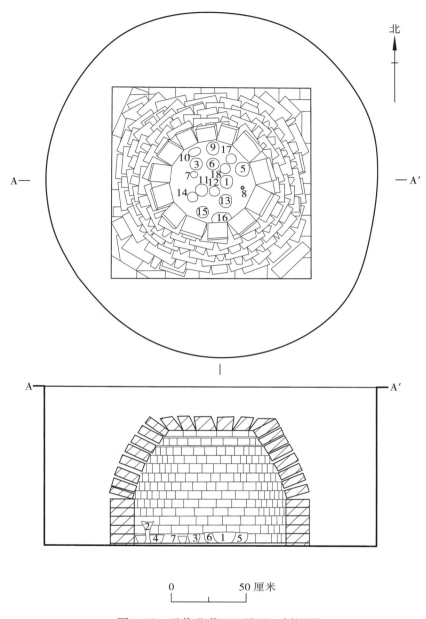

图一五　元代墓葬 M8 平面、剖视图

1、18.陶双系罐　2.陶壶　3、12~17.陶罐　4.陶杯　5、7、9~11.陶盆　6.陶六錾釜　8.铜钱

M8:12，残。侈口微敛，沿面微弧，向内倾斜，尖圆唇略外翻，溜肩，鼓腹斜收，平底略内凹。内、外壁有清晰的轮转痕。口径 8.3、腹径 9、底径 5.2、高 7.1 厘米（图一六，11；彩版七，2）。

M8:13，残。侈口，沿面微弧，向内倾斜，圆唇，溜肩，鼓腹斜收，平底。腹部至底部有清晰的轮转痕。口径 7.8、腹径 9.4、底径 5.7、高 8 厘米（图一六，15；彩版七，3）。

M8:14，侈口，沿面微弧，圆唇略外翻，溜肩，鼓腹弧收，平底略内凹。腹部至底部有清晰的轮转痕。口径 8.1、腹径 9.4、底径 5.3、高 8.3 厘米（图一六，16；彩版七，4）。

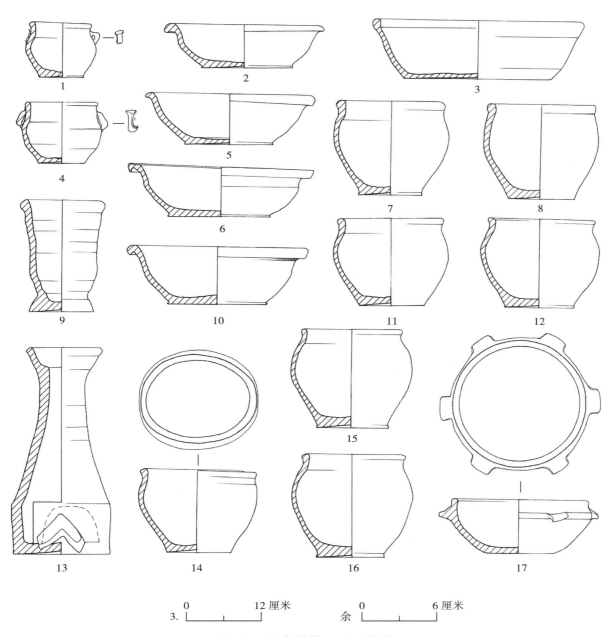

图一六　元代墓葬 M8 出土陶器

1、4.双系罐（M8:18、1）2、3、5、6、10.盆（M8:9、7、10、11、5）7、8、11、12、14~16.罐（M8:16、17、12、15、3、13、14）9.杯（M8:4）13.壶（M8:2）17.六鋬釜（M8:6）

M8:15，侈口，口沿微弧，略向内倾斜，圆唇略外翻，溜肩，鼓腹斜收，平底略内凹。腹部至底部有清晰的轮转痕。口径8.3、腹径9.3、底径5.5、高7.2厘米（图一六，12；彩版七，5）。

M8:16，侈口，沿面微弧，尖圆唇略外撇，溜肩，鼓腹斜收，平底略内凹。腹部至底部有清晰的轮转痕。口径8.4、腹径9、底径5、高7.6厘米（图一六，7；彩版七，6）。

M8:17，侈口微敞，沿面微弧，圆唇，溜肩，弧腹弧收，平底略内凹。腹部至底部有清晰的轮转痕。口径 8.5、腹径 9.3、底径 5.1、高 7.7 厘米（图一六，8；彩版七，7）。

陶壶　1 件。M8：2，残。轮制。细泥质灰陶。敞口，圆唇略外翻，束颈略长，折肩，直腹直收，平底略内凹。下腹部周缘有两处对称且不同的结构现象，一侧是拱形口，另一侧是倒"V"形口。口径 5.9、腹径 7.8、底径 7.6、高 16.8 厘米（图一六，13；彩版六，4）。

陶杯　1 件。M8：4，轮制。细泥质灰陶。敞口，圆唇略外翻，杯体呈筒形，至底略收，腹略鼓，平底略内凹。素面。杯体有清晰的轮转痕。口径 6.7、底径 5.1、高 9 厘米（图一六，9；彩版八，1）。

陶盆　5 件。轮制。细泥质灰陶。素面。

M8：5，残。敞口，圆唇外卷，弧腹斜收，平底。内底部有清晰的轮转痕。口径 14.4、底径 8.1、高 4.7 厘米（图一六，10；彩版八，2）。

M8：7，残。直口，圆唇略外撇，斜直腹，平底。壁面有清晰的轮转痕。口径 33.2、底径 23、高 9.6 厘米（图一六，3；彩版八，3）。

M8：9，敞口，圆唇，沿微弧外卷，弧腹弧收，平底。底部有清晰的轮转痕。口径 12.6、底径 7.2、高 3.6 厘米（图一六，2；彩版八，4）。

M8：10，敞口，圆唇，沿微弧外卷，弧腹斜收，平底。腹部至底部有清晰的轮转痕。口径 13.3、底径 7、高 4.2 厘米（图一六，5；彩版八，5）。

M8：11，残。敞口，沿面微弧，中间有一周凹旋纹，斜方唇外卷，腹部弧收至底，平底略内凹。腹部有一周凸旋棱。底部内、外有清晰的轮转痕。口径 14.5、底径 8.1、高 4.3 厘米（图一六，6；彩版八，6）。

陶六錾釜　1 件。M8：6，残。轮制。细泥质灰陶。侈口微敛，圆唇，腹部弧收至底，平底。口下侧周缘有六个对称的条状錾手。素面。外侧有明显的轮转痕。口径 10.6、底径 5、高 4.3 厘米（图一六，17；彩版六，5）。

铜钱　1 枚。M8：8，范铸。圆钱，方穿。正面楷书"开元通宝"，对读；背素面。钱径 2.55、穿径 0.75、郭宽 0.2、郭厚 0.15 厘米，重 3.45 克（图二四，2）。

M14　位于发掘区西北部。南北向，方向 186°。开口于②层下，打破生土，墓口距地表深 0.58 米。竖穴土圹砖室墓，平面呈"甲"字形，由祭台、墓道、墓门和墓室四部分组成。墓圹南北总长 8.08 米，宽 0.94～3.37 米，深 1.86 米。用砖规格为 36 厘米 ×18 厘米 ×6 厘米的素面泥质青砖（图一七；彩版九，1）。

祭台位于墓道南部。平面近长方形，砖结构，砌于原始地表，以平砖平铺叠砌两层。残存部分南北长 0.88 米，宽 0.62 米，残高 0.12 米。

墓道位于墓室南侧。平面呈梯形，底部南端呈阶梯状，南窄北宽。南北长 4.52 米，宽 0.94～1.42 米，深 0～1.86 米。自上而下共六级阶梯，一至四级阶梯长 0.87 米，宽 1.04 米，高 0.96 米；五级阶梯长 1.1 米，宽 0.3 米，高 0.4 米；六级阶梯长 1.1 米，宽 0.3 米，高 0.14 米。阶梯下为斜坡状，坡度 7°，底坡长 3 米。

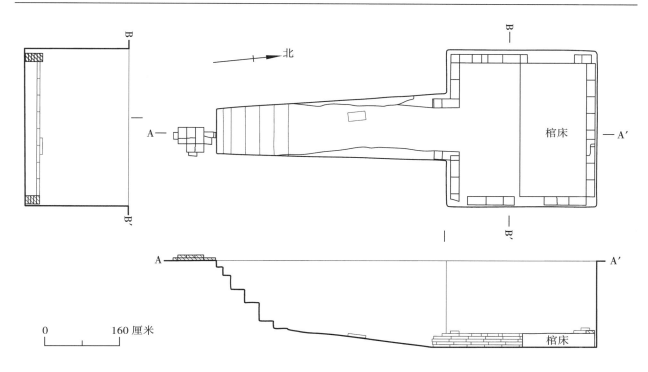

图一七　元代墓葬 M14 平面、剖视图

墓门位于墓道北部，连接墓道和墓室，已无存。

墓室位于墓门北侧。平面呈长方形，土圹南北长 3.14 米，宽 3.37 米，深 1.86 米。由于破坏严重，顶无存。砖墙外部南北长 3.02 米，宽 3.24 米，残高 0.3～0.42 米。四壁以平砖错缝平铺叠砌。室内南北长 2.65 米，宽 2.88 米，残高 0.3～0.42 米。未铺地砖。

棺床位于墓室北部。填生土，其上未见葬具及人骨痕迹。东西长 2.88 米，南北宽 1.5 米，高 0.3 米。

未出土随葬品。

M15　位于发掘区东北部。南北向，方向 6°。开口于②层下，打破③、④、⑤层，墓口距地表深 0.6 米。竖穴土圹双室砖墓，由东、西两个长方形墓室组成，西墓室打破东墓室。墓圹平面近长方形，南北长 2.35～2.42 米，宽 2.93 米，深 0.9 米。墓内填浅灰褐色花土，土质较疏松。用砖为 28 厘米 ×14 厘米 ×4 厘米和 30 厘米 ×15 厘米 ×4 厘米的素面泥质青砖（图一八；彩版九，2）。

东墓室平面近长方形，由墓门和墓室两部分组成。土圹南北长 2.42 米，宽 1.73 米，深 0.9 米。墓门位于土圹南侧，顶无存，残宽 1.06 米，残高 0.82 米，进深 0.72 米。两侧砖墙以平砖叠砌九层，而后起券。门洞开于墓室南壁中部，内宽 0.36 米，高 0.58 米。封门砖位于墓门中部内侧，以平砖叠砌，进深 0.72 米。墓室四壁以平砖错缝叠砌，而后起券，顶无存。底以平砖平铺一层。砖墙外部长 1.62 米，宽 1.07 米，残高 0.81 米。室内长 1.4 米，宽 0.79 米，残高 0.66 米。未见葬具及人骨痕迹。

西墓室平面近长方形，由墓门和墓室两部分组成。土圹南北长 2.35 米，宽 1.31 米，深

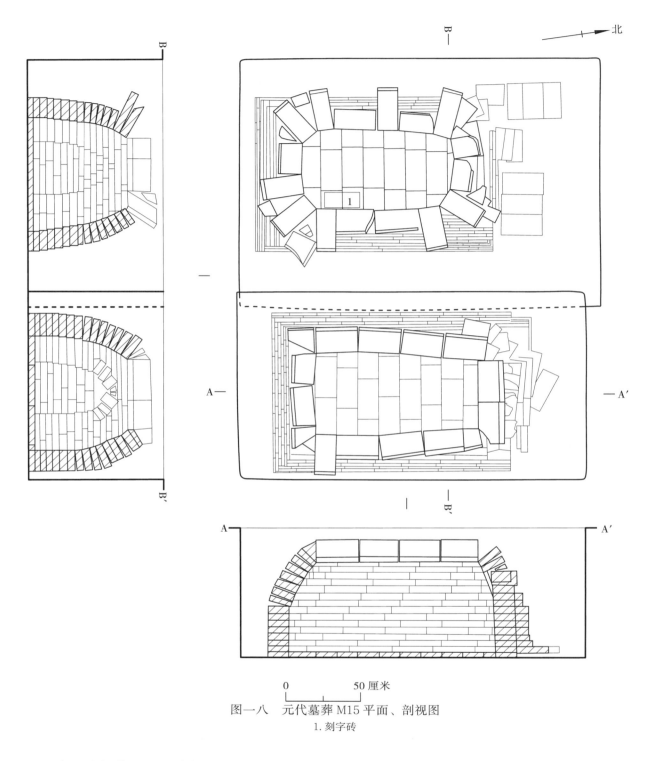

图一八　元代墓葬 M15 平面、剖视图
1. 刻字砖

0.82 米。墓门位于土圹南侧，顶无存，残宽 0.71 米，残高 0.7 米，进深 0.37 米。两侧砖墙以平砖叠砌九层，而后起券。门洞开于墓室南壁中部，内宽 0.36 米，高 0.53 米。封门砖位于墓门内侧中部，以平砖叠砌，残存进深 0.18 米。墓室四壁以平砖错缝叠砌，而后起券，顶无存。底以平砖平铺一层。砖墙外部长 1.72 米，宽 1.12 米，残高 0.82 米。室内长 1.39 米，宽 0.8 米，残高 0.82 米。未见葬具及人骨痕迹。

0　　　　　8厘米

图一九　元代墓葬 M15 出土刻字砖拓片

（M15：1）

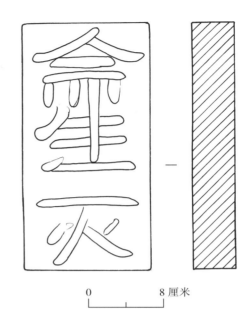

0　　　　　8厘米

图二〇　元代墓葬 M15 出土刻字砖

（M15：1）

刻字砖　1块。M15：1，模制，制作粗糙。泥质灰陶。长方形条砖。正面用手指竖写"命生灭"，背素面。长 27、宽 13.5、厚 4.5 厘米（图一九、二〇；彩版九，3）。

（六）明代墓葬

发现明代墓葬 9 座，编号 M2~M6、M9、M11、M12、M19。

M2　位于发掘区西北部。南北向，方向 360°。开口于①层下，打破②、③、④、⑤层，墓口距地表深 0.32 米。竖穴土圹单棺墓。墓圹平面呈梯形，南北长 2.6 米，宽 1.1~1.2 米，深 0.65 米。墓内填黄褐色花土，土质较疏松（图二一）。

墓室内葬具为木棺，已朽。棺痕平面呈梯形，长 2.04 米，宽 0.5~0.6 米，残高 0.18 米。棺内仅存人骨粉末。此墓葬形制为明清时期墓葬，未出土人骨及器物，因其周边墓葬年代为明代，因此暂判断为明代。

未出土随葬品。

M3　位于发掘区西北部。南北向，方向 356°。开口于①层下，打破②、③、④、⑤层，墓口距地表深 0.35 米。竖穴土圹单棺墓。墓圹平面呈梯形，南北长 2.85 米，宽 1.35~1.45 米，深 1.3 米。墓内填黄褐色花土，土质较疏松（图二二）。

墓室内葬具为木棺，已朽。棺痕平面呈梯形，长 2.1 米，宽 0.65~0.69 米，残高 0.18 米。棺内仅存人骨粉末。此墓葬形制为明清时期墓葬，未出土人骨及器物，因其周边墓葬年代为明代，因此暂判断为明代。

未出土随葬品。

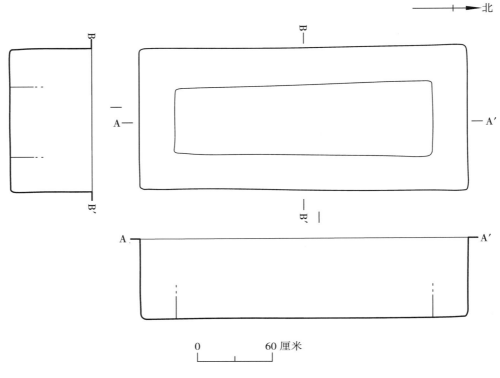

图二一　明代墓葬 M2 平面、剖视图

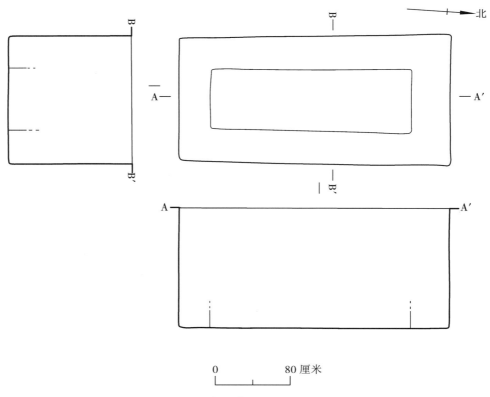

图二二　明代墓葬 M3 平面、剖视图

M4　位于发掘区西北部。南北向，方向13°。开口于②层下，打破③、④、⑤层，墓口距地表深0.4米。竖穴土圹砖室双棺墓，由东、西两个长方形墓室组成。墓圹平面呈长方形，墓圹开口南北长2.65米，宽1.85米，残深1.08米。墓内填黄褐色花土，土质较疏松。用砖为30厘米×15厘米×5厘米的素面泥质青砖（图二三；彩版一〇，1）。

东墓室平面呈长方形，砖墙外部长2.3米，宽0.8~0.9米，残高0.55米。顶无存，四壁砖墙以平砖错缝叠砌，底部残存小部分铺地砖。室内长2米，宽0.65~0.79米，残高0.5米。葬具为木棺，已朽。棺痕平面呈梯形，长1.8米，宽0.5~0.6米，残高0.2米。棺内人骨保存较差，仰身直肢葬，头向北，面向上，男性，50~60岁，残长1.56米。头骨左侧随葬铜钱10枚。

西墓室砖墙无存。葬具为木棺，已朽。棺痕平面呈梯形，长1.6米，宽0.5~0.6米，残高0.1米。棺内人骨保存较差，仰身直肢葬，头向北，面向上，女性，60岁以上，残长1.41米。头部随葬铜钗2件、铜钱11枚。

根据墓葬形制及出土器物判断墓葬年代为明代。

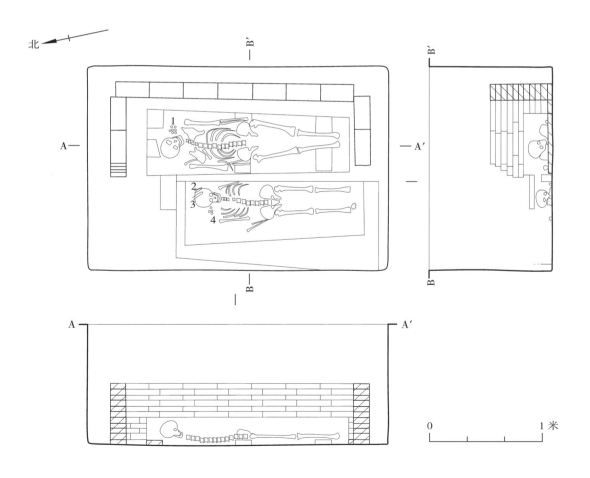

图二三　明代墓葬 M4 平面、剖视图

1、4.铜钱　2、3.铜钗

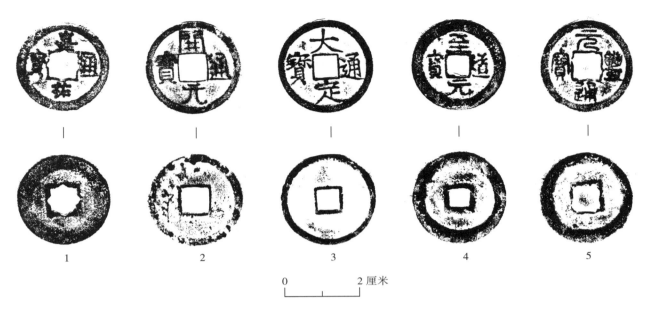

图二四　墓葬出土铜钱拓片

1. "嘉祐通宝"（M7∶3）　2. "开元通宝"（M8∶8）　3. "大定通宝"（M4∶1-1）　4. "至道元宝"（M4∶1-2）　5. "元丰通宝"（M4∶1-3）

铜钗　2 件。

M4∶2，残。手工制作。钗首呈 "U" 形，扁圆形钗体，上宽下窄。残长 8.6 厘米（图二九，3；彩版一二，1）。

M4∶3，残。手工制作。钗首用窄银条焊接成椭圆形，钗体为扁平状、上宽下窄的锥形。内镶嵌饰件现已无存，仅残存少量银条。残长 13.9 厘米（图二九，5；彩版一二，2）。

铜钱　21 枚。范铸。圆钱，方穿。背素面。

M4∶1-1，正面楷书 "大定通宝"，对读。钱径 2.5、穿径 0.65、郭宽 0.21、郭厚 0.1 厘米，重 3.41 克（图二四，3）。

M4∶1-2，正面楷书 "至道元宝"，旋读。钱径 2.5、穿径 0.55、郭宽 0.35、郭厚 0.11 厘米，重 3.74 克（图二四，4）。

M4∶1-3，正面篆书 "元丰通宝"，旋读。钱径 2.45、穿径 0.75、郭宽 0.21、郭厚 0.15 厘米，重 3.75 克（图二四，5）。

M4∶1-4，正面行书 "元丰通宝"，旋读。钱径 2.35、穿径 0.6、郭宽 0.3、郭厚 0.1 厘米，重 3.51 克（图二五，1）。

M4∶1-5，正面楷书 "洪武通宝"，对读。钱径 2.25、穿径 0.65、郭宽 0.2、郭厚 0.1 厘米，重 2.7 克（图二五，2）。

M4∶1-6，正面楷书 "皇宋通宝"，对读。钱径 2.55、穿径 0.71、郭宽 0.31、郭厚 0.1 厘米，重 2.7 克（图二五，3）。

M4∶1-7，残。正面篆书 "皇宋通宝"，对读。钱径 2.4、穿径 0.75、郭宽 0.25、郭厚 0.1 厘米，重 2.79 克（图二五，4）。

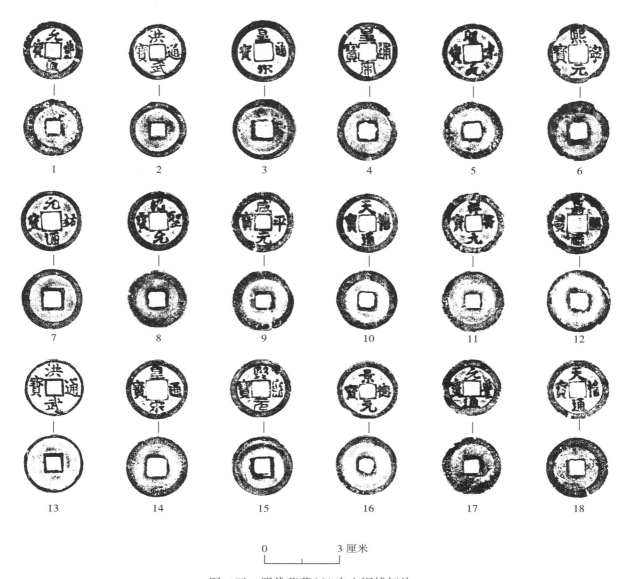

0 ————————— 3厘米

图二五　明代墓葬 M4 出土铜钱拓片

1、17.“元丰通宝”（M4:1-4、4-5）　2、13.“洪武通宝”（M4:1-5、4-1）　3、4、14.“皇宋通宝”（M4:1-6、1-7、4-2）　5.“圣宋元宝”（M4:1-8）　6、15.“熙宁元宝”（M4:1-9、4-3）　7.“元祐通宝”（M4:1-10）　8.“绍圣元宝”（M4:1-11）　9.“咸平元宝”（M4:1-12）10、18.“天禧通宝”（M4:1-13、4-6）　11.“祥符元宝”（M4:1-14）　12.“嘉祐通宝”（M4:1-15）　16.“景德元宝”（M4:4-4）

　　M4:1-8，残。正面行书“圣宋元宝”，旋读。钱径2.4、穿径0.75、郭宽0.2、郭厚0.1厘米，重2.23克（图二五，5）。

　　M4:1-9，残。正面楷书“熙宁元宝”，旋读。钱径2.45、穿径0.75、郭宽0.25、郭厚0.1厘米，重2.62克（图二五，6）。

　　M4:1-10，正面行书“元祐通宝”，旋读。钱径2.45、穿径0.79、郭宽0.25、郭厚0.11厘米，重3.48克（图二五，7）。

　　M4:1-11，正面行书，“绍圣元宝”，旋读。钱径2.4、穿径0.71、郭宽0.3、郭厚0.15厘米，重 4.57 克（图二五，8）。

M4：1-12，残。正面楷书"咸平元宝"，旋读。钱径 2.49、穿径 0.65、郭宽 0.3、郭厚 0.1 厘米，重 3.31 克（图二五，9）。

M4：1-13，正面楷书"天禧通宝"，旋读。钱径 2.45、穿径 0.65、郭宽 0.3、郭厚 0.11 厘米，重 3.69 克（图二五，10）。

M4：1-14，正面楷书"祥符元宝"，旋读。钱径 2.5、穿径 0.6、郭宽 0.3、郭厚 0.1 厘米，重 2.6 克（图二五，11）。

M4：1-15，正面篆书"嘉祐通宝"，对读。钱径 2.55、穿径 0.75、郭宽 0.3、郭厚 0.1 厘米，重 3.31 克（图二五，12）。

M4：4-1，正面楷书"洪武通宝"，对读。钱径 2.35、穿径 0.65、郭宽 0.11、郭厚 0.11 厘米，重 2.8 克（图二五，13）。

M4：4-2，正面楷书"皇宋通宝"，对读。钱径 2.5、穿径 0.85、郭宽 0.25、郭厚 0.1 厘米，重 3.53 克（图二五，14）。

M4：4-3，正面篆书"熙宁元宝"，旋读。钱径 2.45、穿径 0.69、郭宽 0.3、郭厚 0.13 厘米，重 3.79 克（图二五，15）。

M4：4-4，正面楷书"景德元宝"，旋读。钱径 2.45、穿径 0.65、郭宽 0.25、郭厚 0.1 厘米，重 3.85 克（图二五，16）。

M4：4-5，残。正面行书"元丰通宝"，旋读。钱径 2.35、穿径 0.69、郭宽 0.3、郭厚 0.1 厘米，重 2.75 克（图二五，17）。

M4：4-6，残。正面楷书"天禧通宝"，旋读。钱径 2.49、穿径 0.7、郭宽 0.3、郭厚 0.1 厘米，重 3.07 克（图二五，18）。

M5　位于发掘区西北部。南北向，方向 3°。开口于②层下，打破③、④、⑤层，墓口距地表深 0.4 米。竖穴土圹单室砖墓。墓圹平面呈梯形，南北长 2.55 米，宽 1.2～1.3 米，深 0.8 米。墓内填黄褐色花土，土质较疏松。用砖为 32 厘米 ×16 厘米 ×5 厘米的素面泥质青砖（图二六；彩版一〇，2）。

墓室平面呈梯形，砖墙外部长 2.16 米，宽 0.8～0.94 米，深 0.6 米。顶无存，四壁用青砖以平砖向上错缝叠砌。底部有三排相距 0.31 米的垫棺砖，未见铺地砖。室内长 1.77 米，宽 0.5～0.6 米，残高 0.6 米。未见葬具痕迹。室内人骨保存较差，仰身直肢葬，头向北，面向上，男性，45 岁左右，残长 1.56 米。头骨上部左、右两侧共随葬铜钱 18 枚。

根据墓葬形制及出土器物判断墓葬年代为明代。

铜钱　18 枚。均范铸。圆钱，方穿。

M5：1-1，正面楷书"大定通宝"，对读；背素面。钱径 2.5、穿径 0.6、郭宽 0.2、郭厚 0.12 厘米，重 3.73 克（图二七，1）。

M5：1-2，正面楷书"大定通宝"，对读；背面穿上楷书"申"。钱径 2.5、穿径 0.65、郭宽 0.2、郭厚 0.15 厘米，重 3.48 克（图二七，2）。

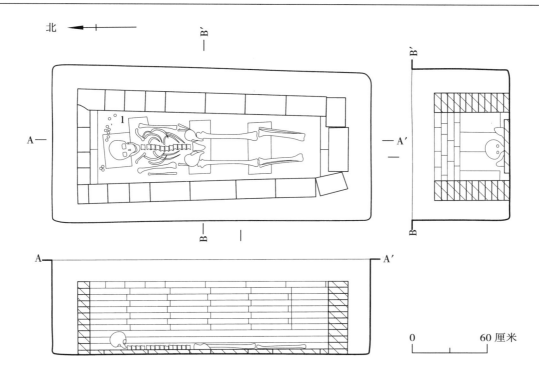

图二六　明代墓葬 M5 平面、剖视图
1. 铜钱

M5：1-3，正面楷书"大定通宝"，对读；背面穿上楷书"酉"。钱径 2.5、穿径 0.65、郭宽 0.2、郭厚 0.11 厘米，重 3.84 克（图二七，3）。

M5：1-4，正面隶书"开元通宝"，对读；背素面。钱径 2.45、穿径 0.7、郭宽 0.2、郭厚 0.15 厘米，重 3.29 克（图二七，4）。

M5：1-5，正面楷书"皇宋通宝"，对读；背素面。钱径 2.44、穿径 0.69、郭宽 0.25、郭厚 0.1 厘米，重 2.79 克（图二七，5）。

M5：1-6，正面篆书"皇宋通宝"，对读；背素面。钱径 2.55、穿径 0.7、郭宽 0.3、郭厚 0.1 厘米，重 3.44 克（图二七，6）。

M5：1-7，正面行书"圣宋元宝"，旋读；背素面。钱径 2.4、穿径 0.65、郭宽 0.28、郭厚 0.14 厘米，重 3.69 克（图二七，7）。

M5：1-8，正面楷书"景德元宝"，旋读；背素面。钱径 2.5、穿径 0.6、郭宽 0.3、郭厚 0.15 厘米，重 3.93 克（图二七，8）。

M5：1-9，正面行书"元祐通宝"，旋读；背素面。钱径 2.48、穿径 0.7、郭宽 0.22、郭厚 0.11 厘米，重 3.12 克（图二七，9）。

M5：1-10，正面行书"元丰通宝"，旋读；背素面。钱径 2.49、穿径 0.69、郭宽 0.31、郭厚 0.1 厘米，重 3.25 克（图二七，10）。

M5：1-11，正面篆书"元丰通宝"，旋读；背素面。钱径 2.45、穿径 0.7、郭宽 0.31、郭厚

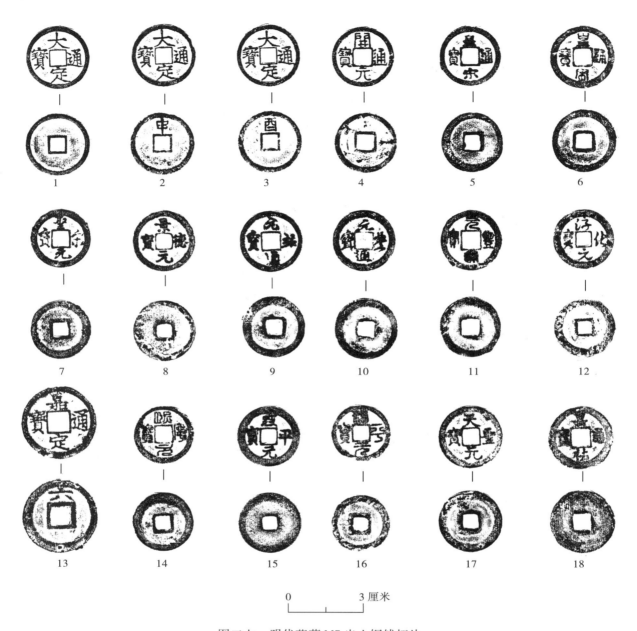

图二七　明代墓葬 M5 出土铜钱拓片

1～3.“大定通宝”（M5：1-1、1-2、1-3） 4.“开元通宝”（M5：1-4） 5、6.“皇宋通宝”（M5：1-5、1-6） 7.“圣宋元宝”（M5：1-7） 8.“景德元宝”（M5：1-8） 9.“元祐通宝”（M5：1-9） 10、11.“元丰通宝”（M5：1-10、1-11） 12.“淳化元宝”（M5：1-12） 13.“嘉定通宝”（M5：1-13） 14.“熙宁元宝”（M5：1-14） 15.“咸平元宝”（M5：1-15） 16.“治平元宝”（M5：1-16） 17.“天圣元宝”（M5：1-17） 18.“嘉祐通宝”（M5：1-18）

0.1 厘米，重 3.65 克（图二七，11）。

　　M5：1-12，正面行书“淳化元宝”，旋读；背素面。钱径 2.4、穿径 0.6、郭宽 0.3、郭厚 0.1 厘米，重 3.42 克（图二七，12）。

　　M5：1-13，残。正面楷书“嘉定通宝”，对读；背面穿上楷书“六”。钱径 3、穿径 0.85、郭宽 0.3、郭厚 0.2 厘米，重 6.86 克（图二七，13）。

　　M5：1-14，正面篆书“熙宁元宝”，旋读；背素面。钱径 2.39、穿径 0.69、郭宽 0.25、郭厚 0.15 厘米，重 3.5 克（图二七，14）。

M5:1-15，正面楷书"咸平元宝"，旋读；背素面。钱径 2.45、穿径 0.6、郭宽 0.35、郭厚 0.1 厘米，重 3.22 克（图二七，15）。

M5:1-16，残。正面篆书"治平元宝"，旋读；背素面。钱径 2.31、穿径 0.6、郭宽 0.2、郭厚 0.11 厘米，重 3.2 克（图二七，16）。

M5:1-17，残。正面楷书"天圣元宝"，旋读；背素面。钱径 2.5、穿径 0.65、郭宽 0.29、郭厚 0.11 厘米，重 3.29 克（图二七，17）。

M5:1-18，正面行书"嘉祐通宝"，对读；背素面。钱径 2.55、穿径 0.75、郭宽 0.35、郭厚 0.1 厘米，重 3.42 克（图二七，18）。

M6　位于发掘区北部。南北向，方向 8°。开口于②层下，打破③、④、⑤层，墓口距地表深 0.4 米。竖穴土圹双室砖墓，由东、西两个长方形墓室组成，东墓室打破西墓室。墓圹平面近长方形，上部被盗扰，南北长 2.63～2.83 米，宽 2.18 米，深 0.86 米。墓内填浅灰褐色花土，土质较疏松。用砖为 35 厘米 × 17 厘米 × 5 厘米的素面泥质青砖（图二八；彩版一一，1）。

东墓室平面呈长方形，砖墙外部长 2.65 米，宽 1.24 米，残高 0.71 米。上部无存，四壁以平砖错缝叠砌，底以平砖平铺一层，其上有两排垫棺砖，分别位于头部及脚下。室内长 2.2 米，宽 0.88 米，残高 0.61 米。未见葬具痕迹。室内人骨保存较差，仰身直肢葬，头向北，面向西，男性，50～60 岁，长 1.63 米。头骨上部随葬瓷罐 1 件，头骨附近及大腿外侧随葬铜钱 13 枚。

西墓室平面呈长方形，砖墙外部长 2.29 米，宽 0.61～0.83 米，残高 0.26 米。上部无存，东侧与东墓室共用，其余三壁以平砖错缝叠砌，底部有两排垫棺砖，分别位于头部及脚下，未见铺地砖。室内长 1.92 米，宽 0.64 米，残高 0.26 米。未见葬具痕迹。室内人骨保存较差，仰身屈肢葬，头向北，面向西，女性，50 岁左右，长 1.4 米。头骨右上部随葬陶盆 1 件，大腿内、外随葬铜钱 20 枚，头骨右下部随葬铜簪 1 件。

根据墓葬形制及出土器物判断墓葬年代为明代。

瓷双系罐　1 件。M6:1，轮制。半酱釉。直口，圆唇，短竖颈，溜肩，鼓腹弧收，平底略内凹，圈足。罐口沿外侧与肩部之间有两处对称的椭圆形耳，耳面有数道凸棱。下腹至底露灰白色胎。罐内口部施釉。口径 11.2、腹径 13.8、底径 6.6、高 11.5 厘米（图二九，8；彩版一二，4）。

陶盆　1 件。M6:4，残。轮制。细泥灰陶。子母口，外口尖圆唇外撇，内口圆唇内敛，口沿下侧有一周凹槽，弧腹弧收至底，平底内凹。素面。腹部至底有数道旋棱。口径 14.7、底径 6.9、高 7.4 厘米（图二九，1；彩版一二，5）。

铜簪　1 件。M6:5，手工制作。耳勺形簪首，簪体为扁平锥形，略薄。素面。长 14.7 厘米（图二九，7；彩版一二，3）。

铜钱　39 枚。范铸。圆钱，方穿。

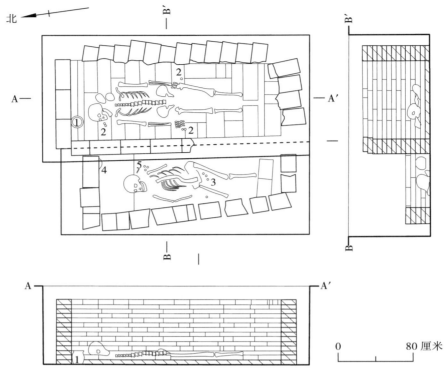

图二八　明代墓葬 M6 平面、剖视图
1.瓷双系罐　2、3.铜钱　4.陶盆　5.铜簪

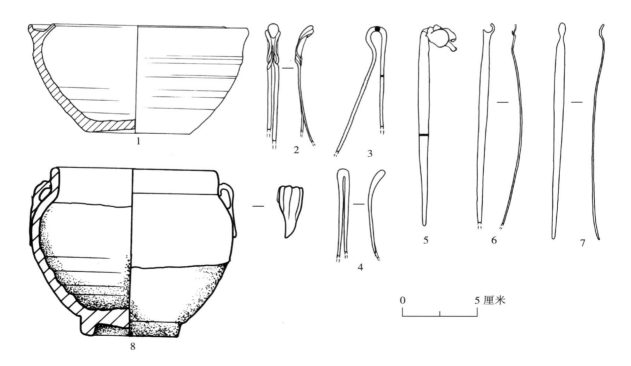

图二九　明代墓葬 M4、M6、M11 出土器物
1.陶盆（M6:4）　2～5.铜钗（M11:5、M4:2、M11:4、M4:3）　6、7.铜簪（M11:2、M6:5）　8.瓷双系罐（M6:1）

　　M6:2-1，正面楷书"大定通宝"，对读；背面穿下楷书"申"。钱径2.49、穿径0.6、郭宽0.25、郭厚0.11厘米，重3.75克（图三〇，1）。

　　M6:2-2，正面楷书"大定通宝"，对读；背面穿上楷书"申"。钱径2.44、穿径0.65、郭宽0.2、郭厚0.15厘米，重3.67克（图三〇，2）。

　　M6:2-3，正面楷书"大定通宝"，对读；背面穿上楷书"酉"。钱径2.5、穿径0.68、郭宽0.2、郭厚0.15厘米，重3.75克（图三〇，3）。

　　M6:2-4，正面楷书"大定通宝"，对读；背面穿上楷书"酉"。钱径2.35、穿径0.59、郭宽0.11、郭厚0.1厘米，重2.95克（图三〇，4）。

　　M6:2-5，正面楷书"大定通宝"，对读；背素面。钱径2.55、穿径0.6、郭宽0.25、郭厚0.15厘米，重3.74克（图三〇，5）。

　　M6:2-6，正面行书"至道元宝"，旋读；背素面。钱径2.5、穿径0.6、郭宽0.4、郭厚0.1厘米，重3.31克（图三〇，6）。

　　M6:2-7，正面行书"淳化元宝"，旋读；背素面。钱径2.45、穿径0.55、郭宽0.35、郭厚0.1厘米，重3.33克（图三〇，7）。

　　M6:2-8，正面楷书"祥符通宝"，旋读；背素面。钱径2.5、穿径0.65、郭宽0.3、郭厚0.1厘米，重3.39克（图三〇，8）。

　　M6:2-9，正面篆书"五行大布"，对读；背素面。钱径2.78、穿径0.85、郭宽0.1、郭厚0.2厘米，重4.15克（图三〇，9）。

　　M6:2-10，正面篆书"五铢"，右向左读；背素面。钱径2.58、穿径1.05、郭宽0.11、郭厚0.15厘米，重3.34克（图三〇，10）。

　　M6:2-11，正面篆书"圣宋元宝"，旋读；背素面。钱径3、穿径0.65、郭宽0.4、郭厚0.15厘米，重8.25克（图三〇，16）。

　　M6:2-12，正面隶书"崇宁通宝"，旋读；背素面。钱径3.5、穿径0.95、郭宽0.2、郭厚0.3厘米，重11.72克（图三〇，17）。

　　M6:2-13，正面隶书"崇宁通宝"，旋读；背素面。钱径3.4、穿径0.9、郭宽0.15、郭厚0.25厘米，重11.12克（图三〇，18）。

　　M6:2-14，正面隶书"崇宁重宝"，对读；背素面。钱径3.52、穿径0.85、郭宽0.3、郭厚0.3厘米，重11.73克（图三〇，19）。

　　M6:2-15，正面隶书"崇宁重宝"，对读；背素面。钱径3.39、穿径0.8、郭宽0.3、郭厚0.2厘米，重11.42克（图三〇，20）。

　　M6:3-1，正面篆书"元祐通宝"，旋读；背素面。钱径2.45、穿径0.79、郭宽0.22、郭厚0.1厘米，重3.86克（图三〇，11）。

　　M6:3-2，正面行书"元祐通宝"，旋读；背素面。钱径2.45、穿径0.79、郭宽0.21、郭厚0.11厘米，重3.79克（图三〇，12）。

　　M6:3-3，正面楷书"至道元宝"，旋读；背素面。钱径2.5、穿径0.6、郭宽0.35、郭厚0.1

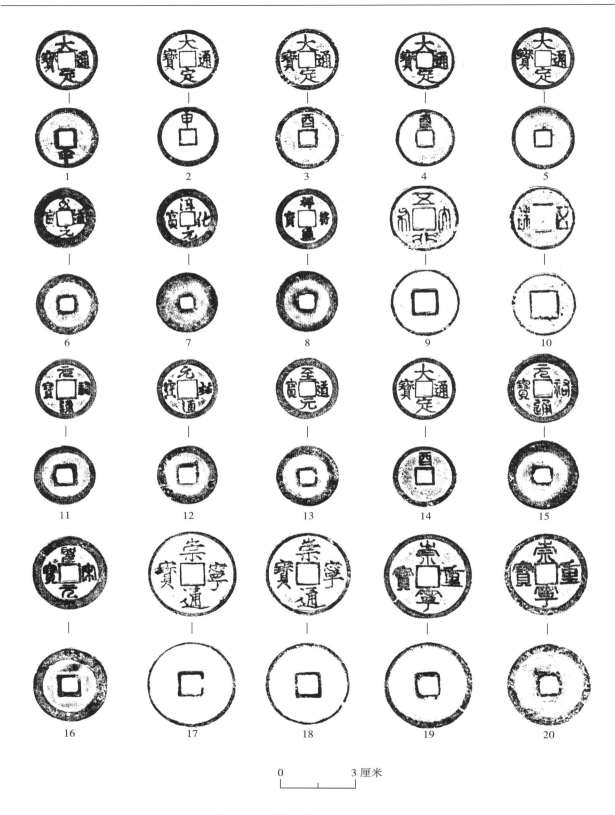

0　　　　3厘米

图三〇　明代墓葬 M6 出土铜钱拓片

1~5、14."大定通宝"（M6:2-1、2-2、2-3、2-4、2-5、3-4）　6、13."至道元宝"（M6:2-6、3-3）　7."淳化元宝"（M6:2-7）
8."祥符通宝"（M6:2-8）　9."五行大布"（M6:2-9）　10."五铢"（M6:2-10）　11、12、15."元祐通宝"（M6:3-1、3-2、3-5）
16."圣宋元宝"（M6:2-11）　17、18."崇宁通宝"（M6:2-12、2-13）　19、20."崇宁重宝"（M6:2-14、2-15）

厘米，重 3.45 克（图三〇，13）。

M6：3-4，正面楷书"大定通宝"，对读；背面穿上楷书"酉"。钱径 2.5、穿径 0.6、郭宽 0.2、郭厚 0.11 厘米，重 4.13 克（图三〇，14）。

M6：3-5，正面篆书"元祐通宝"，旋读；背素面。钱径 2.89、穿径 0.69、郭宽 0.3、郭厚 0.19 厘米，重 7.43 克（图三〇，15）。

M6：3-6，正面楷书"熙宁元宝"，旋读；背素面。钱径 2.35、穿径 0.75、郭宽 0.2、郭厚 0.11 厘米，重 2.9 克（图三一，1）。

M6：3-7，正面楷书"熙宁元宝"，旋读；背素面。钱径 2.48、穿径 0.75、郭宽 0.25、郭厚 0.1 厘米，重 4.68 克（图三一，2）。

M6：3-8，正面行书"元丰通宝"，旋读；背素面。钱径 2.5、穿径 0.7、郭宽 0.3、郭厚 0.1 厘米，重 6.25 克（图三一，3）。

M6：3-9，正面行书"治平元宝"，旋读；背素面。钱径 2.35、穿径 0.65、郭宽 0.21、郭厚 0.15 厘米，重 3.78 克（图三一，4）。

M6：3-10，正面篆书"元丰通宝"，旋读；背素面。钱径 2.5、穿径 0.6、郭宽 0.4、郭厚 0.1 厘米，重 3.36 克（图三一，5）。

M6：3-11，正面楷书"咸平元宝"，旋读；背素面。钱径 2.5、穿径 0.65、郭宽 0.38、郭厚 0.11 厘米，重 4.01 克（图三一，6）。

M6：3-12，正面楷书"大定通宝"，对读；背素面。钱径 2.5、穿径 0.65、郭宽 0.2、郭厚 0.15 厘米，重 3.49 克（图三一，7）。

M6：3-13，残。正面楷书"太平通宝"，对读；背素面。钱径 2.5、穿径 0.7、郭宽 0.3、郭厚 0.1 厘米，重 2.84 克（图三一，8）。

M6：3-14，正面行书"绍圣元宝"，旋读；背素面。钱径 2.4、穿径 0.7、郭宽 0.29、郭厚 0.15 厘米，重 3.85 克（图三一，9）。

M6：3-15，正面楷书"祥符通宝"，旋读；背素面。钱径 2.5、穿径 0.65、郭宽 0.31、郭厚 0.11 厘米，重 4.47 克（图三一，10）。

M6：3-16，正面楷书"祥符元宝"，旋读；背素面。钱径 2.5、穿径 0.65、郭宽 0.4、郭厚 0.1 厘米，重 3.77 克（图三一，11）。

M6：3-17，正面楷书"天禧通宝"，旋读；背素面。钱径 2.52、穿径 0.7、郭宽 0.3、郭厚 0.1 厘米，重 3.85 克（图三一，12）。

M6：3-18，正面篆书"皇宋通宝"，对读；背素面。钱径 2.5、穿径 0.7、郭宽 0.31、郭厚 0.1 厘米，重 3.61 克（图三一，13）。

M6：3-19，残。正面楷书"皇宋通宝"，对读；背素面。钱径 2.4、穿径 0.7、郭宽 0.21、郭厚 0.1 厘米，重 2.84 克（图三一，14）。

M6：3-20，正面楷书"天圣元宝"，旋读；背素面。钱径 2.55、穿径 0.7、郭宽 0.3、郭厚 0.1 厘米，重 4.08 克（图三一，15）。

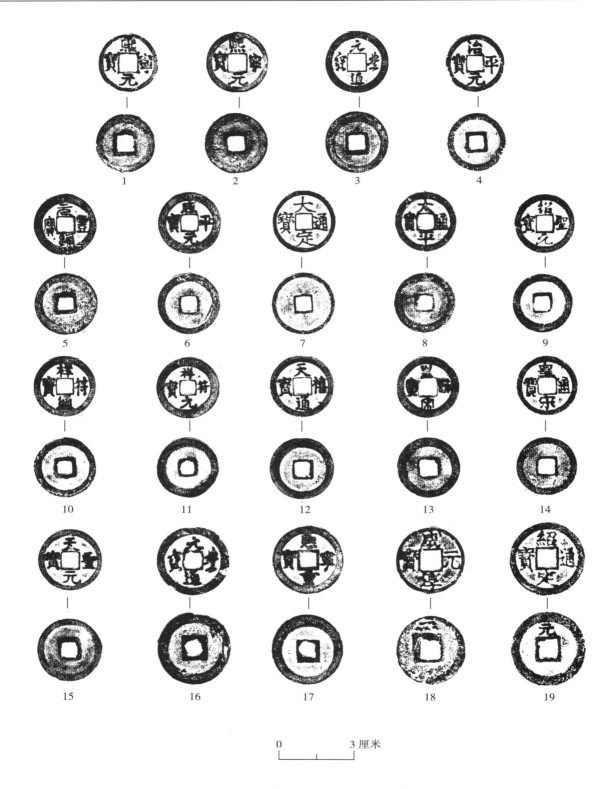

图三一　明代墓葬 M6 出土铜钱拓片

1、2.“熙宁元宝”（M6：3-6、3-7） 3、5、16.“元丰通宝”（M6：3-8、3-10、3-21） 4.“治平元宝”（M6：3-9） 6.“咸平元宝”
（M6：3-11） 7.“大定通宝”（M6：3-12） 8.“太平通宝”（M6：3-13） 9.“绍圣元宝”（M6：3-14） 10.“祥符通宝”（M6：3-15）
11.“祥符元宝”（M6：3-16） 12.“天禧通宝”（M6：3-17） 13、14.“皇宋通宝”（M6：3-18、3-19） 15.“天圣元宝”（M6：3-20）
17.“熙宁重宝”（M6：3-22） 18.“咸淳元宝”（M6：3-23） 19.“绍定通宝”（M6：3-24）

M6:3-21，正面行书"元丰通宝"，旋读；背素面。钱径 2.9、穿径 0.65、郭宽 0.4、郭厚 0.15 厘米，重 3.7 克（图三一，16）。

M6:3-22，正面楷书"熙宁重宝"，旋读；背素面。钱径 2.85、穿径 0.6、郭宽 0.35、郭厚 0.2 厘米，重 8.57 克（图三一，17）。

M6:3-23，正面楷书"咸淳元宝"，对读；背面穿上楷书"二"。钱径 2.79、穿径 0.85、郭宽 0.11、郭厚 0.1 厘米，重 4.87 克（图三一，18）。

M6:3-24，正面楷书"绍定通宝"，对读；背面穿上楷书"元"。钱径 3、穿径 0.8、郭宽 0.3、郭厚 0.1 厘米，重 5.08 克（图三一，19）。

M9　位于发掘区西北部。南北向，方向 35°。开口于②层下，打破③、④、⑤层，墓口距地表深 0.58 米。竖穴土圹单棺墓。墓圹平面呈梯形，南北长 2.45 米，宽 0.84~0.97 米，深 0.87 米。墓内填黄褐色花土，土质较疏松（图三二；彩版一一，2）。

墓室内葬具为木棺，已朽，棺痕平面呈梯形，长 2.11 米，宽 0.54~0.65 米，残高 0.14 米。棺内人骨保存较差，仰身直肢葬，头向北，面向上，男性，50 岁左右，残长 1.84 米。

铜钱　15 枚。范铸。圆钱，方穿。背素面。

M9:1-1，正面楷书"至元通宝"，对读。钱径 2.49、穿径 0.6、郭宽 0.35、郭厚 0.11 厘米，重 4.07 克（图三三，1）。

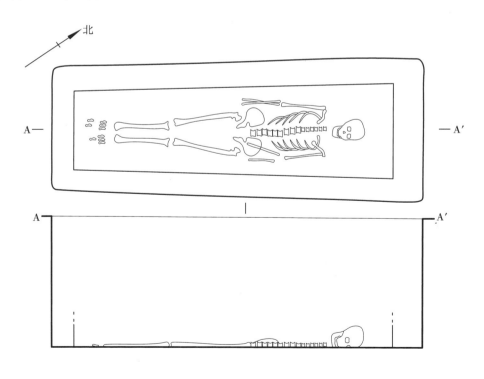

0　　　　　50 厘米

图三二　明代墓葬 M9 平面、剖视图

M9：1-2，正面楷书"开元通宝"，对读。钱径 2.5、穿径 0.75、郭宽 0.2、郭厚 0.11 厘米，重 3.31 克（图三三，2）。

M9：1-3，正面楷书"大观通宝"，对读。钱径 2.4、穿径 0.7、郭宽 0.2、郭厚 0.13 厘米，重 3.9 克（图三三，3）。

M9：1-4，正面篆书"熙宁元宝"，旋读。钱径 2.43、穿径 0.61、郭宽 0.26、郭厚 0.1 厘米，重 4.15 克（图三三，4）。

M9：1-5，正面行书"元丰通宝"，旋读。钱径 2.5、穿径 0.75、郭宽 0.7、郭厚 0.11 厘米，重 3.67 克（图三三，5）。

M9：1-6，正面篆书"熙宁元宝"，旋读。钱径 2.38、穿径 0.78、郭宽 0.25、郭厚 0.1 厘米，重 3.44 克（图三三，6）。

M9：1-7，正面楷书"熙宁元宝"，旋读。钱径 2.5、穿径 0.65、郭宽 0.25、郭厚 0.1 厘米，重 3.14 克（图三三，7）。

M9：1-8，正面篆书"熙宁元宝"，旋读。钱径 2.49、穿径 0.55、郭宽 0.23、郭厚 0.13 厘米，重 3.12 克（图三三，8）。

M9：1-9，正面楷书"皇宋通宝"，对读。钱径 2.4、穿径 0.65、郭宽 0.3、郭厚 0.13 厘米，重 3.78 克（图三三，9）。

M9：1-10，正面篆书"圣宋元宝"，旋读。钱径 2.4、穿径 0.65、郭宽 0.2、郭厚 0.12 厘米，重 3.78 克（图三三，10）。

M9：1-11，正面行书"圣宋元宝"，旋读。钱径 2.5、穿径 0.75、郭宽 0.24、郭厚 0.1 厘米，重 3.42 克（图三三，11）。

M9：1-12，正面楷书"祥符通宝"，旋读。钱径 2.49、穿径 0.71、郭宽 0.3、郭厚 0.11 厘米，重 3.56 克（图三三，12）。

M9：1-13，正面楷书"政和通宝"，对读。钱径 2.45、穿径 0.75、郭宽 0.2、郭厚 0.11 厘米，重 3.54 克（图三三，13）。

M9：1-14，正面篆书"至和元宝"，旋读。钱径 2.48、穿径 0.71、郭宽 0.3、郭厚 0.15 厘米，重 3.8 克（图三三，14）。

M9：1-15，正面楷书"天禧通宝"，旋读。钱径 2.55、穿径 0.75、郭宽 0.3、郭厚 0.11 厘米，重 4.38 克（图三三，15）。

M11 位于发掘区西北部。南北向，方向 347°。开口于②层下，打破③、④、⑤层，墓口距地表深 0.4 米。竖穴土圹双室砖墓，由东、西两个长方形墓室组成，东墓室打破西墓室。墓圹平面呈不规则形，南北长 2.5～2.83 米，宽 1.42～2.5 米，深 0.95～1.1 米。墓内填浅灰褐色花土，土质较疏松。用砖为 36 厘米 ×16 厘米 ×6 厘米的素面泥质青砖（图三四；彩版一三，1）。

东墓室平面呈椭圆形，砖墙外部长 2.35 米，宽 1.12 米，残高 0.8 米。顶无存，四壁以平砖

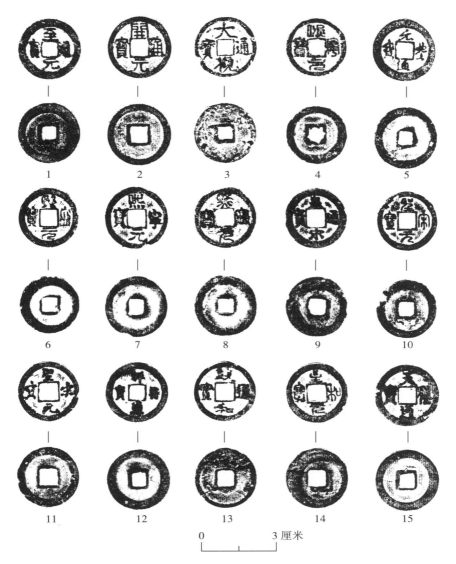

0　　　　3厘米

图三三　明代墓葬 M9 出土铜钱拓片

1."至元通宝"（M9:1-1）　2."开元通宝"（M9:1-2）　3."大观通宝"（M9:1-3）　4、6~8."熙宁元宝"（M9:1-4、1-6、1-7、1-8）　5."元丰通宝"（M9:1-5）　9."皇宋通宝"（M9:1-9）　10、11."圣宋元宝"（M9:1-10、1-11）　12."祥符通宝"（M9:1-12）　13."政和通宝"（M9:1-13）　14."至和元宝"（M9:1-14）　15."天禧通宝"（M9:1-15）

错缝叠砌，未见铺地砖。室内长 2.05 米，宽 0.52~0.7 米，残高 0.8 米。墓室内葬具为木棺，已朽。棺痕平面呈梯形，长 1.9 米，宽 0.45~0.52 米，残高 0.2 米。棺内人骨保存较差，仰身葬，骨架易位，头向北，面向南，女性，50 岁左右，残长 1.73 米。头骨上部随葬铜簪 1 件、铜钗 2 件，颈骨边随葬铜钱 21 枚。

　　西墓室平面呈长方形，砖墙外部长 2.72~2.83 米，宽 1.2~1.44 米，残高 0.55 米。顶无存，东侧砖墙与东墓室共用，西壁以平砖横铺，南、北两壁以平砖错缝叠砌，未见铺地砖。室内长 2.4 米，宽 0.99 米，残高 1.1 米。墓室内葬具为木棺，已朽。棺痕平面呈梯形，长 2.09 米，宽 0.66~0.72 米，残高 0.18 米。棺内人骨保存较差，仰身直肢葬，头向北，面向上，男性，50~60 岁左右，残长 1.92 米。头骨上部及盆骨左侧随葬铜钱 6 枚。

图三四　明代墓葬 M11 平面、剖视图

1、3.铜钱　2.铜簪　4、5.铜钗

根据墓葬形制及出土器物判断墓葬年代为明代。

铜簪　1件。

M11:2，残。手工制作。扁形簪体。簪首已残。残长 13.8 厘米（图二九，6；彩版一三，2）。

铜钗　2件。

M11:4，残。手工制作。首粗尾细。钗首呈"U"形。钗体呈圆锥形。素面。残长6厘米（图二九，4；彩版一三，3）。

M11:5，残。手工制作。首粗尾细。钗首呈"U"形。钗体呈圆锥形，手工拧成麻花状。素面。残长8.2厘米（图二九，2；彩版一三，4）。

铜钱　57枚。范铸。圆钱，方穿。

M11:1-1，正面隶书"崇宁重宝"，对读；背素面。钱径3.49、穿径0.85、郭宽0.3、郭厚0.21厘米，重10.64克（图三五，1）。

M11:1-2，正面隶书"崇宁重宝"，对读；背素面。钱径3.35、穿径0.85、郭宽0.25、郭厚0.21厘米，重9.2克（图三五，2）。

M11:1-3，正面楷书"崇宁通宝"，旋读；背素面。钱径3.59、穿径0.94、郭宽0.15、郭厚0.25厘米，重10.73克（图三五，3）。

M11:1-4，正面楷书"崇宁通宝"，旋读；背素面。钱径3.41、穿径0.9、郭宽0.2、郭厚0.25厘米，重12.47克（图三五，4）。

M11:1-5，花口方穿。正面隶书"崇宁重宝"，对读；背素面。钱径3.5、穿径0.85、郭宽0.28、郭厚0.2厘米，重10.85克（图三五，5）。

M11:1-6，残。正面隶书"宣和通宝"，对读；背素面。钱径2.95、穿径0.85、郭宽0.24、郭厚0.15厘米，重6.63克（图三五，6）。

M11:1-7，正面篆书"政和通宝"，对读；背素面。钱径2.91、穿径0.7、郭宽0.4、郭厚0.12厘米，重6.45克（图三五，7）。

M11:1-8，正面楷书"政和通宝"，对读；背素面。钱径2.82、穿径0.7、郭宽0.32、郭厚0.11厘米，重3.97克（图三五，8）。

M11:1-9，正面楷书"景定元宝"，对读；背素面。钱径2.9、穿径0.9、郭宽0.25、郭厚0.12厘米，重6.33克（图三五，9）。

M11:1-10，正面行书"元丰通宝"，旋读；背素面。钱径2.9、穿径0.55、郭宽0.4、郭厚0.2厘米，重7.59克（图三五，10）。

M11:1-11，残。正面楷书"绍圣通宝"，对读；背素面。钱径2.91、穿径0.85、郭宽0.3、郭厚0.15厘米，重6.21克（图三五，11）。

M11:1-12，花口方穿。正面行书"元丰通宝"，旋读；背素面。钱径2.49、穿径0.72、郭宽0.39、郭厚0.1厘米，重3.04克（图三五，12）。

M11:1-13，正面楷书"大定通宝"，对读；背素面。钱径2.55、穿径0.65、郭宽0.2、郭厚0.14厘米，重3.83克（图三五，13）。

M11:3-1，正面行书"元丰通宝"，旋读；背素面。钱径2.9、穿径0.8、郭宽0.4、郭厚0.14厘米，重6.46克（图三五，14）。

M11:3-2，正面行书"元丰通宝"，旋读；背素面。钱径2.85、穿径0.76、郭宽0.38、郭厚0.15厘米，重5.95克（图三五，15）。

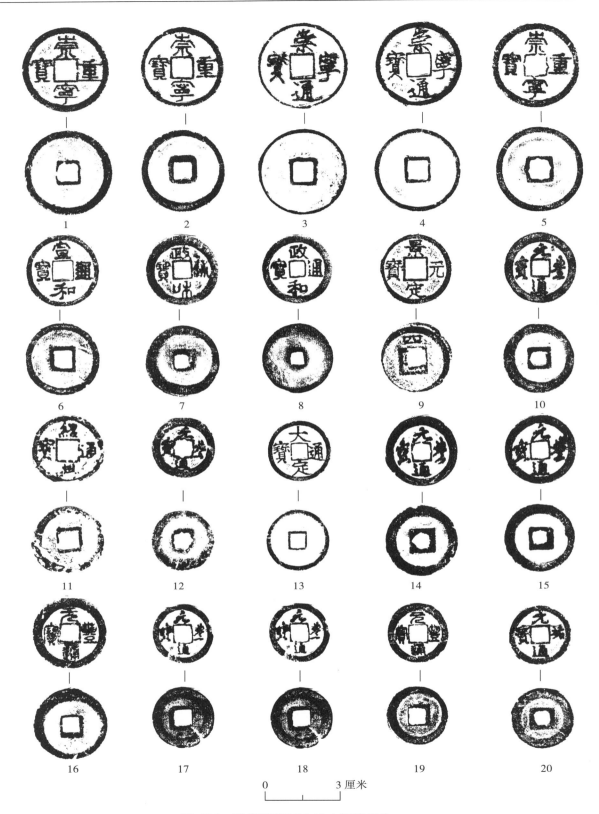

0　　　　　　　3厘米

图三五　明代墓葬 M11 出土铜钱拓片

1、2、5. "崇宁重宝"（M11：1-1、1-2、1-5）　3、4. "崇宁通宝"（M11：1-3、1-4）6. "宣和通宝"（M11：1-6）　7、8. "政和通宝"
（M11：1-7、1-8）　9. "景定元宝"（M11：1-9）　10、12、14～19. "元丰通宝"（M11：1-10、1-12、3-1、3-2、3-3、3-4、3-5、3-6）
11. "绍圣通宝"（M11：1-11）　13. "大定通宝"（M11：1-13）　20. "元祐通宝"（M11：3-7）

M11：3-3，正面篆书"元丰通宝"，旋读；背素面。钱径2.9、穿径0.74、郭宽0.4、郭厚0.2厘米，重6.46克（图三五，16）。

M11：3-4，正面行书"元丰通宝"，旋读；背素面。钱径2.49、穿径0.71、郭宽0.3、郭厚0.1厘米，重3.35克（图三五，17）。

M11：3-5，正面行书"元丰通宝"，旋读；背素面。钱径2.45、穿径0.7、郭宽0.22、郭厚0.1厘米，重3.29克（图三五，18）。

M11：3-6，正面篆书"元丰通宝"，旋读；背素面。钱径2.42、穿径0.75、郭宽0.34、郭厚0.1厘米，重3.05克（图三五，19）。

M11：3-7，正面行书"元祐通宝"，旋读；背素面。钱径2.49、穿径0.75、郭宽0.29、郭厚0.15厘米，重5.24克（图三五，20）。

M11：3-8，正面篆书"天圣元宝"，旋读；背素面。钱径2.5、穿径0.8、郭宽0.25、郭厚0.1厘米，重3.46克（图三六，1）。

M11：3-9，正面篆书"元祐通宝"，旋读；背素面。钱径2.39、穿径0.7、郭宽0.28、郭厚0.12厘米，重4.31克（图三六，2）。

M11：3-10，正面楷书"治平元宝"，旋读；背素面。钱径2.35、穿径0.7、郭宽0.25、郭厚0.11厘米，重3.64克（图三六，3）。

M11：3-11，正面篆书"至和通宝"，对读；背素面。钱径2.48、穿径0.7、郭宽0.35、郭厚0.11厘米，重3.52克（图三六，4）。

M11：3-12，残。正面篆书"熙宁元宝"，旋读；背素面。钱径2.3、穿径0.75、郭宽0.24、郭厚0.11厘米，重2.89克（图三六，5）。

M11：3-13，正面楷书"祥符元宝"，旋读；背素面。钱径2.5、穿径0.63、郭宽0.35、郭厚0.1厘米，重2.99克（图三六，6）。

M11：3-14，正面行书"至道元宝"，旋读；背素面。钱径2.5、穿径0.64、郭宽0.35、郭厚0.11厘米，重3.74克（图三六，7）。

M11：3-15，残。正面行书"圣宋元宝"，旋读；背素面。钱径2.38、穿径0.7、郭宽0.3、郭厚0.15厘米，重3.42克（图三六，8）。

M11：3-16，正面篆书"政和通宝"，对读；背素面。钱径2.45、穿径0.71、郭宽0.15、郭厚0.11厘米，重3.26克（图三六，9）。

M11：3-17，正面行书"圣宋元宝"，旋读；背素面。钱径2.5、穿径0.7、郭宽0.35、郭厚0.1厘米，重5.8克（图三六，10）。

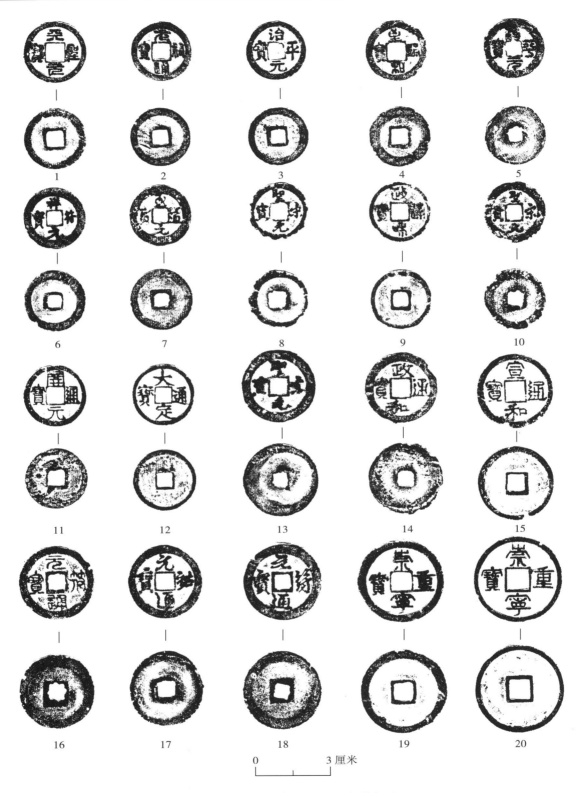

图三六　明代墓葬 M11 出土铜钱拓片

1."天圣元宝"（M11:3-8）　2、17."元祐通宝"（M11:3-9、3-24）　3."治平元宝"（M11:3-10）　4."至和通宝"（M11:3-11）　5."熙宁元宝"（M11:3-12）　6."祥符元宝"（M11:3-13）　7."至道元宝"（M11:3-14）　8、10、13."圣宋元宝"（M11:3-15、3-17、3-20）　9、14."政和通宝"（M11:3-16、3-21）　11."开元通宝"（M11:3-18）　12."大定通宝"（M11:3-19）　15."宣和通宝"（M11:3-22）　16、18."元符通宝"（M11:3-23、3-25）　19、20."崇宁重宝"（M11:3-26、3-27）

M11：3-18，正面楷书"开元通宝"，对读；背素面。钱径2.5、穿径0.79、郭宽0.25、郭厚0.14厘米，重3.51克（图三六，11）。

M11：3-19，正面楷书"大定通宝"，对读；背素面。钱径2.51、穿径0.68、郭宽0.21、郭厚0.12厘米，重3.26克（图三六，12）。

M11：3-20，正面行书"圣宋元宝"，旋读；背素面。钱径2.98、穿径0.79、郭宽0.4、郭厚0.15厘米，重2.9克（图三六，13）。

M11：3-21，正面楷书"政和通宝"，对读；背素面。钱径2.95、穿径0.83、郭宽0.35、郭厚0.15厘米，重6.4克（图三六，14）。

M11：3-22，正面隶书"宣和通宝"，对读；背素面。钱径3.05、穿径0.8、郭宽0.29、郭厚0.15厘米，重4.67克（图三六，15）。

M11：3-23，残。花口方穿。正面篆书"元符通宝"，旋读；背素面。钱径3.11、穿径0.62、郭宽0.39、郭厚0.15厘米，重5.02克（图三六，16）。

M11：3-24，残。正面行书"元祐通宝"，旋读；背素面。钱径3、穿径0.7、郭宽0.3、郭厚0.12厘米，重3.72克（图三六，17）。

M11：3-25，残。正面行书"元符通宝"，旋读；背素面。钱径3.15、穿径0.65、郭宽0.45、郭厚0.15厘米，重6.65克（图三六，18）。

M11：3-26，正面隶书"崇宁重宝"，对读；背素面。钱径3.4、穿径0.8、郭宽0.3、郭厚0.2厘米，重9.89克（图三六，19）。

M11：3-27，正面隶书"崇宁重宝"，对读；背素面。钱径3.51、穿径0.85、郭宽0.25、郭厚0.2厘米，重9.58克（图三六，20）。

M11：3-28，正面楷书"大观通宝"，对读；背素面。钱径2.43、穿径0.7、郭宽0.15、郭厚0.1厘米，重2.35克（图三七，1）。

M11：3-29，正面篆书"皇宋通宝"，对读；背素面。钱径2.5、穿径0.85、郭宽0.25、郭厚0.1厘米，重2.73克（图三七，2）。

M11：3-30，正面篆书"熙宁元宝"，旋读；背素面。钱径2.37、穿径0.7、郭宽0.27、郭厚0.11厘米，重3.32克（图三七，3）。

M11：3-31，正面楷书"熙宁元宝"，旋读；背素面。钱径2.4、穿径0.68、郭宽0.25、郭厚0.12厘米，重3.15克（图三七，4）。

M11：3-32，残。正面楷书"熙宁元宝"，旋读；背素面。钱径2.5、穿径0.7、郭宽0.21、郭厚0.1厘米，重3.76克（图三七，5）。

M11：3-33，花口方穿。正面行书"嘉祐通宝"，旋读；背素面。钱径 2.35、穿径 0.7、郭宽 0.3、郭厚 0.1 厘米，重 2.47 克（图三七，6）。

M11：3-34，残。花口方穿。正面楷书"皇宋通宝"，对读；背素面。钱径 2.48、穿径 0.75、郭宽 0.31、郭厚 0.1 厘米，重 3.44 克（图三七，7）。

M11：3-35，残。正面篆书"景祐元宝"，旋读；背素面。钱径 2.55、穿径 0.6、郭宽 0.3、郭厚 0.11 厘米，重 3.42 克（图三七，8）。

M11：3-36，残。正面楷书"嘉祐通宝"，对读；背素面。钱径 2.5、穿径 0.8、郭宽 0.3、郭厚 0.09 厘米，重 3.26 克（图三七，9）。

M11：3-37，正面楷书"开庆通宝"，对读；背素面。钱径 2.95、穿径 0.75、郭宽 0.25、郭厚 0.19 厘米，重 6.17 克（图三七，10）。

M11：3-38，正面楷书"皇宋元宝"，旋读；背面穿上楷书"五"。钱径 2.9、穿径 0.9、郭宽 0.25、郭厚 0.15 厘米，重 6.52 克（图三七，11）。

M11：3-39，正面楷书"皇宋元宝"，旋读；背面穿上楷书"二"。钱径 3.4、穿径 0.89、郭宽 0.3、郭厚 0.15 厘米，重 6.16 克（图三七，12）。

M11：3-40，正面楷书"庆元通宝"，旋读；背素面。钱径 3、穿径 0.88、郭宽 0.3、郭厚 0.15 厘米，重 6.4 克（图三七，13）。

M11：3-41，残。正面行书"绍圣元宝"，旋读；背素面。钱径 3.05、穿径 0.65、郭宽 0.4、郭厚 0.15 厘米，重 5.97 克（图三七，14）。

M11：3-42，残。正面楷书"熙宁重宝"，旋读；背素面。钱径 2.9、穿径 0.79、郭宽 0.35、郭厚 0.15 厘米，重 6.34 克（图三七，15）。

M11：3-43，正面篆书"绍圣元宝"，旋读；背面穿上饰仰月纹。钱径 2.94、穿径 0.9、郭宽 0.28、郭厚 0.15 厘米，重 5.98 克（图三七，16）。

M11：3-44，正面楷书"景定元宝"，对读；背素面。钱径 2.95、穿径 0.8、郭宽 0.3、郭厚 0.1 厘米，重 3.92 克（图三七，17）。

M12　位于发掘区西北部。南北向，方向 8°。开口于①层下，打破②、③、④、⑤层，墓口距地表深 0.4 米。竖穴土圹单棺墓。墓圹平面呈梯形，南北长 2.7 米，宽 1.05~1.1 米，深 1.5 米。墓内填黄褐色花土，土质较疏松（图三八）。

墓室内葬具为木棺，已朽。棺痕平面呈梯形，长 2.06 米，宽 0.5~0.65 米，残高 0.17 米。棺内未见人骨。

未出土随葬品。

此墓葬形制为明清时期墓葬，未见人骨及出土器物。因其周边墓葬年代为明代，因此暂且判断为明代。

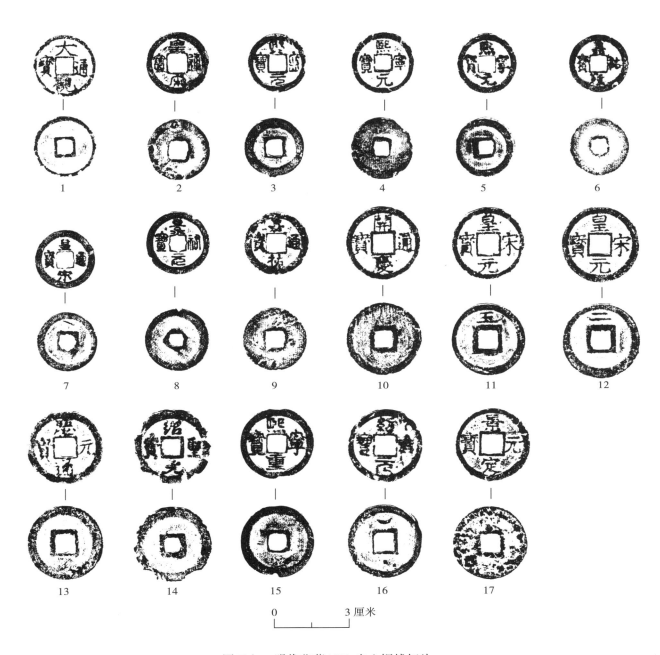

图三七　明代墓葬 M11 出土铜钱拓片

1."大观通宝"（M11：3-28）　2、7."皇宋通宝"（M11：3-29、3-34）　3~5."熙宁元宝"（M11：3-30、3-31、3-32）　6、9."嘉祐
通宝"（M11：3-33、3-36）　8."景祐元宝"（M11：3-35）　10."开庆通宝"（M11：3-37）　11、12."皇宋元宝"（M11：3-38、3-39）
13."庆元通宝"（M11：3-40）　14、16."绍圣元宝"（M11：3-41、3-43）　15."熙宁重宝"（M11：3-42）　17."景定元宝"（M11：3-44）

M19　位于发掘区西北部，西邻 M12。南北向，方向 8°。开口于①层下，打破②、③、④、
⑤层，墓口距地表深 0.4 米。竖穴土圹单棺墓。墓圹平面呈梯形，南北长 2.64 米，宽 1~1.06
米，深 1.5 米。墓内填黄褐色花土，土质较疏松（图三九）。

　　墓室内葬具为木棺，已朽。棺痕平面呈梯形，长 2 米，宽 0.45~0.55 米，残高 0.19 米。棺
内未见人骨。

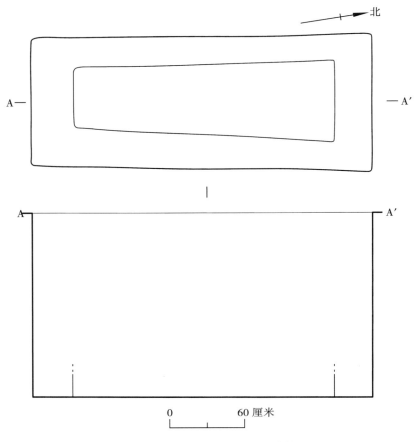

图三八　明代墓葬 M12 平面、剖视图

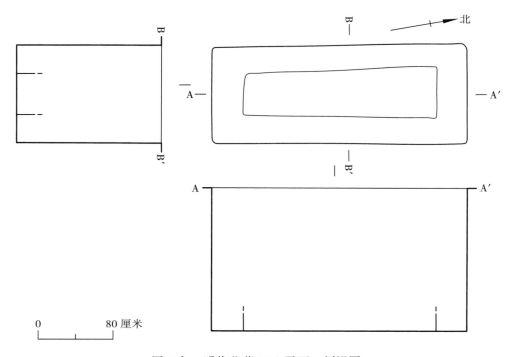

图三九　明代墓葬 M19 平面、剖视图

未出土随葬品。

此墓葬形制为明清时期墓葬，无人骨及出土器物。因其周边墓葬年代为明代，因此暂且判断为明代。

三、结语

报告中所叙述墓葬，可根据其出土器物特征和墓葬形制来判断其年代。M13 墓葬形制、出土器物与昌平张营[①]瓮棺墓接近，推断应为战国时期儿童瓮棺墓。M18 出土的陶盘（M18:2）、陶罐（M18:1）、白瓷碗（M18:3）与大兴北程庄墓地[②]出土的陶盘（M46:4）、陶罐（M46:3）、白瓷碗（M45:2）近似，为唐代墓葬。M10 出土的瓷鸡腿瓶（M10:4）与《北京亦庄考古发掘报告》[③]中瓷鸡腿瓶（M86:6）器形相似，为金代墓葬。

4 座元代墓葬多为小型砖室墓，墓室近方形。M14 的墓室与昌平沙河元代墓葬 M35[④]墓室结构类似。M8 出土的陶盆（M8:10）与北京石景山区刘娘府元墓 M1[⑤]出土陶盆（M1:10）器形接近，因此 M8 亦属元代墓葬。

明代墓葬 9 座，其中 M4 出土铜钱 21 枚，大多为宋、金钱币，不过有"洪武通宝" 2 枚，说明其墓葬年代应当是明代早期。M6 出土铜钱种类与 M4 近似，虽未出有明代钱币，但其出土酱釉瓷双系罐（M6:1）与《北京奥运场馆考古发掘报告（上、下册）》之《北京射击场工程考古发掘报告》[⑥]中明代墓葬 M167 出土酱釉瓷双系罐（M167:3）近似，应为明代早期器物，因此其时代与 M4 近似，也为明代早期。此外，M4、M5、M11 有砖砌，延续了金元时期墓葬的风俗，进一步说明这些墓葬的年代应为明代早期。

发掘：于　璞　王　策

绘图：畅玲君　李圣永

修复：蔡明玺

摄影：刘晓贺

执笔：于　璞　王　策　程　利

① 北京市文物研究所、北京市昌平区文化委员会：《昌平张营——燕山南麓地区早期青铜文化遗址发掘报告》，文物出版社，2007 年，第 199 页。

② 北京市文物局、北京市文物研究所：《大兴北程庄墓地——北魏、唐、辽、金、清代墓葬发掘报告》，科学出版社，2010 年，第 22、23 页。

③ 北京市文物研究所：《北京亦庄考古发掘报告》，科学出版社，2009 年，第 298 页。

④ 北京市文物研究所：《昌平沙河——汉、西晋、唐、元、明、清代墓葬发掘报告》，科学出版社，2012 年，第 70、71 页。

⑤ 北京市文物研究所：《北京市石景山区刘娘府元墓发掘简报》，《考古》2014 年第 9 期。

⑥ 北京市文物局、北京市文物研究所：《北京奥运场馆考古发掘报告》，科学出版社，2007 年，第 628 页。

怀柔区郑重庄村汉代墓葬考古发掘报告

郑重庄村汉代墓地位于怀柔区西台上村西南侧、郑重庄村西侧，北邻庙城路，西接兵山路，地理坐标为北纬 40° 17′ 2.94″、东经 116° 35′ 36.20″（图一）。

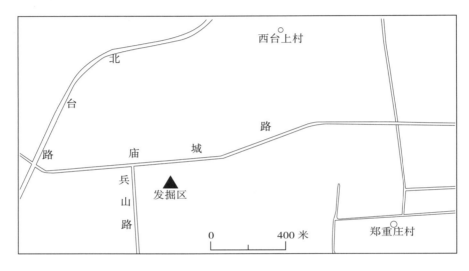

图一　发掘区位置示意图

2018 年 9 月 3 日至 22 日，为配合怀柔区庙城镇 HR05-0702-6001、6002 地块建设，北京市文物研究所（今北京市考古研究院）对其用地范围内的古代墓葬进行了考古发掘，共发掘古代墓葬 8 座，发掘面积 409 平方米（图二；彩版一四）。现将发掘情况报告如下。

一、地层堆积

发掘区域地势较平坦，地层堆积较为单一，可分为 2 层：

①层：黄褐色土。厚 0～0.3 米。土质较黏，结构较紧密，内含大量植物根系。

②层：浅褐色土。厚 0.3～1.6 米。土质较黏，结构较紧密，内含少量粉砂。此次发掘的 8 座墓葬均开口于此层下。

②层下为黄褐色生土。

二、遗迹与遗物

此次发掘墓葬 8 座，编号 M1～M8，均为斜坡墓道竖穴土坑砖室墓（附表一）。

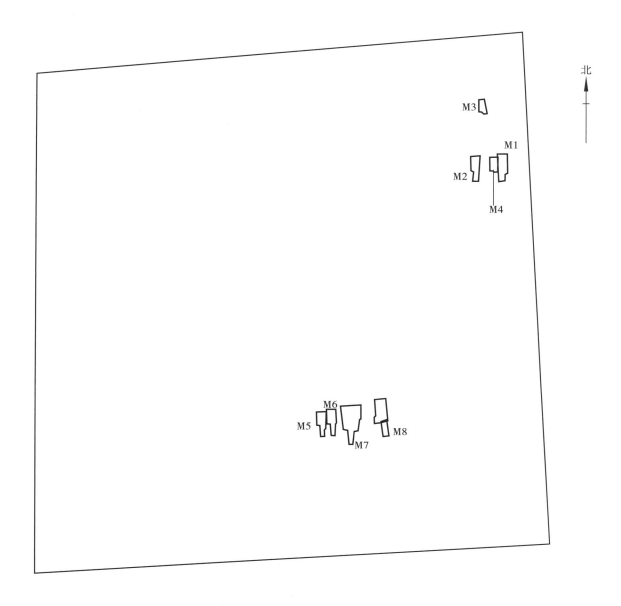

0   20 米

图二 墓葬分布示意图

M1 位于发掘区东北部，西侧被 M4 打破。方向 184°。开口于②层下，墓口距地表深 0.4 米。墓圹平面呈刀把形，总长 6.9 米，墓深 1.05 米。单室砖室墓，由墓道、墓门、甬道和墓室四部分组成（图三；彩版一五）。

墓道位于墓门南侧，呈长方形斜坡状，坡度 20°。两壁较直，内填花土。上口南北长 2.7 米，宽 0.8 米，底坡长 2.9 米。

墓门位于墓道与墓室之间，已被完全破坏。

甬道位于墓门北侧，破坏严重，仅剩土圹。面宽 1.5 米，进深 0.5 米。

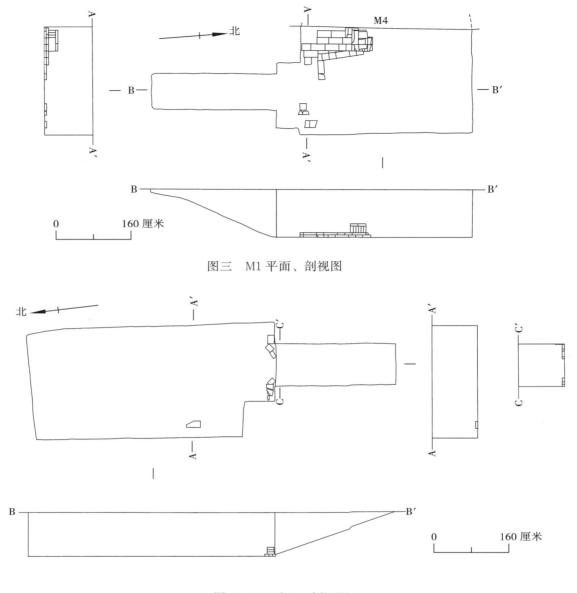

图三　M1 平面、剖视图

图四　M2 平面、剖视图

墓室位于甬道北侧，平面呈长方形。南北长 3.7 米，东西宽 2.3~2.4 米。破坏严重，仅在西南部残留少量铺地砖与壁砖，底部铺地砖错缝平铺墁地，西壁残留四层墙砖，采用两卧一甃的方式砌筑。用砖规格为 30 厘米 ×15 厘米 ×5 厘米。

未发现人骨、葬具及随葬品。

M2　位于发掘区东北部，东邻 M4。方向 186°。开口于②层下，墓口距地表深 0.4 米。墓圹平面近似刀把形，总长 7.88 米，墓深 0.98 米。单室砖室墓，由墓道、墓门、甬道和墓室四部分组成（图四；彩版一六，1）。

墓道位于墓门南侧，呈长方形斜坡状，坡度 20°。两壁较直，内填花土。上口南北长 2.64 米，宽 0.9~0.94 米，底坡长 2.78 米。

墓门位于墓道与墓室之间，破坏严重，仅存数块残砖。

甬道位于墓门北侧，破坏严重，仅存土圹。面宽 1.74 米，进深 0.64 米。

墓室位于甬道北侧，平面呈长方形。南北长 4.38 ~ 4.6 米，东西宽 2.3 ~ 2.5 米。破坏严重，仅存土圹。

未发现人骨、葬具及随葬品。

M3　位于发掘区东北部，南邻 M1、M2。方向 190°。开口于②层下，墓口距地表深 0.4 米。墓圹平面呈刀把形，总长 6.55 米，墓深 0.65 米。单室砖室墓，由墓道、墓门、甬道和墓室四部分组成，被现代沟严重破坏（图五；彩版一六，2）。

墓道位于墓门南侧，呈长方形斜坡状，坡度 20°。东部被现代沟破坏。上口南北长 1.5 米，残宽 0.5 ~ 0.6 米，底坡长 1.8 米。

墓门位于墓道与墓室之间，已被完全破坏。

甬道连接墓门，破坏严重，仅剩土圹和少量铺地砖，错缝平铺一层。面宽 1 米，进深 1.1 米。

墓室位于甬道北侧，平面呈不规则形。南北长 3.65 米，东西宽 3.6 米。破坏严重，在西部残留部分铺地砖与数块丁砖，底部用两层青砖错缝平铺墁地。从残存墓砖来看，四壁应采用两卧一甃的方式砌筑。用砖规格为 30 厘米 × 15 厘米 × 5 厘米。未发现人骨、葬具。仅发现少量陶片。

M4　位于发掘区东北部，东邻 M1。方向 186°。开口于②层下，墓口距地表深 0.4 米。墓葬被现代沟打破，残存墓圹平面呈刀把形。残长 5.36 米，墓深 1 米。单室砖室墓，由墓道、墓门和墓室四部分组成（图六；彩版一五）。

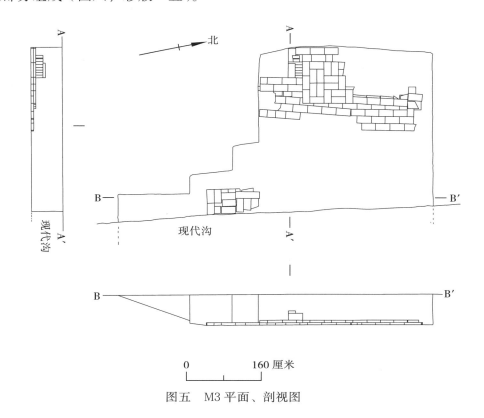

图五　M3 平面、剖视图

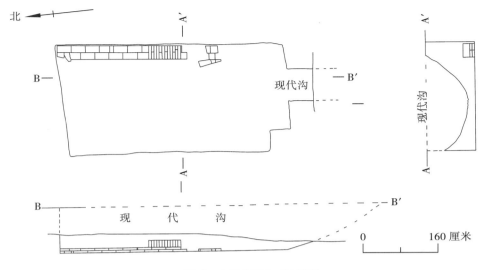

图六　M4 平面、剖视图

墓道位于墓门南侧，呈长方形斜坡状，坡度 20°。两壁较直。墓道上口南北残长 0.5 米，残宽 0.7 米，残高 0.2 米。

墓门位于墓道与墓室之间，已被完全破坏。

甬道位于墓门北侧，破坏严重，仅剩土圹。面宽 1.9 米，进深 0.45 米。

墓室位于甬道北侧，平面呈长方形。南北长 4.4 米，东西宽 2.45 米。破坏严重，仅残留部分东壁，东壁残留三层青砖，采用两卧一甓的方式砌筑。用砖规格为 30 厘米 ×15 厘米 ×5 厘米。

未发现人骨、葬具及随葬品。

M5　位于发掘区中部偏东，东邻 M6。方向 181°。开口于②层下，墓口距地表深 0.5 米。平面呈刀把形，总长 8.2 米，墓深 1.44 米。单室砖室墓，由墓道、墓门、甬道和墓室四部分组成（图七；彩版一七，1）。

墓道位于墓门南侧，呈长方形斜坡状，坡度 25°。两壁较直。墓道东南部有一处黑灰、黑红色烧土，东西长 1 米，南北宽 0.56 米，厚度约 0.03 米。墓道上口南北长 2.9 米，宽 0.7~1.16 米，底坡长 3.2 米。

墓门位于墓道与墓室之间，底部残存数层封门墙，封门墙用青砖错缝砌筑。

甬道位于墓门北侧，破坏严重，仅存部分铺地砖。用砖规格为 30 厘米 ×15 厘米 ×5 厘米。甬道进深 1.22 米，面宽 1.66~1.72 米。

墓室位于甬道北侧，破坏严重，平面呈长方形。南北长 4.08 米，东西宽 2.29~2.4 米。未见人骨。墓室内残存大量陶器残片，采集修复后为 1 具陶棺，呈长方形，长 1.06 米，宽 0.36 米，高 0.27 米（图八；彩版一七，2）。

随葬品仅发现 1 件陶狗。

陶狗　1 件。M5∶1，泥质灰陶。捏塑成形。呈站立状，双耳竖立，尾巴上卷。体长 8.65、宽 3.4、高 5.9 厘米（图八，1；彩版一七，3）。

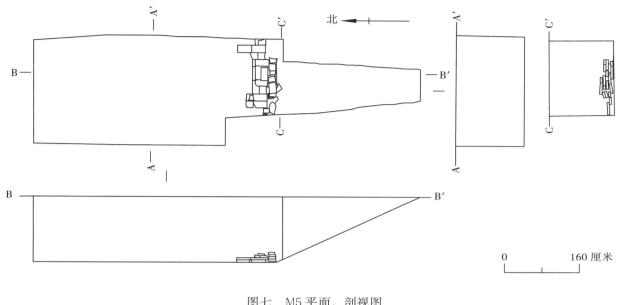

图七　M5 平面、剖视图

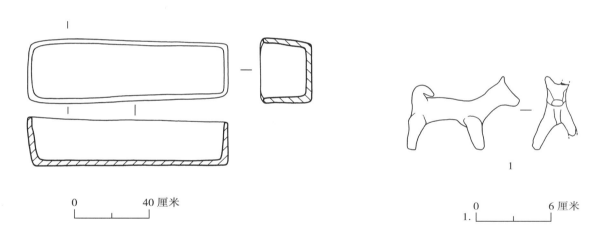

图八　M5 陶棺平面、剖视图及出土陶器
1. 陶狗（M5∶1）

M6　位于发掘区中部偏东，西邻 M5。方向 190°。开口于②层下，墓口距现地表 0.5 米。平面呈刀把形，总长 8.6 米，墓深 1.56 米。单室砖室墓，由墓道、甬道、墓门及墓室组成（图九；彩版一七，1）。

墓道位于墓门南侧，呈长方形斜坡状，坡度 20°。两壁较直，内填花土。墓道上口南北长 3.2 米，宽 0.8～0.9 米，底坡长 3.48 米。在墓道东南部有一处黑灰、黑红色烧土，东西长 1.14 米，南北宽 0.8 米，厚度约 0.03 米。

墓门位于墓室与甬道之间，已被破坏无存。

甬道位于墓道北侧，东南部残存数块墙砖。青砖规格为 30 厘米 ×15 厘米 ×5 厘米。甬道进深 1.28 米，面宽 1.32～1.48 米。

墓室位于甬道北侧，平面近似长方形。南北长 3.8 米，东西宽 2.16～2.26 米。破坏严重，

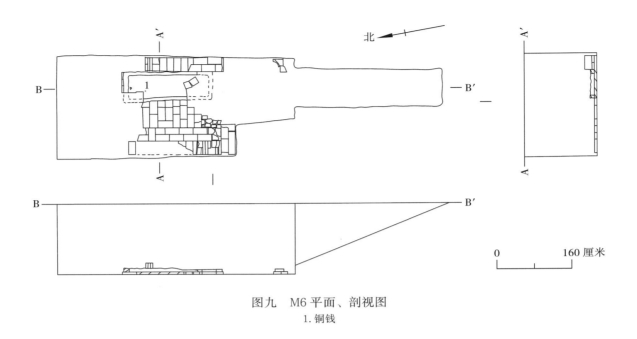

图九　M6 平面、剖视图
1. 铜钱

仅在中部残留部分铺地砖，用一层青砖错缝平铺。残存部分东壁与西壁，从残存墓砖来看，四壁应采用两卧一甓的方式砌筑。墓室中部残存木棺棺痕，平面呈梯形，残长 1.9 米，残宽 0.46～0.52 米，残存高度 0.1 米。未见人骨。

随葬品有陶耳杯、铜钱。

陶耳杯　3 件。泥质灰陶。模制。形制相似，杯身呈椭圆形，两侧有弧形板状耳。敞口，斜腹，平底。

M6:2-1，口长径 10、短径 6.8 厘米，底长径 5.9、短径 2.6 厘米，高 3 厘米（图一〇，1；彩版一七，4）。

M6:2-2，口长径 9.9、短径 7.1 厘米，底长径 6、短径 2.6 厘米，高 3.1 厘米（图一〇，2；彩版一七，4）。

M6:2-3，口长径 9.9、短径 6.8 厘米，底长径 5.8、短径 2.5 厘米，高 3 厘米（图一〇，3；彩版一七，4）。

“五铢”铜钱　4 枚。均为圆形，方穿，边缘及穿背均有郭。穿的左右篆书“五铢”，“五”字交笔弯曲，“金”字头为三角形，“朱”字头圆折。字体清晰，布局舒朗。

M6:1-1，钱径 2.57、穿宽 1、郭厚 0.09 厘米，重 1.78 克（图一一，1）。

M6:1-2，钱径 2.55、穿宽 1、郭厚 0.17 厘米，重 1.62 克（图一一，2）。

M6:1-3，钱径 2.61、穿宽 1、郭厚 0.12 厘米，重 2.08 克（图一一，3）。

M6:1-4，钱径 2.53、穿宽 1、郭厚 0.13 厘米，重 1.95 克（图一一，4）。

M7　位于发掘区中部偏东，西邻 M6，东邻 M8。方向 189°。开口于②层下，墓口距现地表 0.5 米。平面呈“甲”字形，总长 12.2 米，墓深 1.56 米。多室砖室墓，由墓道、墓门、甬道、前室、东后室和西后室组成（图一二；彩版一八，1）。

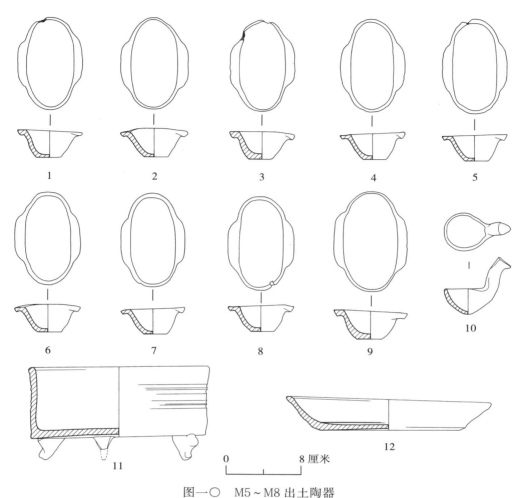

图一〇　M5～M8 出土陶器

1～9.耳杯（M6：2-1、M6：2-2、M6：2-3、M7：5-1、M7：5-2、M7：5-3、M7：5-4、M7：5-5、M8：1）
10.勺（M7：1）　11.奁（M7：3）　12.盘（M7：4）

墓道位于墓门南侧，呈长方形斜坡状，坡度 20°。两壁较直，内填花土。墓道南北长 3.16 米，宽 0.64～0.84 米，底坡长 3.46 米。墓道东部有一处黑灰、黑红色烧土，东西长 0.8 米，南北宽 0.7 米，厚度约 0.03 米。

墓门位于墓室与甬道之间，破坏严重，仅存底部数块残砖。

甬道位于墓门北侧，仅存土圹，平面呈梯形。壁面倾斜，口小底大。甬道南北长 1.72～1.84 米，东西宽 1.56～1.68 米；底部南北长 1.82～1.86 米，东西长 1.68～1.76 米。

前室位于甬道北侧，平面近长方形。南北长 2.7 米，东西宽 3.34～3.74 米。底部仅存部分铺地砖，用一层青砖错缝平铺。青砖规格为 30 厘米 ×15 厘米 ×5 厘米。东壁处砌筑一座器物台，南北长 1.94 米，东西宽 0.9 米，高 0.1～0.15 米。器物台上放置陶勺、陶奁、陶盘，陶盘内承放数件陶耳杯，还出土有铅制品，北壁附近出土数枚铜钱。

东后室位于前室东北侧，平面近长方形。南北长 4.4 米，东西宽 2.2 米。西部残存少量墙砖与铺地砖，西壁采用一顺一丁的方式砌成，铺地砖错缝平铺。青砖规格为 30 厘米 ×15 厘米 ×5 厘米。未发现人骨、葬具及随葬品。

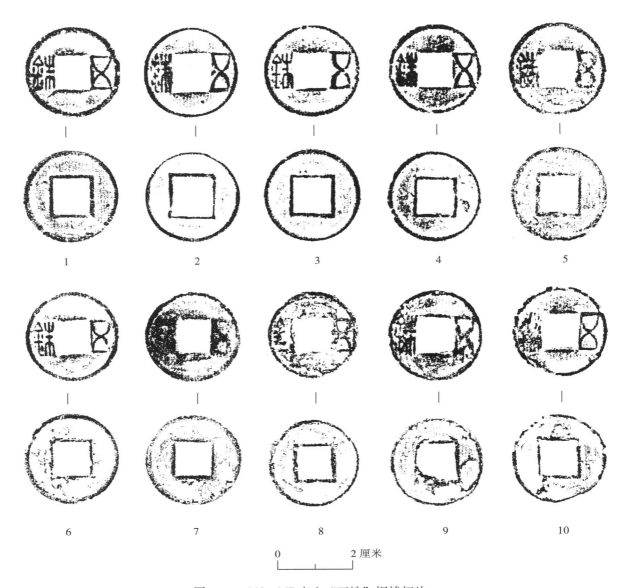

图一一　M6、M7出土"五铢"铜钱拓片

1~10. M6∶1-1、M6∶1-2、M6∶1-3、M6∶1-4、M7∶2-1、M7∶2-2、M7∶2-3、M7∶2-4、M7∶2-5、M7∶2-6

　　西后室位于前室西北侧，平面近长方形。东、西两后室之间有生土隔梁。南北长4.4米，东西宽3.1米。仅存部分墙砖，采用一顺一丁的方式砌筑。铺地砖砌法为两横两竖错缝平铺。青砖规格为30厘米×15厘米×5厘米。未发现人骨及葬具。西南部出土数枚铜钱。

　　陶勺　1件。M7∶1，泥质灰陶。器身呈椭圆形，腹较深。勺柄粗短，倾斜，横截面呈三角形。长7、高6.2、宽4.1厘米（图一〇，10；彩版一九，2）。

　　陶奁　1件。M7∶3，泥质灰陶。器身呈圆筒状，直口，平沿，方圆唇，直腹，平底，下附曲形足。腹部中间饰四周凹弦纹。口径19.6、高10.6厘米（图一〇，11；彩版一九，1）。

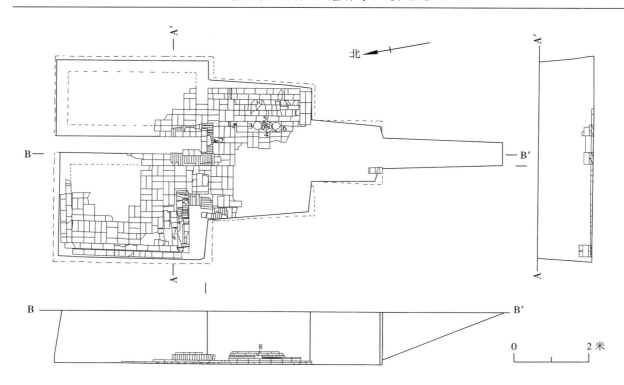

图一二　M7 平面、剖视图
1.陶勺　2、7.铜钱　3.陶奁　4、6.陶盘　5.陶耳杯　8.铅制品

陶盘　2件。

M7：4，泥质灰陶。敞口，尖唇，斜弧腹，平底，内底有两圈凹槽。口径22.2、底径15.2、高3.8厘米（图一〇，12；彩版一九，3）。

M7：6，残，仅剩口沿残片。泥质红陶。敞口，平沿，方唇。

陶耳杯　5件。泥质灰陶。模制。形制相似。杯身呈椭圆形，两侧有弧形板状耳。敞口，斜腹，平底。

M7：5-1，口长径10.1、短径6.8厘米，底长径6.1、短径2.5厘米，高3厘米（图一〇，4；彩版一九，4）。

M7：5-2，口长径10.3、短径6.8厘米，底长径6.2、短径2.6厘米，高2.9厘米（图一〇，5）。

M7：5-3，口长径10、短径6.9厘米，底长径6.1、短径2.6厘米，高3厘米（图一〇，6；彩版一九，4）。

M7：5-4，口长径10.1、短径6.7厘米，底长径6、短径2.4厘米，高2.9厘米（图一〇，7；彩版一九，4）。

M7：5-5，口长径10.1、短径6.9厘米，底长径5.9、短径2.4厘米，高2.9厘米（图一〇，8；彩版一九，4）。

铅制品　4件。

M7:8-1，残。圆形。表面氧化呈白色，内部呈银白色（彩版一九，5）。

"五铢"铜钱　8 枚。形制相似，均为圆形，方穿，边缘及穿背均有郭。穿的左右篆书"五铢"，"五"字交笔弯曲，"金"字头为三角形，"朱"字头圆折。字体清晰，布局舒朗。

M7:2-1，钱径 2.63、穿宽 1.06、郭厚 0.12 厘米，重 2.95 克（图一一，5）。

M7:2-2，钱径 2.54、穿宽 1、郭厚 0.12 厘米，重 2.44 克（图一一，6）。

M7:2-3，钱径 2.55、穿宽 1、郭厚 0.11 厘米，重 3.28 克（图一一，7）。

M7:2-4，钱径 2.42、穿宽 0.95、郭厚 0.14 厘米，重 3.06 克（图一一，8）。

M7:2-5，钱径 2.52、穿宽 1、郭厚 0.1 厘米，重 2.45 克（图一一，9）。

M7:2-6，钱径 2.55、穿宽 1、郭厚 0.14 厘米，重 2.05 克（图一一，10）。

M7:7-1，钱径 2.5、穿宽 0.97、郭厚 0.1 厘米，重 2.4 克。

M7:7-2，钱径 2.57、穿宽 1、郭厚 0.15 厘米，重 1.7 克。

M8　位于发掘区中部偏东，西邻 M7。方向 190°。开口于②层下，墓口距现地表 0.5 米。平面呈"干"字形，总长 11.6 米，墓深 1.5 米。双室砖室墓，由墓道、墓门、前甬道、前室、后甬道和后室组成（图一三；彩版一八，2）。

墓道位于墓门南侧，呈长方形斜坡状，坡度 20°。两壁较直，内填花土。南北长 3.32 米，宽 0.8 米，底坡长 3.54 米。墓道西南部有一处黑灰、黑红色烧土，东西长 3.9 米，南北宽 0.6 米，厚度约 0.03 米。

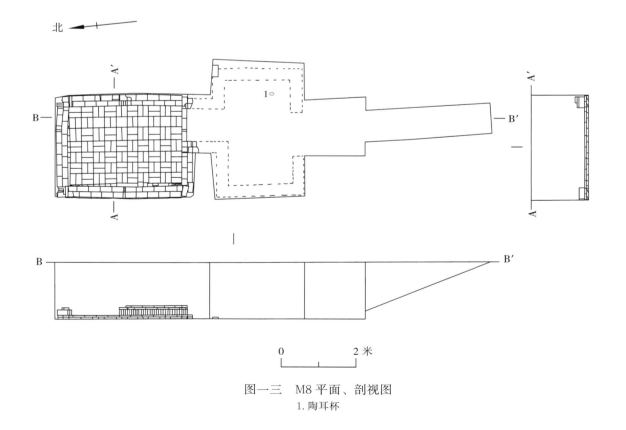

北

0　　　　2 米

图一三　M8 平面、剖视图
1. 陶耳杯

墓门位于墓室与甬道之间，破坏严重，现已不存。

前甬道位于墓门北侧，仅存土圹，平面呈梯形。进深 1.6 米，面宽 1.46～1.56 米。

前室位于甬道北侧，破坏严重，仅存墓圹，平面呈长方形。南北长 2.34～2.5 米，东西宽 3.56～3.9 米。出土有陶耳杯。

后甬道位于前室和后室之间，仅存土圹，平面呈长方形。进深 0.4 米，面宽 1.6 米。

后室位于前室北侧，平面近长方形。南北长 3.7 米，东西宽 2.9 米。顶部已被破坏。四壁均残存有青砖，残高 0.05～0.36 米，墙砖砌法为两平一竖。铺地砖保存较完整，二横二竖错缝平铺。未发现人骨、葬具及随葬品。

陶耳杯　1 件。M8:1，泥质灰陶。杯身呈椭圆形，两侧有弧形板状耳。敞口，斜腹，平底。口长径 10.8、短径 7.7 厘米，底长径 5.9、短径 2.7 厘米，高 3.2 厘米（图一〇，9；彩版一九，6）。

三、结语

郑重庄村发现的 8 座墓葬均为斜坡墓道竖穴土坑砖室墓，分成南、北两个区域，每个区域内的墓葬朝向一致，平行分布，相互靠近，应为两处家族墓地。从墓葬形制和出土器物来看，这批墓葬年代相近，但存在着早晚差异。

M1～M6 为竖穴土坑砖室单室墓，其中 M1、M4 平面为"甲"字形，M2、M3、M5、M6 平面呈刀把形，其墓葬形制与武夷花园①、杜辛庄②发现的东汉中期单室砖室墓形制相似；M5 出土陶狗和 M6 出土陶耳杯皆是北京地区东汉中晚期盛行的生活类明器。M7 为多室砖室墓，与东汉晚期的大兴亦庄博兴路 M6③、西柏店和唐庄子 103 号墓形制相似④，皆为横前室和双后室的形制。出土器物上，陶盘 M7:4 与南正遗址 M11、M22 出土小陶盘十分相似⑤，M7 出土陶盘、陶奁、陶耳杯这些生活日用品陶器数量较 M6 增多，初步断定年代为东汉晚期。M8 为前后双室砖室墓，与东汉晚期的大兴西环南路 M11⑥、新凤河路 M12⑦、亦庄 79 号地 M5⑧、平谷西杏园 M2⑨、南正 M7⑩、南正 M16⑪ 和 M22⑫ 形制相似，且与石景山区八角村魏晋墓形制也有相似之处⑬，M8 的年代

① 北京市文物研究所：《北京市通州区武夷花园二期项目遗址考古发掘报告》，《北京考古》（第 2 辑），北京燕山出版社，2008 年。

② 北京市文物研究所：《平谷杜辛庄遗址》，科学出版社，2009 年。

③ 北京市文物研究所：《北京亦庄考古发掘报告》，科学出版社，2009 年，第 97 页。

④ 向群：《北京平谷县西柏店和唐庄子汉墓发掘简报》，《考古》1962 年第 5 期。

⑤ 北京市文物研究所：《房山南正遗址——拒马河流域战国以降时期遗址发掘报告》，科学出版社，2008 年，第 171、188 页。

⑥ 北京市文物研究所：《北京亦庄考古发掘报告》，科学出版社，2009 年，第 64 页。

⑦ 北京市文物研究所：《北京亦庄考古发掘报告》，科学出版社，2009 年，第 135 页。

⑧ 北京市文物研究所：《北京亦庄考古发掘报告》，科学出版社，2009 年，第 22 页。

⑨ 北京市文物研究所：《平谷汉墓》，科学出版社，2011 年，第 86 页。

⑩ 北京市文物研究所：《房山南正遗址——拒马河流域战国以降时期遗址发掘报告》，科学出版社，2008 年，第 160 页。

⑪ 北京市文物研究所：《房山南正遗址——拒马河流域战国以降时期遗址发掘报告》，科学出版社，2008 年，第 179 页。

⑫ 北京市文物研究所：《房山南正遗址——拒马河流域战国以降时期遗址发掘报告》，科学出版社，2008 年，第 184 页。

⑬ 吕品生、段忠谦、贾卫平：《北京市石景山区八角村魏晋墓》，《文物》2001 年第 4 期。

初步判断应为东汉晚期至魏晋时期。M6、M7 所出铜钱皆为"五铢"钱，与洛阳烧沟汉墓所定的第三型"五铢"钱形制特征相似[1]，流行于东汉中晚期。由此来看，郑重庄村这批汉墓的年代为东汉中期至东汉晚期，下限或可达到魏晋时期，其中 M7、M8 年代晚于 M1～M6。

另外，在 M5～M8 墓道附近都发现有烧土痕迹，应与当时的墓前祭祀活动有关。M7 在墓室前室砌有器物台，这与西柏店 103 号墓、南正 M16 与 M22、西环南路 M11、新凤河路 M12、亦庄 79 号地 M5 相同，为研究汉魏时期北京地区的墓内祭祀提供了实物资料。M7 内发现残存铅制品，通过初步 XRF 检测分析，超过一半以上为铅元素，其余为硫元素，更深入的研究有待后续具体的科学检测分析。

本次发掘的 8 座墓葬，为研究北京地区东汉墓葬的分期和断代提供了重要的考古资料，也为研究怀柔乃至北京地区东汉时期的墓葬特征、丧葬礼仪与制度以及社会经济文化面貌提供了新材料，具有重要的学术价值。

发掘：尚　珩

绘图：赵夏峰　温梦砥

摄影：刘晓贺　张志伟

执笔：温梦砥　尚　珩

---

[1] 中国科学院考古研究所：《洛阳烧沟汉墓》，科学出版社，1959 年。

附表一

墓葬登记表

墓号	层位	形制	方向	墓口（长×宽×深）(米)	墓底（长×宽×深）(米)	葬具	葬式	人骨保存情况	性别	随葬品
M1	②	刀把形竖穴土坑单室砖室墓	184°	6.9×(0.8~2.4)×0.4	6.9×(0.8~2.4)×1.45	不明	不明	不明	不明	无
M2	②	刀把形竖穴土坑单室砖室墓	186°	7.88×(0.9~2.5)×0.4	7.88×(0.9~2.5)×1.38	不明	不明	不明	不明	无
M3	②	刀把形竖穴土坑单室砖室墓	190°	6.55×(0.5~3.6)×0.4	6.55×(0.5~3.6)×1.05	不明	不明	不明	不明	无
M4	②	刀把形竖穴土坑单室砖室墓	186°	5.36×(0.7~2.45)×0.4	5.36×(0.7~2.45)×1.4	不明	不明	不明	不明	无
M5	②	刀把形竖穴土坑单室砖室墓	181°	8.2×(0.7~2.4)×0.5	8.2×(0.7~2.4)×1.94	陶棺1	不明	不明	不明	陶狗1
M6	②	刀把形竖穴土坑单室砖室墓	190°	8.6×(0.8~2.26)×0.5	8.6×(0.8~2.26)×2.06	不明	不明	不明	不明	陶耳杯3、铜钱4
M7	②	"甲"字形竖穴土坑多室砖室墓	189°	12.2×(0.64~3.74)×0.5	12.2×(0.84~5.7)×2.06	不明	不明	不明	不明	陶勺1、陶豆1、陶盘2、陶耳杯5、铝制品4、铜钱8
M8	②	"干"字形竖穴土坑双室砖室墓	190°	11.6×(0.8~3.9)×0.5	11.6×(0.8~3.9)×2	不明	不明	不明	不明	陶耳杯1

房山区阎村镇明清时期墓葬考古发掘报告

为配合房山新城良乡组团14街区14-03-10地块项目建设，2013年11月29日至12月17日，北京市文物研究所（今北京市考古研究院）对其项目占地范围内发现的古代墓葬进行了考古发掘。发掘区位于北京市房山区的西南部，东邻凯旋大街，南为白杨西路，西邻翠柳大街，北为良园二路（图一）。实际发掘总面积为235平方米。

图一　发掘区位置示意图

此次考古发掘共清理古代墓葬17座，空间分布较为集中，均为竖穴土圹墓（图二；附表一）。现将发掘情况具体报告如下。

一、墓葬形制和随葬品

M1　位于发掘区西南部，东邻M2。东西向，方向60°。开口于②层下，墓口距地表深1

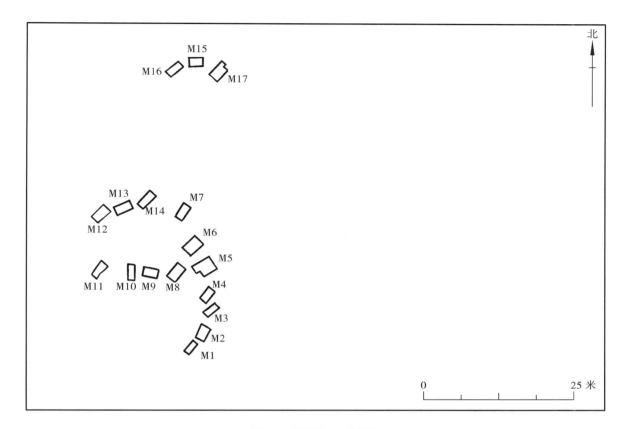

图二　墓葬分布示意图

米。为长方形竖穴土圹单棺墓。长 2.25 米，宽 1.2～1.48 米，深 0.4 米。墓圹内填花淤土，土质较疏松。

内葬单棺，已朽。棺长 1.65～1.68 米，宽 0.54～0.68 米，残高 0.92 米。棺内人骨较乱，头东足西，葬式、面向不清（图三）。

随葬品有铜钱 2 枚、瓷碗 1 件。

瓷碗　1 件。M1:2，敞口，圆唇，斜弧壁，圈足。灰白胎。内壁及外壁施酱釉，内底有涩圈，施釉不及底。口径 16、底径 6.8、高 5.9 厘米（图四，1；彩版二〇，1）。

铜钱　2 枚。均为小平钱。圆形，方穿，内、外均有郭。无背文。

M1:1-1，正面楷书"万历通宝"，对读。钱径 2.55、穿径 0.46、郭厚 0.13 厘米（图四，2）。

M1:1-2，锈蚀严重，文字漫漶不清，无法辨识。

M2　位于发掘区西南部，西南邻 M1，北邻 M3。南北向，方向 30°。开口于②层下，墓口距地表深 1 米。为长方形竖穴土圹单棺墓。长 2.4 米，宽 1.2～1.4 米，深 1.2 米。墓圹内填花土，土质较疏松。

内葬单棺，已朽。棺长 1.84～1.86 米，宽 0.45～0.61 米，残高 0.2 米。棺内人骨保存较完整，仰身直肢葬，头北足南，面向西（图五）。

未发现任何随葬品。

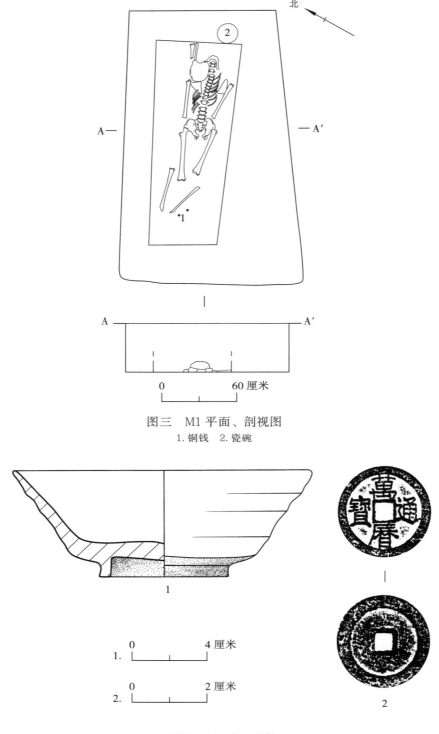

图三　M1 平面、剖视图
1. 铜钱　2. 瓷碗

图四　M1 出土器物
1. 瓷碗（M1:2）　2. "万历通宝"铜钱（M1:1-1）

　　M3　位于发掘区西南部，北邻 M4，南邻 M2。东西向，方向 58°。开口于②层下，墓口距地表深 1 米。为长方形竖穴土圹单棺墓。长 2.43～2.5 米，宽 1.6～1.63 米，深 1.29 米。墓圹内填花淤土，土质较疏松。

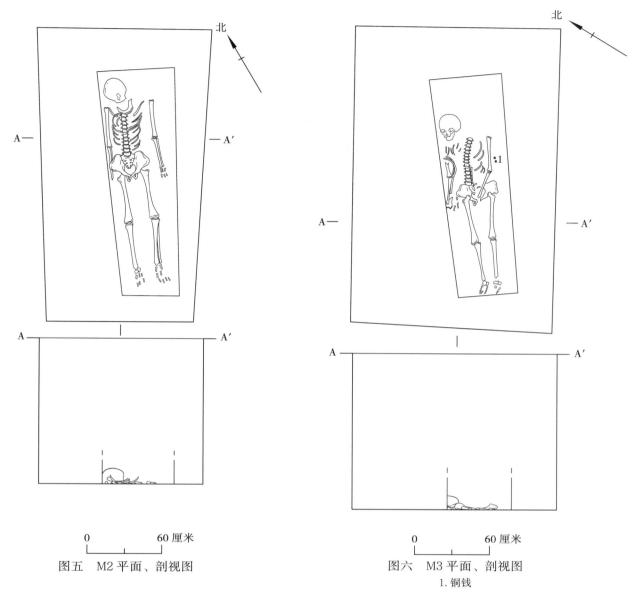

图五　M2 平面、剖视图

图六　M3 平面、剖视图
1. 铜钱

　　内葬单棺，已朽。棺长 1.79～1.8 米，宽 0.47～0.57 米，残高 0.27 米。人骨保存状况较差，仰身直肢葬，头东足西，面向北（图六）。

　　随葬品有铜钱 2 枚。

　　铜钱　2 枚。均为小平钱。圆形，方穿，内、外均有郭。无背文。

　　M3：1-1，正面楷书"政和通宝"，对读。钱径 2.39、穿径 0.63、郭厚 0.1 厘米（图七，1）。

　　M3：1-2，正面篆书"皇宋通宝"，对读。钱径 2.41、穿径 0.59、郭厚 0.13 厘米（图七，2）。

　　M4　位于发掘区西南部，北邻 M5，南邻 M3。南北向，方向 330°。开口于②层下，墓口距地表深 1 米。为长方形竖穴土圹单棺墓。长 2.94 米，宽 1.74～1.82 米，深 2.16 米。墓圹内填花淤土，土质较疏松。

　　内葬单棺，已朽。棺长 1.84 米，宽 0.58～0.66 米，残高 0.24 米。棺内人骨保存较完整，仰身直肢葬，头北足南，面向上（图八）。

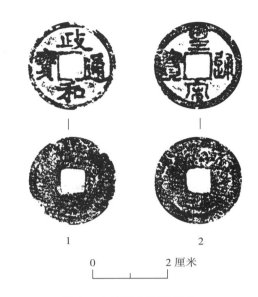

图七　M3 出土铜钱拓片

1.“政和通宝”（M3∶1-1）　2.“皇宋通宝”（M3∶1-2）

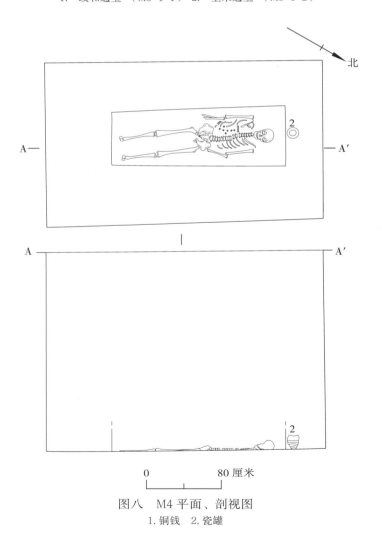

图八　M4 平面、剖视图

1.铜钱　2.瓷罐

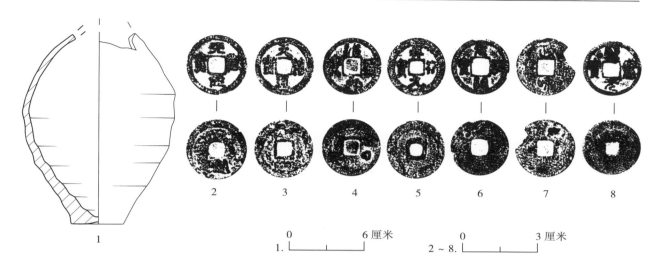

图九 M4 出土器物

1.瓷罐（M4:2） 2."天圣元宝"铜钱（M4:1-1） 3."天禧通宝"铜钱（M4:1-2） 4."绍圣通宝"铜钱（M4:1-3） 5."祥符元宝"铜钱（M4:1-4） 6."元祐通宝"铜钱（M4:1-5） 7."政和通宝"铜钱（M4:1-6） 8."熙宁元宝"铜钱（M4:1-7）

随葬品有瓷罐 1 件、铜钱 15 枚。

瓷罐 1 件。M4:2，口部缺失。溜肩，鼓腹，下腹斜内收，平底内凹。砖红胎，胎质较为粗糙。内壁及外壁施褐色釉，釉面有脱落现象。器身有明显的手工轮制痕迹，器底有明显绞胎痕迹。腹径 12.2、底径 4.2、残高 15.5 厘米（图九，1；彩版二〇，2）。

铜钱 15 枚。均为小平钱。圆形，方穿，内、外均有郭。无背文。

M4:1-1，正面篆书"天圣元宝"，旋读。钱径 2.49、穿径 0.62、郭厚 0.09 厘米（图九，2）。

M4:1-2，正面楷书"天禧通宝"，旋读。钱径 2.42、穿径 0.58、郭厚 0.15 厘米（图九，3）。

M4:1-3，正面楷书"绍圣通宝"，旋读。钱径 2.41、穿径 0.61、郭厚 0.1 厘米（图九，4）。

M4:1-4，正面楷书"祥符元宝"，旋读。钱径 2.41、穿径 0.5、郭厚 0.14 厘米（图九，5）。

M4:1-5，正面楷书"元祐通宝"，旋读。钱径 2.37、穿径 0.65、郭厚 0.09 厘米（图九，6）。

M4:1-6，正面篆书"政和通宝"，对读。钱径 2.41、穿径 0.64、郭厚 0.1 厘米（图九，7）。

M4:1-7，正面篆书"熙宁元宝"，旋读。钱径 2.39、穿径 0.51、郭厚 0.15 厘米（图九，8）。

其余 8 枚铜钱锈蚀严重，文字漫漶不清，无法辨识。

M5 位于发掘区西部，北邻 M6，南邻 M4。东西向，方向 60°。开口于②层下，墓口距地表深 1.1 米。为长方形竖穴土圹三棺合葬墓。长 2.67～3.1 米，宽 3～3.1 米，深 1.7 米。墓圹内填花淤土，土质较疏松。

内葬三棺，均已朽。北棺长 1.85 米，宽 0.47～0.58 米，残高 0.28 米。棺内人骨保存较完整，仰身直肢葬，头东足西，面向上。中棺长 1.72 米，宽 0.43～0.59 米，残高 0.3 米。棺内人骨保存较完整，仰身直肢葬，头东足西，面向西。南棺长 1.83 米，宽 0.45～0.52 米，残高 0.28 米。棺内人骨保存较完整，仰身直肢葬，头东足西，面向西（图一〇）。

随葬品有瓷罐 3 件、铜钱 7 枚。

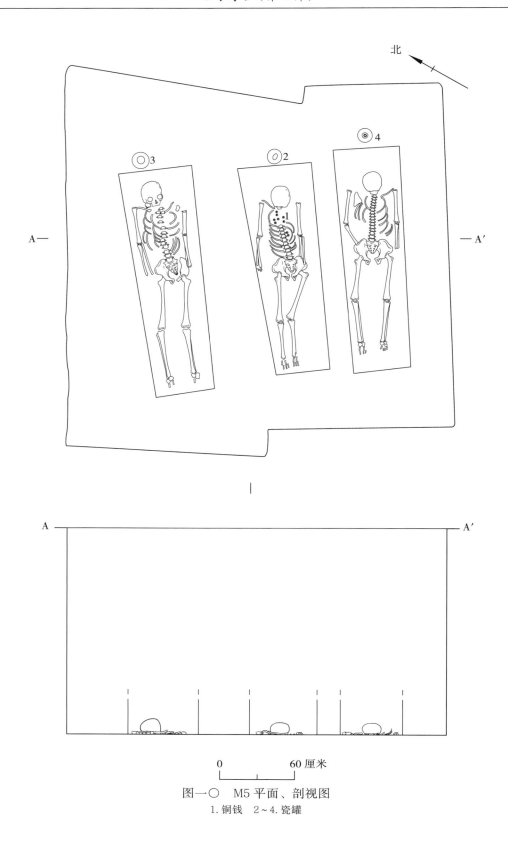

图一〇　M5 平面、剖视图

1. 铜钱　2~4. 瓷罐

　　瓷罐　3 件。形制相同，均溜肩，鼓腹，下腹斜收，平底略内凹。均为砖红胎，胎质较为粗糙。内、外壁施褐色釉，釉面有脱落现象。器身有明显的手工轮制痕迹，器底有明显绞胎

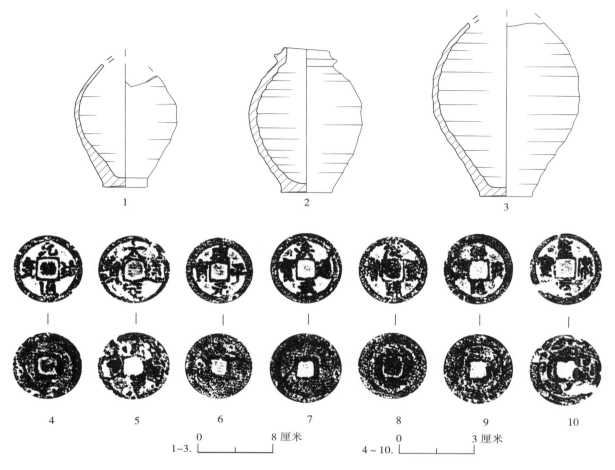

图一一　M5 出土器物

1~3.瓷罐（M5:2、4、3）　4."元祐通宝"铜钱（M5:1-1）　5."大定通宝"铜钱（M5:1-2）　6."咸平元宝"铜钱（M5:1-3）　7."洪
武通宝"铜钱（M5:1-4）8."皇宋元宝"铜钱（M5:1-5）　9."元丰通宝"铜钱（M5:1-6）　10."祥符元宝"铜钱（M5:1-7）

痕迹。

　　M5:2，口部缺失。最大腹径 10.9、底径 4.8、残高 13.4 厘米（图一一，1；彩版二〇，3）。

　　M5:3，口部缺失。最大腹径 15.6、底径 5.5、残高 19 厘米（图一一，3；彩版二〇，4）。

　　M5:4，双唇，尖唇。口径 4.9、最大腹径 12、底径 5.4、高 15.8 厘米（图一一，2；彩版二〇，5）。

　　铜钱　7 枚。均为小平钱。圆形，方穿，内、外均有郭。无背文。

　　M5:1-1，正面行书"元祐通宝"，旋读。钱径 2.34、穿径 0.62、郭厚 0.11 厘米（图一一，4）。

　　M5:1-2，正面楷书"大定通宝"，对读。钱径 2.38、穿径 0.63、郭厚 0.11 厘米（图一一，5）。

　　M5:1-3，正面楷书"咸平元宝"，旋读。钱径 2.27、穿径 0.49、郭厚 0.1 厘米（图一一，6）。

　　M5:1-4，正面楷书"洪武通宝"，对读。钱径 2.43、穿径 0.51、郭厚 0.14 厘米（图一一，7）。

　　M5:1-5，正面篆书"皇宋元宝"，旋读。钱径 2.46、穿径 0.55、郭厚 0.11 厘米（图一一，8）。

　　M5:1-6，正面篆书"元丰通宝"，旋读。钱径 2.31、穿径 0.66、郭厚 0.08 厘米（图一一，9）。

　　M5:1-7，正面楷书"祥符元宝"，旋读。钱径 2.42、穿径 0.52、郭厚 0.11 厘米（图一一，10）。

M6　位于发掘区西部，南邻 M5，北邻 M7。东西向，方向 55°。开口于②层下，墓口距地表深 1.1 米。为梯形竖穴土圹双棺合葬墓。长 2.43 ～ 2.61 米，宽 1.98 ～ 2.52 米，深 1.04 ～ 1.69 米。墓圹内填花淤土，土质较疏松。

内葬双棺。南棺长 1.89 ～ 1.91 米，宽 0.45 ～ 0.54 米，残高 0.34 米。棺内人骨保存较完整，仰身直肢葬，头东足西，面向南。北棺长 1.81 米，宽 0.48 ～ 0.61 米，残高 0.16 米。棺内人骨保存较完整，仰身直肢葬，头东足西，面向北（图一二）。

随葬品有瓷罐 1 件、釉陶盏 2 件、釉陶罐 1 件、铜钱 21 枚。

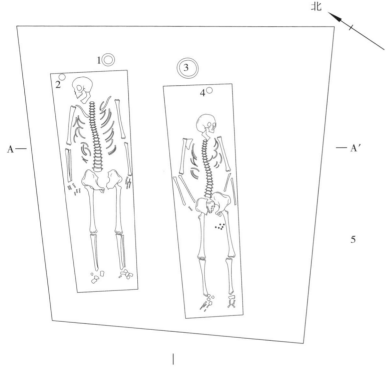

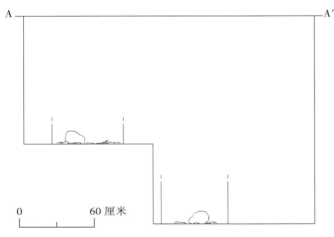

图一二　M6 平面、剖视图
1. 瓷罐　2、4. 釉陶盏　3. 釉陶罐　5. 铜钱

瓷罐　1 件。M6:1，口部缺失。溜肩，弧腹，下腹斜内收，平底内凹。砖红胎，胎质较为粗糙。内、外壁施褐色釉，釉面有脱落现象。器身有明显的手工轮制痕迹，器底有明显绞胎痕迹。腹径 10.2、底径 4.7、残高 15.8 厘米（图一三，2；彩版二一，1）。

釉陶罐　1 件。M6:3，泥质红陶。侈口，方唇，溜肩，鼓腹，下腹斜内收，圈足内凹。有一对对称的錾耳，錾耳从口沿处连接至肩腹部。上腹部及内壁施酱褐釉，下腹部及内底不施釉，釉面脱落严重。器身有明显的手工轮制痕迹。口径 11.8、腹径 16、底径 8.4、高 16.2 厘米（图一三，1；彩版二一，2）。

釉陶盏　2 件。敛口，圆唇，斜弧腹，平底内凹。内、外壁施褐釉，釉面脱落严重。

M6:2，口径 5.1、底径 3.4、高 1.9 厘米（图一三，3；彩版二一，3）。

M6:4，器身有明显的手工轮制痕迹，器底有明显绞胎痕迹。口径 5.2、底径 3.6、高 1.9 厘

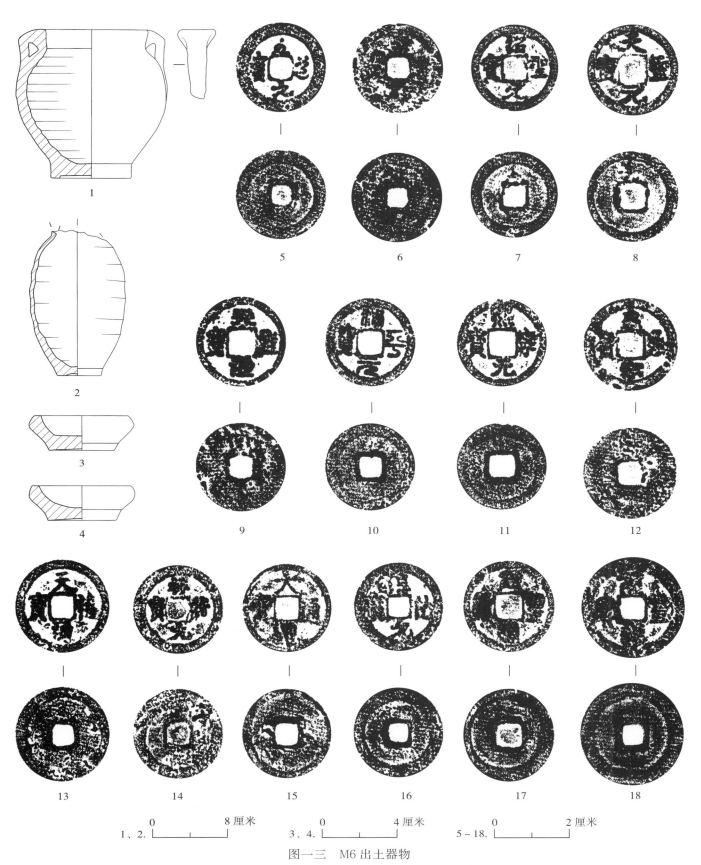

图一三　M6 出土器物

1.釉陶罐（M6:3）　2.瓷罐（M6:1）　3、4.釉陶盏（M6:2、4）　5、6.“至道元宝”铜钱（M6:5-1、5-13）　7.“绍圣元宝”铜钱（M6:5-2）
8、9.“天圣元宝”铜钱（M6:5-3、5-6）　10.“治平元宝”铜钱（M6:5-4）　11.“熙宁元宝”铜钱（M6:5-5）　12.“皇宋通宝”铜
钱（M6:5-7）　13.“天禧通宝”铜钱（M6:5-8）　14.“祥符元宝”铜钱（M6:5-9）　15.“大观通宝”铜钱（M6:5-10）　16.“淳化元宝”
铜钱（M6:5-11）　17、18.“元丰通宝”铜钱（M6:5-14、5-12）

米（图一三，4；彩版二一，4）。

铜钱　21 枚。均为小平钱。圆形，方穿，内、外均有郭。无背文。

M6:5-1，正面行书"至道元宝"，旋读。钱径 2.48、穿径 0.52、郭厚 0.14 厘米（图一三，5）。

M6:5-2，正面行书"绍圣元宝"，旋读。钱径 2.4、穿径 0.6、郭厚 0.12 厘米（图一三，7）。

M6:5-3，正面楷书"天圣元宝"，旋读。钱径 2.54、穿径 0.68、郭厚 0.14 厘米（图一三,8）。

M6:5-4，正面篆书"治平元宝"，旋读。钱径 2.47、穿径 0.6、郭厚 0.12 厘米（图一三，10）。

M6:5-5，正面楷书"熙宁元宝"，旋读。钱径 2.47、穿径 0.7、郭厚 0.14 厘米（图一三，11）。

M6:5-6，正面篆书"天圣元宝"，旋读。钱径 2.49、穿径 0.65、郭厚 0.14 厘米（图一三，9）。

M6:5-7，正面楷书"皇宋通宝"，对读。钱径 2.57、穿径 0.57、郭厚 0.1 厘米（图一三，12）。

M6:5-8，正面楷书"天禧通宝"，旋读。钱径 2.58、穿径 0.58、郭厚 0.13 厘米（图一三，13）。

M6:5-9，正面楷书"祥符元宝"，旋读。钱径 2.46、穿径 0.6、郭厚 0.12 厘米（图一三，14）。

M6:5-10，正面楷书"大观通宝"，对读。钱径 2.44、穿径 0.6、郭厚 0.14 厘米（图一三，15）。

M6:5-11，正面行书"淳化元宝"，旋读。钱径 2.44、穿径 0.53、郭厚 0.12 厘米（图一三，16）。

M6:5-12，正面篆书"元丰通宝"，旋读。钱径 2.85、穿径 0.55、郭厚 0.19 厘米（图一三，18）。

M6:5-13，正面楷书"至道元宝"，旋读。钱径 2.49、穿径 0.55、郭厚 0.14 厘米（图一三，6）。

M6:5-14，正面楷书"元丰通宝"，旋读。钱径 2.55、穿径 0.66、郭厚 0.13 厘米（图一三，17）。

其余 7 枚铜钱锈蚀严重，文字漫漶不清，无法辨识。

M7　位于发掘区西部，南邻 M6，西邻 M14。南北向，方向 40°。开口于②层下，墓口距地表深 1 米。为长方形竖穴土圹单棺墓。长 2.75～2.76 米，宽 1.3～1.35 米，深 1.44 米。墓圹内填花淤土，土质较疏松。

内葬单棺，已朽。棺长 1.77～1.78 米，宽 0.51～0.55 米，残高 0.24 米。棺内人骨保存较完整，仰身直肢葬，头北足南，面向南（图一四）。

随葬品有瓷罐 1 件。

瓷罐　1 件。M7:1，口部缺失。溜肩，弧腹，下腹斜收，平底。砖红胎，胎质较为粗糙。内、外壁施褐色釉，内壁有垂釉现象，釉面有脱落现象，内底未施釉。器身有明显的手工轮制痕迹，器底有明显绞胎痕迹。腹径 9.6、底径 4.8、残高 15.5 厘米（图一五；彩版二〇，6）。

M8　位于发掘区西部，西邻 M9，东邻 M5。东西向，方向 50°。开口于②层下，墓口距地表深 1.2 米。为长方形竖穴土圹双棺合葬墓。长 2.57 米，宽 1.53～1.58 米，深 1.6 米。墓圹内填花淤土，土质较疏松。

内葬双棺，已朽。北棺长 1.86 米，宽 0.44～0.54 米，残高 0.3 米。棺内人骨保存较乱，头东足西，面向、葬式不明。南棺长 1.84 米，宽 0.47～0.57 米，残高 0.3 米。棺内人骨保存状况较差，仰身直肢葬，头东足西，面向上（图一六）。

未发现任何随葬品。

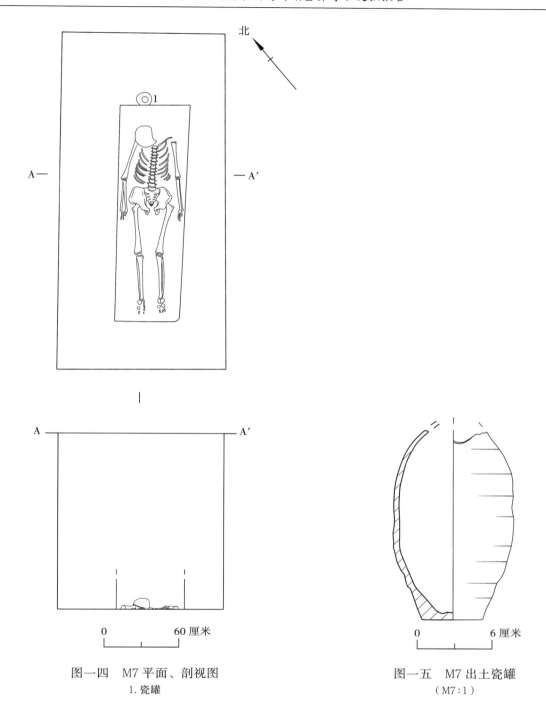

北

A — — A′

A A′

0   60 厘米

图一四　M7 平面、剖视图
1. 瓷罐

0   6 厘米

图一五　M7 出土瓷罐
（M7:1）

　　M9　位于发掘区西部，西邻 M10。东西向，方向 100°。开口于②层下，墓口距地表深 1.1 米。为长方形竖穴土圹单棺墓。长 2 米，宽 0.68～0.72 米，深 0.7 米。墓圹内填花淤土，土质较疏松。

　　内葬单棺，已朽。棺长 1.44 米，宽 0.38～0.46 米，残高 0.12 米。棺内人骨保存较凌乱，头东足西，葬式、面向不清（图一七）。

　　未发现任何随葬品。

　　M10　位于发掘区内的西北部，西邻 M11。南北向，方向 30°。开口于②层下，墓口距地

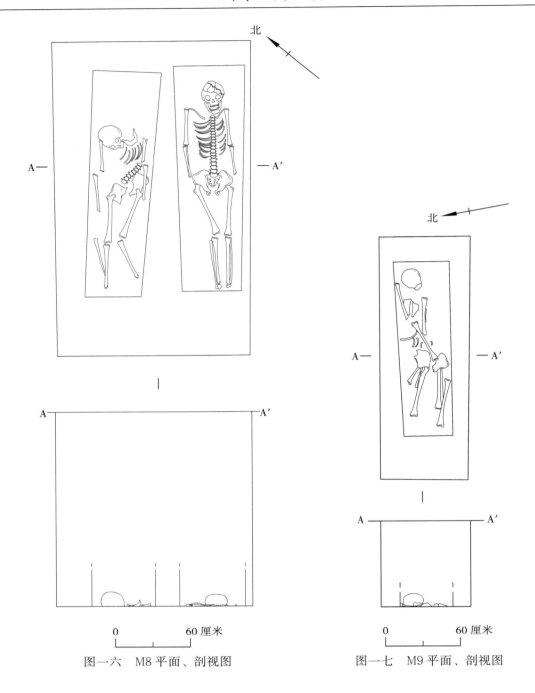

图一六　M8 平面、剖视图　　　　　图一七　M9 平面、剖视图

表深 1.1 米。为长方形竖穴土圹单棺墓。长 2.1 米，宽 0.76 ~ 0.8 米，深 0.7 米。墓圹内填花淤土，土质较疏松。

　　内葬单棺，已朽。棺长 1.84 米，宽 0.42 ~ 0.56 米，残高 0.22 米。棺内人骨保存较完整，仰身直肢葬，头北足南，面向上（图一八）。

　　未发现任何随葬品。

　　M11　位于发掘区西部，东邻 M10。东西向，方向 60°。开口于②层下，墓口距地表深 1.2 米。为长方形竖穴土圹单棺墓。长 2.3 米，宽 0.92 ~ 0.96 米，深 1.5 米。墓圹内填花淤土，土质较疏松。

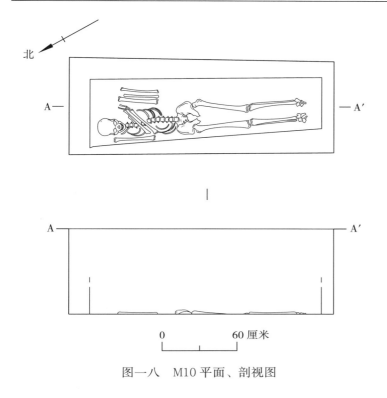

图一八　M10 平面、剖视图

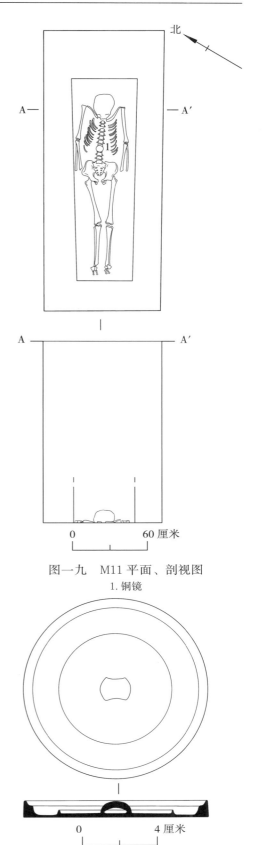

图一九　M11 平面、剖视图
1. 铜镜

内葬单棺，已朽。棺长 1.66 米，宽 0.44～0.53 米，残高 0.3 米。棺内人骨保存状况较一般，仰身直肢葬，头东足西，面向西（图一九）。

随葬品有铜镜 1 件。

铜镜　1 件。M11:1，整体呈圆形。背面中间为半圆形纽，纽外有一周凸弦纹圈带。正面平直。直径 9.8、厚 0.9 厘米（图二〇；彩版二二，1）。

M12　位于发掘区西部，东邻 M13。东西向，方向 50°。开口于②层下，墓口距地表深 1.07 米。为长方形竖穴土圹单棺墓。长 2.2 米，宽 0.76～0.84 米，深 1.1 米。墓圹内填五花土，土质疏松。

内葬单棺，已朽。棺长 1.96 米，宽 0.44～0.62 米，残高 0.12 米。棺内人骨保存较完整，仰身直肢葬，头东足西，面向上（图二一）。

随葬品有青花瓷碗 1 件。

青花瓷碗　1 件。M12:1，敞口，浅弧腹，平底，圈足，足墙残缺。灰白胎，胎质坚硬，见气孔。器内、外壁施白釉，釉色微泛灰，器底局部见缩釉棕眼。外壁主体纹饰为青花缠枝花卉纹，口部饰青花"回"字纹，胫

图二〇　M11 出土铜镜
（M11:1）

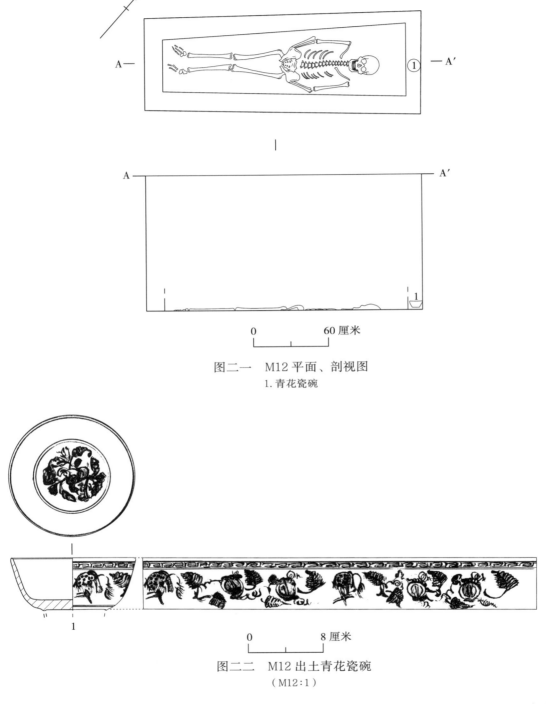

图二一　M12平面、剖视图
1.青花瓷碗

图二二　M12出土青花瓷碗
（M12:1）

部饰青花弦纹两周；内壁口部饰青花弦纹一周，内底部饰青花双圈团花纹。青花发色灰暗。景德镇窑烧造。口径13.2、残高5.7厘米（图二二；彩版二二，3）。

　　M13　位于发掘区西部，东邻M14，西邻M12。东西向，方向53°。开口于②层下，墓口距地表深1.1米。为长方形竖穴土圹双棺合葬墓。长2.74米，宽1.94米，深1.7米。墓圹内填五花土，土质疏松。

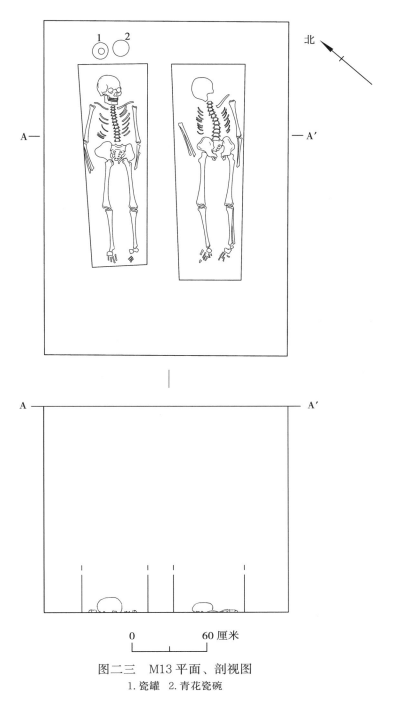

图二三　M13平面、剖视图
1.瓷罐　2.青花瓷碗

内葬双棺，已朽。南棺长 1.77 米，宽 0.48~0.58 米，残高 0.3 米。棺内人骨保存状况一般，仰身直肢葬，头东足西，面向下。北棺长 1.66 米，宽 0.44~0.56 米，残高 0.3 米。棺内人骨保存状况一般，仰身直肢葬，头东足西，面向上（图二三）。

随葬品有釉陶罐 1 件、瓷罐 1 件、青花瓷碗 1 件、铜钱 5 枚。

瓷罐　1 件。M13:1，口部缺失。溜肩，鼓腹，下腹斜内收，平底。砖红胎，胎质较为粗糙。内、外壁施褐色釉，釉面有脱落现象。器身有明显的手工轮制痕迹，器底有明显绞胎痕迹。最大腹径 12.5、底径 5.2、残高 16 厘米（图二四，3；彩版二一，6）。

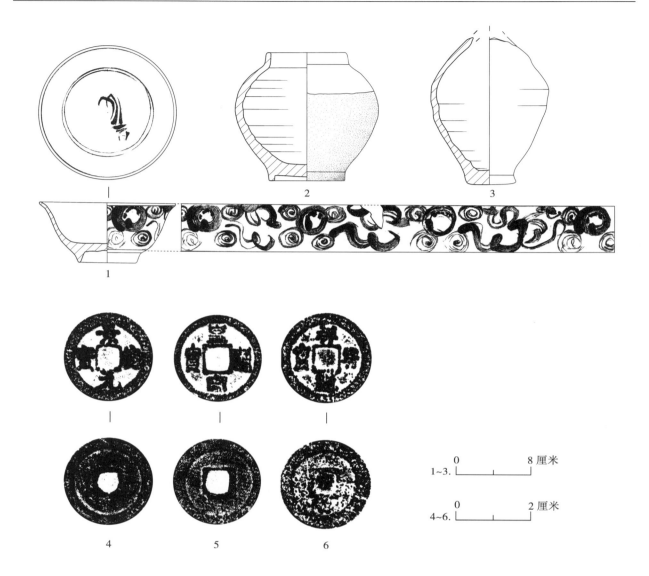

图二四　M13 出土器物

1.青花瓷碗（M13:2）　2.釉陶罐（M13:3）　3.瓷罐（M13:1）　4.“景德元宝”铜钱（M13:4-1）　5.“皇宋通宝”铜钱（M13:4-2）
6.“祥符通宝”铜钱（M13:4-3）

　　青花瓷碗　1件。M13:2，撇口，弧腹，平底，圈足。灰白胎，胎质坚硬，见气孔。器内、外壁施白釉，釉色微泛灰。外壁主体纹饰为青花云气纹；内壁口部饰酱口，下方饰青花弦纹两周，底部饰青花双圈“禄”字纹。青花发色灰暗。足底露胎，见跳刀痕，残余铜钉痕。景德镇窑烧造。口径 14.6、底径 6.2、高 6.5 厘米（图二四，1；彩版二二，4）。

　　釉陶罐　1件。M13:3，泥质红陶。小直口，圆唇，溜肩，鼓腹，下腹斜内收，圈足。上腹部及内壁施酱褐釉，下腹部及内底不施釉，釉面有脱落现象。器身上有补丁，补丁有脱落。器身有明显的手工轮制痕迹。口径 8.5、最大腹径 15.2、底径 8、高 14 厘米（图二四，2；彩版二一，5）。

　　铜钱　5枚。均为小平钱。圆形，方穿，内、外均有郭。无背文。

　　M13:4-1，正面楷书“景德元宝”，旋读。钱径 2.46、穿径 0.56、郭厚 0.12 厘米（图二四,4）。

M13:4-2，正面篆书"皇宋通宝"，对读。钱径 2.43、穿径 0.62、郭厚 0.11 厘米（图二四，5）。

M13:4-3，正面楷书"祥符通宝"，旋读。钱径 2.48、穿径 0.6、郭厚 0.11 厘米（图二四,6）。

另外 2 枚铜钱锈蚀严重，文字漫漶不清，无法辨识。

M14　位于发掘区西部，西邻 M13。东西向，方向 53°。开口于②层下，墓口距地表深 1.1 米。为长方形竖穴土圹双棺合葬墓。长 2.55 米，宽 1.54 米，深 1.3 米。墓圹内填花淤土，土质疏松。

内葬双棺，已朽。北棺长 1.9 米，宽 0.45～0.6 米，残高 0.14 米。棺内人骨保存较为凌乱，头东足西，葬式、面向不清。南棺长 1.85 米，宽 0.46～0.58 米，残高 0.16 米。棺内人骨保存状况一般，仰身直肢葬，头东足西，面向下（图二五）。

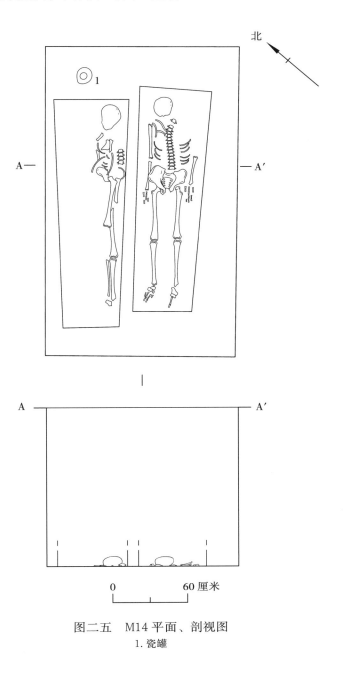

图二五　M14 平面、剖视图
1. 瓷罐

随葬品有瓷罐 1 件。

瓷罐　1 件。M14 : 1。口部缺失。溜肩，鼓腹，下腹斜收，平底。砖红胎，胎质较为粗糙。内、外壁施褐色釉，釉面有脱落现象。器身有明显的手工轮制痕迹，器底有明显绞胎痕迹。最大腹径 13.2、底径 5.7、残高 17.5 厘米（图二六）。

M15　位于发掘区西北部，西南邻 M16。东西向，方向 77°。开口于②层下，墓口距地表深 0.8 米。为长方形竖穴土圹双棺合葬墓。长 2.6 米，宽 1.35～1.47 米，深 0.5～0.58 米。墓圹内填花淤土，土质较松。

内葬双棺，已朽。北棺长 1.73 米，宽 0.54～0.65 米，残高 0.1 米。棺内人骨保存状况较差，未见头骨，下为直肢。南棺长 1.26 米，宽 0.32～0.36 米，残高 0.18 米。棺内人骨保存较凌乱，应为二次葬，头东足西，面向南（图二七）。

随葬品有铜戒指 1 件、铜钱 3 枚。

铜戒指　1 件。M15 : 2，整体呈环形，素面。应为一次铸造而成，环体上未见接缝痕迹。直径 2、高 0.6、壁厚 0.16 厘米（图二八，1；彩版二二，2）。

铜钱　3 枚。均为小平钱。圆形，方穿，内、外均有郭。无背文。

M15 : 1-1，正面楷书"道光通宝"，对读；背面穿左右两侧为满文"宝源"。钱径 2.58、穿径 0.41、郭厚 0.15 厘米（图二八，2）。

M15 : 1-2，正面楷书"光绪通宝"，对读；背文模糊不清。钱径 2.31、穿径 0.51、郭厚 0.12 厘米（图二八，3）。

M15 : 1-3，正面楷书"乾隆通宝"，对读；背文模糊不清。钱径 2.11、穿径 0.46、郭厚 0.08 厘米（图二八，4）。

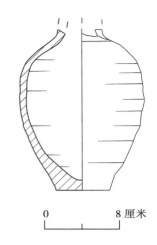

0　　　　　8 厘米

图二六　M14 出土瓷罐
（M14 : 1）

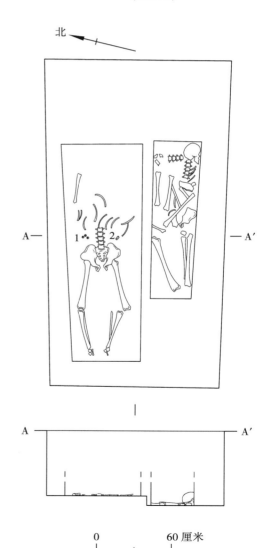

0　　　　　60 厘米

图二七　M15 平面、剖视图
1. 铜钱　2. 铜戒指

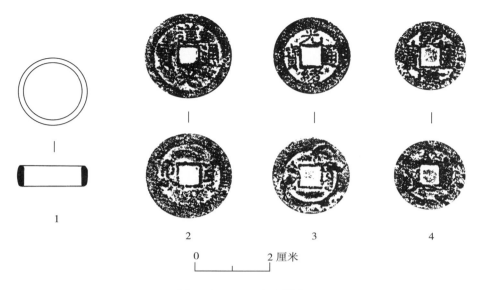

图二八　M15 出土器物

1.铜戒指（M15:2）　2."道光通宝"铜钱（M15:1-1）　3."光绪通宝"铜钱（M15:1-2）　4."乾隆通宝"铜钱（M15:1-3）

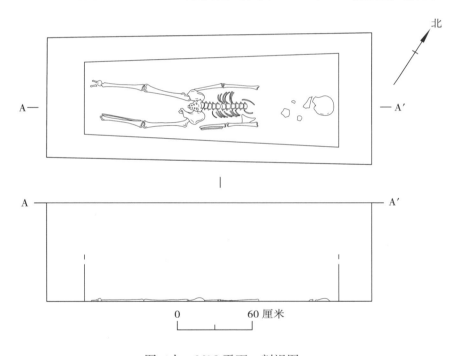

图二九　M16 平面、剖视图

M16　位于发掘区西北部，东北邻 M15。东西向，方向 60°。开口于②层下，墓口距地表深 0.8 米。为长方形竖穴土圹单棺墓。长 2.6 米，宽 1~1.1 米，深 0.8 米。墓圹内填花淤土，土质较疏松。

内葬单棺，已朽。棺长 2.04 米，宽 0.6~0.77 米，残高 0.28 米。棺内人骨保存状况较差，仰身直肢葬，头东足西，面向不清（图二九）。

未发现任何随葬品。

M17　位于发掘区西北部，西邻 M15。东西向，方向 60°。开口于②层下，墓口距地表深

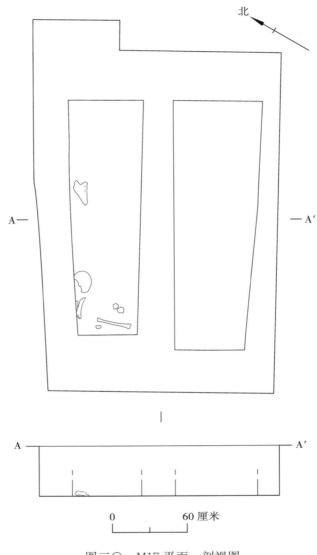

图三〇　M17平面、剖视图

0.8米。为长方形竖穴土圹双棺合葬墓。长2.8～3.06米，宽1.8～2米，深0.4米。墓圹内填花淤土，土质较疏松。

内葬双棺，已朽。北棺长1.94米，宽0.46～0.58米，残高0.14米。棺内人骨保存较凌乱，葬式和头向、面向不清。南棺长2.04米，宽0.56～0.7米，残高0.14米。棺内被后期扰动，未见人骨，也未发现任何随葬品，初步推断为迁葬墓（图三〇）。

二、初步认识

此次发掘的17座墓葬均为竖穴土圹墓。从其空间分布的整体情况看，M15、M16和M17三座墓葬距离较近，而与其他14座墓葬的距离较远，由此可将发掘区内的墓葬分为南、北两组。

这17座墓葬中，单人墓葬有10座，为M1～M4、M7、M9～M12和M16。双人合葬墓有6座，为M6、M8、M13～M15和M17。三人合葬墓仅1座，为M5。

　　这 17 座墓葬均开口于②层下，从出土器物的时代来讲，特别是青花瓷碗、瓷罐、铜镜和铜钱等，可以初步判断 M1 ～ M14 为明代墓葬，而 M15、M16 和 M17 为清代墓葬。

修复、绘图：黄　　星

执笔：孙　　勐

周　　宇

黄　　星

附表一

房山阎村镇明清墓葬登记表

墓号	方向（度）	墓葬形制	墓葬尺寸 长×宽×深（米）	葬具	葬式	随葬品	是否盗扰
M1	60°	竖穴土圹单棺墓	2.25×（1.2~1.48）×0.4	木棺	不详	铜钱2、瓷碗1	否
M2	30°	竖穴土圹单棺墓	2.4×（1.2~1.4）×1.2	木棺	仰身直肢	无	否
M3	58°	竖穴土圹单棺墓	（2.43~2.5）×（1.6~1.63）×1.29	木棺	仰身直肢	铜钱2	否
M4	330°	竖穴土圹单棺墓	2.94×（1.74~1.82）×2.16	木棺	仰身直肢	铜钱15、瓷罐1	否
M5	60°	竖穴土圹三棺墓	（2.67~3.1）×（3~3.1）×1.7	木棺	仰身直肢	铜钱7、瓷罐3	否
M6	55°	竖穴土圹双棺墓	（2.43~2.61）×（1.98~2.52）×（1.04~1.69）	木棺	仰身直肢	瓷罐1、陶盏2、釉陶罐1、铜钱21	否
M7	40°	竖穴土圹单棺墓	（2.75~2.76）×（1.3~1.35）×1.44	木棺	仰身直肢	瓷罐1	否
M8	50°	竖穴土圹双棺墓	2.57×（1.53~1.58）×1.6	木棺	北棺：不详 南棺：仰身直肢	无	否
M9	100°	竖穴土圹单棺墓	2×（0.68~0.72）×0.7	木棺	不详	无	否
M10	30°	竖穴土圹单棺墓	2.1×（0.76~0.8）×0.7	木棺	仰身直肢	无	否
M11	60°	竖穴土圹单棺墓	2.3×（0.92~0.96）×1.5	木棺	仰身直肢	铜镜1	否
M12	50°	竖穴土圹单棺墓	2.2×（0.76~0.84）×1.1	木棺	仰身直肢	瓷碗1	否
M13	53°	竖穴土圹双棺墓	2.74×1.94×1.7	木棺	仰身直肢	釉陶罐1、瓷罐1、瓷碗1、铜钱5	否
M14	53°	竖穴土圹双棺墓	2.55×1.54×1.3	木棺	北棺：不详 南棺：仰身直肢	瓷罐1	否
M15	77°	竖穴土圹双棺墓	2.6×（1.35~1.47）×（0.5~0.58）	木棺	不详	铜钱3、铜戒指1	否
M16	60°	竖穴土圹单棺墓	2.6×（1~1.1）×0.8	木棺	仰身直肢	无	否
M17	60°	竖穴土圹双棺墓	（2.8~3.06）×（1.8~2）×0.4	木棺	不详	无	否

通州区黄瓜园明清时期墓葬考古发掘报告

黄瓜园明清墓葬遗址位于通州区永顺镇，南邻通朝大街，东邻杨庄路。地理坐标为北纬39°54′03″、东经116°38′12″（图一）。

2015年5月4日至13日，为配合通州区杨庄黄瓜园地区的相关开发建设，北京市文物研究所（今北京市考古研究院）对用地范围内的墓葬进行了考古发掘。发掘面积264平方米，共发现明清墓葬36座（图二）。

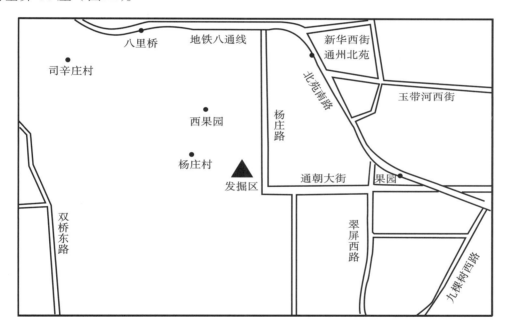

图一　发掘区位置示意图

一、地层堆积

发掘区域内地层共分为5层，现分述如下（图三）。

①层：黄色土。厚约0.9～3米。土质松散，含大量砖块、植物根系、零星石块。

②层：褐色土。厚约0.3～1.6米。土质较松散，含大量砖块、水泥块等垃圾。

③层：褐色土。厚约0.4～0.8米。土质较致密，含礓石粒、水锈斑点。

④层：浅黄色土。厚约0.5～1.3米。土质较松散，含细沙。

⑤层：浅褐色土。厚约0.5～1.2米。土质较为致密，较纯净。

⑤层下为黄褐色生土。

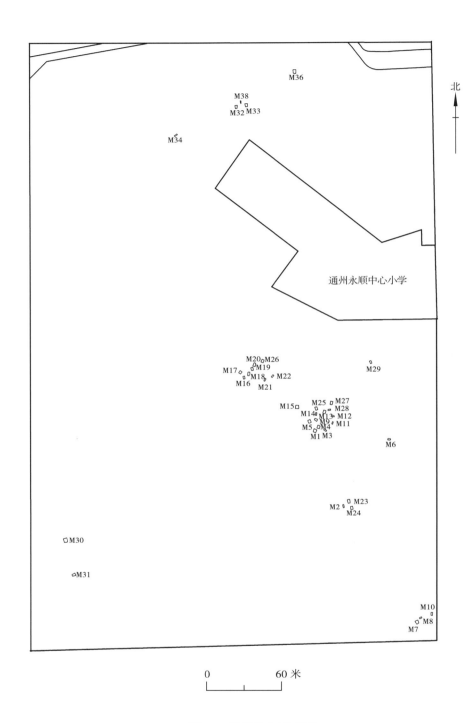

图二　墓葬分布示意图

二、墓葬

共 36 座，编号 M1～M34、M36、M38。均为竖穴土坑墓。可分为单人葬墓、双人合葬墓、多人合葬墓三种类型（附表一）。

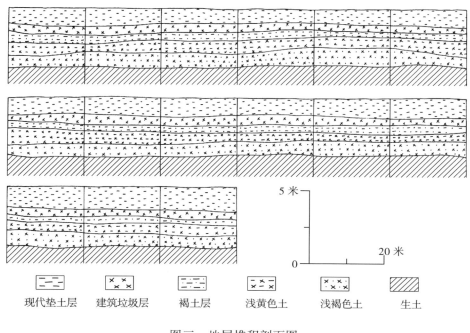

现代垫土层　建筑垃圾层　褐土层　浅黄色土　浅褐色土　生土

图三　地层堆积剖面图

（一）单人葬墓

共14座，编号M2、M3、M6、M8、M10～M12、M14、M16、M21、M22、M28、M34、M38。对其中7座分述如下。

M2　位于发掘区东南部，东邻M23、M24。方向7°。开口于②层下，墓口距现地表深1.5米。墓圹平面呈梯形，长2.85米，宽0.9～1.1米，深0.66米。四壁较直，底部较平坦，内填较松散的黄褐色五花土。墓室北部有二层台，长1.1米，宽0.3米，高0.42米。

葬具为木棺，南北向放置，保存状况较差，仅存棺痕。平面呈梯形，长1.87米，宽0.55～0.7米，残高0.08米，棺板厚约0.03米。棺底铺草木灰，厚约0.01米。棺内葬人骨1具，保存状况较差，头北足南，面向东，性别不明。棺外北侧二层台出土釉陶罐1件，棺内人骨下见铜钱5枚（图四；彩版二三，1）。

M3　位于发掘区东南部，西北邻M4，东北邻M11。方向328°。开口于②层下，墓口距现地表深2米。墓圹平面呈梯形，长3.1米，宽0.8～0.9米，深1.12米。南壁倾斜，其余各壁较直，底部较平坦，内填较松散的黄褐色五花土。

葬具为木棺，南北向放置，保存状况较好。平面呈梯形，棺盖长2.4米，宽0.46～0.67米，盖板厚约0.07～0.12米；棺身长2.27米，宽0.62～0.75米，残高0.22～0.42米，棺板厚约0.06米。棺底铺草木灰，厚约0.01米。棺内葬人骨1具，保存状况较好，仰身直肢葬，头北足南，面向上，男性，残高1.56米。棺外北侧出土瓷罐1件，棺内人骨头顶处出土银扁方1件，头部两侧放置木炭2块，肋骨处发现铜纽扣4枚，左侧小腿处见铜钱1枚（图五；彩版二三，2）。

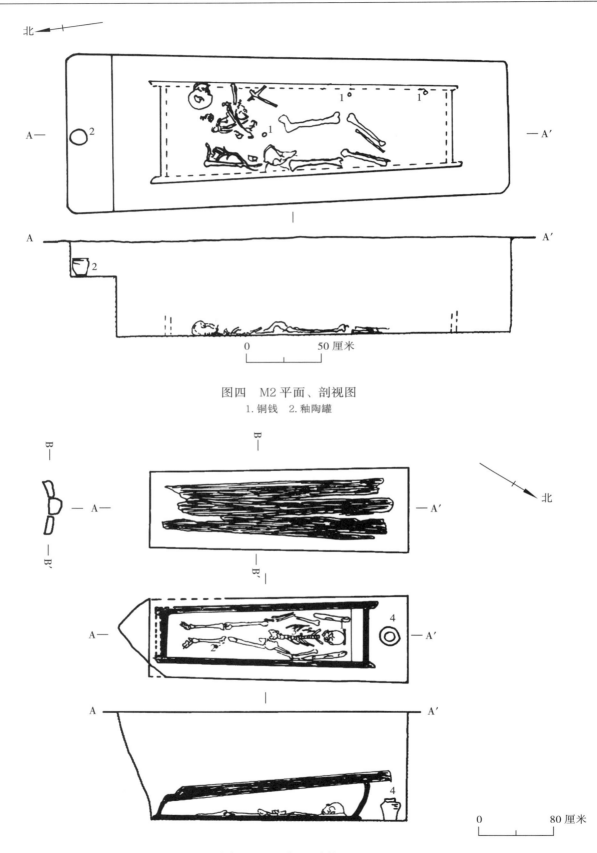

图四　M2平面、剖视图
1.铜钱　2.釉陶罐

图五　M3平面、剖视图
1.银扁方　2.铜钱　3.铜纽扣　4.瓷罐

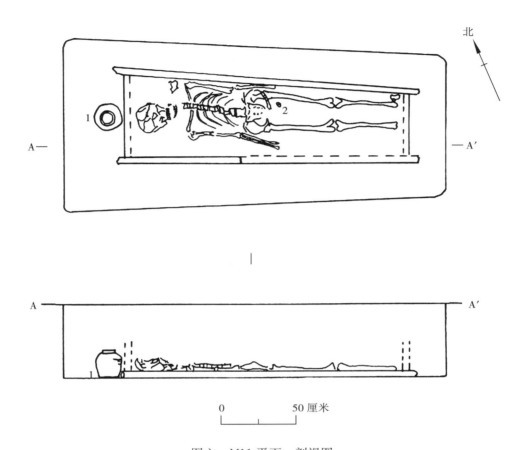

图六　M11 平面、剖视图
1.瓷罐　2.铜钱

M11　位于发掘区东南部，北邻 M12，西邻 M9。方向 290°。开口于②层下，墓口距现地表深 2.1 米。墓圹平面呈梯形，长 2.5 米，宽 0.9~1.14 米，深 0.5 米。四壁较直，底部较平坦，内填较松散的黄褐色五花土。

葬具为木棺。平面呈梯形，东、西两侧仅存棺痕，南、北两侧木板保存状况较好。棺长 1.8 米，宽 0.48~0.63 米，残高 0.1 米，棺板厚约 0.04 米。棺底铺草木灰，厚约 0.02 米。棺内葬人骨 1 具，保存状况较好，仰身直肢葬，头西足东，面向不明，男性。棺外西侧出土瓷罐 1 件，人骨下见铜钱 1 枚（图六；彩版二三，3）。

M14　位于发掘区东南部，北邻 M25，东邻 M13，南邻 M9。方向 175°。开口于②层下，墓口距现地表深 2.1 米。墓圹平面呈梯形，长 2.38 米，宽 0.78~0.84 米，深 0.8 米。四壁较直，底部较平坦，内填较松散的黄褐色五花土。

葬具为木棺，保存状况较好。平面呈梯形，长 2 米，宽 0.6~0.7 米，残高 0.46 米，棺板厚约 0.05 米。棺底铺草木灰，厚约 0.02 米。棺内葬人骨 1 具，保存状况较好，仰身直肢葬，头南足北，面向东，男性。棺外南侧出土瓷罐 1 件，棺内人骨下见铜钱 1 枚，人骨南、北两侧均放置有黑木炭块（图七；彩版二三，4）。

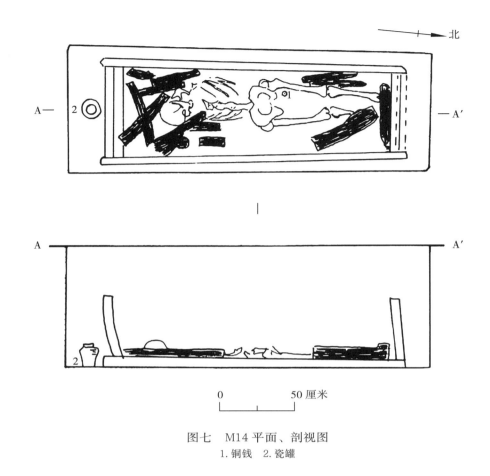

图七　M14 平面、剖视图
1. 铜钱　2. 瓷罐

M16　位于发掘区中部偏南处，西北邻 M17，东北邻 M18。方向 205°。开口于②层下，墓口距现地表深 2.1 米。墓圹平面呈梯形，长 2.34 米，宽 0.8~0.9 米，深 0.4 米。四壁较直，底部较平坦，内填较松散的黄褐色五花土。

葬具为木棺。平面呈梯形，口部长 1.96 米，宽 0.54~0.7 米；底部长 1.78 米，宽 0.44~0.58 米；残高 0.13 米，棺板厚约 0.04 米。棺底铺草木灰，厚 0.02 米。棺内葬人骨 1 具，保存状况较差，摆放较凌乱，头骨破碎，葬式、面向不详，男性。棺外南侧出土瓷罐 1 件，棺内人骨下见铜钱 1 枚，左前臂处发现铜簪 1 件（图八；彩版二四，1）。

M34　位于发掘区西北部。方向 55°。开口于②层下，墓口距现地表深 1.5 米。墓圹平面近长方形，长 2.5 米，宽 0.8 米，深 1.05 米。四壁较直，底部较平坦，内填较松散的黄褐色五花土。

葬具为木棺，腐朽较严重，仅存棺痕。平面近梯形，长 1.98 米，宽 0.41~0.59 米，残高 0.2 米，棺板厚约 0.03 米。棺底铺草木灰，厚 0.03 米。棺内葬人骨 1 具，保存状况较好，仰身直肢葬，头东足西，面向不清，女性。棺外东侧出土釉陶罐 1 件，棺内人骨下见铜钱 2 枚，头骨处发现铜簪 2 件（图九；彩版二四，2）。

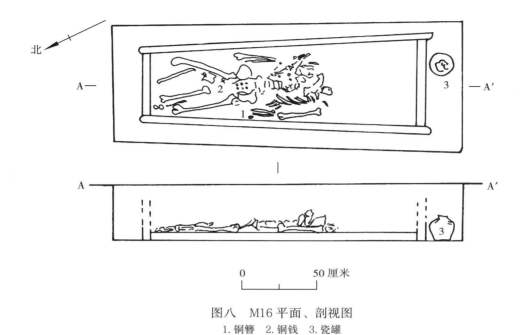

图八 M16平面、剖视图
1.铜簪 2.铜钱 3.瓷罐

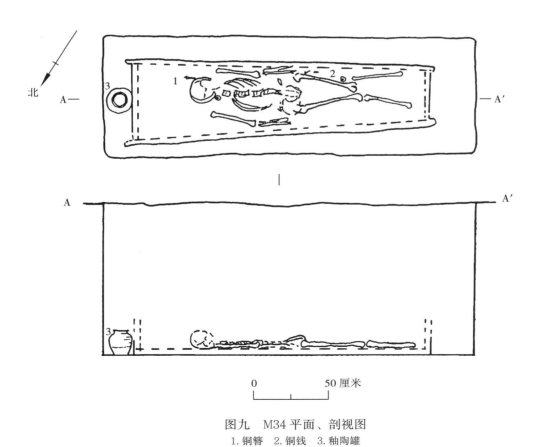

图九 M34平面、剖视图
1.铜簪 2.铜钱 3.釉陶罐

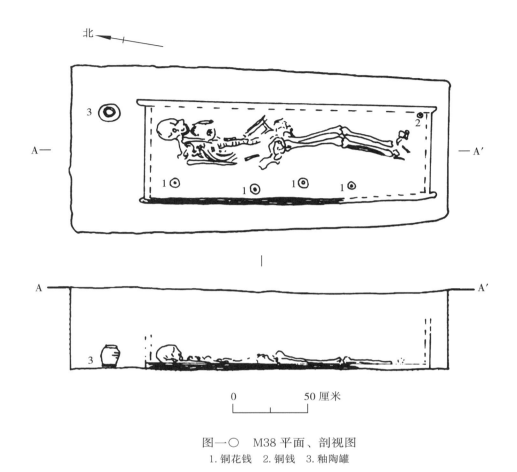

图一〇　M38 平面、剖视图
1. 铜花钱　2. 铜钱　3. 釉陶罐

M38　位于发掘区北部，东邻 M33，西邻 M32。方向 350°。开口于②层下，墓口距现地表深 1.3 米。墓圹平面近梯形，长 2.52 米，宽 0.92~1.14 米，深 0.54 米。四壁较直，底部较平坦，内填较松散的黄褐色五花土。

葬具为木棺，保存状况较差，仅存西侧部分棺板，其余仅存棺痕。平面近梯形，长 1.92 米，宽 0.61~0.71 米，残高 0.1 米，棺板厚约 0.03 米。棺内葬人骨 1 具，保存状况较差，头北足南，面向东，男性。棺外北侧出土釉陶罐 1 件，棺内人骨下见铜钱 2 枚，人骨西侧发现铜花钱 4 枚（图一〇；彩版二四，3）。

（二）双人合葬墓

共 17 座，编号 M4、M5、M9、M17~M20、M23~M27、M29、M31~M33、M36。对其中 15 座分述如下。

M4　位于发掘区东南部，东南邻 M3，西南邻 M1。方向 30°。开口于②层下，墓口距现地表深 2 米。墓圹平面呈梯形，东部被现代管道破坏，长 2.46 米，宽 1.9~1.96 米，深 0.52 米。四壁较直，底部较平坦，内填较松散的黄褐色五花土。

葬具均为木棺，南北向并列放置，平面皆呈梯形（图一一；彩版二五，1）。

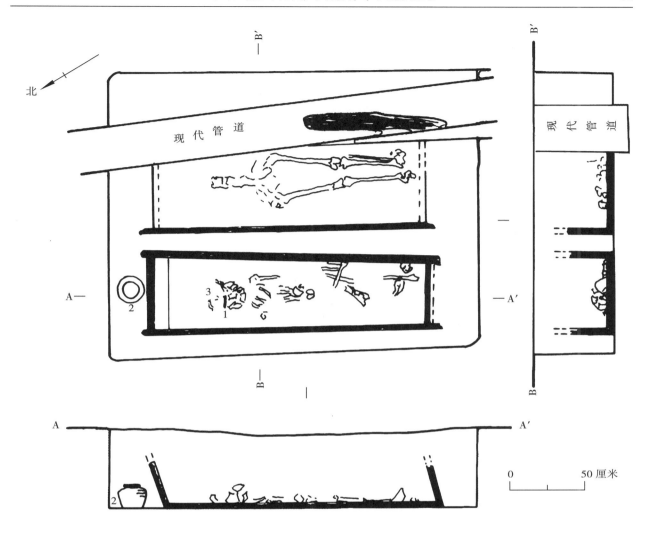

图一一　M4 平面、剖视图
1. 银扁方　2. 瓷罐　3. 银簪

　　东侧棺保存状况较差，东部被现代管道破坏，长 1.9 米，残宽 0.52~0.63 米，残高 0.28 米，棺板厚约 0.04 米。棺内葬人骨 1 具，保存状况较差，仅存下肢，葬式、面向不明，男性。

　　西侧棺保存状况较好，长 2 米，宽 0.5~0.58 米，残高 0.3 米，棺板厚约 0.04 米。棺底铺草木灰，厚约 0.02 米。棺内葬人骨 1 具，保存状况较差，放置较凌乱，头北足南，葬式、面向不清，女性。棺外北侧出土瓷罐 1 件，棺内头骨处发现银簪 1 件、银扁方 1 件。

　　M5　位于发掘区东南部，东邻 M9。方向 175°。开口于②层下，墓口距现地表深 2 米。墓圹平面呈梯形，长 2.4 米，宽 1.75~2 米，深 0.9 米。四壁较直，底部较平坦，内填较松散的黄褐色五花土。

　　葬具均为木棺，南北向并列放置，平面皆呈梯形（图一二；彩版二五，2）。

　　东侧棺保存状况较好，棺盖长 2.2 米，残宽 0.55~0.65 米，盖板厚约 0.12 米；木棺口部长 1.78 米，宽 0.35~0.44 米；底部长 1.82 米，宽 0.46~0.6 米；残高 0.71 米，棺板厚约 0.08 米。棺内葬人骨 1 具，保存状况较好，头骨被扰动，仰身直肢葬，头南足北，男性。棺外北侧出土

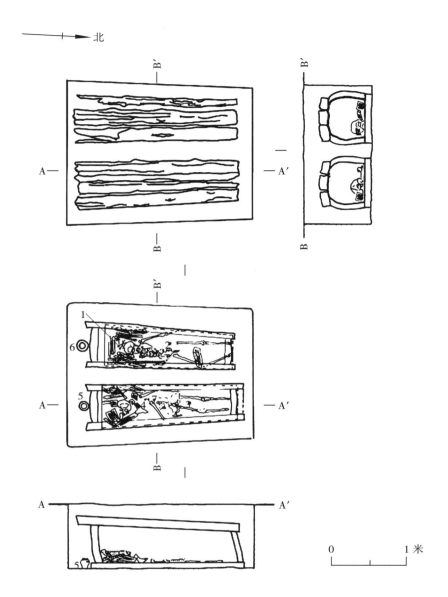

图一二　M5 平面、剖视图
1.银簪　2、3.铜钱　4.铜纽扣　5、6.瓷罐　7.铜簪

青花瓷罐 1 件，棺内人骨中部发现铜纽扣 3 枚、铜簪 1 件，腿骨处见铜钱 1 枚。

西侧棺保存状况较好，棺盖长 2.2 米，宽 0.55～0.65 米，盖板厚约 0.12 米；木棺口部长 1.72 米，宽 0.36～0.48 米；底部长 1.72 米，宽 0.46～0.58 米；残高 0.69 米，棺板厚约 0.08 米。棺底铺草木灰，厚约 0.03～0.08 米。棺内葬人骨 1 具，保存状况较差，仰身直肢葬，头南足北，面向东，女性。棺外北侧出土青花瓷罐 1 件，棺内头骨处出土银簪 2 件，人骨下见铜钱 1 枚。

M9　位于发掘区东南部，南邻 M4，北邻 M14，西邻 M5。方向 160°。开口于②层下，墓口距现地表深 2 米。墓圹平面近梯形，长 2.54 米，宽 1.68～1.9 米，深 1.18 米。四壁较直，底部较平坦，内填较松散的黄褐色五花土。

葬具均为木棺，南北向并列放置，平面皆呈梯形。人骨保存较好，头部外围放置黑木炭块（图一三；彩版二六，1）。

东侧棺保存状况较好，棺盖长2.2米，宽0.54~0.6米，盖板厚约0.11米；木棺口部长1.76米，宽0.28~0.38米；底部长1.78米，宽0.35~0.48米；残高0.5米。棺内葬人骨1具，保存状况较好，仰身直肢葬，头南足北，女性。棺外南侧出土青花瓷罐1件，棺内头骨处出土银簪3件，人骨下见铜钱5枚。

西侧棺保存状况较好，棺盖长2.2米，宽0.58~0.68米，盖板厚约0.08~0.1米；木棺口部长1.62米，宽0.3~0.4米；前挡倾斜高0.8米，后挡倾斜高0.56米；底部长20.6米，宽0.4~0.46米，棺板厚约0.1米；残高0.56~0.8米。棺底见一层草木灰，厚0.04米。棺内葬人骨1具，保存状况较好，仰身直肢葬，头南足北，面向西，男性。棺外南侧出土青花瓷罐1件，棺内人骨下见铜钱1枚。

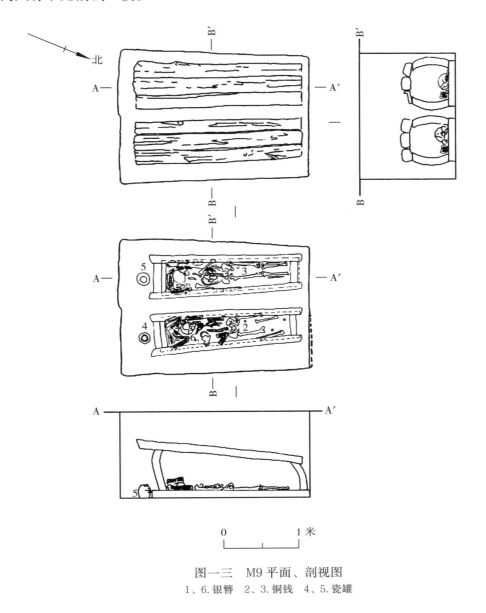

图一三　M9平面、剖视图

1、6.银簪　2、3.铜钱　4、5.瓷罐

　　M17　位于发掘区中部偏南处，东南邻 M16。方向 200°。开口于②层下，墓口距现地表深 2.1 米。墓圹平面近梯形，长 2.55～2.7 米，宽 1.8～2 米，深 1.08 米。四壁较平整，底部较平坦，内填较松散的黄褐色五花土。

　　葬具均为木棺，南北向并列放置，平面皆近梯形（图一四；彩版二六，2）。

　　东侧棺保存状况较好，棺盖南北长 2.16 米，宽 0.5～0.64 米，盖板厚约 0.12 米；棺身长 2 米，宽 0.42～0.63 米，残高 0.58～0.67 米，棺板厚约 0.08 米。棺内葬人骨 1 具，摆放较凌乱，仰

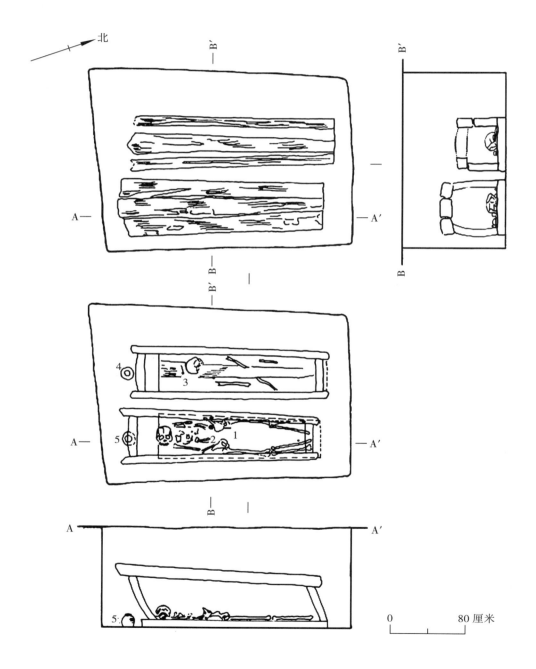

图一四　M17 平面、剖视图
1.铜钱　2.琉璃环　3.银押发　4、5.瓷罐

身直肢葬，头南足北，男性。棺外南侧出土瓷罐1件，棺内人骨下见铜钱3枚，骨盆处发现琉璃环1件。

西侧棺保存状况较好，但棺盖中部塌陷落入棺内。棺盖长2.16米，宽0.5～0.6米，盖板厚约0.12米；棺身长2米，宽0.5～0.58米，残高0.54米，棺板厚约0.08米。棺内葬人骨1具，保存状况较差，仅存部分头骨和肢骨，葬式、面向不详，女性。棺外南侧出土瓷罐1件，棺内头骨处发现银押发1件。

M18　位于发掘区中部偏南处，东北邻M19，西邻M16、M17。方向200°。开口于②层下，墓口距现地表深2.1米。墓圹平面呈梯形，长2.42米，宽1.5～1.7米，深0.8米。四壁较粗糙，底部较平坦，内填较松散的黄褐色五花土。

葬具均为木棺，南北向并列放置，平面皆呈梯形（图一五；彩版二七，1）。

东侧棺保存状况较好，棺盖长2.09米，宽0.5～0.6米，盖板厚约0.12米；棺身长1.76米，宽0.45～0.5米，残高0.23～0.25米，棺板厚约0.08米。棺内葬人骨1具，仰身直肢葬，摆放较为

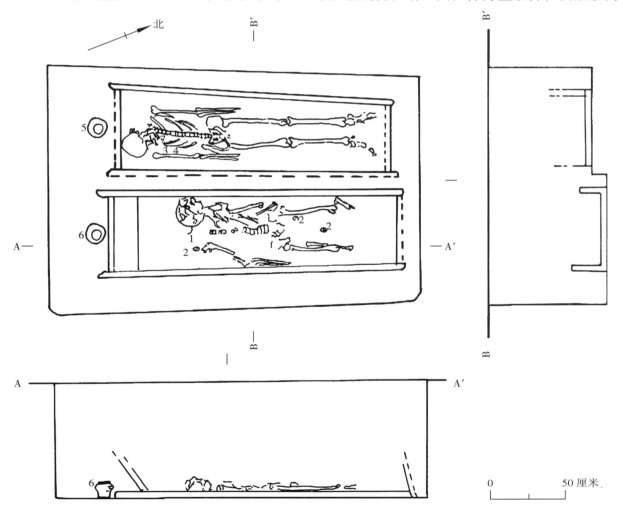

图一五　M18平面、剖视图
1.银押发　2.铜钱　3、4.玉饰件　5、6.瓷罐　7.铜组扣

凌乱，头南足北，女性。棺外南侧出土瓷罐 1 件，棺内人骨下见铜钱 8 枚，头骨处发现银押发 1 件。

西侧棺保存状况较差，仅存部分棺板。棺长 1.86 米，宽 0.46～0.56 米，残高 0.16 米，棺板厚约 0.04 米。棺内葬人骨 1 具，保存状况较好，仰身直肢葬，头南足北，面向东，男性。棺外南侧出土瓷罐 1 件，棺内人肋骨处发现玉饰件 2 件、铜纽扣 3 个。

M19　位于发掘区中部偏南处，北邻 M20，西南邻 M18。方向 190°。开口于②层下，墓口距现地表深 2 米。墓圹平面呈不规则形，长 2.22～2.5 米，宽 1.45～1.63 米，深 1.75 米。四壁较直，底部较平坦，内填较松散的黄褐色五花土。

葬具均为木棺，南北向并列放置，平面皆呈梯形（图一六；彩版二七，2）。

东侧棺保存状况较差，长 1.7 米，宽 0.32～0.46 米，残高 0.02 米，棺板厚约 0.1 米。棺内葬人骨 1 具，保存状况较差，仅存部分头骨与肢骨，葬式、面向不详，性别不明。棺外南侧出土釉陶罐 1 件，棺内北部发现铜簪 1 件。

西侧棺保存状况较好。棺盖残存西侧部分，长 2.1 米，宽 0.2 米，厚约 0.12 米；内盖保存较好，长 1.6 米，宽 0.34～0.38 米，厚约 0.01 米；棺身长 1.68 米，宽 0.36～0.46 米，残高约 0.36～0.46 米，棺板厚约 0.12 米。棺内葬人骨 1 具，保存状况较差，仰身直肢葬，头南足北，面向上，男性。

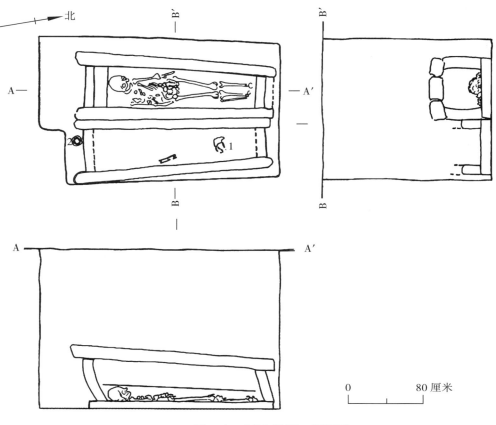

图一六　M19 平面、剖视图
1. 铜簪　2. 釉陶罐

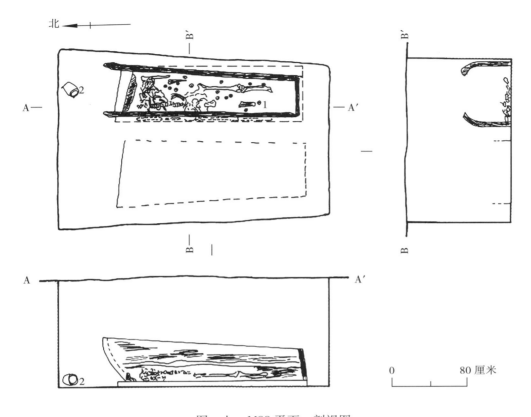

图一七　M23 平面、剖视图
1. 铜钱　2. 釉陶罐

M23　位于发掘区东南部，南邻 M24，西邻 M2。方向 3°。开口于②层下，墓口距现地表深 1.5 米。墓圹平面近梯形，长 2.86 米，宽 1.6~1.94 米，深 1.1 米。四壁较直，底部较平坦，内填较松散的黄褐色五花土。

葬具均为木棺，南北向并列放置，平面皆近梯形（图一七；彩版二八，1）。

东侧棺保存状况较好，口部长 2.06 米，宽 0.44~0.58 米；底部长 1.96 米，宽 0.6 米；前挡斜高 0.52 米，后挡斜高 0.48 米；棺板厚约 0.06 米。棺内葬人骨 1 具，保存状况较差，摆放较为凌乱，直肢葬，头北足南，面向不明，男性。棺外北侧出土釉陶罐 1 件，棺内人骨下见铜钱 57 枚。

西侧棺保存状况较差，仅存棺痕。平面近梯形，长 2 米，宽 0.6~0.74 米，残高 0.08 米。未见人骨及随葬品。

M24　位于发掘区东南部，北邻 M23，西邻 M2。方向 6°。开口于②层下，墓口距现地表深 1.5 米。墓圹平面近梯形，长 2.54 米，宽 1.6~1.7 米，深 1.1 米。四壁较直，底部较平坦，内填较松散的黄褐色五花土。

葬具均为木棺，南北向并列放置，平面皆近梯形（图一八；彩版二八，2）。

东侧棺保存状况较好，长 1.78 米，宽 0.48~0.68 米，残高 0.34 米，棺板厚约 0.04 米。棺内葬人骨 1 具，保存状况较差，摆放较凌乱，直肢葬，头北足南，面向不明，男性。棺外北侧出土釉陶罐 1 件，棺内人骨下见铜钱 2 枚。

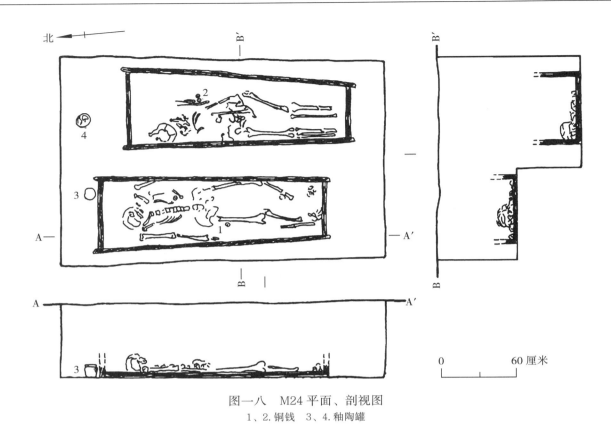

图一八　M24 平面、剖视图
1、2.铜钱　3、4.釉陶罐

　　西侧棺保存状况较好，长 1.8 米，宽 0.5～0.62 米，残高 0.1 米，棺板厚约 0.04 米。棺底铺草木灰。棺内葬人骨 1 具，保存状况较差，仰身直肢葬，头骨破碎，头北足南，面向西，女性。棺外北侧出土釉陶罐 1 件，棺内人骨下见铜钱 2 枚。

　　M25　位于发掘区东南部，南邻 M14。方向 175°。开口于②层下，墓口距现地表深 2 米。墓圹平面呈不规则形，西北部被现代扰坑破坏，长 2.5 米，宽 1.7～1.96 米，深 0.86 米。四壁较直，底部较平坦，内填较松散的黄褐色五花土。

　　葬具均为木棺，南北向并列放置，平面皆近梯形（图一九；彩版二九，1）。

　　东侧棺保存状况较好，长 1.75 米，宽 0.35～0.5 米，残高 0.2～0.28 米，棺板厚约 0.12 米。棺底铺草木灰，厚约 0.18 米。棺内葬人骨 1 具，保存状况较差，头骨破碎，仰身直肢葬，头南足北，面向西，女性。棺外南侧出土瓷罐 1 件，棺内头骨处发现银扁方 1 件、铜簪 2 件，人骨下见铜钱 1 枚，腿骨下放置木炭块。

　　西侧棺保存状况较好，长 1.7 米，宽 0.35～0.45 米，残高 0.14～0.3 米，棺板厚约 0.11 米。棺底铺草木灰，厚约 0.12 米。棺内葬人骨 1 具，保存状况较好，仰身直肢葬，头南足北，面向上，男性，头骨处放置木炭。

　　M27　位于发掘区东南部，南邻 M28。方向 200°。开口于②层下，墓口距现地表深 2 米。墓圹平面呈梯形，长 2.5 米，宽 1.64～1.8 米，深 0.54～0.7 米。四壁较直，底部较平坦，内填较松散的黄褐色五花土。

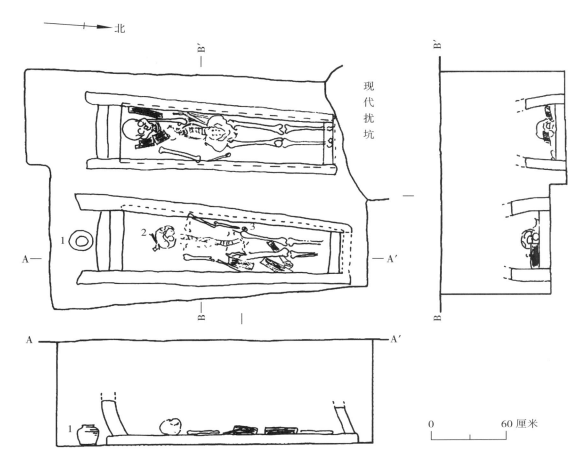

图一九 M25 平面、剖视图
1.瓷罐 2.银扁方 3、4.铜簪 5.铜钱

葬具均为木棺，南北向并列放置，平面皆近梯形（图二〇；彩版二九，2）。

东侧棺保存状况较好，长 2.05 米，宽 0.6~0.76 米，残高 0.3 米，棺板厚约 0.04 米。棺内葬人骨 1 具，保存状况较差，摆放较凌乱，头骨叠压在盆骨之上，直肢葬，头南足北，面向不明，女性。棺外南侧出土瓷罐 1 件，棺内原头骨处发现银簪 2 件、银押发 1 件，人骨下见铜钱 2 枚。

西侧棺保存状况较好，长 2.18 米，宽 0.6~0.76 米，残高 0.3 米，棺板厚约 0.04 米。棺底铺草木灰。棺内葬人骨 1 具，保存状况较差，直肢葬，头骨破碎，头南足北，面向西，男性。

M29 位于发掘区东部。方向 160°。开口于②层下，墓口距现地表深 2.2 米。墓圹平面近梯形，长 2.46 米，宽 1.3~1.58 米，深 0.7 米。四壁较直，仅南壁较曲直，底部较平坦，内填较松散的黄褐色五花土。

葬具均为木棺，南北向并列放置，平面皆近梯形（图二一；彩版三〇，1）。

东侧棺保存状况较差，长 1.85 米，宽 0.52~0.64 米，残高 0.2 米。棺内葬人骨 1 具，保存状况较差，摆放较凌乱，直肢葬，头南足北，面向不明，男性。棺外南侧出土瓷罐 1 件，棺

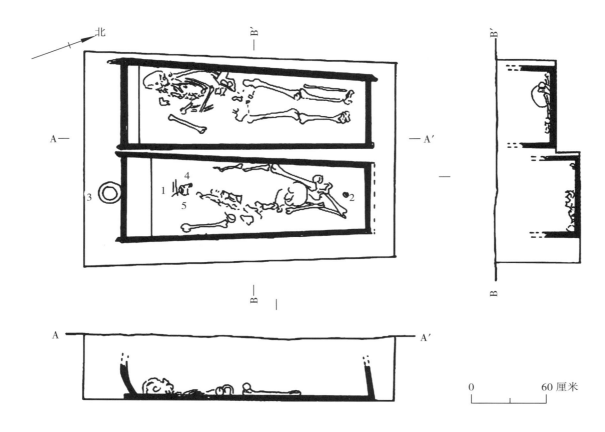

图二〇　M27 平面、剖视图

1、5. 银簪　2. 铜钱　3. 瓷罐　4. 银押发

内人头骨处发现银簪1件，肋骨处发现铜纽扣3枚，人骨东侧见铜钱1枚。

西侧棺保存状况较差，口部长1.95米，宽0.54~0.6米；底部长1.65米，宽0.48米；前挡斜高0.24米，后挡残高0.08米；棺板厚约0.04米。棺内葬人骨1具，保存状况较好，仰身直肢葬，头南足北，女性。人头骨左侧发现铜钱1枚，肋骨处发现有铜纽扣3枚。

M31　位于发掘区西南部。方向80°。开口于②层下，墓口距现地表深1.7米。墓圹平面呈梯形，长2.6米，宽1.6~1.76米，深0.68米。四壁较直，底部较平坦，内填较松散的黄褐色五花土。

葬具均为木棺，东西向并列放置，平面皆近梯形（图二二；彩版三〇，2）。

北侧棺口部长1.96米，宽0.56~0.68米；底部长1.74米，宽0.4~0.5米；前挡斜高0.4米，后挡残高0.2米；棺板厚约0.08~0.1米。棺底铺草木灰。棺内葬人骨1具，保存状况较差，摆放较凌乱，仰身直肢葬，头东足西，女性。棺外东侧出土瓷罐1件。

南侧棺长1.85米，宽0.52~0.6米，残高0.34米。棺底铺草木灰。棺内葬人骨1具，保存状况较差，摆放较凌乱，仰身直肢葬，头东足西，面向不明，男性。棺外东侧出土釉陶罐1件，棺内人骨盆处见铜钱2枚。

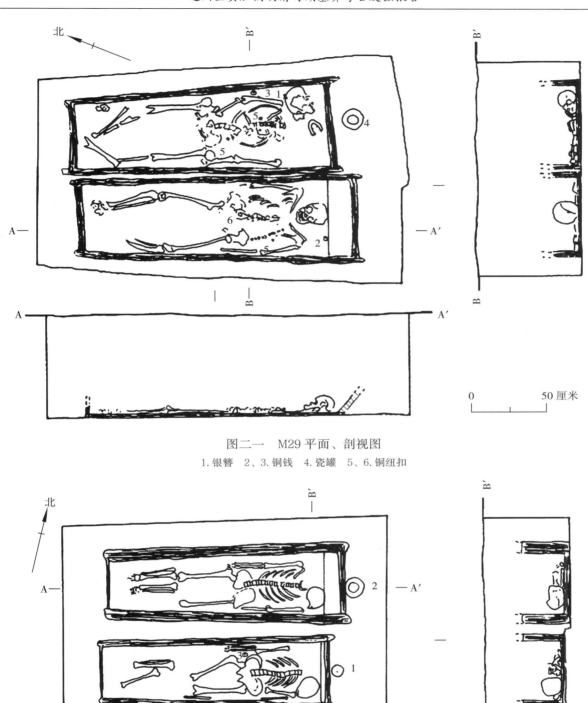

图二一　M29 平面、剖视图
1.银簪　2、3.铜钱　4.瓷罐　5、6.铜纽扣

图二二　M31 平面、剖视图
1.釉陶罐　2.瓷罐　3.铜钱

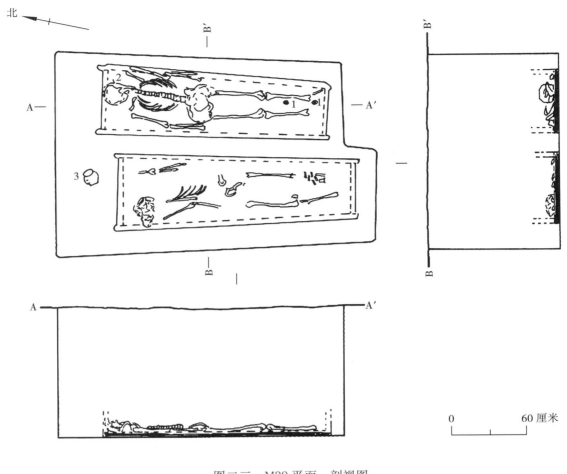

图二三　M32 平面、剖视图
1.铜钱　2.骨簪　3.陶罐

　　M32　位于发掘区北部，东邻 M38。方向 350°。开口于②层下，墓口距现地表深 1.3 米。墓圹平面呈不规则形，长 2.3～2.58 米，宽 1.5～1.7 米，深 1.06 米。四壁较直，底部较平坦，内填较松散的黄褐色五花土。

　　葬具均为木棺，南北向并列放置，平面皆近梯形（图二三；彩版三一，1）。

　　东侧棺长 1.78 米，宽 0.38～0.48 米，残高 0.1 米，棺板厚约 0.1 米。棺内葬人骨 1 具，保存状况较差，头骨破碎，仰身直肢葬，头北足南，面向不明，男性。人头骨处出土骨簪 1 件，胫骨处发现铜钱 3 枚。

　　西侧棺长 1.82 米，宽 0.42～0.55 米，残高 0.1 米，棺板厚约 0.04 米。棺内葬人骨 1 具，保存状况较差，头骨破碎，仰身直肢葬，头北足南，面向不明，女性。棺外北侧出土陶罐 1 件。

　　M33　位于发掘区北部，西邻 M38。方向 353°。开口于②层下，墓口距现地表深 1.3 米。墓圹平面呈梯形，长 2.68 米，宽 1.6～1.92 米，深 0.75 米。四壁较直，底部平坦，内填较松散的黄褐色五花土。

　　葬具均为木棺，南北向并列放置，平面皆近梯形（图二四；彩版三一，2）。

　　东侧棺长 1.85 米，宽 0.45～0.55 米，残高 0.1 米。棺内葬人骨 1 具，保存状况较差，摆

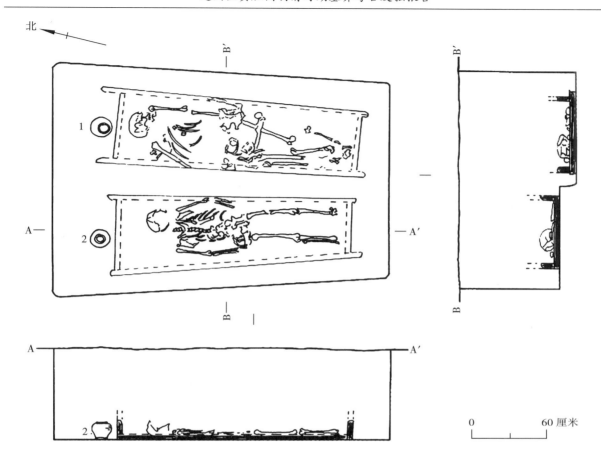

图二四　M33 平面、剖视图
1、2.瓷罐

放较凌乱，头北足南，面向东，男性。棺外北侧出土瓷罐1件。

西侧棺长 1.78 米，宽 0.42～0.56 米，残高 0.1 米。棺底铺草木灰，厚约 0.05 米。棺内葬人骨1具，保存状况较好，仰身直肢葬，头北足南，女性。棺外北侧出土瓷罐1件。

M36　位于发掘区东北部。方向 15°。开口于②层下，墓口距现地表深 1.3 米。墓圹平面近梯形，长 3 米，宽 2～2.2 米，深 1.27 米。四壁较直，底部较平坦，内填较松散的黄褐色五花土。

葬具均为木棺，南北向并列放置，平面皆近梯形（图二五；彩版三二，1）。

东侧棺保存状况较差，棺盖残存中间部分，残长 2.2 米，残宽 0.3 米，盖板厚约 0.2 米；棺身仅存两侧棺板，长 1.8 米，宽 0.54～0.58 米，残高 0.34 米，棺板厚约 0.1 米。棺内葬人骨1具，保存状况较差，摆放较凌乱，头北足南，男性。棺外北侧出土瓷罐1件，棺内人骨下见铜钱3枚。

西侧棺保存状况较好，棺盖长 2.35 米，宽 0.5～0.6 米，盖板厚约 0.2 米；棺身口部长 1.74米，宽 0.42～0.47 米；底部长 1.74 米，宽 0.65～0.75 米，棺板厚约 0.1 米。棺内葬人骨1具，保存状况较差，摆放较凌乱，头北足南，女性。棺外北侧出土瓷罐1件，棺内人骨下见铜钱4枚，头骨处放置木炭块。

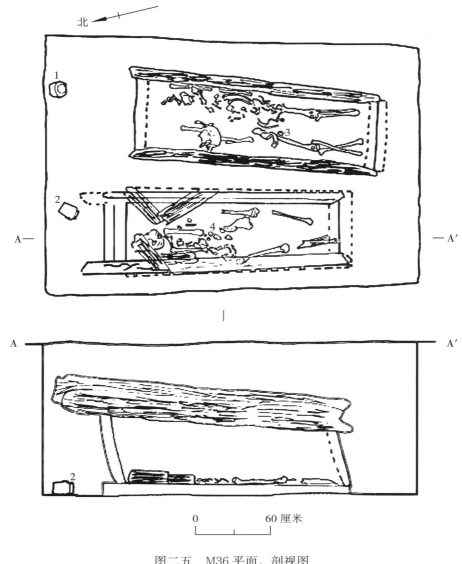

图二五　M36 平面、剖视图
1、2.瓷罐　3、4.铜钱

（三）多人合葬墓

共 5 座，编号 M1、M7、M13、M15、M30。

M1　位于发掘区东南部，东北邻 M4。方向 30°。开口于②层下，墓口距地表深 2 米。墓圹平面呈不规则形，长 2.4 米，宽 2.02～2.5 米，深 0.6～0.76 米。四壁较直，仅北侧边壁向外倾斜，底部较平坦，内填较松散的黄褐色五花土。

葬具均为木棺，南北向并列放置，平面皆呈梯形，保存较好，棺底皆铺草木灰（图二六；彩版三二，2）。

东侧棺长 1.94 米，宽 0.56～0.66 米，残高 0.28 米。棺内葬人骨 1 具，保存较完整，仰身直肢葬，头北足南，面向上，男性，残长 1.66 米。棺外北侧出土瓷罐 1 件，棺内人盆骨下见有铜钱 1 枚。

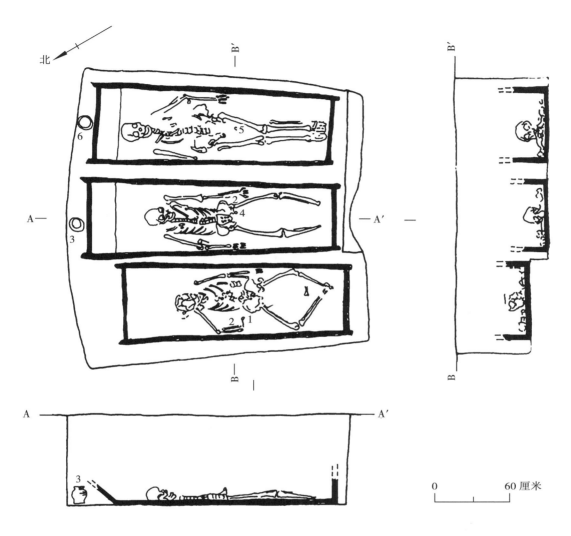

图二六　M1 平面、剖视图
1、2.铜簪　3、6.瓷罐　4、5.铜钱

中棺长 2.03 米，宽 0.56~0.68 米，残高 0.2 米。棺内葬人骨 1 具，保存较完整，仰身直肢葬，头北足南，面向上，女性。棺外北侧出土瓷罐 1 件，棺内人骨左手处随葬铜簪 1 件，人盆骨下发现有铜钱 1 枚。

西侧棺长 1.84 米，宽 0.58~0.66 米，残高 0.14 米。棺内葬人骨 1 具，保存较差，仰身屈肢葬，头北足南，面向上，女性。棺内人骨右手处随葬铜簪 2 件。

M7　位于发掘区东南部，东邻 M8。方向 230°。开口于②层下，墓口距现地表深 1.3 米。墓圹平面呈不规则形，长 2.38~2.85 米，宽 2.59~2.69 米，深 0.62 米。四壁较直，底部较平坦，内填较松散的黄褐色五花土。

葬具均为木棺，南北向并列放置，平面皆呈梯形，保存状况较差（图二七；彩版三三，1）。

南侧棺长 1.7 米，宽 0.48~0.58 米，残高 0.15 米。棺内葬人骨 1 具，保存状况较差，仰身直肢葬，头西足东，男性。棺外西侧出土釉陶罐 1 件。

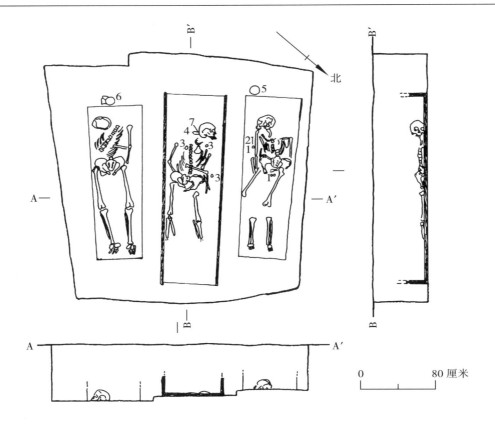

图二七　M7 平面、剖视图
1、3.铜钱　2.铜簪　4、7.银簪　5、6.釉陶罐

中棺长 2.1 米，宽 0.55~0.6 米，残高 0.2 米。棺内葬人骨 1 具，保存状况较差，摆放较凌乱，仰身直肢葬，头西足东，面向北，女性，残长 1.3 米。棺内人头骨右侧出土银簪 3 件，人骨中上部散落有铜钱 3 枚。

北侧棺长 1.8 米，宽 0.5~0.6 米，残高 0.15 米。棺底铺草木灰，厚约 0.01 米。棺内葬人骨 1 具，保存状况较差，摆放较凌乱，仰身直肢葬，头西足东，面向南，女性。棺外西侧出土釉陶罐 1 件，棺内人骨右臂外侧发现铜簪 1 件，人骨中上部散落有铜钱 3 枚。

M13　位于发掘区东南部，东邻 M28，西邻 M14、M25。方向 190°。开口于②层下，墓口距现地表深 2.1 米。墓圹平面近梯形，西部被现代管道破坏，长 2.42 米，宽 1.8~2.2 米，深 0.3 米。四壁较直，底部较平坦，内填较松散的黄褐色五花土。

葬具均为木棺，南北向并列放置，平面皆近梯形（图二八；彩版三三，2）。

东侧棺保存状况较好，长 1.84 米，宽 0.42~0.64 米，残高 0.1 米，棺板厚约 0.04 米。棺底铺草木灰，厚约 0.03 米。棺内葬人骨 1 具，摆放较为凌乱，仰身直肢葬，头南足北，面向上，女性。棺外南侧出土瓷罐 1 件，棺内人骨左股骨处出土铜锁 1 件。

中棺保存状况较差，西部被现代管道破坏，长 1.8 米，残宽 0.36~0.58 米，残高 0.12 米，棺板厚约 0.04 米。棺内葬人骨 1 具，保存状况较差，头南足北，葬式、面向不详，女性。棺外南侧出土釉陶罐 1 件。

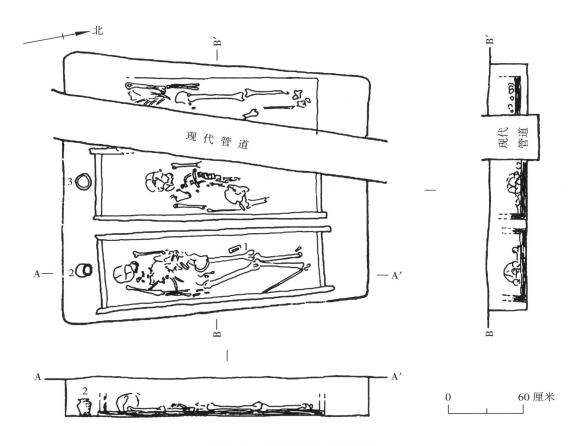

图二八　M13 平面、剖视图
1.铜锁　2.瓷罐　3.釉陶罐

西侧棺保存状况较差，仅存棺痕，东部被现代管道破坏。棺残长 1.5 米，残宽 0.42 米，残高 0.1 米，棺板厚约 0.04 米。棺内葬人骨 1 具，保存状况较差，仰身直肢葬，头南足北，男性。

M15　位于发掘区东南部。方向 215°。开口于②层下，墓口距现地表深 2.1 米。墓圹平面呈梯形，长 2.55 米，宽 2.3~2.8 米，深 1.2 米。四壁较直，底部较平坦，内填较松散的黄褐色五花土。

葬具均为木棺，南北向并列放置，平面皆呈梯形（图二九；彩版三四，1）。

东侧棺长 1.65 米，宽 0.45~0.52 米，残高 0.32 米，棺板厚约 0.04 米。棺内葬人骨 1 具，保存状况较好，仰身直肢葬，头南足北，面向西，女性。棺外南侧出土瓷碗 1 件、瓷罐 1 件。

中棺长 1.7 米，宽 0.52~0.68 米，残高 0.4 米，棺板厚约 0.04 米。棺底铺草木灰。棺内葬人骨 1 具，保存状况较差，仰身直肢葬，头南足北，面向上，女性。棺外南侧出土瓷罐 1 件、釉陶罐 1 件，棺内人骨下见铜钱 2 枚。

西侧棺长 1.7 米，宽 0.45~0.55 米，残高 0.32 米，棺板厚约 0.04 米。棺内葬人骨 1 具，保存状况较差，仰身直肢葬，头南足北，男性。棺外南侧出土陶罐 1 件、瓷碗 1 件，棺内人骨附近见铜钱 1 枚。

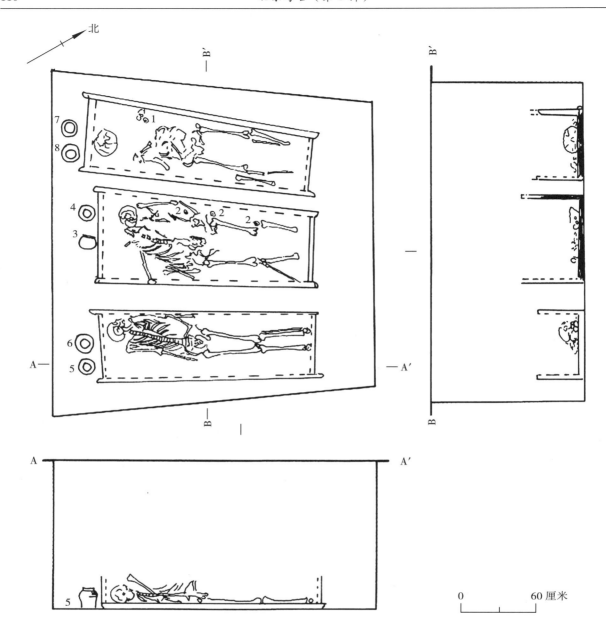

图二九　M15 平面、剖视图
1、2.铜钱　3、6.瓷罐　4.釉陶罐　5、7.瓷碗　8.陶罐

M30　位于发掘区西南部。方向 240°。开口于②层下，墓口距现地表深 1.7 米。墓圹平面呈不规则形，长 3.12 米，宽 2.48～2.98 米，深 0.76 米。四壁较直，仅北边壁略弧，底部较平坦，内填较松散的黄褐色五花土。

葬具均为木棺，东西向并列放置，平面皆近梯形（图三〇；彩版三四，2）。

南侧棺长 2 米，宽 0.52～0.62 米，残高 0.12 米，棺板厚约 0.06 米。棺底铺草木灰。棺内葬人骨 1 具，保存状况较差，摆放较凌乱，仰身直肢葬，头西足东，男性。棺外西侧出土釉陶罐 1 件，棺内人骨下见铜钱 10 枚。

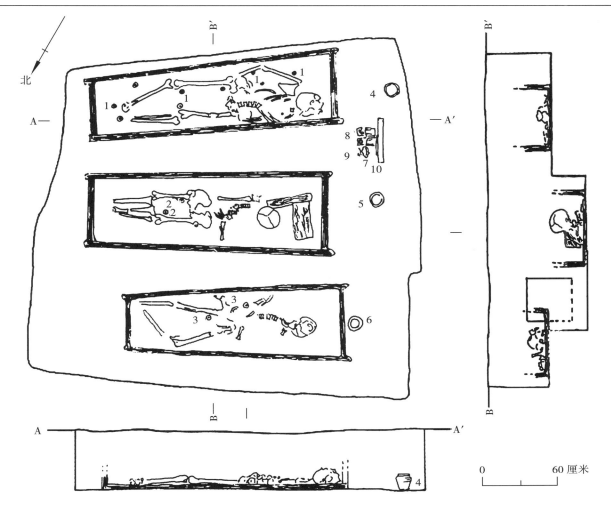

图三〇　M30 平面、剖视图
1~3.铜钱　4、5.釉陶罐　6.瓷罐　7.铜镜　8.石砚台　9.釉陶盏　10.青石质买地券

中棺长 1.93 米，宽 0.6~0.7 米，残高 0.18 米，棺板厚约 0.06 米。棺底铺草木灰。棺内葬人骨 1 具，保存状况较差，仰身直肢葬，头西足东，女性。棺外西侧出土釉陶罐 1 件，棺内人骨下见铜钱 3 枚，头骨处放置黑木炭。

南侧棺与中棺的西侧发现铜镜 1 件、石砚台 2 件、釉陶盏 1 件、青石质买地券 1 件。

北侧棺长 1.76 米，宽 0.48~0.64 米，残高 0.22 米，棺板厚约 0.04 米。棺底铺草木灰。棺内葬人骨 1 具，保存状况较差，摆放较凌乱，仰身屈肢葬，头西足东，女性。棺外西侧出土瓷罐 1 件，棺内人骨下见铜钱 3 枚。

三、出土器物

本次发掘除钱币外，共出土器物 86 件（套），包括陶、瓷、银、铜器等。另出土铜钱 195 枚、花钱 4 枚。分述如下。

（一）陶器

主要器形包括陶罐、釉陶罐、釉陶盏等。

陶罐　2 件。均圆唇，直口。

M15：8，夹细砂白陶。圆肩，弧腹内收，平底。口径 9.6、腹径 14、底径 8.1、高 13.2 厘米（图三一，1；彩版三五，1）。

M32：3，夹细砂红陶。圆肩，鼓腹，矮圈足。口径 8.9、腹径 14、底径 6.2、高 12.4 厘米（图三一，2）。

釉陶盏　1 件。M30：9，厚圆唇，弧壁内收，平底。口径 9.9、底径 4.8、高 3.9～4.2 厘米（图三一，3）。

釉陶罐　16 件。外壁均有轮制痕迹。

M1：6，侈口，方圆唇，高领，圆肩，弧腹，下部弧收，底部外展，平底。内壁口沿及外壁施黄绿色釉，外壁施釉不及底，釉层剥落严重，其余部位露红褐胎。口径 9.6、腹径 11.1、底径 8.1、高 13.1 厘米（图三一，4；彩版三六，1）。

M2：2，侈口，厚圆唇，斜领，肩部略折，直腹，平底。口沿内壁及肩部以上施酱绿釉，其余部位露红褐胎。底部有偏心圆纹。口径 11、腹径 11.7、底径 7.9、高 12 厘米（图三一，5；彩版三六，2）。

M7：5，侈口，厚方唇，斜领，肩部略折，直腹，平底。口沿内壁及肩部以上施酱绿釉，其余部位露红褐胎。底部有偏心圆纹。口径 10.8、腹径 10.2、底径 7.5、高 10.5 厘米（图三一，6；彩版三六，3）。

M7：6，侈口，厚方唇，斜领，肩部略折，直腹，平底。口沿内壁及肩部以上施酱绿釉，其余部位露红褐胎。底部有偏心圆纹。口径 10.2、腹径 9.9、底径 7、高 10.5 厘米（图三一，7；彩版三六，4）。

M8：1，侈口，厚方唇，斜领，肩部略折，直腹，平底。口沿内壁及肩部以上施酱绿釉，其余部位露红褐胎。底部有偏心圆纹。口径 10.1、腹径 10.5、底径 7.8、高 10.8 厘米（图三一，8；彩版三六，5）。

M13：3，侈口，方唇，斜沿，高领，圆肩，弧腹，下部弧收，底部外展，平底。内壁口沿及外壁施黄白色釉，外壁施釉不及底。口径 8.2、腹径 10.6、底径 9.2、高 13.6 厘米（图三一，9；彩版三六，6）。

M15：4，直口微侈，方圆唇，斜领，圆肩，弧腹内收，矮圈足。口沿内壁施酱绿釉，外壁施酱绿釉不及底，其余部位露红褐胎。底部有同心圆纹。口径 10.1、腹径 17、底径 9.6、高 16.8 厘米（图三一，10；彩版三七，1）。

M19：2，直口，方圆唇，高领，圆肩，弧腹，下部弧收，底部外展，平底。内壁口沿及外壁施黄白色釉，外壁施釉不及底，其余部位露红褐胎。口径 8、腹径 10.8、底径 7.6、高 12 厘米（图三一，11；彩版三七，2）。

M23：2，侈口，厚方唇，斜领，肩部略折，直腹，平底。口沿内壁及下腹部以上施酱绿釉，其余部位露红褐胎。底部有偏心圆纹。口径 10.8、腹径 11.8、底径 8.2、高 12 厘米（图三一，12；彩版三七，3）。

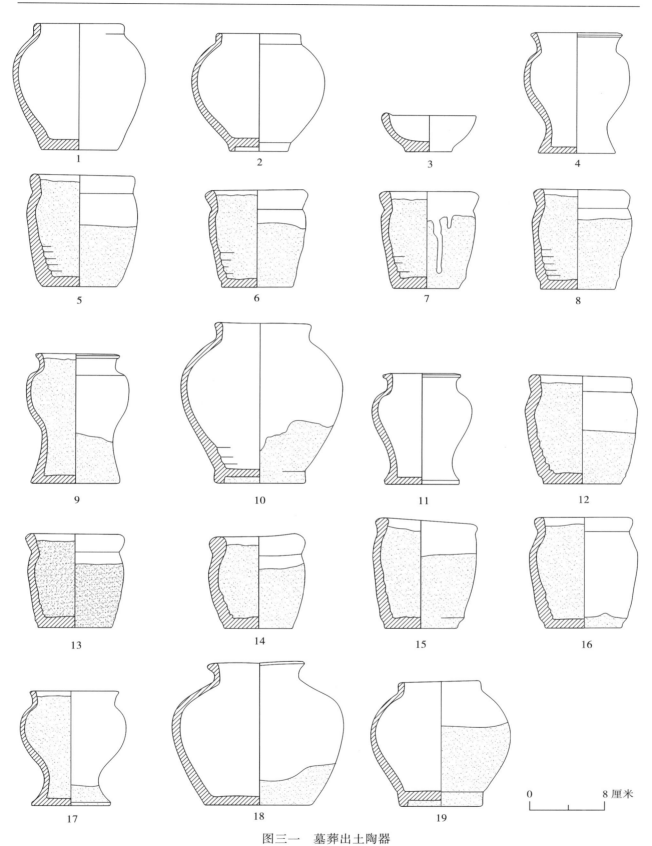

图三一 墓葬出土陶器

1、2.陶罐（M15：8、M32：3） 3.釉陶盏（M30：9） 4～19.釉陶罐（M1：6、M2：2、M7：5、M7：6、M8：1、M13：3、M15：4、M19：2、
M23：2、M24：3、M24：4、M30：4、M30：5、M31：1、M34：3、M38：3）

　　M24：3，侈口，厚方唇，斜领，肩部略折，直腹，平底。口沿内壁及肩部以上施酱绿釉，其余部位露红褐胎。底部有偏心圆纹。口径 10.4、腹径 10.1、底径 7.7、高 10.1 厘米（图三一，13；彩版三七，4）。

　　M24：4，侈口，厚方唇，斜领，肩部略折，直腹，平底。口沿内壁及肩部以上施酱绿釉，其余部位露红褐胎。底部有偏心圆纹。口径 10.1、腹径 10.2、底径 7.1、高 10.2 厘米（图三一，14；彩版三七，5）。

　　M30：4，形制不甚规整。侈口，厚方唇，斜领，肩部略折，腹斜收，平底。口沿内壁及肩部以上施酱绿釉，其余部位露红褐胎。底部有偏心圆纹。口径 10.7、腹径 10.9、底径 7.4、高 11.2 厘米（图三一，15；彩版三八，1）。

　　M30：5，侈口，厚方唇，斜领，肩部略折，腹斜收，平底。口沿内壁及肩部以上施酱绿釉，其余部位露红褐胎。底部有偏心圆纹。口径 10.3、腹径 11.3、底径 8、高 12 厘米（图三一，16；彩版三八，2）。

　　M31：1，侈口，方唇，矮领，圆肩，弧腹，下部弧收，底部外展，平底。内壁口沿及外壁腹部以上施白色釉，其余部位露红褐胎。口径 9.3、腹径 11.1、底径 8.2、高 12.4 厘米（图三一，17；彩版三八，3）。

　　M34：3，直口微侈，尖圆唇，斜领，圆肩，弧腹内收，平底。口沿内壁施黄绿釉，外壁施黄绿釉不及底，其余部位露红褐胎。口径 10.2、腹径 17.6、底径 10.8、高 14.8 厘米（图三一，18；彩版三八，4）。

　　M38：3，直口，方唇，圆肩，弧腹斜收，矮圈足。口沿内壁及肩部以上施酱釉，其余部位露红褐胎。底部有同心圆纹。口径 8.7、腹径 14.6、底径 8.8、高 13.7 厘米（图三一，19；彩版三八，5）。

　　（二）瓷器

　　主要器形包括罐、碗等。

　　青花瓷罐　11 件。

　　M5：6，直口，方圆唇，短束颈，鼓腹内收，内圈足。颈下饰一周变形莲瓣纹，肩下部饰卷云纹，腹部饰四组缠枝莲纹，腹下部饰变形莲瓣纹。口径 8.7、腹径 18.2、底径 11.4、高 18.6 厘米（图三二，1；彩版三九，1）。

　　M9：4，直口微侈，方圆唇，短束颈，鼓腹内收，内圈足。肩、颈部饰两道弦纹，内饰一周几何纹，腹部饰三组缠枝莲纹，腹下部饰一周莲瓣纹。口径 8.1、腹径 15.2、底径 10.6、高 16.3 厘米（图三二，2；彩版三九，2）。

　　M9：5，直口微敛，方圆唇，短束颈，鼓腹内收，内圈足。肩、颈部饰两道弦纹，内饰一周几何纹，腹部饰三组缠枝莲纹，腹下部饰一周莲瓣纹。口径 8.9、腹径 17.5、底径 11.4、高 18.5 厘米（图三二，3；彩版三九，3）。

　　M11：1，小口微敞，方圆唇，短束颈，弧腹，内圈足。内、外壁皆施白釉，外壁绘青花图

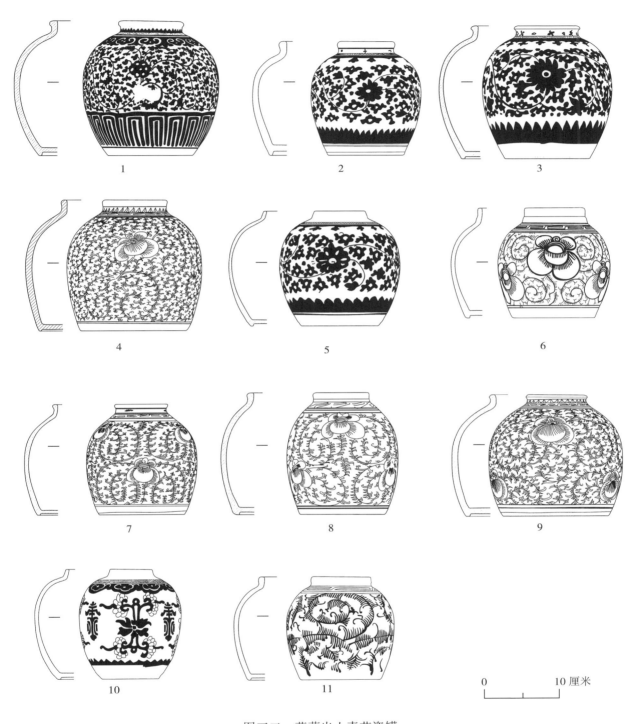

图三二　墓葬出土青花瓷罐

1~11.M5∶6、M9∶4、M9∶5、M11∶1、M16∶3、M17∶4、M17∶5、M18∶5、M25∶1、M29∶4、M31∶2

案，颜色较浅。颈部饰两组简单几何纹，其下为大面积的缠枝莲纹。口径9、腹径18.5、底径14.6、高18.6厘米（图三二，4；彩版三九，4）。

　　M16∶3，小口微敛，圆唇，短束颈，鼓腹，内圈足。内、外壁皆施白釉，外壁绘青花图案，颜色较深。颈部饰一周简单几何纹，其下为大面积的缠枝莲纹。口径6.7、腹径16.2、底径 10.3、高 15.9 厘米（图三二，5；彩版三九，5）。

M17:4，直口，方唇，颈部有一圈浅折痕，鼓腹，内圈足。内、外壁皆施白釉，外壁绘青花图案，颜色较深。颈部饰一圈"回"字纹，其下为大面积的缠枝莲纹。口径 8.3、腹径 15.4、底径 11.2、高 15.5 厘米（图三二，6；彩版三九，6）。

M17:5，直口，圆唇，短束颈，弧腹，内圈足。内、外壁皆施白釉，外壁绘青花图案，颜色较浅。颈上部饰简单几何纹，颈下部饰一圈"回"字纹，其下为大面积的缠枝莲纹。口径 7.2、腹径 15.1、底径 11.6、高 15.6 厘米（图三二，7；彩版四〇，1）。

M18:5，直口，方圆唇，短束颈，溜肩，弧腹，内圈足。颈下部饰一周几何纹，肩部饰三道弦纹，其下饰六组缠枝莲纹。口径 7.5、腹径 17、底径 11.3、高 17 厘米（图三二，8；彩版四〇，2）。

M25:1，侈口，方圆唇，短束颈，弧腹，内圈足。颈、肩部饰五道弦纹，中间饰两周几何纹，其下饰六组缠枝莲纹。口径 8.3、腹径 18.1、底径 14.2、高 17.1 厘米（图三二，9；彩版四〇，3）。

M29:4，侈口，方唇，矮领，鼓腹内收，内圈足。颈下部饰一周几何纹，肩部饰一周云纹，腹部饰四组折枝莲纹，每两组莲纹之间都有一"寿"字，下部饰一周变形莲瓣纹。口径 5.7、腹径 13.9、底径 7.6、高 15.3 厘米（图三二，10；彩版四〇，4）。

M31:2，直口，方圆唇，鼓腹，内圈足。内、外壁皆施白釉，外壁绘青花图案，颜色较深。颈部饰一圈"回"字纹，其下为大面积的缠枝纹。口径 8.1、腹径 14.5、底径 10.8、高 14.3 厘米（图三二，11；彩版四〇，5）。

青白釉瓷罐　7 件。均斜领，鼓肩，弧腹，平底略内凹。内、外壁施青白釉。外壁可见轮制旋纹，底部可见同心圆纹。

M3:4，口微敛，厚方唇，下腹内收。唇部露灰胎。口径 8.1、腹径 11.9、底径 7.9、高 11.2 厘米（图三三，1；彩版四一，1）。

M5:5，口微敛，方唇，下腹内收。唇部、底部露灰胎。口径 7.5、腹径 12、底径 8、高 12.4 厘米（图三三，2；彩版四一，2）。

M14:2，口微敛，方唇，下腹弧收。唇部、底部露灰胎。口径 7.6、腹径 12.4、底径 7.8、高 13.1 厘米（图三三，3；彩版四一，3）。

M15:6，口微敛，圆唇，下腹内收。唇部露灰胎。口径 6.9、腹径 13.1、底径 8.8、高 14 厘米（图三三，4；彩版四一，4）。

M30:6，口微敛，方唇，下腹内收。底部露灰胎。口径 8.7、腹径 12.2、底径 8.8、高 14 厘米（图三三，5；彩版四一，5）。

M36:1，直口，厚方唇，下腹内收。釉色较白。口径 9.2、腹径 13.4、底径 8.9、高 14.2 厘米（图三三，6；彩版四一，6）。

M36:2，直口，方唇，下腹内收。唇部露灰胎。口径 8、腹径 12、底径 8.1、高 13.7 厘米（图三三，7；彩版四一，7）。

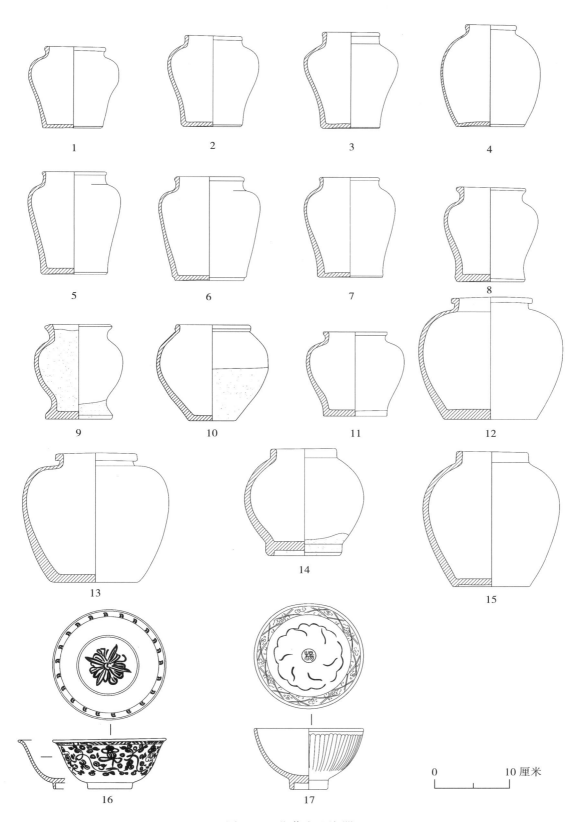

图三三　墓葬出土瓷器

1～7.青白釉瓷罐（M3：4、M5：5、M14：2、M15：6、M30：6、M36：1、M36：2）　8～11.黄绿釉瓷罐（M1：3、M13：2、M15：3、M18：6）　12、13.白釉瓷罐（M4：2、M27：3）　14、15.酱釉瓷罐（M33：2、M33：1）　16.青花瓷碗（M15：7）　17.青釉瓷碗（M15：5）

黄绿釉瓷罐　4 件。均尖方唇，斜领，圆肩，弧腹内收，平底。外壁施薄黄绿釉，口沿和底部露红褐胎。外壁可见轮制旋纹，底部可见同心圆纹。

M1:3，直口，底略内凹。内壁施浅酱釉，釉面光亮，开片，有脱釉现象。口径 9.2、腹径 12.4、底径 9.1、高 13 厘米（图三三，8；彩版四二，1）。

M13:2，侈口。内壁施浅酱釉，釉面光亮，开片，脱釉现象较严重。口径 8.9、腹径 11.6、底径 8.4、高 11.5 厘米（图三三，9；彩版四二，2）。

M15:3，直口，底略内凹。内壁施浅酱釉，釉面光亮，开片，有脱釉现象。口径 9.7、腹径 14.7、底径 6、高 13 厘米（图三三，10；彩版四二，3）。

M18:6，直口。内壁施薄黄绿釉，外壁施釉不及底。口径 8.3、腹径 12.9、底径 8.4、高 11.5 厘米（图三三，11；彩版四二，4）。

白釉瓷罐　2 件。厚方唇，直口微敛，斜领，鼓肩，弧腹斜收，近玉璧底。外壁施白釉，釉面光亮，开片。

M4:2，内壁口沿施白釉。口径 10.7、腹径 18.9、底径 12、高 16.7 厘米（图三三，12；彩版四二，5）。

M27:3，口径 10.8、腹径 19.3、底径 11.6、高 17.6 厘米（图三三，13；彩版四二，6）。

酱釉瓷罐　2 件。直口，方唇，矮圈足。内壁施酱釉。

M33:1，圆肩，弧腹斜收。外壁施酱绿釉。口径 9.5、腹径 18.1、底径 10.1、高 18.5 厘米（图三三，15；彩版四三，1）。

M33:2，弧肩，鼓腹。外壁施酱釉，不及底。口径 8.7、腹径 15.7、底径 10、高 14.6 厘米（图三三，14；彩版四三，2）。

青花瓷碗　1 件。M15:7，圆唇，敞口，弧腹，圈足。内、外壁皆施灰白釉，绘青花图案。外壁饰折枝八宝纹，内壁口沿处可见一圈简单几何纹饰，碗底饰飘带宝杵纹。口径 12.5、底径 4.9、高 5.6 厘米（图三三，16；彩版四三，3）。

青釉瓷碗　1 件。M15:5，圆唇，敞口，深腹，圈足。内、外壁施青釉泛灰，均饰有刻划纹饰。外壁可见莲瓣纹，内壁口沿处饰一圈花卉纹，碗底饰一整朵莲花，花蕊处为一"杨"字。口径 14.5、底径 5.2、高 8 厘米（图三三，17；彩版四三，4）。

（三）银器

主要器形包括簪、扁方、押发等。

银簪　9 件（套）。

M4:3，簪首为六面禅杖，杖顶呈葫芦形，下端为一组缠绕成云朵状银丝。簪首与簪体之间有一细颈。簪体呈圆锥状，素面。首宽 1.5、首高 2.9、通长 14.1 厘米（图三四，1；彩版四四，1）。

M5:1，共 2 件。形制相近，簪首为六朵花瓣组成的葵圆形，每朵花瓣由三层如意云头纹组成，背面相同，正面中间为圆形凸起，侧面为细密镂孔。簪体为圆锥体，尾尖锐。簪首有鎏金痕迹。

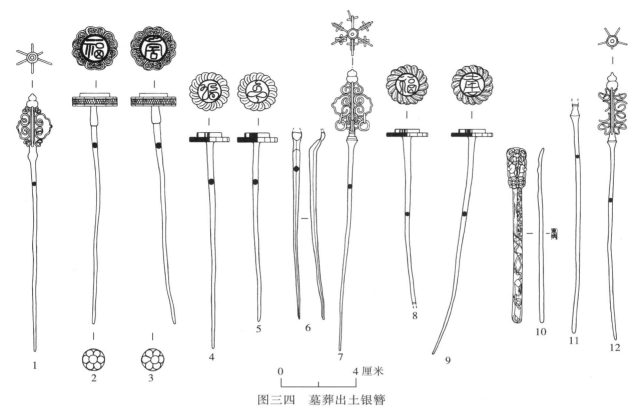

图三四　墓葬出土银簪

1~12. M4:3、M5:1-1、M5:1-2、M7:4-1、M7:4-2、M7:7、M9:1、M9:6-1、M9:6-2、M27:1、M27:5、M29:1

M5:1-1，簪首正面中间内铸一"福"字。首宽2.4、首高0.7、通长12.6厘米（图三四，2；彩版四四，2）。

M5:1-2，簪首正面中间内铸一"寿"字。首宽2.4、首高0.7、通长12.6厘米（图三四，3；彩版四四，3）。

M7:4，共2件。形制相近，簪首为葵圆形，中间为圆形凸起；簪体为圆锥体，尾尖锐。簪首有鎏金痕迹。

M7:4-1，簪首正面中间内铸一"福"字。首宽2.1、首高0.5、通长11.8厘米（图三四，4；彩版四四，4）。

M7:4-2，簪首正面中间内铸一"寿"字。首宽2.1、首高0.5、通长10.3厘米（图三四，5；彩版四四，5）。

M7:7，簪首为勺形，簪体为圆锥体，尾尖锐。残长10.2厘米（图三四，6；彩版四四，6）。

M9:1，簪首为六面禅杖，杖顶呈葫芦形，下端为一组缠绕成云朵状银丝。簪首与簪体之间有一细颈。簪体呈圆锥状，素面。通长15.4厘米（图三四，7；彩版四五，1）。

M9:6，共2件。形制相近，簪首为葵圆形，中间为圆形凸起；簪体为圆锥体，尾尖锐。簪首有鎏金痕迹。

M9:6-1，簪首正面中间内铸一"福"字。首宽2.2、首高0.4、残长9.5厘米（图三四，8；彩版四五，2）。

M9：6-2，簪首正面中间内铸一"寿"字。首宽 2.2、首高 0.4、通长 12.3 厘米（图三四，9；彩版四五，3）。

M27：1，簪首扁平作如意形，簪体扁平，尾圆润。簪首镂雕蝙蝠、寿桃、铜钱等图案，簪体浮雕花卉、飘带等纹饰，背面戳印"东兴"二字。通体有鎏金痕迹。首宽 1.1、厚 0.25、通长 9.6 厘米（图三四，10；彩版四五，4）。

M27：5，残，仅余簪体部分。呈圆锥状。素面。残长 12.6 厘米（图三四，11；彩版四五，5）。

M29：1，簪首为五面禅杖，杖顶呈葫芦形，下端为一组缠绕成云朵状银丝。簪首与簪体之间有一细颈。簪体呈圆锥状，素面。通长 14.7 厘米（图三四，12；彩版四五，6）。

银扁方　3 件。尾均呈圆弧形。

M3：1，首卷曲呈筒状，下部弧折，体呈扁条形。首饰蝙蝠图案，体上部饰圆形"寿"字纹，其下饰三组花卉纹。通长 16.4、宽 1.2、厚 0.6 厘米（图三五，1；彩版四六，1）。

M4：1，首部卷曲，体呈长方形。首部錾刻花纹，簪体正面上方錾刻一圆形"寿"字纹；方体背部有两处竖行铭文，一处模糊不清，一处为"足文"二字。通长 7.3、宽 1.1、厚 0.1 厘米（图三五，2；彩版四六，2）。

M25：2，首为蘑菇状，凸起。体扁平，略鼓，上宽下窄。素面。通长 9.1、宽 1.4、厚 0.15 厘米（图三五，3；彩版四六，3）。

银押发　3 件。

M17：3，扁长体，两端为圆弧尖状，束腰。正面两端锤鍱"寿"字纹。背部有两处竖行铭文，一处为"文元"，一处为"足"。通体鎏金。通长 7.3、宽 1、厚 0.15 厘米（图三五，4；彩版四六，4）。

M18：1，扁长体，两端为圆弧尖状，束腰。两端锤鍱蝙蝠纹。通长 8.5、宽 0.75、厚 0.2 厘米（图三五，5；彩版四六，5）。

M27：4，首呈扁条柳叶状，体呈圆锥形，尾尖锐。首正面掐丝五朵小花。残长 5.85、首宽 0.6、厚 0.2 厘米（图三五，6；彩版四六，6）。

（四）玉器、石器、骨器

玉饰件　2 件。中部均有穿孔。

M18：3，粉色玉石料。形状不甚规则。长 1.8、宽 1.1、厚 0.9 厘米（图三五，7；彩版四六，7）。

M18：4，白绿色玉石料。雕刻为一小兽形。高 1.3、宽 0.8、厚 1 厘米（图三五，8；彩版四六，8）。

琉璃环　1 件。M17：2，底为白色，上有绿色水波纹，存在剥落现象。直径 4.2、面宽 0.65 厘米（图三五，9；彩版四六，9）。

青石质买地券　1 件。M30：10，平面呈方形。券文为朱砂楷书，从左向右书写，竖行，共

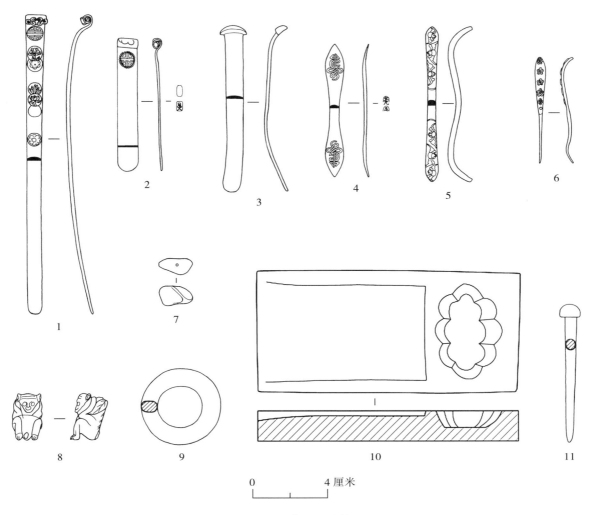

图三五　墓葬出土器物

1~3. 银扁方（M3:1、M4:1、M25:2）　4~6. 银押发（M17:3、M18:1、M27:4）　7、8. 玉饰件（M18:3、4）　9. 琉璃环（M17:2）
10. 石砚台（M30:8）　11. 骨簪（M32:2）

16 行，满行 24 字，全文 278 字。券尾有朱砂所画符篆一行。长、宽均为 36.5 厘米，厚 6 厘米
（彩版三五，2）。

石砚台　2 件。形制相近。

M30:8，红棕色石块磨制而成。长条形。一端阴刻云朵形墨池，一端阴刻砚堂；背素面。
长 14、宽 6.8、厚 1.7 厘米（图三五，10；彩版四七，1）。

骨簪　1 件。M32:2，浅黄色。手工制作。簪首呈蘑菇状，簪体呈圆锥状。素面。通长 7.6
厘米（图三五，11；彩版四六，10）。

（五）铜器

主要器形包括簪、镜、锁、纽扣等。

铜簪　9 件（套）。

M1:1，共 2 件。残，仅余簪首。四面禅杖，杖顶呈葫芦形，下端为一组缠绕成云朵状铜丝。

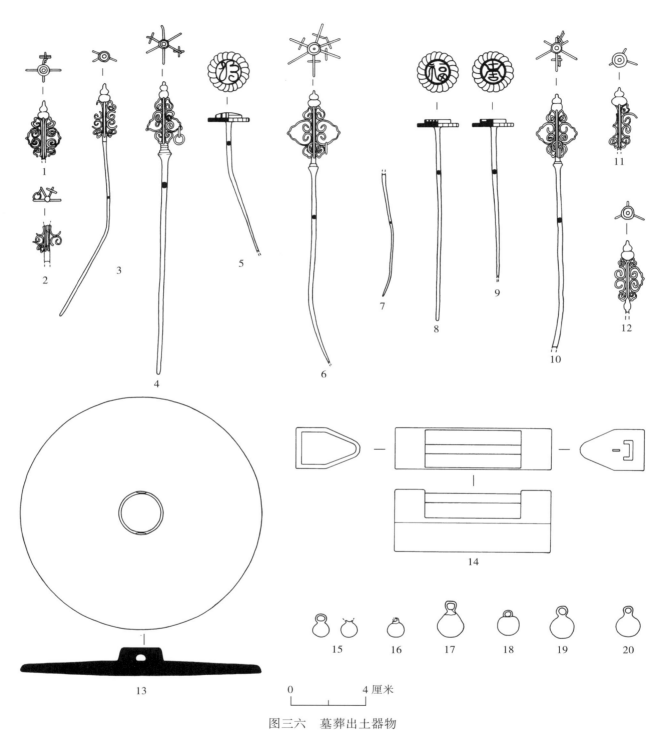

图三六　墓葬出土器物

1～12. 铜簪（M1:1-1、M1:1-2、M1:2、M5:7、M7:2、M16:1、M19:1、M25:3-1、M25:3-2、M25:4、M34:1-1、M34:1-2）　13. 铜镜（M30:7）
14. 铜锁（M13:1）　15～20. 铜纽扣（M3:3、M5:4、M12:2、M18:7、M29:5、M29:6）

M1:1-1，残长 3.2 厘米（图三六，1；彩版四八，1）。

M1:1-2，残长 2 厘米（图三六，2）。

M1:2，簪首为四面禅杖，杖顶呈葫芦形，下端为一组缠绕成云朵状铜丝。簪首与簪体之间有一细颈。簪体呈圆锥状，素面。首高 3、残宽 1.3、通长 12.8 厘米（图三六，3；彩版四八，2）。

M5:7，簪首为六面禅杖，杖顶呈葫芦形，下端为一组缠绕成云朵状铜丝，挂一周铜环。簪首与簪体之间有一细颈。簪体呈圆锥状，素面。通长 16 厘米（图三六，4；彩版四八，3）。

M7:2，簪首为葵圆形，中间为圆形凸起。簪体为圆锥状，尾尖锐。簪首正面中间内铸一"福"字。首宽 2.2、首高 0.5、残长 7.6 厘米（图三六，5；彩版四八，4）。

M16:1，簪首为六面禅杖，杖顶呈葫芦形，下端为一组缠绕成云朵状铜丝，挂一周铜环。簪首与簪体之间有一细颈。簪体呈圆锥状，素面。首宽 2.8、首高 3.7、通长 14.8 厘米（图三六，6；彩版四八，6）。

M19:1，残甚，仅余部分簪体，呈圆锥状。残长 6.7 厘米（图三六，7；彩版四八，5）。

M25:3，共 2 件。形制相近，簪首为葵圆形，中间为圆形凸起。簪体为圆锥状，尾尖锐。

M25:3-1，簪首正面中间内铸一"福"字。首宽 2.2、首高 0.4、通长 11 厘米（图三六，8；彩版四九，1）。

M25:3-2，簪首正面中间内铸一"寿"字。首宽 2.2、首高 0.4、残长 8.6 厘米（图三六，9；彩版四九，2）。

M25:4，簪首为六面禅杖，杖顶呈葫芦形，下端为一组缠绕成云朵状铜丝，挂一周银环。簪首与簪体之间有一细颈。簪体呈圆锥状，素面。通长 13.8 厘米（图三六，10；彩版四九，3）。

M34:1，共 2 件。残，仅余簪首。形制相近，三面禅杖，杖顶呈葫芦形，下端为一组缠绕成云朵状铜丝。

M34:1-1，残长 3.35 厘米（图三六，11；彩版四九，4）。

M34:1-2，残长 3.9 厘米（图三六，12；彩版四九，5）。

铜镜　1 件。M30:7，圆形，圆纽。素面。镜面较平。直径 12.8、厚 1.5 厘米（图三六，13；彩版四七，2）。

铜锁　1 件。M13:1，方形铜锁，侧面呈"山"字形。素面。长 8.3、宽 2.3、高 3.4 厘米（图三六，14；彩版四七，3）。

铜纽扣　6 套。均锈蚀严重。形制相近，圆球形，中空，顶部有环。

M3:3，共 4 枚，其中 2 枚较完整。高 1.3、宽 0.9 厘米（图三六，15；彩版五〇，1）。

M5:4，共 2 枚，其中 1 枚较完整。高 1.1、宽 0.9 厘米（图三六，16；彩版五〇，3）。

M12:2，共 7 枚。高 2、宽 1.4 厘米（图三六，17；彩版五〇，2）。

M18:7，共 3 枚，其中 1 枚较完整。高 1.4、宽 1.2 厘米（图三六，18；彩版五〇，4）。

M29:5，共 3 枚，其中 2 枚较完整。高 1.8、宽 1.3 厘米（图三六，19；彩版五〇，5）。

M29:6，共 3 枚，其中 2 枚较完整。高 1.7、宽 1.3 厘米（图三六，20；彩版五〇，6）。

（六）铜钱

共发现铜钱 195 枚，此外还有 4 枚较特殊的花钱，其中可辨认钱文的铜钱有 100 枚，包括

"开元通宝""太平通宝""天圣元宝""元丰通宝""元祐通宝""万历通宝""崇祯通宝""顺治通宝""康熙通宝""雍正通宝""乾隆通宝""嘉庆通宝""道光通宝""咸丰重宝""同治重宝"。均圆形，方穿。正、背有郭。

M36:3，正面楷书"太平通宝"，对读；背面无字。钱径2.4、穿径0.6、郭厚0.1厘米（图三七，1）。

M28:1-1，正面行书"元丰通宝"，旋读；背面无字。钱径2.4、穿径0.6、郭厚0.1厘米（图三七，2）。

M36:4-2，正面篆书"元丰通宝"，旋读；背面无字。钱径2.4、穿径0.7、郭厚0.1厘米（图三七，3）。

M30:1-1，正面楷书"万历通宝"，对读；背面无字。钱径2.5、穿径0.6、郭厚0.1厘米（图三七，4）。

M30:1-2，正面楷书"崇祯通宝"，对读；背面无字。钱径2.9、穿径0.6、郭厚0.15厘米（图三七，5）。

M23:1-1，正面楷书"顺治通宝"，对读；背面穿左右为满文纪局名"宝泉"。钱径2.8、穿径0.6、郭厚0.1厘米（图三七，6）。

M30:1-3，正面楷书"顺治通宝"，对读；背面穿左右为满文纪局名"宝泉"。钱径2.7、穿径0.6、郭厚0.1厘米（图三七，7）。

M18:2-1，正面楷书"康熙通宝"，对读；背面穿左右为满文纪局名"宝泉"。钱径2.7、穿径0.6、郭厚0.1厘米（图三七，8）。

M23:1-2，正面楷书"康熙通宝"，对读；背面穿左右为满文纪局名"宝泉"。钱径2.8、穿径0.6、郭厚0.1厘米（图三七，9）。

M23:1-3，正面楷书"康熙通宝"，对读；背面穿左右为满汉双语纪局名"东"。钱径2.7、穿径0.6、郭厚0.1厘米（图三七，10）。

M23:1-4，正面楷书"康熙通宝"，对读；背面穿左右为满汉双语纪局名"浙"。钱径2.6、穿径0.6、郭厚0.1厘米（图三七，11）。

M28:1-2，正面楷书"康熙通宝"，对读；背面字迹锈蚀不清。钱径2.5、穿径0.4、郭厚0.05厘米（图三七，12）。

M28:1-3，正面楷书"康熙通宝"，对读；背面穿左右为满文纪局名"宝泉"。钱径2.5、穿径0.5、郭厚0.06厘米（图三七，13）。

M36:4-1，正面楷书"康熙通宝"，对读；背面穿左右为满文纪局名"宝源"。钱径2.75、穿径0.6、郭厚0.1厘米（图三七，14）。

M1:4，正面楷书"乾隆通宝"，对读；背面穿左右为满文纪局名"宝泉"。钱径2.3、穿径0.5、郭厚0.08厘米（图三七，15）。

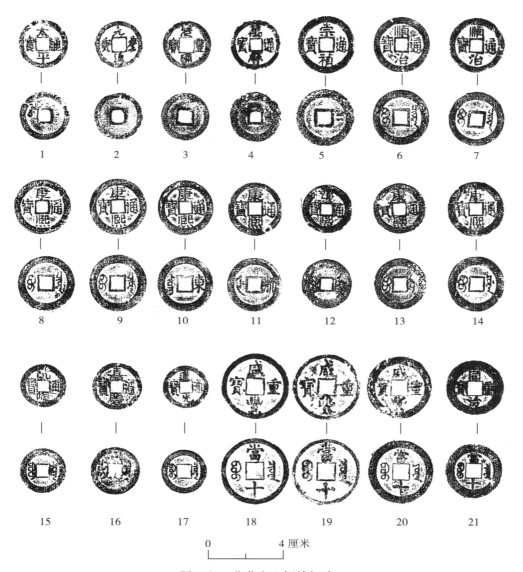

图三七 墓葬出土铜钱拓片

1."太平通宝"（M36:3） 2、3."元丰通宝"（M28:1-1、M36:4-2） 4."万历通宝"（M30:1-1） 5."崇祯通宝"（M30:1-2） 6、7."顺治通宝"（M23:1-1、M30:1-3） 8～14."康熙通宝"（M18:2-1、M23:1-2、M23:1-3、M23:1-4、M28:1-2、M28:1-3、M36:4-1） 15."乾隆通宝"（M1:4） 16."嘉庆通宝"（M5:3） 17."道光通宝"（M11:2） 18～20."咸丰重宝"（M17:1-1、1-2、1-3） 21."同治重宝"（M18:2-2）

M5:3，正面楷书"嘉庆通宝"，对读；背面穿左右为满文纪局名"宝泉"。钱径2.4、穿径0.6、郭厚0.1厘米（图三七，16）。

M11:2，正面楷书"道光通宝"，对读；背面穿左右为满文纪局名"宝泉"。钱径2.3、穿径0.6、郭厚0.1厘米（图三七，17）。

M17:1-1，正面楷书"咸丰重宝"，对读；背面穿上下为楷书"当十"，穿左右为满文纪局名"宝泉"。钱径3.3、穿径0.8、郭厚0.2厘米（图三七，18）。

M17:1-2，正面楷书"咸丰重宝"，对读；背面穿上下为楷书"当十"，穿左右为满文纪局名"宝泉"。钱径3.3、穿径0.7、郭厚0.2厘米（图三七，19）。

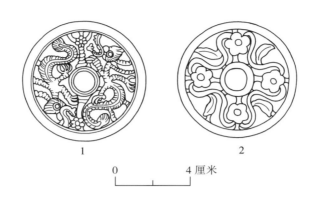

图三八　墓葬出土铜花钱
1、2. M38∶1-1、1-2

M17∶1-3，正面楷书"咸丰重宝"，对读；背面穿上下为楷书"当十"，穿左右为满文纪局名"宝源"。钱径 3.2、穿径 0.8、郭厚 0.2 厘米（图三七，20）。

M18∶2-2，正面楷书"同治重宝"，对读；背面穿上下为楷书"当十"，穿左右为满文纪局名"宝泉"。钱径 2.8、穿径 0.7、郭厚 0.12 厘米（图三七，21）。

铜花钱　4 枚。

M38∶1，共 4 枚。形制相近，圆形，圆孔。均为镂空装饰，其中有 3 枚为双龙图案，1 枚为四梅花图案（彩版四七，4）。

M38∶1-1，饰双龙图案。直径 6.4、厚 0.3 厘米（图三八，1）。

M38∶1-2，饰四梅花图案。直径 6.2、厚 0.4 厘米（图三八，2）。

四、结语

本次发掘的墓葬东北距通州老城不足 2 千米，整体墓葬分布呈大分散、小集中的特点。均开口于②层下，打破生土，相互间未见叠压打破关系。

该批墓葬均为竖穴土圹结构，形制规模较小。其中合葬墓的比例达到 60%，为一夫一妻合葬或一夫多妻合葬。墓葬的头挡外侧大多随葬陶瓷器，结合以往的考古成果判断，属于明清时期典型的丧葬习俗。

本次发掘出土的随葬品主要为铜钱、瓷器、釉陶罐、银簪、铜簪、铜纽扣等，数量较多，类型较丰富。出土的福寿簪 M5∶1、M7∶4、M9∶6、M25∶3 与丽泽金融商务园区规划绿地工程的 M9∶3[①]、康庄安置房墓葬 M2∶3[②] 以及顺义临河清代墓地 M10∶1、M10∶2 等[③] 形制相近。出土的釉陶罐 M2∶2、M7∶6、M8∶1 等与朝阳姚家园 M16∶1、M16∶6 等[④] 形制相近。铜钱时代跨度

① 北京市文物研究所：《丽泽墓地——丽泽金融商务园区规划绿地工程发掘报告》，科学出版社，2016 年。

② 北京市文物研究所：《康庄安置房墓葬》，《大兴古墓葬考古发掘报告集》，科学出版社，2020 年。

③ 北京市考古研究院：《顺义临河清代墓地考古发掘报告》，科学出版社，2023 年。

④ 北京市考古研究院：《朝阳姚家园——姚家园新村 E 地块配套中学考古发掘报告》，上海古籍出版社，2023 年。

较大，从清早期至清晚期的铜钱均有所发现，个别墓葬中还发现有宋代、明代钱币。出土的买地券 M30：10 用朱砂以楷体从左向右书写，竖行，共 16 行，满行 24 字，全文 278 字，已有学者对其进行考释①，证实其为康熙年间所立，为研究清代北京地区丧葬习俗提供了宝贵的实物资料。

该批墓葬大部分具有典型的清代墓葬特征，出土大量清代钱币、清代民窑青花等器物，再结合随葬品多为日常生活用具的情况综合判断，该处墓地主体应为清代平民墓地。

M32、M33、M38 集中分布于一个小区域内，距离较近，且出土宋代、明代钱币，出土的瓷罐均为明代瓷器，结合以往北京地区的考古发掘成果，明代墓葬中出现过随葬宋代钱币的习俗，因此推断这三座墓葬应为明代墓葬。

通州地处京畿，发掘区域邻近通县老城。根据勘探、发掘的成果综合判断，该区域自明代就安葬有平民，至清代形成平民墓地。

发掘：张智勇

绘图：张志伟　赵夏锋

拓片：古艳兵

摄影：刘晓贺

执笔：司丽媛　张智勇

---

① 李伟敏：《通州新出土清随时道买地券考释》，《北京文博文丛》(2020 年第 1 辑)，北京燕山出版社，2020 年。

附表一　　　　　　　　　　　　　　　　墓葬登记表

墓号	方向（度）	墓室尺寸 长 × 宽 × 深（米）		棺木尺寸 长 × 宽（米）	随葬品（件 / 枚）
M1	30°	2.4 ×（2.02 ~ 2.5）×（0.6 ~ 0.76）	西棺	1.84 ×（0.58 ~ 0.66）	铜簪 2
			中棺	2.03 ×（0.56 ~ 0.68）	铜簪 1、瓷罐 1、铜钱 1
			东棺	1.94 ×（0.56 ~ 0.66）	铜钱 1、瓷罐 1
M2	7°	2.85 ×（0.9 ~ 1.1）× 0.66		1.87 ×（0.55 ~ 0.7）	铜钱 5、釉陶罐 1
M3	328°	3.1 ×（0.8 ~ 0.9）× 1.12		2.4 ×（0.46 ~ 0.67）	铜钱 1、瓷罐 1、银扁方 1、铜纽扣 4
M4	30°	2.46 ×（1.9 ~ 1.96）× 0.52	西棺	2 ×（0.5 ~ 0.58）	瓷罐 1、银簪 1、银扁方 1
			东棺	1.9 ×（0.52 ~ 0.63）	
M5	175°	2.4 ×（1.75 ~ 2）× 0.9	西棺	1.72 ×（0.46 ~ 0.58）	瓷罐 1、银簪 2、铜钱 1
			东棺	1.82 ×（0.46 ~ 0.6）	瓷罐 1、铜簪 1、铜钱 1、铜纽扣 3
M6	7°	（0.8 ~ 1.5）× 0.8 × 1		（0.8 ~ 1.3）× 0.46	铜钱 1
M7	230°	（2.38 ~ 2.85）×（2.59 ~ 2.69）× 0.62	南棺	1.7 ×（0.48 ~ 0.58）	釉陶罐 1
			中棺	2.1 ×（0.55 ~ 0.6）	银簪 3、铜钱 3
			北棺	1.8 ×（0.5 ~ 0.6）	铜簪 1、铜钱 3、釉陶罐 1
M8	7°	2.48 ×（0.84 ~ 1.08）× 0.3			铜钱 6、瓷罐 1
M9	160°	2.54 ×（1.68 ~ 1.9）× 1.18	西棺	20.6 ×（0.4 ~ 0.46）	铜钱 1、瓷罐 1
			东棺	1.78 ×（0.35 ~ 0.48）	银簪 3、瓷罐 1、铜钱 5
M10	200°	2.3 ×（0.8 ~ 0.9）× 0.2			
M11	290°	2.5 ×（0.9 ~ 1.14）× 0.5		1.8 ×（0.48 ~ 0.63）	瓷罐 1、铜钱 1
M12	200°	2.4 ×（0.7 ~ 0.9）× 0.56		1.95 ×（0.55 ~ 0.64）	铜纽扣 7、铜钱 1
M13	190°	2.42 ×（1.8 ~ 2.2）× 0.3	西棺	1.5 × 0.42	
			中棺	1.8 ×（0.36 ~ 0.58）	釉陶罐 1
			东棺	1.84 ×（0.42 ~ 0.64）	瓷罐 1、铜锁 1
M14	175°	2.38 ×（0.78 ~ 0.84）× 0.8		2 ×（0.6 ~ 0.7）	瓷罐 1、铜钱 1
M15	215°	2.55 ×（2.3 ~ 2.8）× 1.2	西棺	1.7 ×（0.45 ~ 0.55）	铜钱 1、陶罐 1、瓷碗 1
			中棺	1.7 ×（0.52 ~ 0.68）	铜钱 2、瓷罐 1、釉陶罐 1
			东棺	1.65 ×（0.45 ~ 0.52）	瓷碗 1、瓷罐 1
M16	205°	2.34 ×（0.8 ~ 0.9）× 0.4		1.96 ×（0.54 ~ 0.7）	瓷罐 1、铜钱 1、铜簪 1
M17	200°	（2.55 ~ 2.7）×（1.8 ~ 2）× 1.08	西棺	2 ×（0.5 ~ 0.58）	银押发 1、瓷罐 1
			东棺	2 ×（0.42 ~ 0.63）	铜钱 3、瓷罐 1、琉璃环 1
M18	200°	2.42 ×（1.5 ~ 1.7）× 0.8	西棺	1.86 ×（0.46 ~ 0.56）	瓷罐 1、玉饰件 2、铜纽扣 3
			东棺	1.76 ×（0.45 ~ 0.5）	银押发 1、铜钱 8、瓷罐 1

续附表一

墓号	方向（度）	墓室尺寸 长×宽×深（米）	棺木尺寸	长×宽（米）	随葬品（件/枚）
M19	190°	（2.22~2.5）×（1.45~1.63）×1.75	西棺	1.68×（0.36~0.46）	
			东棺	1.7×（0.32~0.46）	铜簪1、釉陶罐1
M20	200°	2.65×（1.6~2）×1.4	西棺	1.75×（0.52~0.68）	铜钱25
			东棺	1.76×（0.54~0.62）	铜钱18
M21	240°	2.32×（0.6~0.84）×0.58		1.6×（0.5~0.58）	铜钱1
M22	245°	2.16×（0.7~0.8）×0.4		1.93×（0.52~0.7）	铜钱3
M23	3°	2.86×（1.6~1.94）×1.1	西棺	2×（0.6~0.74）	
			东棺	1.96×0.6	铜钱57、釉陶罐1
M24	6°	2.54×（1.6~1.7）×1.1	西棺	1.8×（0.5~0.62）	铜钱2、釉陶罐1
			东棺	1.78×（0.48~0.68）	铜钱2、釉陶罐1
M25	175°	2.5×（1.7~1.96）×0.86	西棺	1.7×（0.35~0.45）	
			东棺	1.75×（0.35~0.5）	瓷罐1、铜簪2、银扁方1、铜钱1
M26	215°	2.37×（1.65~1.8）×0.96			
M27	200°	2.5×（1.64~1.8）×（0.54~0.7）	西棺	2.18×（0.6~0.76）	
			东棺	2.05×（0.6~0.76）	银押发1、银簪2、铜钱2、瓷罐1
M28	260°	2.26×（0.7~0.8）×0.5		1.6×（0.5~0.58）	铜钱3
M29	160°	2.46×（1.3~1.58）×0.7	西棺	1.95×（0.54~0.6）	铜钱1、铜纽扣3
			东棺	1.85×（0.52~0.64）	银簪1、铜钱1、铜纽扣3
M30	240°	3.12×（2.48~2.98）×0.76	南棺	2×（0.52~0.62）	铜钱10、釉陶罐1
			中棺	1.93×（0.6~0.7）	铜钱3、釉陶罐1、铜镜1、石砚台2、釉陶盏1、青石质买地券1
			北棺	1.76×（0.48~0.64）	铜钱3、瓷罐1
M31	80°	2.6×（1.6~1.76）×0.68	北棺	1.96×（0.56~0.68）	瓷罐1
			南棺	1.85×（0.52~0.6）	釉陶罐1、铜钱2
M32	350°	（2.3~2.58）×（1.5~1.7）×1.06	西棺	1.82×（0.42~0.55）	陶罐1
			东棺	1.78×（0.38~0.48）	铜钱3、骨簪1
M33	353°	2.68×（1.6~1.92）×0.75	西棺	1.78×（0.42~0.56）	瓷罐1
			东棺	1.85×（0.45~0.55）	瓷罐1
M34	55°	2.5×0.8×1.05		1.98×（0.41~0.59）	铜钱2、釉陶罐1、铜簪2
M36	15°	3×（2~2.2）×1.27	西棺	1.74×（0.65~0.75）	瓷罐1、铜钱4
			东棺	1.8×（0.54~0.58）	瓷罐1、铜钱3
M38	350°	2.52×（0.92~1.14）×0.54		1.92×（0.61~0.71）	釉陶罐1、铜钱2、铜花钱4

通州区麦庄村清代墓葬发掘报告

　　2019 年 8 月，为配合北京地铁 17 号线次渠南停车场建设，北京市文物研究所（今北京市考古研究院）对占地范围内的古代遗迹进行了考古发掘。发掘区域位于通州区次渠镇麦庄村西南 500 米，东北邻麦新路，西邻口小路（图一）。

　　该区域范围内地层堆积相对简单，为水平堆积。

　　①层：灰褐色土。厚约 0.3 米。土质较松散，内含大量植物根茎。

　　②层：黄褐色土。厚约 0.7 米。土质松散，内含水锈、料姜石等。

　　②层下为黄褐色原生。

　　本次发掘遗迹均位于①层下，打破生土。共发掘清代墓葬 20 座（图二）。现将发掘情况报告如下。

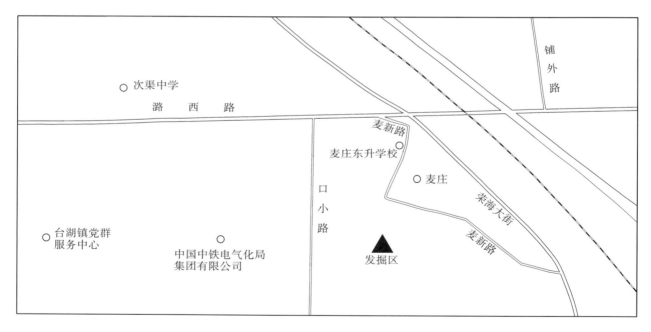

图一　发掘区位置示意图

一、遗迹及出土器物

　　M1　位于发掘区中部偏北，东南邻 M4，西邻 M2，北邻 M3。方向 275°。墓口距地表 0.5 米，距墓底 0.42～0.62 米。长方形竖穴土圹双棺墓。土圹东西长 1.38～2.36 米，南北宽

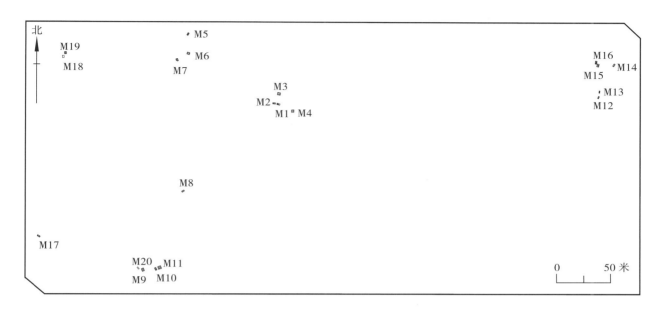

图二　遗迹分布示意图

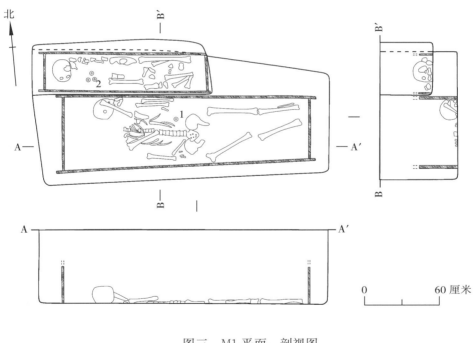

图三　M1平面、剖视图
1、2.铜钱

0.82~1.2 米，深 0.92~1.12 米。直壁，平底。

　　土圹内置双棺，其中北棺打破南棺。木棺平面呈梯形，腐朽严重。南棺长 2.06 米，宽 0.5~0.6 米，残高 0.3 米。棺内有人骨 1 具，仰身直肢葬，头西足东，女性。腰部放置铜钱 1 枚。北棺长 1.36 米，宽 0.3 米，残高 0.11 米。棺内有人骨 1 具，仰身直肢，头西足东，男性。人骨颈部放置铜钱 3 枚（图三；彩版五一，1）。

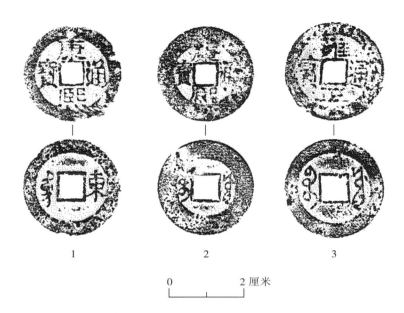

0　　　　　　2 厘米

图四　M1 出土铜钱拓片

1、2. "康熙通宝"（M1:2-1、2-2）　3. "雍正通宝"（M1:1）

铜钱　4 枚。其中北棺出土"康熙通宝"3 枚，南棺出土"雍正通宝"1 枚。均小平钱。圆形，方孔，内、外有郭。

M1:2-1，正面楷书"康熙通宝"，对读；背面穿左右两侧分别为满文和楷书"东"。钱径 2.65、穿径 0.5、郭厚 0.15 厘米（图四，1）。

M1:2-2，正面楷书"康熙通宝"，对读；背面穿左右两侧为满文"宝源"。钱径 2.75、穿径 0.65、郭厚 0.15 厘米（图四，2）。

M1:1，正面楷书"雍正通宝"，对读；背面穿左右两侧为满文"宝源"。钱径 2.65、穿径 0.55、郭厚 0.15 厘米（图四，3）。

M2　位于发掘区域中部偏北，东邻 M1。方向 264°。墓口距地表 0.5 米，距墓底 0.75～1 米。长方形竖穴土圹双棺墓。土圹东西长 2.27～2.46 米，南北宽 1.2～1.65 米，深 1.25～1.5 米。直壁，平底。

土圹内置双棺，其中南棺打破北棺。木棺平面呈梯形，腐朽严重。南棺长 2.23 米，宽 0.58～0.59 米，残高 0.11 米。棺内有人骨 1 具，仰身直肢葬，头西足东，女性。棺外西侧放置半釉陶罐 1 件，人骨左臂下放置铜钱 1 枚，填土中出土瓷碗 1 件。北棺长 2.05 米，宽 0.27～0.51 米，残高 0.15 米。棺内有人骨 1 具，仰身直肢葬，头西足东，男性。棺外西侧放置半釉陶罐 1 件，人头骨南侧放置铜钱 5 枚（图五；彩版五一，2）。

半釉陶罐　2 件。形制相同，侈口，方唇，束颈，溜肩，鼓腹，腹下部内收，平底微内凹。胎体呈砖红色，较致密。上腹部及口沿内侧施黄绿色釉，下腹部及内壁不施釉。器身有明显的手工轮制痕迹。

M2:3，口径 10.2、腹径 10.8、底径 8、高 12 厘米（图六，1；彩版五五，1）。

M2:4，口径 11、腹径 12、底径 7.6、高 12.6 厘米（图六，2；彩版五五，2）。

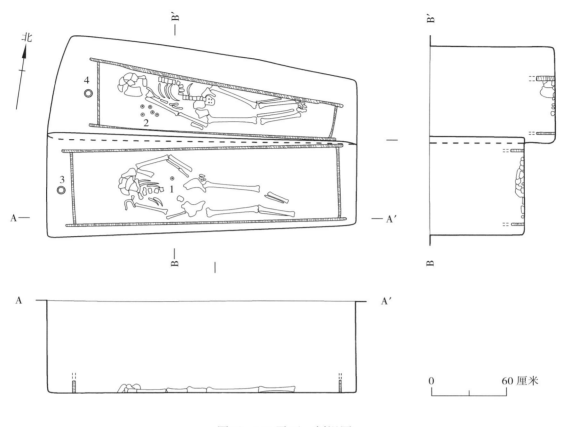

图五　M2 平面、剖视图
1、2.铜钱　3、4.半釉陶罐

　　瓷碗　1件。M2:5，敞口，尖唇，弧腹，圈足。胎体致密呈灰白色。器身内、外通体施黑釉，腹下部及圈足不施釉，碗底内有一涩圈。口径16、底径6.4、高5厘米（图六，3；彩版五五，3）。

　　铜钱　6枚。均为"康熙通宝"。

　　M2:1，小平钱。圆形，方孔，内、外有郭。正面楷书"康熙通宝"，对读；背面穿左右两侧为满文"宝泉"。钱径2.83、穿径0.6、郭厚0.15厘米（图六，4）。

　　M2:2-1，小平钱。圆形，方孔，内、外有郭。正面楷书"康熙通宝"，对读；背面穿左右两侧为满文"宝泉"。钱径2.7、穿径0.6、郭厚0.15厘米（图六，5）。

　　M3　位于发掘区域中部偏北，南邻M1。方向280°。墓口距地表0.5米，距墓底1.01米。长方形竖穴土圹双棺墓。土圹东西长2.07~2.76米，南北宽1.89~2.35米，深1.5米。直壁，平底。

　　土圹内置双棺，其中北棺打破南棺。木棺平面呈梯形，腐朽严重。南棺长2.06米，宽0.3~0.6米，残高0.31米。棺内有人骨1具，仰身直肢葬，头西足东，女性。墓主人头顶部放置半釉陶罐1件，头骨北侧放置铜钱1枚。北棺长1.95米，宽0.43~0.6米，残高0.31米。棺内有人骨1具，仰身直肢葬，头西足东，男性。棺外西侧放置半釉陶罐1件，胸部放置铜钱1枚（图七）。

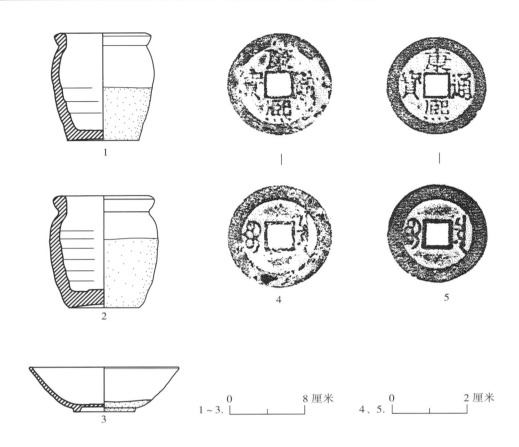

图六　M2 出土器物

1、2.半釉陶罐（M2:3、4）　3.瓷碗（M2:5）　4、5.“康熙通宝”铜钱（M2:1、2-1）

半釉陶罐　2 件。形制相同，侈口，圆唇，束颈，溜肩，鼓腹，腹下部内收，平底微内凹。胎体呈砖红色，较致密。上腹部及口沿内侧施黄绿色釉，下腹部及内壁不施釉。器身有明显的手工轮制痕迹。

M3:1，口径 10.2、腹径 10.8、底径 7.2、高 11.4 厘米（图八，1；彩版五五，4）。

M3:4，釉面剥落严重。口径 10.6、腹径 11.2、底径 8、高 11.4 厘米（图八，2；彩版五五，5）。

铜钱　2 枚。均圆形，方穿。锈蚀严重，钱文无法辨识。

M4　位于发掘区域中部偏北，西北邻 M1。方向 265°。墓口距地表 0.6 米，距墓底 0.9 米。长方形竖穴土圹双棺墓。土圹东西长 2.46～2.55 米，南北宽 2.17～2.37 米，深 1.5 米。直壁，平底。

土圹内置双棺，其中北棺打破南棺。木棺平面呈梯形，腐朽严重。南棺长 2.25 米，宽 0.43～0.65 米，残高 0.3 米。棺内有人骨 1 具，仰身直肢葬，头西足东，女性。棺外西侧放置陶罐 1 件，人骨头侧放置铜簪首 1 件、铜扁方 1 件、铜钱 1 枚。北棺长 2.1 米，宽 0.28～0.34 米，残高 0.3 米。棺内有人骨 1 具，仰身直肢葬，头西足东，男性（图九；彩版五一，3）。

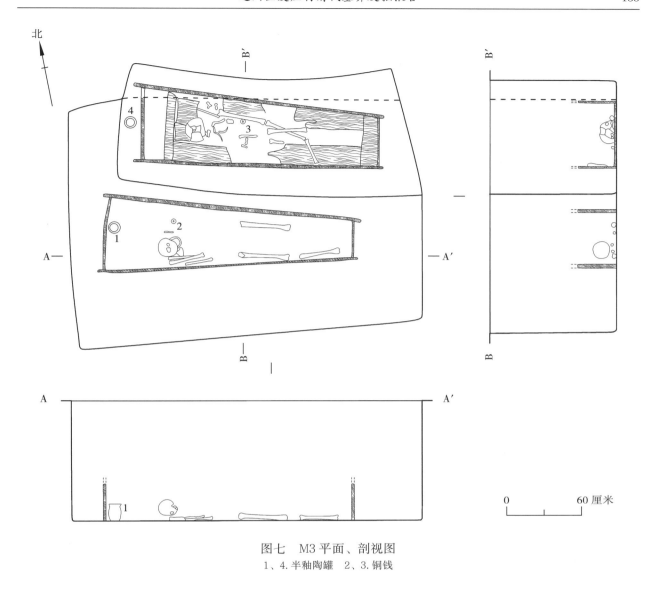

图七　M3平面、剖视图
1、4.半釉陶罐　2、3.铜钱

　　陶罐　1件。M4:4，泥质红陶。侈口，方唇，卷沿，束颈，溜肩，鼓腹，腹下部内收，平底微内凹。内、外壁有明显轮制痕迹。口径9.6、腹径12、底径7.5、高14厘米（图一〇，3；彩版五六，1）。

　　铜扁方　1件。M4:3，首卷曲呈筒状，向后弯曲，体扁平呈长条状，末端为圆弧形。通体素面。长8.6、宽1厘米（图一〇，1；彩版五六，2）。

　　铜簪首　1件。M4:1，底部呈圆形，花边，中央凸起一圆环，圆环内部掐丝一个"寿"字。直径2厘米（图一〇，2；彩版五六，3）。

　　铜钱　1枚。圆形，方穿。锈蚀严重，钱文无法辨识。

　　M5　位于发掘区域西北部，南邻M6。方向190°。墓口距地表0.5米，距墓底0.81米。长方形竖穴土圹单棺墓。土圹南北长2.45米，东西宽0.9~1.03米，深1.31米。直壁，平底。

　　土圹内置单棺，木棺平面呈梯形，腐朽严重。棺长2.14米，宽0.43~0.7米，残高0.11米。棺内有人骨1具，仰身直肢葬，头南足北，男性。墓主人头顶部放置半釉陶罐1件（图

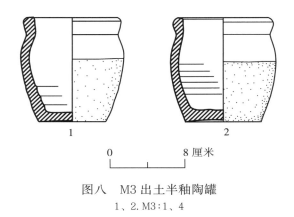

图八　M3 出土半釉陶罐
1、2. M3∶1、4

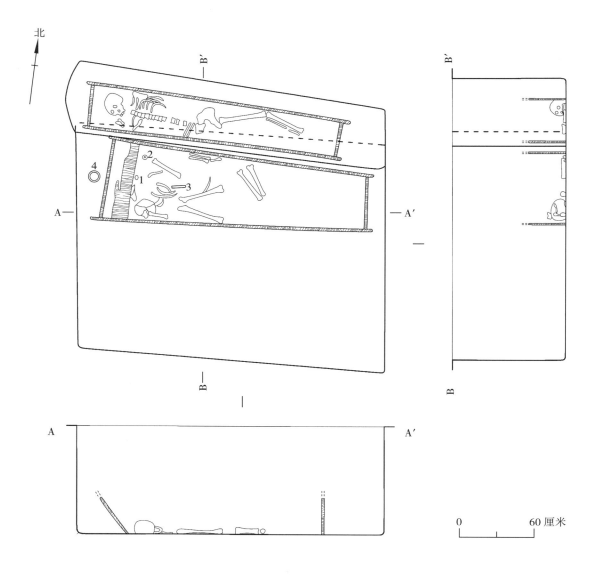

图九　M4 平面、剖视图
1. 铜簪首　2. 铜钱　3. 铜扁方　4. 陶罐

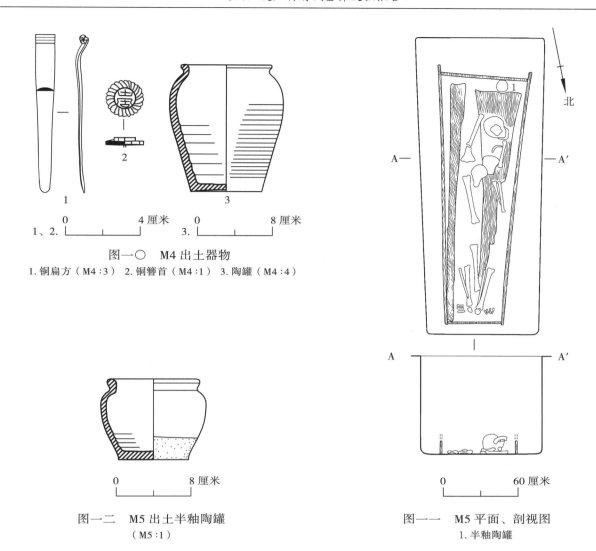

图一〇　M4 出土器物

1.铜扁方（M4∶3）　2.铜簪首（M4∶1）　3.陶罐（M4∶4）

图一二　M5 出土半釉陶罐
（M5∶1）

图一一　M5 平面、剖视图
1.半釉陶罐

一一；彩版五二，1）。

半釉陶罐　1件。M5∶1，侈口，圆唇，束颈，丰肩，鼓腹，腹下部内收，平底。上腹部及口沿内侧施绿色釉，下腹部及内壁不施釉。口径9.8、腹径11.2、底径7.4、高8.8厘米（图一二；彩版五五，6）。

M6　位于发掘区域西北部，西南邻M7，北邻M5。方向288°。墓口距地表0.5米，距墓底0.81~1.1米。长方形竖穴土圹双棺墓。土圹东西长2.36~2.61米，南北宽1.3~1.56米，深1.31~1.6米。直壁，平底。

土圹内置双棺，其中北棺打破南棺。木棺平面呈梯形，腐朽严重。南棺长1.9米，宽0.38~0.55米，残高0.3米。棺内有人骨1具，葬式不明，头西足东，男性。人头骨旁放置瓷罐1件。北棺长1.94米，宽0.38~0.5米，残高0.1米。棺内有人骨1具，葬式不明，头西足东，女性。墓主人头侧放置铜钱2枚（图一三；彩版五二，2）。

瓷罐　1件。M6∶1，上半部残损。直腹，腹下部内收，平底。内壁及上腹部施黑色釉，下腹部及内壁不施釉。腹径12.1、底径5.4、残高19.4厘米（图一四，1；彩版五六，4）。

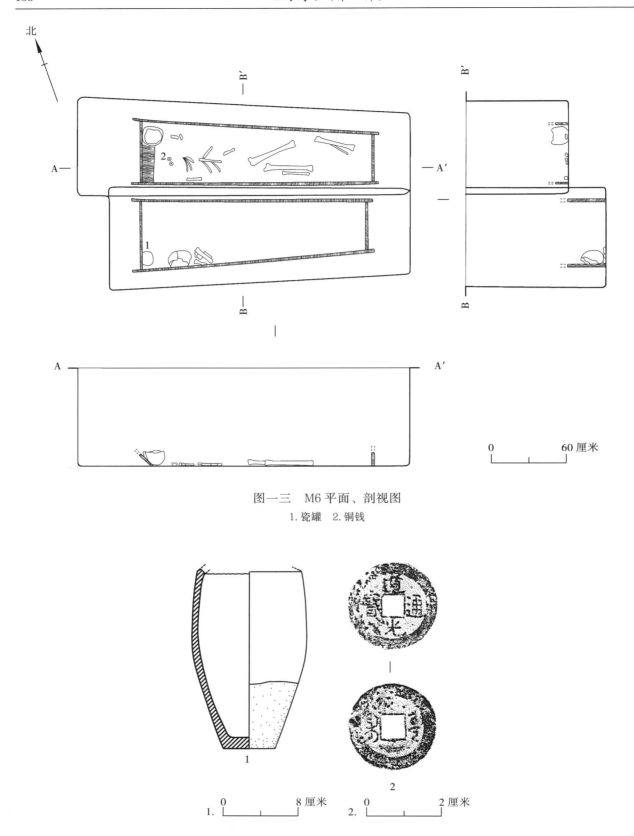

图一三　M6 平面、剖视图
1. 瓷罐　2. 铜钱

图一四　M6 出土器物
1. 瓷罐（M6∶1）　2. “道光通宝”铜钱（M6∶2-1）

铜钱 2枚。均为"道光通宝"。

M6:2-1，小平钱。圆形，方孔，内、外有郭。正面楷书"道光通宝"，对读；背面穿左右两侧为满文"宝源"。钱径2.35、穿径0.6、郭厚0.2厘米（图一四，2）。

M7 位于发掘区域西北部，东北邻M6。方向355°。墓口距地表1.2米，距墓底0.2~0.3米。长方形竖穴土圹双棺墓。土圹南北长2.32~2.52米，东西宽1.38~1.65米，深1.4~1.5米。直壁，平底。

土圹内置双棺，其中东棺打破西棺。木棺平面呈梯形，腐朽严重。东棺长2.13米，宽0.44~0.59米，残高0.1米。棺内有人骨1具，仰身直肢葬，头北足南，男性。墓主人腿部放置铜钱1枚。西棺长1.97米，宽0.48~0.6米，残高0.2米。棺内有人骨1具，仰身直肢葬，头北足南，女性。墓主人头侧放置铜钱2枚（图一五；彩版五二，3）。

铜钱 3枚。东棺出土"乾隆通宝"1枚，西棺出土"嘉庆通宝"2枚。

M7:1，小平钱。圆形，方孔，内、外有郭。正面楷书"乾隆通宝"，对读；背面穿左右两侧为满文"宝源"。钱径2.3、穿径0.6、郭厚0.2厘米（图一六，1）。

M7:2-1，小平钱。圆形，方孔，内、外有郭。正面楷书"嘉庆通宝"，对读；背面穿左右两侧为满文"宝泉"。钱径2.5、穿径0.6、郭厚0.15厘米（图一六，2）。

M8 位于发掘区域中部偏西。方向260°。墓口距地表0.5米，距墓底0.5米。长方形竖穴土圹单棺墓。土圹东西长2.52米，南北宽0.88米，深1米。直壁，平底。

土圹内置单棺，木棺平面呈梯形，腐朽严重。棺长2.16米，宽0.46~0.54米，残高0.25米。棺内有人骨1具，仰身直肢葬，头西足东，男性。棺外西侧放置陶罐1件，墓主人头南侧放置铜钱2枚（图一七；彩版五二，4）。

半釉陶罐 1件。M8:1，直口，方唇，平折沿，丰肩，鼓腹，腹下部内收，平底微内凹。上腹部及口沿内侧施绿色釉，下腹部及内壁不施釉。口径7.6、腹径11.6、底径9.2、高13.4厘米（图一八，1；彩版五六，5）。

铜钱 2枚。圆形，方孔，内、外有郭。背面纹饰不清，无法辨识。

M8:2-1，正面楷书"宽永通宝"，对读。钱径1.8、穿径0.7、郭厚0.1厘米（图一八，2）。

M8:2-2，小平钱。正面楷书"宣统通宝"，对读。钱径1.65、穿径0.4、郭厚0.15厘米（图一八，3）。

M9 位于发掘区域西南部，东邻M10，西邻M20。方向190°。墓口距地表0.9米，距墓底0.33米。长方形竖穴土圹双棺墓。土圹南北长2.74~3.18米，东西宽1.7~2.54米，深1.23米。直壁，平底。

土圹内置双棺，其中东棺打破西棺。木棺平面呈梯形，腐朽严重。东棺长2.19米，宽0.5~0.85米，残高0.23米。棺内未见人骨。棺中部放置铜钱2枚、铜元1枚。西棺长2.2米，宽0.46~0.59米，残高0.2米。棺内未见人骨。棺中部放置铜钱3枚（图一九；彩版五三，1）。

铜钱 5枚。东棺出土"乾隆通宝"和"嘉庆通宝"各1枚；西棺出土"同治重宝"1枚、"光绪通宝"2枚。

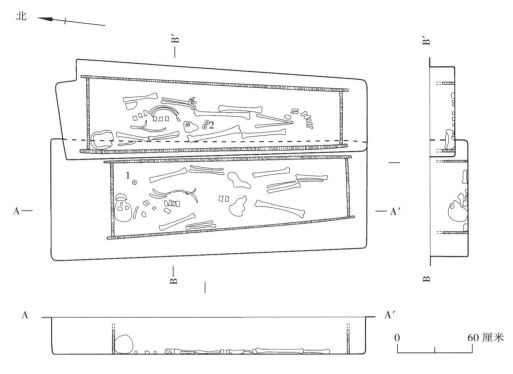

图一五　M7 平面、剖视图
1、2. 铜钱

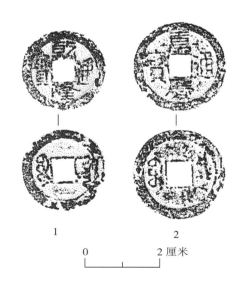

图一六　M7 出土铜钱拓片
1. "乾隆通宝"（M7:1）　2. "嘉庆通宝"（M7:2-1）

M9:1-1，小平钱。圆形，方孔，内、外有郭。正面楷书"乾隆通宝"，对读；背面穿左右两侧为满文"宝川"。钱径 2.5、穿径 0.6、郭厚 0.2 厘米（图二○，1）。

M9:1-2，小平钱。圆形，方孔，内、外有郭。正面楷书"嘉庆通宝"，对读；背面穿左右两侧为满文"宝源"。钱径 2.3、穿径 0.6、郭厚 0.15 厘米（图二○，2）。

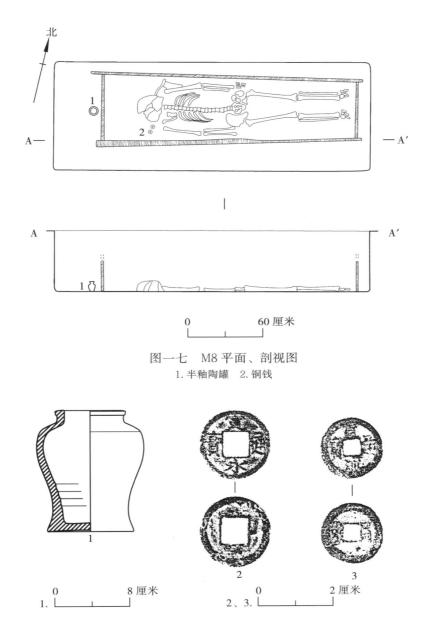

图一七　M8 平面、剖视图
1.半釉陶罐　2.铜钱

图一八　M8 出土器物
1.半釉陶罐（M8：1）　2."宽永通宝"铜钱（M8：2-1）　3."宣统通宝"铜钱（M8：2-2）

M9：2-1，折十钱。圆形，方孔，内、外有郭。正面楷书"同治重宝"，对读；背面穿左右两侧为满文"宝泉"，上下为楷书"当十"。钱径 2.3、穿径 0.6、郭厚 0.1 厘米（图二〇，3）。

M9：2-2，小平钱。圆形，方孔，内、外有郭。正面楷书"光绪通宝"，对读；背面穿左右两侧为满文"宝泉"。钱径 2.2、穿径 0.55、郭厚 0.15 厘米（图二〇，4）。

铜元　1 枚。出土于东棺，为"大清铜币"。M9：1-3，折十钱。圆形。正、背面郭缘较窄。正面珠圈内楷书"大清铜币"，对读。齿缘上方为满文"天命汉钱"，下方楷书"当制钱十文"，左右楷书"丁未"。背面珠圈内为蟠龙戏火珠纹，其余纹饰模糊不清。钱径 2.75、郭厚 0.15 厘米（图二〇，5）。

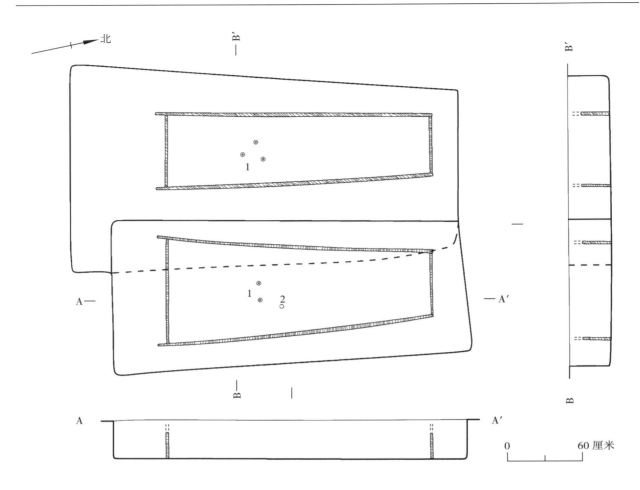

图一九　M9 平面、剖视图
1. 铜钱　2. 铜元

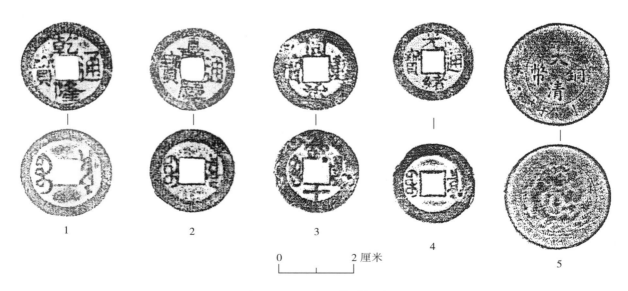

图二○　M9 出土钱币拓片
1. "乾隆通宝"铜钱（M9:1-1）　2. "嘉庆通宝"铜钱（M9:1-2）　3. "同治重宝"铜钱（M9:2-1）　4. "光绪通宝"铜钱（M9:2-2）
5. "大清铜币"铜元（M9:1-3）

M10 位于发掘区域西南部，东邻 M11，西邻 M9。方向 160°。墓口距地表 0.8 米，距墓底 0.35 米。长方形竖穴土圹双棺墓。土圹南北长 2.4 米，东西宽 1.28～1.38 米，深 1.15 米。直壁，平底。

土圹内置双棺，其中西棺打破东棺。木棺平面呈梯形，腐朽严重。东棺长 2.24 米，宽 0.5～0.65 米，残高 0.1 米。棺内未见人骨。棺中部放置铜钱 4 枚、铜元 1 枚。西棺长 2.05 米，宽 0.46～0.5 米，残高 0.1 米。棺内未见人骨（图二一；彩版五三，2）。

铜钱　4 枚。其中"道光通宝"2 枚，"光绪通宝"1 枚，"宣统通宝"1 枚。

M10∶1-1，小平钱。圆形，方孔，内、外有郭。正面楷书"道光通宝"，对读；背面穿左右两侧为满文"宝源"。钱径 2.15、穿径 0.6、郭厚 0.15 厘米（图二二，1）。

M10∶1-2，小平钱。圆形，方孔，内、外有郭。正面楷书"光绪通宝"，对读；背面穿左右两侧为满文"宝源"。钱径 1.9、穿径 0.5、郭厚 0.15 厘米（图二二，2）。

M10∶1-3，小平钱。圆形，方孔，内、外有郭。正面楷书"宣统通宝"，对读；背面穿左右两侧为满文"宝泉"。钱径 1.9、穿径 0.5、郭厚 0.15 厘米（图二二，3）。

铜元　1 枚。为双旗铜元。

M10∶1-4，圆形。正、背面郭缘较窄。正面珠圈内为两面交叉的双旗图案。背面珠圈内为嘉禾纹，其余纹饰模糊不清。钱径 3.2、郭厚 0.15 厘米（图二二，4）。

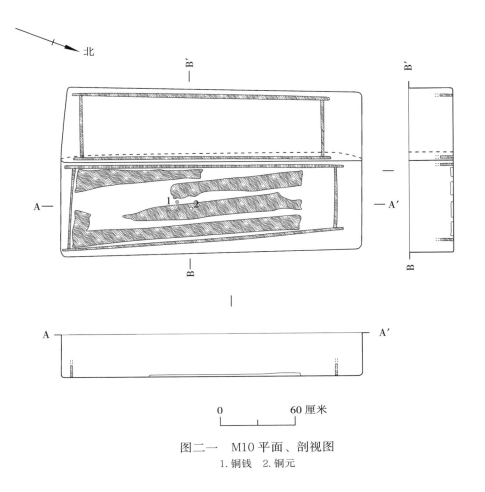

北

0　　　60 厘米

图二一　M10 平面、剖视图
1. 铜钱　2. 铜元

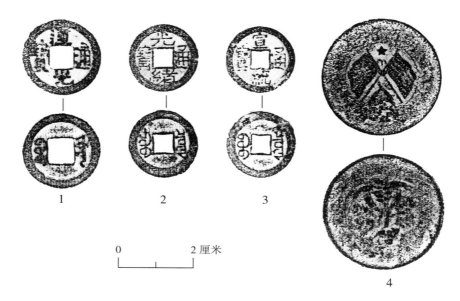

图二二　M10 出土钱币拓片

1. "道光通宝" 铜钱（M10:1-1）　2. "光绪通宝" 铜钱（M10:1-2）　3. "宣统通宝" 铜钱（M10:1-3）　4. 双旗铜元（M10:1-4）

M11　位于发掘区域西南部，西邻 M10。方向 175°。墓口距地表 0.9 米，距墓底 0.5～0.6 米。长方形竖穴土圹三棺墓。土圹南北长 2.84～2.98 米，东西宽 2.84～3.27 米，深 1.4～1.5 米。直壁，平底。

土圹内置三棺，其中东棺和西棺打破中棺。木棺平面呈梯形，腐朽严重。东棺长 2.12 米，宽 0.58～0.66 米，残高 0.31 米。棺内未见人骨，中部放置铜钱 10 枚。中棺长 2.27 米，宽 0.35～0.62 米，残高 0.26 米。棺内未见人骨，中部放置铜钱 10 枚。西棺长 2.21 米，宽 0.56～0.66 米，残高 0.21 米。棺内未见人骨，中部放置铜钱 10 枚（图二三）。

铜钱　30 枚。其中 "祥符元宝" "乾隆通宝" "嘉庆通宝" "道光通宝" "咸丰通宝" 各 1 枚，"光绪通宝" 2 枚。均小平钱。圆形，方孔，内、外有郭。其余 23 枚锈蚀严重，无法辨识。

M11:2-1，正面楷书 "祥符元宝"，旋读；光背。钱径 2.5、穿径 0.6、郭厚 0.15 厘米（图二四，1）。

M11:3-1，正面楷书 "乾隆通宝"，对读；背面穿左右两侧为满文 "宝泉"。钱径 2.2、穿径 0.55、郭厚 0.1 厘米（图二四，2）。

M11:1-1，正面楷书 "嘉庆通宝"，对读；背面穿左右两侧为满文 "宝泉"。钱径 2.3、穿径 0.5、郭厚 0.15 厘米（图二四，3）。

M11:1-2，正面楷书 "道光通宝"，对读；背面穿左右两侧为满文 "宝泉"。钱径 2.25、穿径 0.6、郭厚 0.2 厘米（图二四，4）。

M11:2-2，正面楷书 "咸丰通宝"，对读；背面穿左右两侧为满文 "宝泉"。钱径 2.25、穿径 0.6、郭厚 0.15 厘米（图二四，5）。

M11:1-3，正面楷书 "光绪通宝"，对读；背面穿左右两侧为满文 "宝泉"。钱径 2.1、穿径 0.5、郭厚 0.1 厘米（图二四，6）。

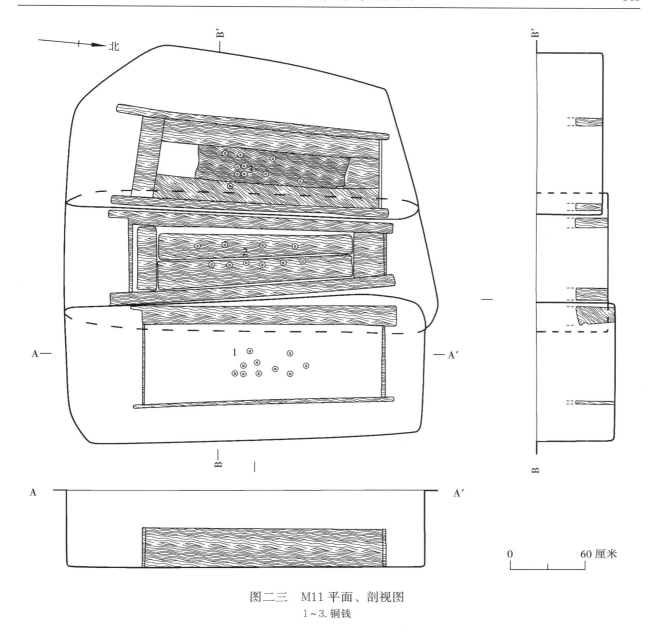

图二三 M11 平面、剖视图
1~3. 铜钱

M12 位于发掘区域东北部，北邻 M13。方向 30°。墓口距地表 0.5 米，距墓底 0.65 米。长方形竖穴土圹单棺墓。土圹南北长 2.25 米，东西宽 0.7~0.8 米，深 1.15 米。直壁，平底。

土圹内置单棺，木棺平面呈梯形，腐朽严重。棺长 2 米，宽 0.54 米，残高 0.1 米。棺内有人骨 1 具，仰身直肢葬，头北足南，男性。未见随葬品（图二五；彩版五三，3）。

M13 位于发掘区域东北部，南邻 M12。方向 10°。墓口距地表 0.5 米，距墓底 0.4 米。长方形竖穴土圹单棺墓。土圹南北长 2.3 米，东西宽 1.0~1.1 米，深 0.9 米。直壁，平底。

土圹内置单棺，木棺平面呈梯形，腐朽严重。棺长 1.96 米，宽 0.44~0.55 米，残高 0.2 米。棺内有人骨 1 具，仰身直肢葬，头北足南，男性。未见随葬品（图二六；彩版五四，1）。

M14 位于发掘区域东北部，西邻 M15。方向 30°。墓口距地表 0.5 米，距墓底 0.6 米。长方形竖穴土圹单棺墓。土圹南北长 2.88 米，东西宽 1.06~1.34 米，深 1.1 米。直壁，平底。

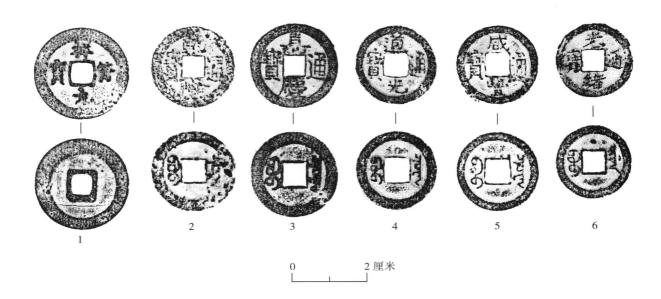

0   2 厘米

图二四　M11 出土铜钱拓片

1.“祥符元宝”（M11:2-1）　2.“乾隆通宝”（M11:3-1）　3.“嘉庆通宝”（M11:1-1）　4.“道光通宝”（M11:1-2）　5.“咸丰通宝”（M11:2-2）　6.“光绪通宝”（M11:1-3）

北

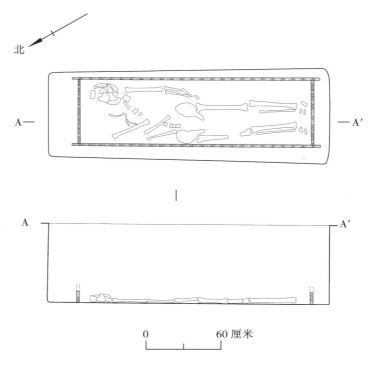

A————A′

A　　　　　　　　　　　　　　　　　　　　　A′

0   60 厘米

图二五　M12 平面、剖视图

　　土圹内置单棺，木棺平面呈梯形，腐朽严重。棺长 2.06 米，宽 0.6～0.7 米，残高 0.05 米。棺内未见人骨。棺内北侧放置铜钱 3 枚（图二七）。

　　铜钱　3 枚。均小平钱。圆形，方孔，内、外有郭。背面穿左右两侧为满文“宝泉”。

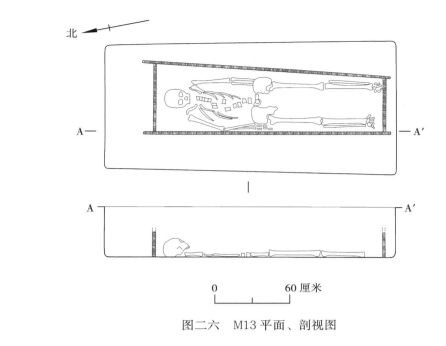

图二六　M13 平面、剖视图

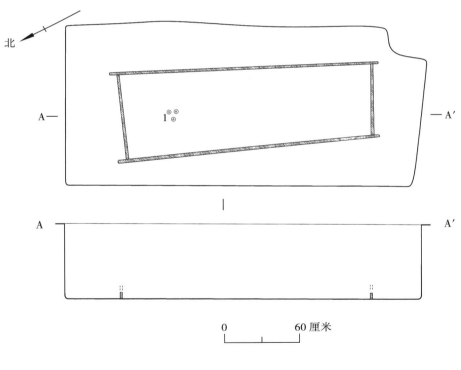

图二七　M14 平面、剖视图
1.铜钱

M14:1-1，正面楷书"乾隆通宝"，对读。钱径 2.3、穿径 0.6、郭厚 0.1 厘米（图二八，1）。

M14:1-2，正面楷书"嘉庆通宝"，对读。钱径 2.25、穿径 0.55、郭厚 0.1 厘米（图二八，2）。

M14:1-3，正面楷书"道光通宝"，对读。钱径 2.3、穿径 0.6、郭厚 0.2 厘米（图二八，3）。

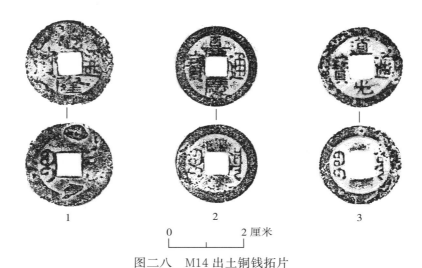

图二八　M14 出土铜钱拓片

1. "乾隆通宝"（M14:1-1）　2. "嘉庆通宝"（M14:1-2）　3. "道光通宝"（M14:1-3）

M15　位于发掘区域东北部，东邻 M14，北邻 M16。方向 5°。墓口距地表 0.5 米，距墓底 0.9~1.21 米。长方形竖穴土圹双棺墓。土圹南北长 2.72 米，东西宽 1.81~2.01 米，深 1.4~1.71 米。直壁，平底。

土圹内置双棺，其中西棺打破东棺。木棺平面呈梯形，腐朽严重。东棺长 2.06 米，宽 0.44~0.54 米，残高 0.41 米。棺内人骨仅剩部分肢骨，性别不详。棺外北侧放置半釉陶罐 1 件。西棺长 2.11 米，宽 0.43~0.68 米，残高 0.1 米。棺内有人骨 1 具，仰身直肢葬，头北足南，男性。棺外北侧放置瓷罐 1 件（图二九；彩版五四，2）。

半釉陶罐　1 件。M15:2，侈口，圆唇，束颈，溜肩，肩颈部左右对置双耳，鼓腹，腹下部内收，平底。上腹部及口沿内侧施棕色釉，下腹部及内壁不施釉。口径 12.4、腹径 13.4、底径 7、高 11.2 厘米（图三〇，2；彩版五七，1）。

瓷罐　1 件。M15:1，直口，圆唇，丰肩，鼓腹，腹下部弧收，矮圈足。上腹部及内壁施黑釉，下腹部及底部不施釉。口径 10.4、腹径 13.6、底径 8.2、高 8.8 厘米（图三〇，1；彩版五七，2）。

M16　位于发掘区域东北部，南邻 M15。方向 35°。墓口距地表 0.5 米，距墓底 1.23 米。长方形竖穴土圹双棺墓。土圹南北长 2.43~2.52 米，东西宽 1.34~1.63 米，深 1.73 米。直壁，平底。

土圹内置双棺，其中西棺打破东棺。木棺平面呈梯形，腐朽严重。东棺长 1.85 米，宽 0.44~0.48 米，残高 0.21 米。棺内有人骨 1 具，仰身直肢葬，头北足南，男性。未见随葬品。西棺长 1.85 米，宽 0.34~0.5 米，残高 0.2 米。棺内有人骨 1 具，仰身直肢葬，头北足南，女性。未见随葬品（图三一；彩版五四，3）。

M17　位于发掘区域西南部。方向 310°。墓口距地表 0.5 米，距墓底 0.4 米。长方形竖穴土圹单棺墓。土圹南北长 2.32 米，东西宽 0.97~1.06 米，深 0.9 米。直壁，平底。

土圹内置单棺，木棺平面呈梯形，腐朽严重。棺长 1.84 米，宽 0.4~0.5 米，残高 0.21 米。

棺内有人骨1具，仰身直肢葬，头西北足东南，男性。棺外西北侧放置陶罐1件，墓主人双腿间放置铜钱2枚（图三二；彩版五四，4）。

　　陶罐　1件。M17:2，上部残缺。溜肩，鼓腹，腹下部内收，平底。腹径10.2、底径6.4、残高9.8厘米（图三三，1；彩版五七，3）。

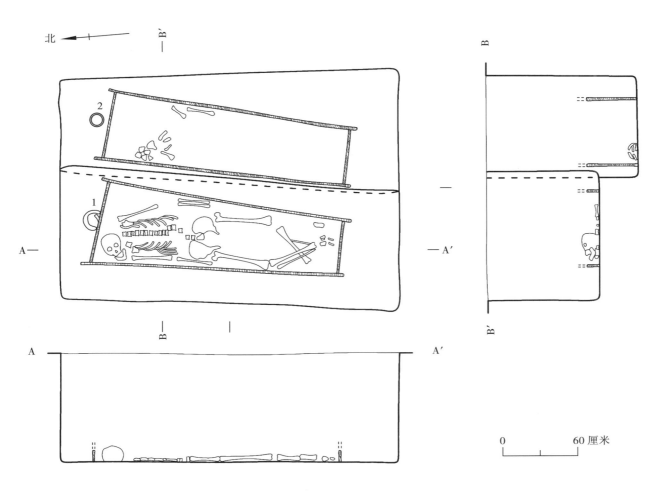

图二九　M15平面、剖视图
1.瓷罐　2.半釉陶罐

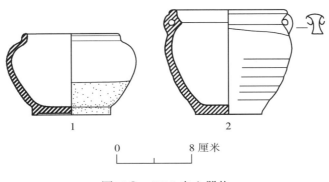

图三〇　M15出土器物
1.瓷罐（M15:1）　2.半釉陶罐（M15:2）

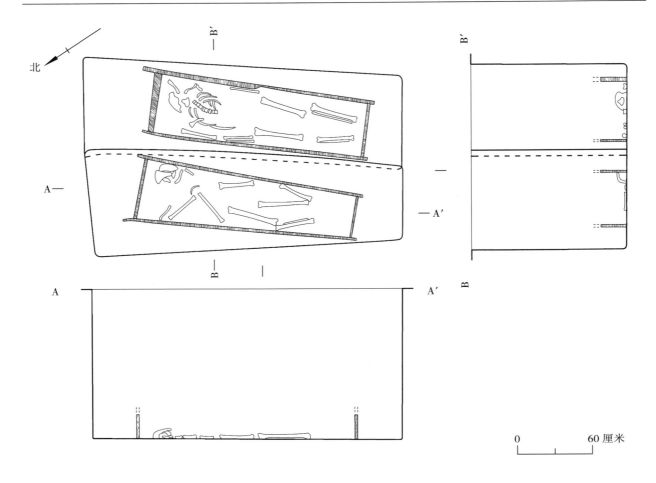

0　　　　　　60 厘米

图三一　M16 平面、剖视图

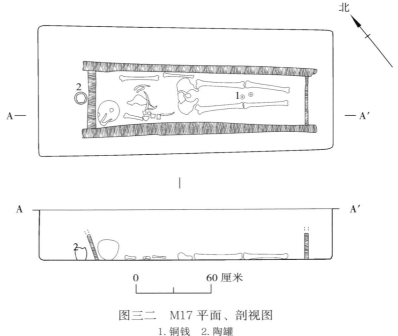

0　　　　　　60 厘米

图三二　M17 平面、剖视图
1. 铜钱　2. 陶罐

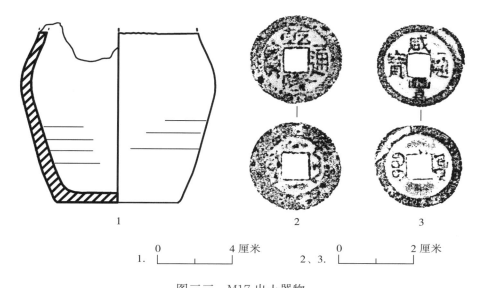

图三三　M17 出土器物

1.陶罐（M17∶2）　2."乾隆通宝"铜钱（M17∶1-1）　3."咸丰通宝"铜钱（M17∶1-2）

铜钱　2枚。均小平钱。圆形，方孔，内、外有郭。

M17∶1-1，正面楷书"乾隆通宝"，对读；背面穿左右两侧为满文"宝南"。钱径2.5、穿径0.6、郭厚0.15厘米（图三三，2）。

M17∶1-2，正面楷书"咸丰通宝"，对读；背面穿左右两侧为满文"宝源"。钱径2.35、穿径0.65、郭厚0.15厘米（图三三，3）。

M18　位于发掘区域西北部，北邻 M19。方向5°。墓口距地表0.5米，距墓底0.7米。长方形竖穴土圹单棺墓。土圹南北长2.31米，东西宽1.3~1.4米，深1.2米。直壁，平底。未见棺痕及人骨。土圹东南部放置瓷碗1件（图三四）。

瓷碗　1件。M18∶1，敞口，尖唇，弧腹，圈足。胎体致密，呈灰白色。

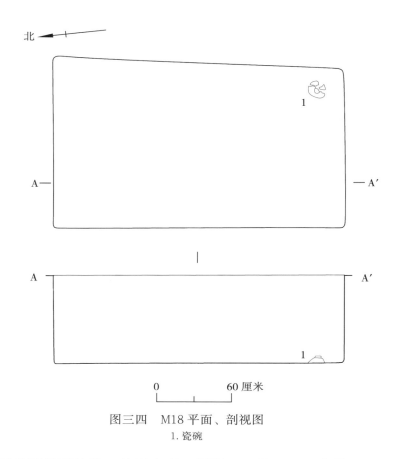

图三四　M18 平面、剖视图

1.瓷碗

器身内、外通体施黑釉，腹下部及圈足不施釉，碗底内有一涩圈。口径15.6、底径6.4、高4.8厘米（图三五；彩版五七，4）。

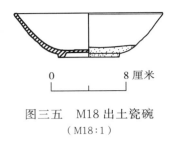

0　　　　　　　　8 厘米

图三五　M18 出土瓷碗
（M18:1）

M19　位于发掘区域西北部，北邻 M18。方向 5°。墓口距地表 0.5 米，距墓底 0.9 米。长方形竖穴土圹双棺墓。土圹南北长 2.3~2.5 米，东西宽 2.18~2.37 米，深 1.4 米。直壁，平底。

土圹内置双棺，其中东棺打破西棺。木棺平面呈梯形，腐朽严重。东棺长 1.9 米，宽 0.4~0.56 米，残高 0.3 米。棺内未见人骨及随葬品。西棺长 2.27 米，宽 0.44~0.58 米，残高 0.45 米。棺内未见人骨及随葬品（图三六）。

M20　位于发掘区域西南部，东邻 M9。方向 185°。墓口距地表 0.6 米，距墓底 0.5 米。长方形竖穴土圹单棺墓。土圹南北长 1.92 米，东西宽 0.86~0.91 米，深 1.1 米。直壁，平底。棺内未见棺痕、人骨及随葬品（图三七）。

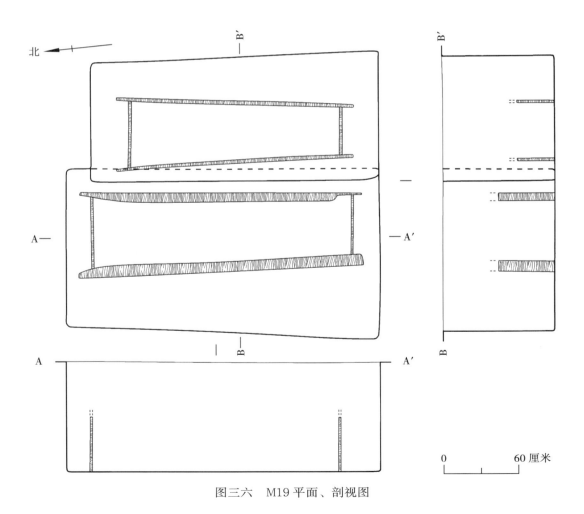

0　　　　　　　60 厘米

图三六　M19 平面、剖视图

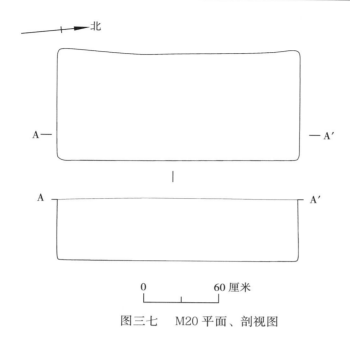

图三七　M20 平面、剖视图

二、结语

本次考古发掘的墓葬共计 20 座，其中单棺墓 6 座，双棺墓 11 座，三棺墓 1 座，棺数不明的 2 座。部分墓葬内发现有人骨搬迁的现象，其中 M1 的东棺为由他处迁至此处，M9、M14、M18、M20 等为迁往他处，人骨的搬迁反映出了本区域内的人口流动情况。

出土遗物包括陶罐、瓷罐、铜钱等，与本区内发现的清代墓葬一致 。根据墓葬形制及出土遗物判断，本次发掘的墓葬均为清代小型平民墓，年代上限为清代早期，下限可至民国时期。这些发现充实了通州地区清代墓葬的材料，并为研究北京东南部人口流动及文化特征提供了实物资料。

发掘：刘风亮

绘图：王宇新

摄影：王宇新

执笔：王宇新　刘风亮

朝阳区善各庄村清代墓葬考古发掘报告

善各庄村清代墓葬位于朝阳区善各庄村，南邻来广营东路，东邻地铁 15 号线，西邻地铁 14 号线，北邻香江北路。地理坐标为北纬 40° 01′ 28.2″、东经 116° 29′ 16.1″（图一）。

2020 年 4 月 23 日至 5 月 8 日，为配合阿里巴巴北京总部项目（自行拆分地块一）建设，北京市文物研究所（今北京市考古研究院）对用地范围内的墓葬进行了考古发掘。发掘面积 270 平方米，发现清代墓葬 25 座、明堂 1 座（图二）。现将发掘情况简报如下。

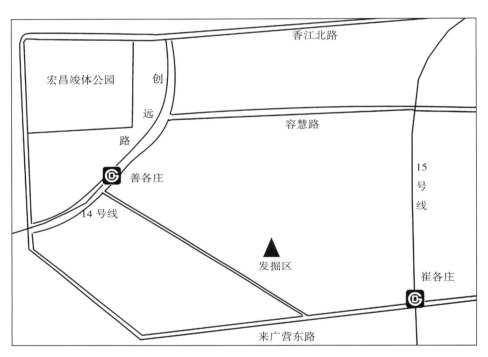

图一　发掘区位置示意图

一、地层堆积

遗址范围内地层堆积层次清晰，主体共分为 3 层（图三）：

①层：浅黄色土。厚约 0～2.5 米。较疏松，含现代建筑垃圾等，墓葬均开口于该层下。

②层：褐色土。厚约 0.3～1 米。较疏松，含植物根茎和少量建筑残渣。

③层：黄褐色土。厚约 0.3～1 米。较致密，含少量料姜石、砂粒。

③层下见淤沙，不及底。

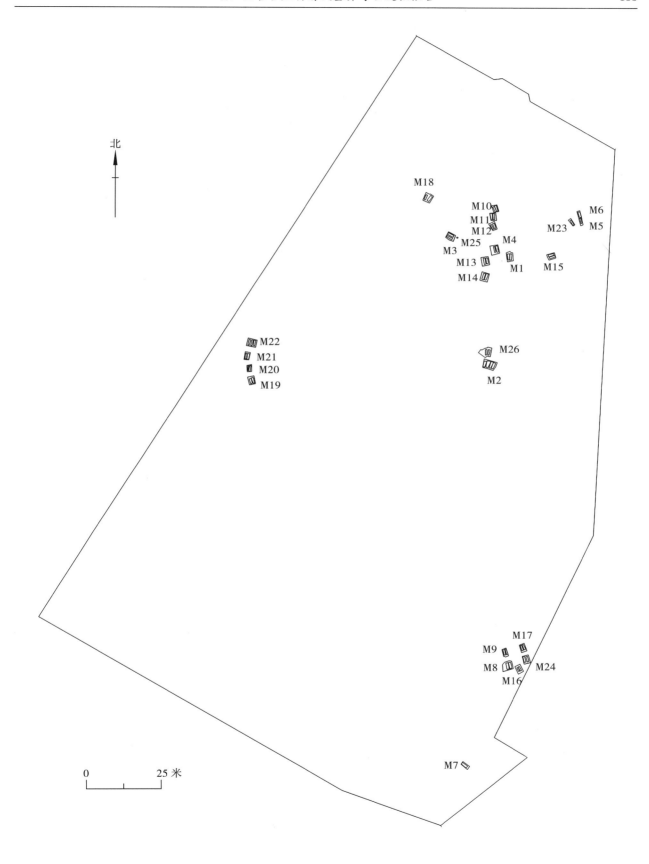

图二 明堂、墓葬分布示意图

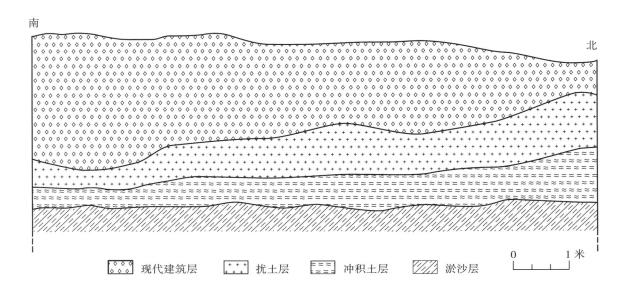

图三　地层堆积剖面图

二、明堂

1 座，编号 M25。

位于发掘区的北部，西邻 M3。方向 180°。开口于①层下，距地表深 1.5 米。土圹平面呈梯形，长 0.41 米，宽 0.37 米，深 0.27 米。明堂长 0.4 米，宽 0.3～0.36 米，残高 0.16 米。明堂四壁用青砖砌成，规格为 28 厘米 ×16 厘米 ×6 厘米；顶部用青方砖封顶，规格为 35 厘米 ×35 厘米 ×6 厘米（图四）。

墓室底部出土陶罐 1 件，在其内发现铜钱 3 枚。

三、墓葬

共 25 座，编号 M1～M24、M26。可分为单人葬墓、双人合葬墓、多人合葬墓三种类型。

（一）单人葬墓

共 4 座，编号 M5～M7、M23（彩版五八，1、2）。

M6　位于发掘区的东北部，南邻 M5。方向 355°。开口于①层下，墓口距地表深 1 米。平面呈长方形，墓圹长 2.4 米，宽 1 米，深 0.4 米。直壁，平底。内填花土，土质较疏松。

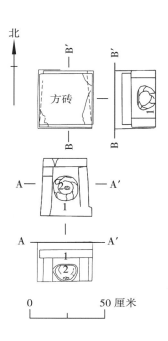

图四　明堂 M25 平面、剖视图
1.陶罐　2.铜钱

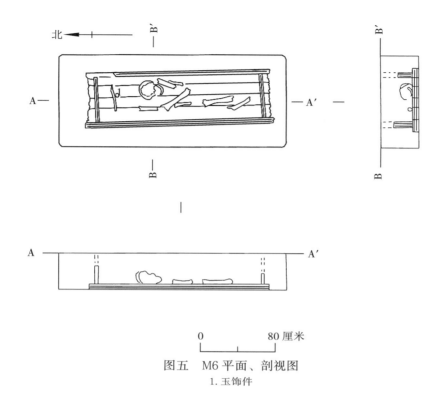

图五　M6 平面、剖视图
1. 玉饰件

葬具为木棺，平面呈梯形，长 1.96 米，宽 0.56～0.59 米，残高 0.26 米，厚 0.04～0.06 米。棺内葬人骨 1 具，保存状况较差，头向北，面向不清，男性（图五）。

棺内北部随葬玉饰件 1 件。

（二）双人合葬墓

共 19 座，编号 M1、M3、M4、M8～M21、M24、M26。

M1　位于发掘区西北部，西邻 M4。方向 6°。开口于①层下，墓口距地表深 1.3 米。墓圹平面呈不规则形，长 2.8～3.3 米，宽 1.84～2.2 米，深 1 米。直壁，平底。内填花土，土质较松。中部偏西处有一椭圆形盗洞，长 2.14 米，宽 1.4 米。

双人合葬墓，其中东侧墓穴打破西侧墓穴（图六；彩版五九，1）。

东侧墓穴平面近梯形，长 2.8 米，宽 1.1～1.2 米，深 1 米。葬具为木棺，平面呈梯形，长 2.15 米，宽 0.7～0.76 米，残高 0.6 米，厚 0.04～0.08 米。棺内葬人骨 1 具，保存状况较差，头向北，面向南，女性。棺内中部出土银镯 1 件、银簪 1 件，南部发现有铜耳环 1 件及铜钱 3 枚。

西侧墓穴平面近长方形，长 3.2 米，宽 1.5 米，深 1 米。葬具为木棺，平面呈梯形，长 2.1 米，宽 0.6～0.75 米，残高 0.6 米，厚 0.06～0.08 米。棺内葬人骨 1 具，保存状况较差，头向北，面向西北，男性。

M8　位于发掘区东南部，北邻 M9。方向 175°。开口于①层下，墓口距地表深 1.2 米。墓

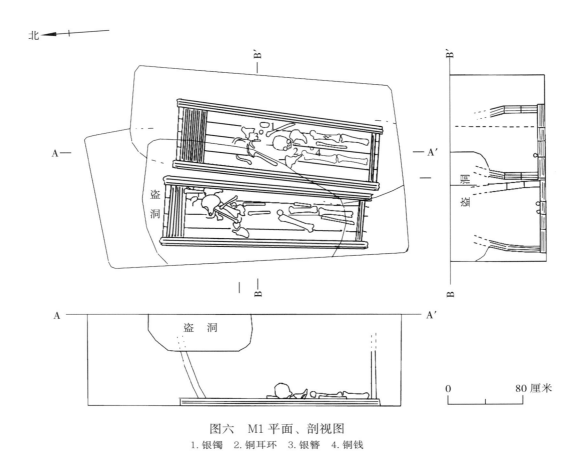

图六　M1 平面、剖视图
1.银镯　2.铜耳环　3.银簪　4.铜钱

圹平面近似扇形，长 2.7～2.92 米，宽 2.1～3.5 米，深 1 米。直壁，平底。内填花土，土质较松。

双人合葬迁移墓。未发现打破关系。葬具均为木棺（图七；彩版五九，2）。

东侧棺长 2.15 米，宽 0.8～0.95 米，残高 0.5 米，厚 0.06～0.08 米。棺内葬人骨 1 具，保存状况较差，仰身直肢葬，头向南，面向西，男性。左股骨处出土铜钱 1 枚。

西侧棺长 2.2 米，宽 0.8～0.85 米，残高 0.35 米，厚 0.05～0.07 米。棺内葬人骨 1 具，保存状况较差，头向南，面向不清，女性。头骨附近发现银簪 1 件、铜扁方 1 件、银耳环 1 对、铜钱 3 枚，棺内中部发现铜戒指 1 件。

　　M9　位于发掘区的东南部，南邻 M8。方向 170°。开口于①层下，墓口距地表深 1.2 米。墓圹平面呈不规则形，长 2.5～2.7 米，宽 1.2～1.6 米，深 0.3 米。直壁，平底。内填花土，土质较松。

双人合葬墓，其中西侧墓穴打破东侧墓穴（图八；彩版六〇，1）。

西侧墓穴平面呈梯形，长 2.5 米，宽 0.85～1.2 米，深 0.3 米。葬具为木棺，长 2 米，宽 0.52～0.56 米，残高 0.1 米，棺厚 0.02 米。棺内葬人骨 1 具，保存状况较差，仰身直肢葬，头向南，面向东，男性。棺外南侧发现瓷罐 1 件。

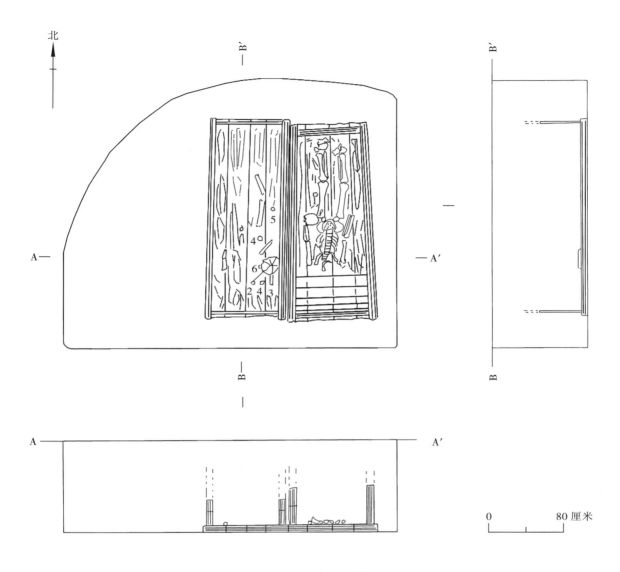

图七　M8 平面、剖视图
1、4.铜钱　2.银簪　3.铜扁方　5.铜戒指　6.银耳环

　　东侧墓穴平面呈梯形，长 2.7 米，宽 0.8～1.2 米，深 0.3 米。葬具为木棺，长 1.88 米，宽 0.46～0.5 米，残高 0.1 米，棺痕厚 0.02 米。棺内葬人骨 1 具，保存状况较差，仰身直肢葬，头向东南，面向西南，女性。头枕青砖，砖规格为 38 厘米 ×14 厘米 ×4 厘米。

　　M10　位于发掘区北部，被 M11 打破西南角。方向 350°。开口于①层下，墓口距地表深 1.3 米。墓圹平面近梯形，长 2.5～2.54 米，宽 1.8～1.92 米，深 0.7 米。直壁，平底。内填花土，土质较松。

　　双人合葬墓，其中东侧墓穴打破西侧墓穴（图九；彩版六○，2）。

　　东侧墓穴平面呈梯形，长 2.5 米，宽 0.9～0.96 米，深 0.7 米。葬具为木棺，长 2.05 米，宽 0.44～0.54 米，残高 0.3 米，棺痕厚 0.02 米。棺内葬人骨 1 具，保存状况较好，仰身直肢葬，头向北，面向西南，男性。棺内北部发现瓷罐 1 件。

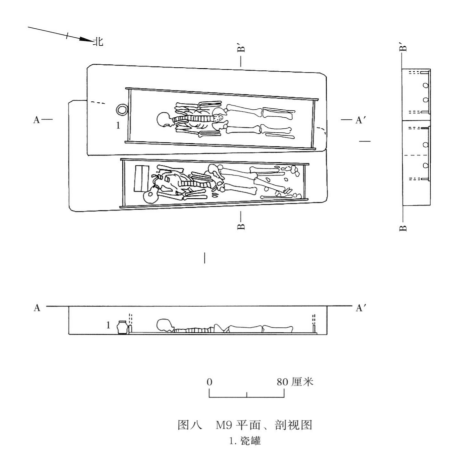

图八　M9 平面、剖视图
1. 瓷罐

　　西侧墓穴平面呈梯形，长 2.54 米，宽 1～1.05 米，深 0.7 米。葬具为木棺，长 1.9 米，宽 0.5～0.6 米，残高 0.3 米，棺厚 0.02 米。棺内葬人骨 1 具，保存状况较差，仰身直肢葬，头向北，面向上，女性。棺内北部发现釉陶罐 1 件，左肩处出土铜钱 1 枚。

　　M11　位于发掘区的北部，打破 M10。方向 355°。开口于①层下，墓口距地表深 1.3 米。墓圹平面近梯形，长 2.6～2.76 米，宽 1.92 米，深 0.74～0.8 米。直壁，平底。内填花土，土质较松。

　　双人合葬墓，其中东侧墓穴打破西侧墓穴（图一〇；彩版六一，1）。

　　东侧墓穴平面呈梯形，长 2.76 米，宽 1～1.18 米，深 0.74 米。葬具为木棺，长 1.98 米，宽 0.56～0.68 米，残高 0.3 米，棺痕厚 0.02 米。棺内葬人骨 1 具，保存状况较差，摆放凌乱，头向北，面向北，男性。棺外北侧出土釉陶罐 1 件，棺内盆骨及股骨附近发现铜钱 3 枚。

　　西侧墓穴平面呈梯形，长 2.6 米，宽 0.86～0.9 米，深 0.8 米。葬具为木棺，长 2.09 米，宽 0.56～0.62 米，残高 0.33 米，棺厚 0.02 米。棺内葬人骨 1 具，保存状况较差，摆放凌乱，头向北，面向不清，女性。棺内北部出土釉陶罐 1 件，棺内盆骨附近发现铜钱 2 枚。

　　M12　位于发掘区的北部，北邻 M11。方向 350°。开口于①层下，墓口距地表深 1.3 米。墓圹平面近梯形，长 2.6 米，宽 1.5～2.1 米，深 0.66～0.8 米。直壁，平底。内填花土，土质较松。

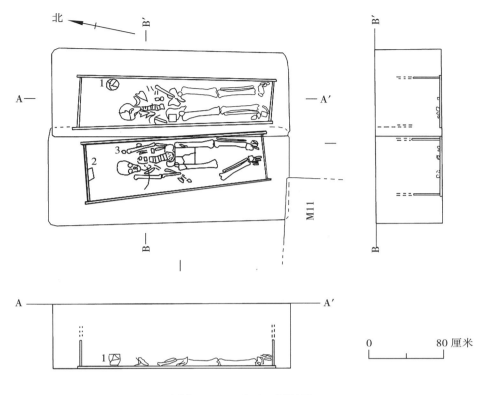

图九　M10 平面、剖视图
1. 瓷罐　2. 釉陶罐　3. 铜钱

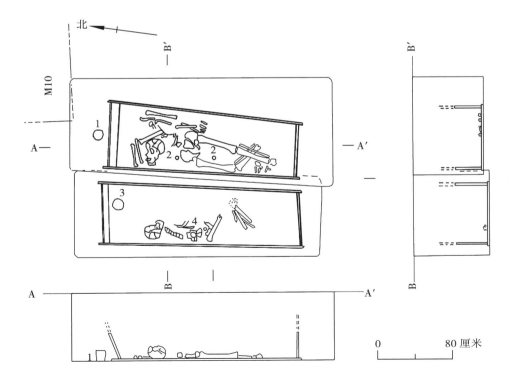

图一〇　M11 平面、剖视图
1、3. 釉陶罐　2、4. 铜钱

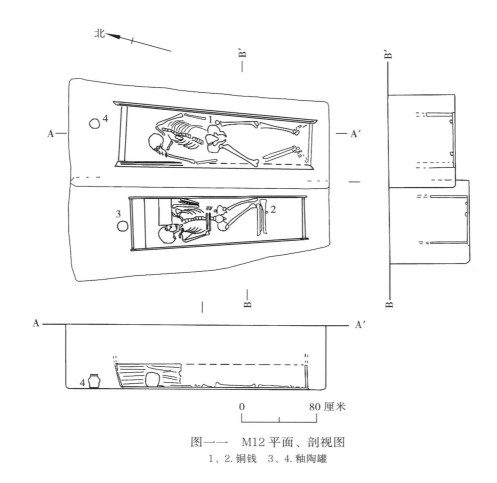

图一一　M12 平面、剖视图

1、2.铜钱　3、4.釉陶罐

双人合葬墓，其中东侧墓穴打破西侧墓穴（图一一；彩版六一，2）。

东侧墓穴平面呈梯形，长 2.6 米，宽 0.9～1.1 米，深 0.66 米。葬具为木棺，保存状况较差，长 1.9 米，宽 0.5～0.65 米，残高 0.26 米。棺内葬人骨 1 具，保存状况较差，仰身直肢葬，头向北，面向西，男性。棺外北侧出土釉陶罐 1 件，棺内盆骨附近发现铜钱 1 枚。

西侧墓穴平面呈梯形，长 2.6 米，宽 0.66～1.08 米，深 0.8 米。葬具为木棺，保存状况较差，长 1.74 米，宽 0.45～0.55 米，残高 0.4 米。棺内葬人骨 1 具，保存状况较差，侧身屈肢葬，头向北，面向东，女性。头下枕一青砖，规格为 28 厘米 ×14 厘米 ×4 厘米。棺外北侧出土釉陶罐 1 件，棺内盆骨附近发现铜钱 1 枚，小腿处发现铜钱 1 枚。

M15　位于发掘区的东北部，西邻 M1。方向 260°。开口于①层下，墓口距地表深 0.8 米。墓圹平面呈不规则形，东部被现代垃圾坑打破。墓圹长 2.52～2.6 米，宽 1.8～2 米，深 0.8 米。直壁，平底。内填花土，土质较松。

双人合葬墓，其中南侧墓穴打破北侧墓穴（图一二）。

南侧墓穴平面呈梯形，长 2.52 米，宽 0.9～1.06 米，深 0.8 米。葬具为木棺，长 1.9 米，宽 0.54～0.6 米，残高 0.24 米，棺痕厚 0.02 米，棺底腐朽，厚 0.05 米。棺内葬人骨 1 具，保存状况较差，仰身直肢葬，头向西，面向上，女性。棺外西侧出土瓷罐 1 件，棺内股骨附近发现铜钱 1 枚。

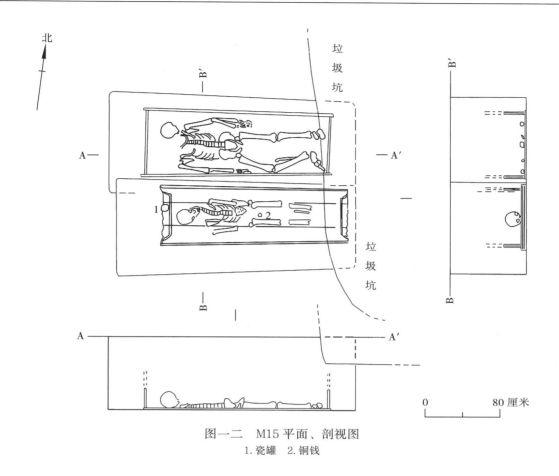

图一二　M15 平面、剖视图
1. 瓷罐　2. 铜钱

北侧墓穴平面呈梯形，长 2.6 米，宽 0.9~1.1 米，深 0.8 米。葬具为木棺，长 1.9 米，宽 0.6~0.7 米，残高 0.24 米，棺痕厚 0.02 米。棺内葬人骨 1 具，保存状况较差，仰身直肢葬，头向西，面向北，男性。

　　M17　位于发掘区的东南部，西邻 M9。方向 175°。开口于①层下，墓口距地表 1.2 米。墓圹平面近似梯形，长 2.72~2.76 米，宽 1.6~2 米，深 0.7~0.8 米。直壁，底较平。内填花土，土质较松。

　　双人合葬墓，其中东侧墓穴打破西侧墓穴（图一三；彩版六二，1）。

　　东侧墓穴平面呈梯形，长 2.76 米，宽 0.8~1 米，深 0.8 米。葬具为木棺，长 1.75 米，宽 0.48~0.58 米，残高 0.18 米，棺痕厚 0.02 米。棺内葬人骨 1 具，保存状况较差，仰身直肢葬，头向南，面向上，女性。棺内头骨附近出土银簪 1 件、银押发 1 件、铜簪 1 件，左手处发现铜戒指 1 件，右手处发现铜顶针 1 件。

　　西侧墓穴平面呈梯形，长 2.72 米，宽 0.8~1.26 米，深 0.7 米。葬具为木棺，长 1.9 米，宽 0.48~0.64 米，残高 0.05 米，棺痕厚 0.02 米。棺内葬人骨 1 具，保存状况较差，仰身直肢葬，头向南，面向东，男性。棺内北部出土铜钱 1 枚。

　　M18　位于发掘区的北部。方向 30°。开口于①层下，墓口距地表深 1.2 米。墓圹平面呈不规则形，西南部被现代坑所打破。墓圹长 2.7~2.9 米，宽 2.4~2.8 米，深 0.7~1.1 米。直壁，底较平。内填花土，土质较松。

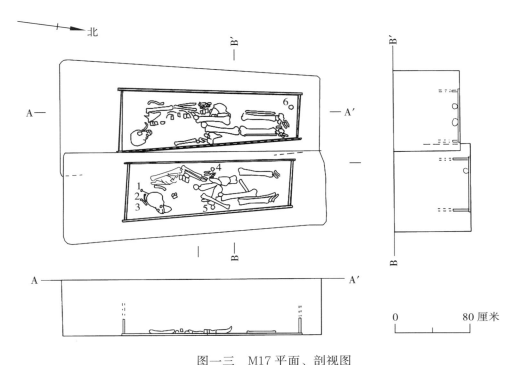

图一三　M17 平面、剖视图
1.银簪　2.铜簪　3.银押发　4.铜戒指　5.铜顶针　6.铜钱

双人合葬墓，其中西侧墓穴打破东侧墓穴（图一四；彩版六二，2）。

西侧墓穴平面呈梯形，长 2.7 米，宽 1.2～1.4 米，深 1.1 米。葬具为木棺，长 1.6 米，宽 0.5～0.66 米，残高 0.14 米，棺痕厚 0.02 米。棺内葬人骨 1 具，保存状况较差，仰身直肢葬，头向北，面向西，男性。

东侧墓穴平面呈梯形，长 2.9 米，宽 1.2～1.4 米，深 0.7 米。葬具为木棺，长 1.82 米，宽 0.69～0.79 米，残高 0.4 米，棺痕厚 0.02～0.04 米。棺内葬人骨 1 具，保存状况较差，仰身直肢葬，头向西南，面向东，女性。棺内头骨附近出土银押发 1 件、银簪 1 件，股骨处发现铜钱 1 枚。

M19　位于发掘区的中部偏西，北邻 M20。方向 355°。开口于①层下，墓口距地表深 0.7 米。墓圹平面呈梯形，长 2.7 米，宽 2～2.2 米，深 0.34～0.4 米。直壁，底较平。内填花土，土质较松。

双人合葬墓，其中东侧墓穴打破西侧墓穴（图一五；彩版六三，1）。

东侧墓穴平面呈梯形，长 2.7 米，宽 1～1.1 米，深 0.34 米。葬具为木棺，长 1.98 米，宽 0.5～0.6 米，残高 0.26 米，棺厚 0.04～0.08 米。棺内葬人骨 1 具，保存状况较差，仰身直肢葬，头向北，面向南，男性。棺内右手指骨附近发现琉璃鼻烟壶 1 件。

西侧墓穴平面呈梯形，长 2.7 米，宽 1～1.2 米，深 0.4 米。葬具为木棺，长 2 米，宽 0.54～0.64 米，残高 0.3 米，棺厚 0.06 米。棺内葬人骨 1 具，保存状况较差，仰身直肢葬，头向北，面向上，女性。棺内头骨附近发现银押发 1 件，右侧股骨处出土铜钱 1 枚。

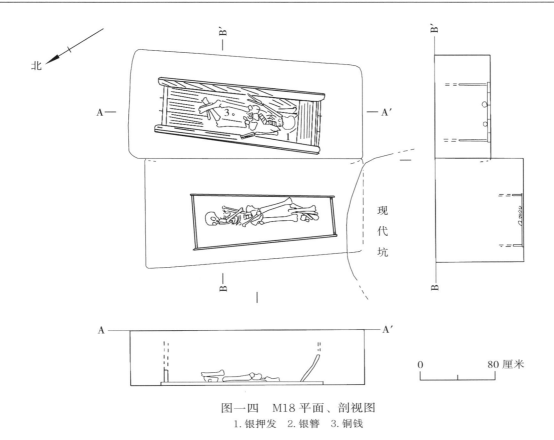

图一四　M18平面、剖视图
1.银押发　2.银簪　3.铜钱

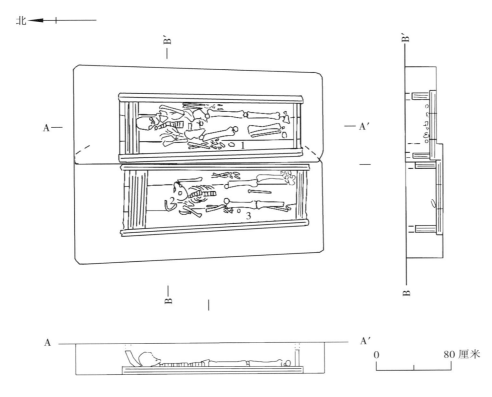

图一五　M19平面、剖视图
1.琉璃鼻烟壶　2.银押发　3.铜钱

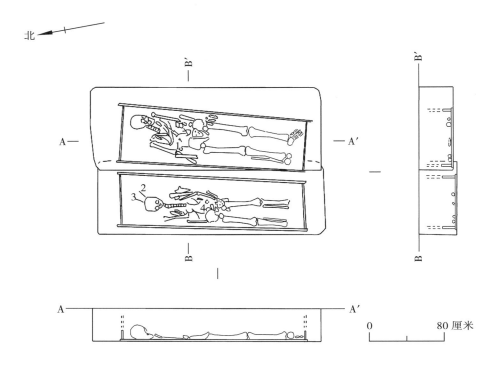

图一六　M20 平面、剖视图
1、4.铜钱　2、3.铜簪

M20　位于发掘区的中部偏西，北邻 M21。方向 10°。开口于①层下，墓口距地表深 0.7 米。墓圹平面呈梯形，长 2.4~2.44 米，宽 1.6 米，深 0.34~0.4 米。直壁，底较平。内填花土，土质较松。

双人合葬墓，其中东侧墓穴打破西侧墓穴（图一六；彩版六三，2）。

东侧墓穴平面呈长方形，长 2.44 米，宽 0.9 米，深 0.36 米。葬具为木棺，长 1.96 米，宽 0.54~0.6 米，残高 0.12 米，棺痕厚 0.02 米。棺内葬人骨 1 具，保存状况较差，仰身直肢葬，头向北，面向东南，男性。棺内肋骨附近发现铜钱 2 枚。

西侧墓穴平面呈长方形，长 2.4 米，宽 0.8 米，深 0.4 米。葬具为木棺，长 1.98 米，宽 0.5~0.56 米，残高 0.16 米，棺痕厚 0.02 米。棺内葬人骨 1 具，保存状况较差，仰身直肢葬，头向北，面向南，女性。棺内头骨附近出土铜簪 2 件，盆骨附近发现铜钱 2 枚。

M24　位于发掘区的东南部，北邻 M17。方向 175°。开口于①层下，墓口距地表深 1.2 米。墓圹平面呈不规则形，长 2.64~2.7 米，宽 2~2.12 米，深 0.26~0.6 米。直壁，底较平。内填花土，土质较松。

双人合葬墓，其中西侧墓穴打破东侧墓穴（图一七；彩版六四）。

西侧墓穴平面呈梯形，长 2.7 米，宽 1~1.06 米，深 0.26 米。葬具为木棺，长 2 米，宽 0.52~0.58 米，残高 0.2 米，棺痕厚 0.02 米。棺内葬人骨 1 具，保存状况较差，摆放凌乱，头向南，面向上，男性。

东侧墓穴平面呈梯形，长 2.65 米，宽 1~1.1 米，深 0.6 米。葬具为木棺，长 1.86 米，宽

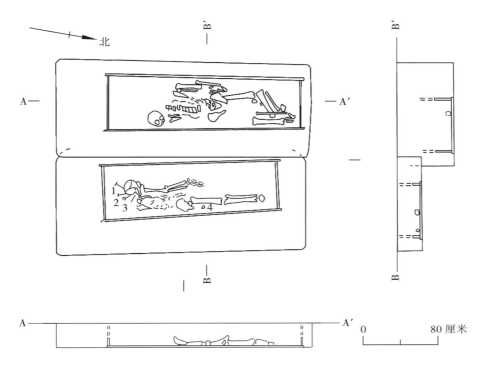

图一七　M24 平面、剖视图
1、2.银簪　3.铜簪　4.铜钱

0.52~0.6 米，残高 0.1 米，棺痕厚 0.02 米。棺内葬人骨 1 具，保存状况较差，摆放凌乱，头向南，面向不清，女性。棺内头骨处出土银簪 2 件（套）、铜簪 1 件，股骨附近发现铜钱 3 枚。

（三）多人合葬墓

共 2 座。其中三人合葬墓 1 座，编号 M22；四人合葬墓 1 座，编号 M2。

M22　位于发掘区的中部偏西，南邻 M21。方向 20°。开口于①层下，墓口距地表深 0.7 米。墓圹平面近长方形，长 2.6~2.66 米，宽 3 米，深 0.44~0.6 米。直壁，底较平。内填花土，土质较松。

三人合葬墓，其中西侧墓穴打破中部墓穴，中部墓穴打破东侧墓穴（图一八；彩版六五，2）。

西侧墓穴平面呈长方形，长 2.66 米，宽 1 米，深 0.6 米。葬具为木棺，长 1.93 米，宽 0.5~0.58 米，残高 0.3 米，棺痕厚 0.02 米。棺内葬人骨 1 具，保存状况较差，头向北，女性。头骨附近出土银扁方 1 件、银耳环 1 件及铜钱 2 枚。

中部墓穴平面呈长方形，长 2.6 米，宽 1 米，深 0.5 米。葬具为木棺，长 2 米，宽 0.66~0.7 米，残高 0.34 米，棺厚 0.06 米。棺内葬人骨 1 具，保存状况较差，仰身直肢葬，头向北，面向东，女性。头骨处发现铜簪 1 件、银簪 1 件、银扁方 1 件，盆骨附近随葬铜钱 3 枚。

东侧墓穴平面呈长方形，长 2.6 米，宽 1.05 米，深 0.44 米。葬具为木棺，长 2.05 米，宽 0.46~0.54 米，残高 0.3 米，棺厚 0.08~0.1 米。棺内葬人骨 1 具，保存状况较差，仰身直肢葬，头向北，面向南，男性。棺内左股骨处发现铜钱 3 枚。

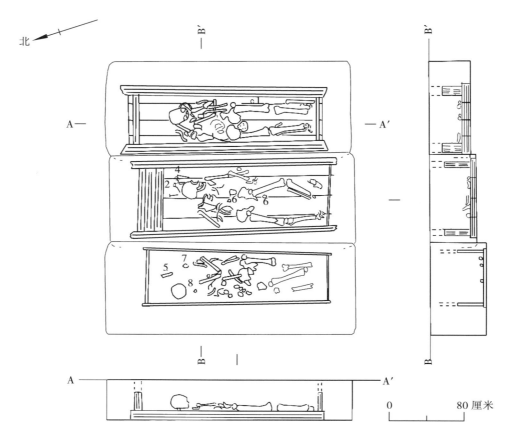

图一八　M22平面、剖视图
1、6、8.铜钱　2.铜簪　3、5.银扁方　4.银簪　7.银耳环

M2　位于发掘区的东部，北邻M26。方向20°。开口于①层下，墓口距地表深1.5米。墓圹平面近梯形，长3.6~4.5米，宽2.85米。直壁，底较平。内填花土，土质较松。

四人合葬墓（墓穴由西向东编为1号~4号），其中1号墓穴打破2号墓穴，2号墓穴打破3号墓穴，3号墓穴打破4号墓穴。在2、3、4号墓穴发现一盗洞，平面近似圆形，直径约2.8米，内填黑花土，夹杂一些腐朽的棺木块及人头骨、肋骨等，另外见有糖纸、塑料布、塑料瓶等现代垃圾（图一九；彩版六五，1）。

1号墓穴平面呈梯形，长2.8米，宽0.75~1.1米，深0.84米。葬具为木棺，长1.85米，宽0.76~0.86米，残高0.3米。棺内葬人骨1具，保存状况较差，仰身直肢葬，头向北，面向东，女性。

2号墓穴平面呈梯形，长2.8米，宽0.9~1.1米，深0.9米。葬具为木棺，长2.06米，宽0.6~0.8米，残高0.3米。棺内葬人骨1具，被盗扰，残存部分骨架，推测为女性。

3号墓穴平面呈梯形，长2.8米，宽1.06~1.2米，深0.75米。葬具为木棺，长2米，宽0.58~0.7米，残高0.35米。棺内葬人骨1具，被盗扰，残存部分骨架，推测为女性。

4号墓穴平面呈梯形，长2.95米，宽0.9~1.25米，深0.9米。葬具为木棺，长1.84米，宽0.7~0.8米，残高0.5米。棺内葬人骨1具，被盗扰，残存部分骨架，推测为男性。

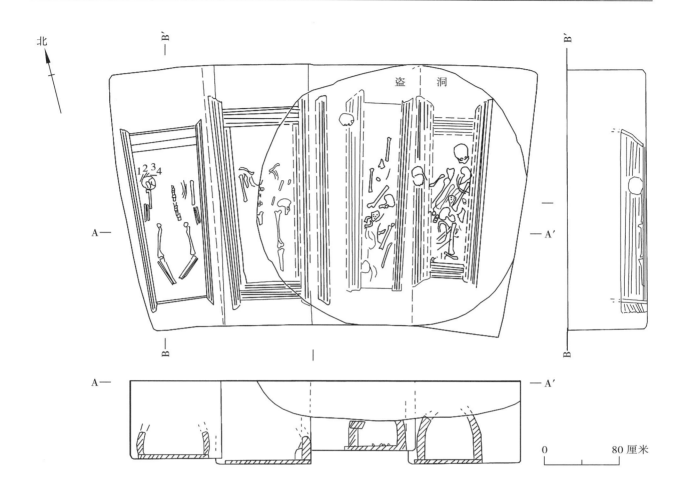

图一九　M2 平面、剖视图
1、2、4.银簪　3.银押发

四、遗物

本次发掘除钱币外共出土器物 40 件（套），包括陶瓷器、银器、铜器等种类。另出土铜钱 53 枚。分述如下。

（一）陶瓷器

共 8 件。包括釉陶罐和瓷罐。

釉陶罐　5 件。侈口，厚方唇，斜领，腹斜收，平底。口沿内壁及肩部以上施绿釉，其余部位露红褐胎。外壁有轮制痕迹，底部有偏心圆纹。

M10:2，肩部略折。口径 9.9、腹径 11.3、底径 7.5、高 11.8～12 厘米（图二〇，1；彩版六六，1）。

M11:1，肩部略折。口径 11.6、腹径 12.4、底径 8、高 12.1 厘米（图二〇，2；彩版六六，2）。

M11:3，肩部略折。口径 12、腹径 12.5、底径 8.4、高 12.3～12.6 厘米（图二〇，3）。

M12:3，肩部略折。口径 10.3、腹径 11.3、底径 7.5、高 12.3 厘米（图二〇，4；彩版六六，3）。

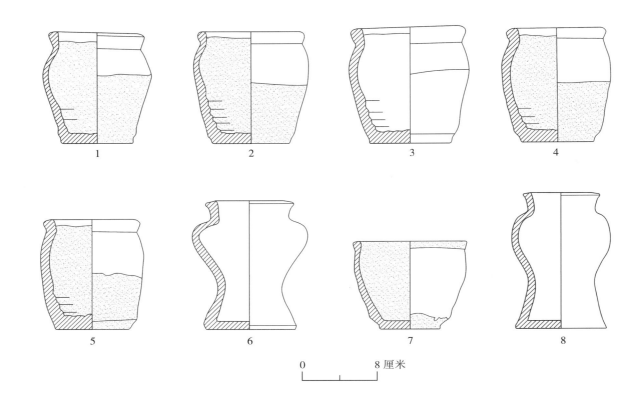

图二〇　墓葬出土陶瓷器
1~5. 釉陶罐（M10:2、M11:1、M11:3、M12:3、M12:4）　6~8. 瓷罐（M9:1、M10:1、M15:1）

M12:4，肩略弧。口径 10、腹径 11.2、底径 7.6、高 11.9 厘米（图二〇，5；彩版六六，4）。

瓷罐　3 件。

M9:1，侈口，厚方唇，高领，圆肩，弧腹，下部弧收，底部外展，平底。白胎。内壁口沿及外壁施黄绿色釉，釉层剥落严重。口径 9.2、腹径 12、底径 9.3、高 14.4 厘米（图二〇，6）。

M10:1，直口微敛，方唇，弧腹近底部略折，平底。内壁口沿施白釉，外壁施酱釉，底部未施釉。口径 11.8、腹径 11.6、底径 6.2、高 9.5 厘米（图二〇，7；彩版六六，5）。

M15:1，侈口，方唇，高领，圆肩，弧腹，下部弧收，底部外展，平底。红褐白胎。内、外壁施黄绿色釉，釉层剥落较严重。口径 7.9、腹径 10.2、底径 9.4、高 15 厘米（图二〇，8；彩版六六，6）。

（二）银器

共 20 件（套）。包括镯、簪、耳环、扁方、押发。

银镯　1 件。M1:1，椭圆形，接口平齐。镯面纹饰对称分布，一侧为喜鹊、菊花和"喜"字纹饰，另一侧为喜鹊、梅花和"喜"字纹饰。内侧錾刻"聚兴"二字。长 7.8、宽 6.2、厚 0.4、面宽 1.1、周长 22.5 厘米（图二一，23；彩版六七，1）。

银簪　10 件（套）。

M1:3，残，仅余簪体部分。呈圆锥状，尾尖锐。残长 13.1 厘米（图二一，1）。

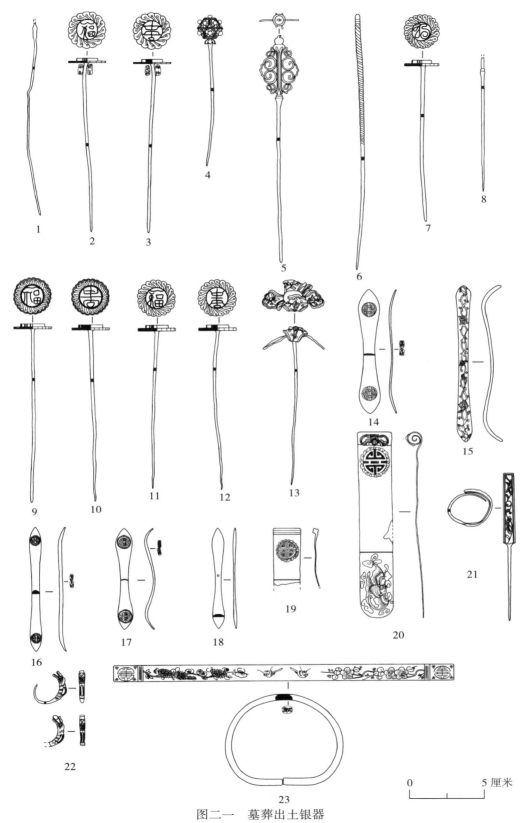

图二一 墓葬出土银器

1~13.簪（M1：3、M2：1-1、M2：1-2、M2：2、M2：4、M8：2、M17：1、M18：2、M22：4-1、M22：4-2、M24：1-1、M24：1-2、M24：2） 14~18.押发（M2：3、M3：1、M17：3、M18：1、M19：2） 19、20.扁方（M22：3、5） 21、22.耳环（M22：7、M8：6） 23.镯（M1：1）

M2:1，1 套。形制相近，首为十六朵花瓣组成的葵圆形，正面中间为圆形凸起，背面錾刻"宝珍""足纹"；体为圆锥体，尾尖锐。簪首有鎏金痕迹。首宽 2.5、首高 0.3、通长 11.8 厘米。

M2:1-1，正面中间内铸一"福"字（图二一，2；彩版六七，2）

M2:1-2，正面中间内铸一"寿"字（图二一，3；彩版六七，3）。

M2:2，簪首镂铸呈圆球状，绞丝环成数个圆形面，内铸花瓣和小圆珠，底作反莲花座托状；体为圆锥体，尾尖锐。首直径 1.7、通长 10.3 厘米（图二一，4；彩版六七，4）。

M2:4，簪首为六面禅杖；簪首与簪体之间有一细颈；簪体呈圆锥状。簪体有鎏金痕迹。首高 4、宽 2.6、通长 15.5 厘米（图二一，5）。

M8:2，簪首与簪体为一体，首用银丝缠绕呈螺纹状，体呈圆锥状，尾尖锐。通长 17.5 厘米（图二一，6；彩版六七，5）。

M17:1，首为二十朵花瓣组成的葵圆形，正面中间为圆形凸起，内铸一"福"字。簪首有鎏金痕迹。首宽 2.3、首高 0.4、通长 11 厘米（图二一，7；彩版六七，6）。

M18:2，仅余簪体，呈圆锥状，尾尖锐。残长 9.1 厘米（图二一，8；彩版六七，7）。

M22:4，1 套。形制相近，首为二十四朵花瓣组成的葵圆形，正面中间为圆形凸起；体为圆锥体，尾尖锐。

M22:4-1，正面中间内铸一"福"字。首宽 2.5、首高 0.35、通长 12.25 厘米（图二一，9；彩版六八，1）。

M22:4-2，正面中间内铸一"寿"字。首宽 2.5、首高 0.35、通长 12.15 厘米（图二一，10；彩版六八，2）。

M24:1，1 套。形制相近，首为二十朵花瓣组成的葵圆形，正面中间为圆形凸起；体为圆锥体，尾尖锐。

M24:1-1，正面中间内铸一"福"字。首宽 2.5、首高 0.4、通长 11.4 厘米（图二一，11；彩版六八，3）。

M24:1-2，正面中间内铸一"寿"字。首宽 2.5、首高 0.4、通长 11.3 厘米（图二一，12；彩版六八，4）。

M24:2，簪首整体作蝙蝠形，装饰四组花卉图案，中间一组为立体设计；簪体呈圆锥状，尾尖锐。首长 4.1、首宽 2.2、通长 10.9 厘米（图二一，13；彩版六八，5）。

银耳环　2 件（套）。

M8:6，1 套。形制相近，残破，体呈"C"形，一端为龙首含珠状，另一端呈圆锥状。有鎏金痕迹。直径 2 厘米（图二一，22；彩版六八，6）。

M22:7，椭圆形，一端扁平，掐丝装饰花卉纹饰，另一端呈圆锥体。周长 10.1 厘米（图二一，21；彩版六八，7）。

银押发　5 件。扁长体，两端为圆弧尖状，束腰。

M2:3，两端锤鲽"寿"字纹。背部有两处竖行铭文，一处为"海兴"，一处为"足纹"。通长 8.5、宽 1.4、厚 0.15 厘米（图二一，14；彩版六九，1）。

M3:1，两端上翘，侧面呈弓形。背部掐丝装饰缠枝莲花、莲蓬纹饰。通长 10.7、宽 1、厚 0.2 厘米（图二一，15；彩版六九，2）。

M17:3，两端锤鍱"寿"字纹。背部有两处竖行铭文，一处为"聚和"，一处为"足纹"。有鎏金痕迹。通长 8.4、宽 0.8、厚 0.25 厘米（图二一，16；彩版六九，3）。

M18:1，两端上翘，侧面呈弓形。两端锤鍱"寿"字纹。背部有两处竖行铭文，一处为"万聚"，一处为"足银"。通长 6.8、宽 1.1、厚 0.05 厘米（图二一，17；彩版六九，4）。

M19:2，素面。通长 6.8、宽 0.8、厚 0.2 厘米（图二一，18；彩版六九，5）。

银扁方　2 件。首卷曲。体上部錾刻圆形"寿"字纹。

M22:3，残损严重，断为四节。首部侧视呈四瓣梅花状，起棱。体扁平。最长一段残长 3.9、宽 1.8 厘米（图二一，19；彩版七〇，1）。

M22:5，首部和体下部均錾刻蝙蝠纹。体宽扁长条形，末端呈圆弧状。通长 12.7、宽 2.3、厚 0.05 厘米（图二一，20；彩版七〇，2）。

（三）铜器

共 10 件。包括簪、扁方、耳环、戒指、顶针。

铜簪　5 件。

M17:2，仅余簪首。整体镂空，装饰三组蝙蝠与梅花的图案，中间一组图案为立体形象。有鎏金痕迹。长 6.5、宽 1.8 厘米（图二二，1；彩版七〇，3）。

M20:2，仅余簪体。呈圆锥状。残长 10.3 厘米（图二二，2；彩版七〇，4）。

M20:3，仅余簪体。呈圆锥状。残长 9 厘米（图二二，3；彩版七〇，5）。

M22:2，簪首镂铸呈圆球状，绞丝环成数个圆形面，内铸花瓣和小圆珠，底作反莲花座托状。簪体为圆锥体，尾尖锐。首直径 2.2、通长 11.9 厘米（图二二，4；彩版七〇，6）。

M24:3，圆锥状，首部圆润，有一小孔，尾尖锐。素面。通长 9.4 厘米（图二二，5）。

铜耳环　1 件。M1:2，体呈"C"形。一端为圆锥状，中部呈如意兽形，錾刻蝙蝠纹，另一端呈长条形。内侧錾刻"聚祥京"三个小字。长 2.7、面宽 1.7 厘米（图二二，7；彩版七一，2）。

铜扁方　1 件。M8:3，首卷曲，上錾刻蝙蝠纹；体宽扁长条形，上部錾刻圆形"寿"字纹，下部錾刻蝙蝠纹，末端呈圆弧状。通长 11.4、宽 2.3、厚 0.1 厘米（图二二，6；彩版七一，1）。

铜戒指　2 件（套）。形制相近，圆形，接口平齐。素面。

M8:5，直径 2.2、面宽 0.7 厘米（图二二，8；彩版七一，3）。

M17:4，1 套。直径 2、面宽 0.45 厘米（图二二，9；彩版七一，4）。

铜顶针　1 件。M17:5，圆形，接口重叠。錾刻蛙、蟹、鱼等图案。周长 8.4、面宽 1.4 厘米（图二二，10；彩版七一，5）。

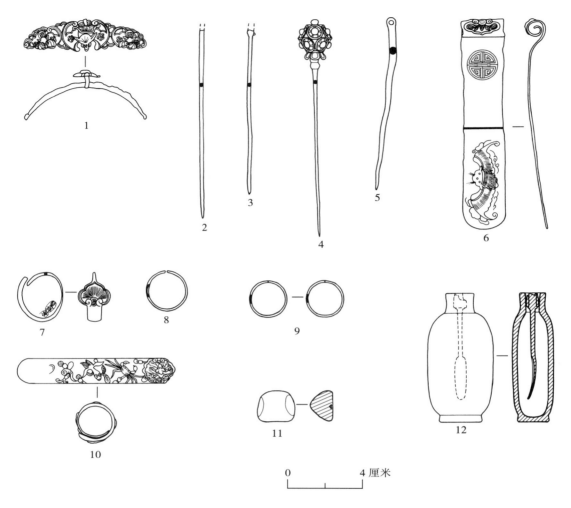

图二二　墓葬出土器物

1~5.铜簪（M17:2、M20:2、M20:3、M22:2、M24:3）6.铜扁方（M8:3）7.铜耳环（M1:2）8、9.铜戒指（M8:5、M17:4）
10.铜顶针（M17:5）11.玉饰件（M6:1）12.琉璃鼻烟壶（M19:1）

（四）玉器、琉璃器

共 2 件。包括玉饰件和琉璃鼻烟壶。

玉饰件　1 件。M6:1，青绿色。整体近塔形，侧面呈三角形。底面有下挖钻孔痕迹。长 2、宽 1.6、高 1.2 厘米（图二二，11；彩版七一，6）。

琉璃鼻烟壶　1 件。M19:1，红色。直口，平沿，直颈，溜肩，弧腹，椭圆形圈足，扁圆形体。盖已缺失，仅余勺残存在器内。口径 1.5、腹径 3.5、底径 2.3、高 7.1 厘米（图二二，12；彩版七一，7）。

（五）铜钱

共出土铜钱 53 枚，其中可辨认的有 34 枚，包括"万历通宝""天启通宝""康熙通宝""乾隆通宝""嘉庆通宝""道光通宝""咸丰重宝""同治重宝""光绪通宝""光绪重宝""宣统通宝"等。均圆形，方穿，正、背有郭。

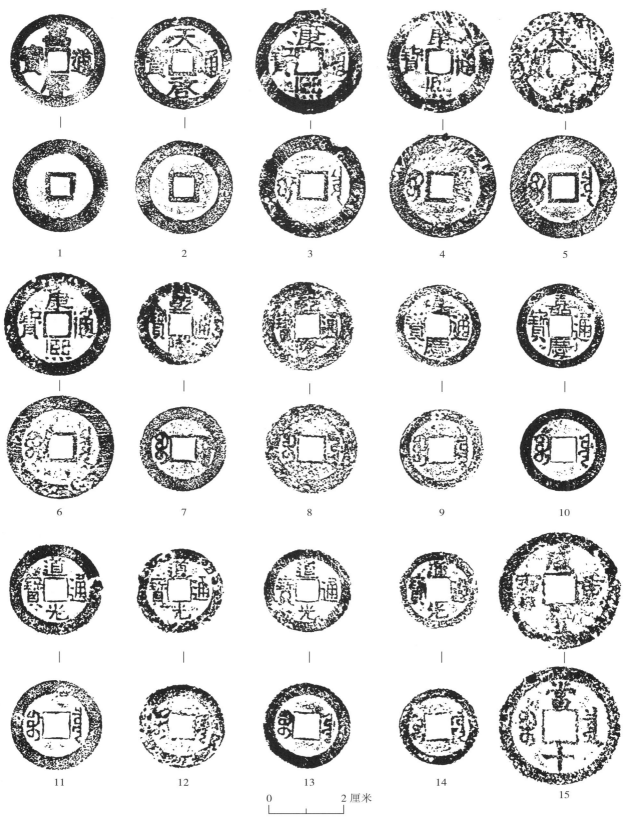

图二三　明堂、墓葬出土铜钱拓片

1. "万历通宝"（M25:1）　2. "天启通宝"（M10:3）　3～6. "康熙通宝"（M11:2、M11:4、M12:1、M12:2）　7、8. "乾隆通宝"（M1:4、M19:3）　9、10. "嘉庆通宝"（M22:1-1、M13:1）　11～14. "道光通宝"（M4:1、M14:1、M18:3、M22:1-2）　15. "咸丰重宝"（M16:1）

"万历通宝" 3枚。M25：1，正面楷书"万历通宝"，对读；背面无字。钱径2.45、穿径0.55、郭厚0.14厘米（图二三，1）。

"天启通宝" 1枚。M10：3，正面楷书"天启通宝"，对读；背面无字。钱径2.6、穿径0.6、郭厚0.1厘米（图二三，2）。

"康熙通宝" 4枚。均正面楷书"康熙通宝"，对读。

M11：2，背面穿左右为满文纪局名"宝泉"。钱径2.8、穿径0.6、郭厚0.16厘米（图二三，3）。

M11：4，背面纪局名锈蚀不清。钱径2.8、穿径0.6、郭厚0.14厘米（图二三，4）。

M12：1，背面穿左右为满文纪局名"宝泉"。钱径2.8、穿径0.6、郭厚0.13厘米（图二三，5）。

M12：2，背面穿左右为满文纪局名"宝泉"。钱径2.8、穿径0.6、郭厚0.13厘米（图二三，6）。

"乾隆通宝" 2枚。均正面楷书"乾隆通宝"，对读。

M1：4，背面纪局名锈蚀不清。钱径2.3、穿径0.6、郭厚0.13厘米（图二三，7）。

M19：3，背面穿左右为满文纪局名"宝源"。钱径2.5、穿径0.62、郭厚0.12厘米（图二三，8）。

"嘉庆通宝" 3枚。均正面楷书"嘉庆通宝"，对读。

M22：1-1，背面穿左右为满文纪局名"宝泉"。钱径2.3、穿径0.6、郭厚0.1厘米（图二三，9）。

M13：1，背面穿左右为满文纪局名"宝源"。钱径2.4、穿径0.6、郭厚0.16厘米（图二三，10）。

"道光通宝" 4枚。均正面楷书"道光通宝"，对读。

M4：1，背面穿左右为满文纪局名"宝泉"。钱径2.17、穿径0.65、郭厚0.15厘米（图二三，11）。

M14：1，背面穿左右为满文纪局名"宝宣"。钱径2.3、穿径0.6、郭厚0.18厘米（图二三，12）。

M18：3，背面穿左右为满文纪局名"宝源"。钱径2.35、穿径0.6、郭厚0.17厘米（图二三，13）。

M22：1-2，背面穿左右为满文纪局名"宝泉"。钱径2.55、穿径0.6、郭厚0.16厘米（图二三，14）。

"咸丰重宝" 3枚。M16：1，正面楷书"咸丰重宝"，对读；背面穿上下为楷书"当十"，穿左右为满文纪局名"宝泉"。钱径3.25、穿径0.85、郭厚0.25厘米（图二三，15）。

"同治重宝" 7枚。均正面楷书"同治重宝"，对读；背面穿上下为楷书"当十"，穿左右为满文纪局名"宝泉"。

M4：2，钱径2.25、穿径0.6、郭厚0.08厘米（图二四，1）。

M8：4，钱径3.09、穿径0.7、郭厚0.23厘米（图二四，2）。

M22：6-1，钱径2.9、穿径0.66、郭厚0.16厘米（图二四，3）。

M22：6-2，钱径2.9、穿径0.65、郭厚0.17厘米（图二四，4）。

M24：4，钱径2.8、穿径0.73、郭厚0.17厘米（图二四，5）。

"光绪通宝" 3枚。均正面楷书"光绪通宝"，对读。

M2:2，背面穿左右为满文纪局名"宝源"。钱径2.2、穿径0.6、郭厚0.13厘米（图二四,6）。

M20:4，背面纪局名锈蚀不清。钱径2、穿径0.6、郭厚0.15厘米（图二四，7）。

"光绪重宝" 2枚。M17:6，正面楷书"光绪重宝"，对读；背面穿上下为楷书"当十"，穿左右为满文纪局名"宝源"。钱径3.05、穿径0.6、郭厚0.17厘米（图二四，8）。

"宣统通宝" 2枚。M20:1，正面楷书"宣统通宝"，对读；背面穿左右为满文纪局名"宝泉"。钱径1.9、穿径0.43、郭厚0.18厘米（图二四，9）。

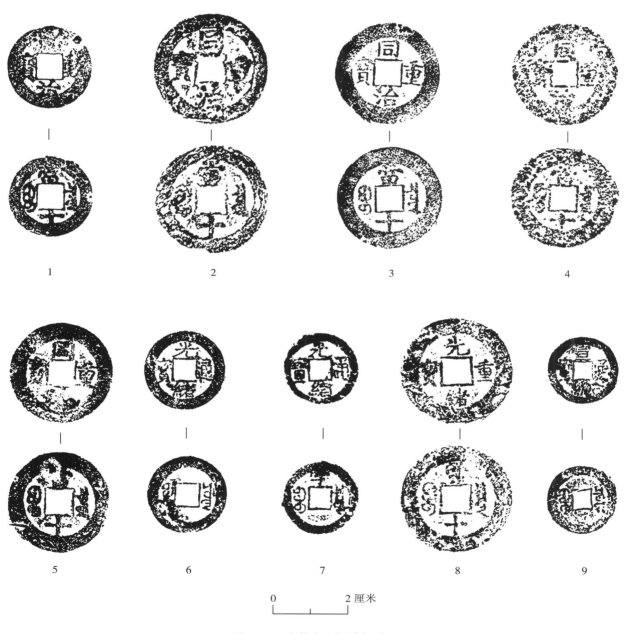

0　　　　2厘米

图二四　墓葬出土铜钱拓片

1~5."同治重宝"（M4:2、M8:4、M22:6-1、M22:6-2、M24:4） 6、7."光绪通宝"（M2:2、M20:4） 8."光绪重宝"（M17:6） 9."宣统通宝"（M20:1）

五、结语

此次发掘共清理明堂 1 座、墓葬 25 座。墓葬均为竖穴土坑墓，墓葬形制与北京地区以往发现的明清时期墓葬形制基本相同。

本次出土的福寿簪 M2：1、M22：4、M24：1 与丽泽金融商务园区规划绿地工程的 M9：3[①]、康庄安置房墓葬 M2：3[②] 及顺义临河清代墓地 M10：1、M10：2[③] 等形制相近。镂空球形首簪 M2：2、M22：2 与轨道交通大兴线枣园路站 M33：2-3[④] 及西红门商业综合区一、二、三号地块 M57：3[⑤] 等相近。出土的釉陶罐 M10：2、M11：1、M11：3、M12：3、M12：4 与朝阳姚家园 M16：1、M16：6[⑥] 等形制相近。再结合其他出土随葬品及铜钱的年代情况，推断本次发掘的墓葬年代均为清代。

墓葬的分布呈现出大范围内分散、小范围内集中的特点，再结合明堂的发现情况，本次发掘的墓葬应为清代平民家族墓葬。

发掘：张利芳

绘图：张志伟　赵夏锋

拓片：古艳兵

摄影：刘晓贺

执笔：司丽媛　张利芳

① 北京市文物研究所：《丽泽墓地——丽泽金融商务园区规划绿地工程发掘报告》，科学出版社，2016 年。

② 北京市文物研究所：《康庄安置房墓葬》，《大兴古墓葬考古发掘报告集》，科学出版社，2020 年。

③ 北京市考古研究院：《顺义临河清代墓地考古发掘报告》，科学出版社，2023 年。

④ 北京市文物研究所：《轨道交通大兴线枣园路站考古发掘报告》，《小营与西红门——北京大兴考古发掘报告》，上海古籍出版社，2018 年。

⑤ 北京市文物研究所：《西红门商业综合区一、二、三号地块考古发掘报告》，《小营与西红门——北京大兴考古发掘报告》，上海古籍出版社，2018 年。

⑥ 北京市考古研究院：《朝阳姚家园——姚家园新村 E 地块配套中学考古发掘报告》，上海古籍出版社，2023 年。

房山区元武屯村清代墓葬考古发掘报告

 2012 年 12 月 4 日至 18 日，为配合房山区良乡商品展览中心项目工程（房山新城良乡组团 14 街区 14-02-04 等地块东侧项目）的建设，北京市文物研究所（今北京市考古研究院）在其占地范围内进行了考古发掘。发掘区位于房山区的西南部，阎村镇元武屯村的东南部，其北邻良园二路，西邻翠柳大街，南邻白杨西路，东邻凯旋大街（图一）。

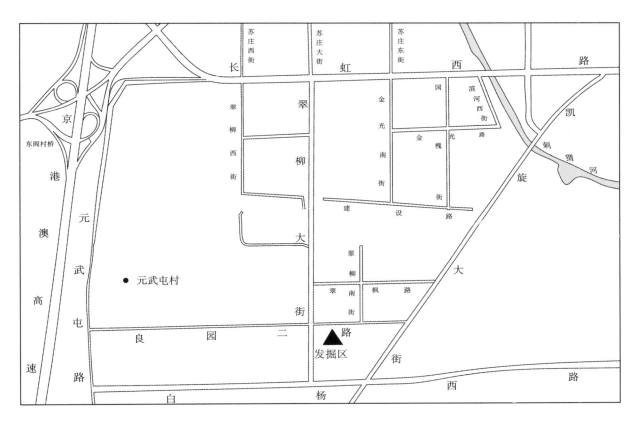

图一　发掘区位置示意图

 此次考古发掘，清理古代墓葬共计 24 座（编号分别为 2012HWM1～M24，以下简称 M1～M24）。发掘面积共计 248 平方米（图二）。

一、墓葬形制

 此次发掘的 24 座墓葬均为竖穴土圹墓，开口于近现代回填土①层下，向下打破原生土。

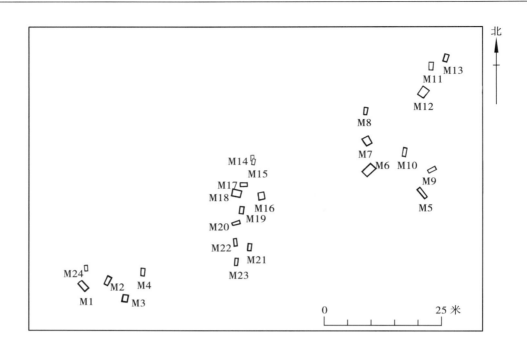

图二　墓葬位置示意图

M1　位于发掘区的西南部，东邻 M2。方向 355°。竖穴土圹单人葬墓，开口平面呈梯形。墓口距地表深 0.6 米，南北长 2.3 米，东西宽 1.1～1.3 米，墓深 1 米。墓坑内填五花土，土质较疏松。

墓坑内葬单棺，仅存木棺痕迹，南北长 1.8 米，东西宽 0.45～0.5 米。人骨保存状况较好，基本完整，仰身直肢葬，头骨位于北部，面向西（图三）。

未见随葬品。

M2　位于发掘区的西南部，西邻 M1。方向 5°。竖穴土圹单人葬墓，开口平面呈长方形。墓口距地表深 0.6 米，南北长 2.5 米，东西宽 0.94～1 米，墓深 0.32 米。墓坑内填五花土，土质较疏松。

墓坑内葬单棺，仅存木棺痕迹，南北长 1.9 米，东西宽 0.54～0.6 米。人骨保存较好，基本完整，仰身直肢葬，头骨位于北部，面向上（图四）。

随葬品有铁器 1 件，锈蚀严重。

M3　位于发掘区的西南部，东北邻 M4，西北邻 M2。方向 10°。竖穴土圹墓，开口平面呈长方形。墓口距地表深 0.4 米，南北长 2.3 米，东西宽 1.1 米，墓深 0.49 米。墓坑内填五花土，土质较疏松。

墓坑内未发现葬具、人骨和随葬品等，初步推断为搬迁墓（图五）。

M4　位于发掘区的西南部，西邻 M2。方向 5°。竖穴土圹单人葬墓，开口平面呈长方形。墓口距地表深 0.4 米，南北长 2.35 米，东西宽 1 米，墓深 0.69 米。墓坑内填五花土，土质较疏松。

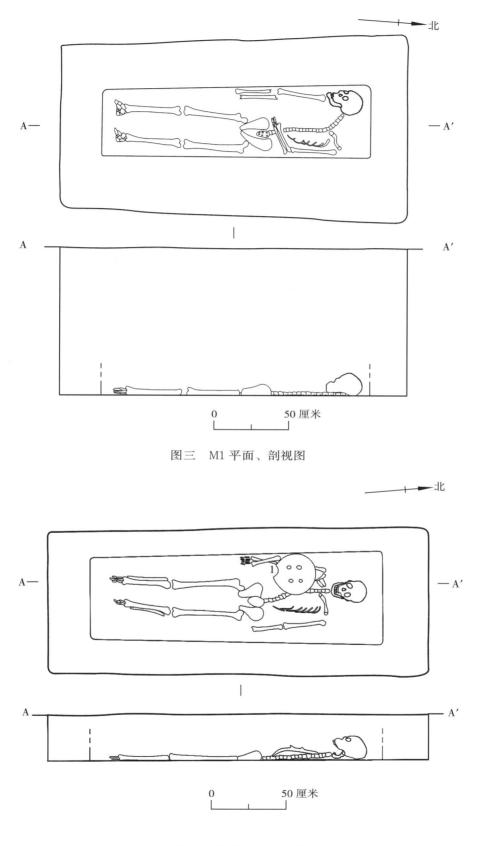

图三　M1 平面、剖视图

图四　M2 平面、剖视图

1. 铁器

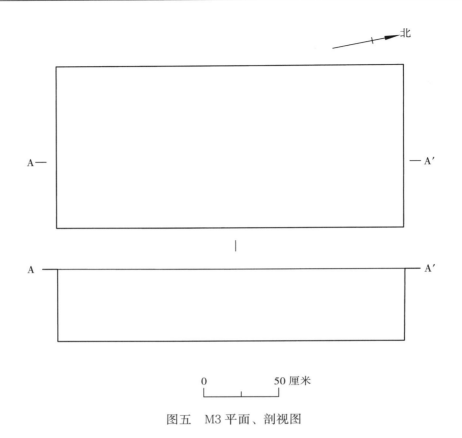

0　　　　　　50 厘米

图五　M3 平面、剖视图

　　墓坑内葬单棺，仅存木棺痕迹，南北长 1.9 米，东西宽 0.66 ~ 0.8 米，厚 0.08 ~ 0.1 米，残存高度 0.2 米。人骨保存状况较差，仅残留头骨和少量上肢骨，头骨位于北部，葬式不详（图六）。

　　未见随葬品。

　　M5　位于发掘区的东部，东北邻 M9。方向 322°。竖穴土圹单人葬墓，开口平面呈长方形。墓口距地表深 0.4 米，长 2.2 米，宽 0.7 ~ 0.82 米，墓深 0.7 米。墓坑内填五花土，土质较疏松。

　　墓坑内葬单棺，仅存木棺痕迹，长 1.9 米，宽 0.45 ~ 0.62 米。人骨保存较好，基本完整，仰身直肢葬，头骨位于北部，面朝东北（图七）。

　　出土随葬品有釉陶罐 1 件。

　　M6　位于发掘区的东部，北邻 M7。方向 5°。竖穴土圹双人合葬墓，开口平面呈长方形。墓口距地表深 0.4 米，南北长 2.7 米，东西宽 1.6 米，墓深 1 米。墓坑内填五花土，土质较疏松。

　　墓坑内葬双棺，东西并排，仅存木棺痕迹。东棺棺痕南北长 1.85 米，东西宽 0.6 ~ 0.62 米，人骨保存状况一般，仰身直肢葬，头骨位于北部，面朝西。西棺棺痕南北长 1.7 米，东西宽 0.55 ~ 0.6 米，人骨保存状况较差，仰身直肢葬，头骨位于北部，面向不详（图八）。

　　未见随葬品。

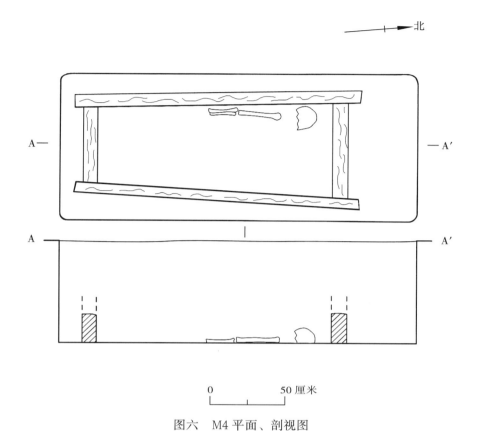

图六　M4平面、剖视图

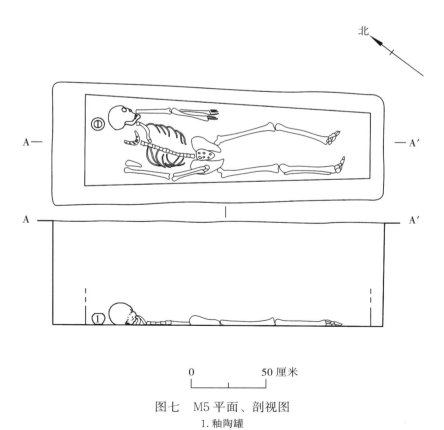

图七　M5平面、剖视图
1. 釉陶罐

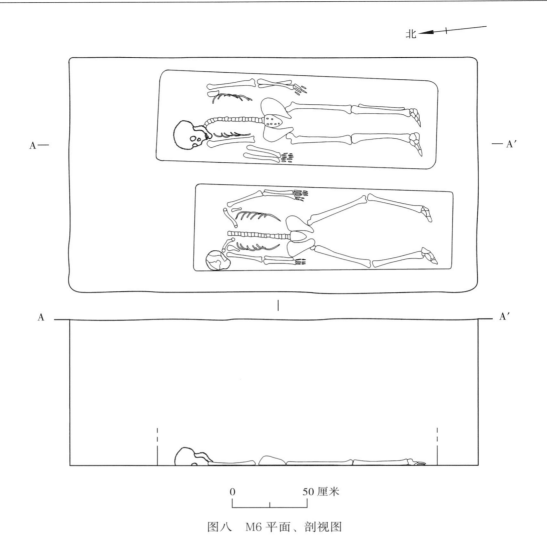

图八　M6 平面、剖视图

　　M7　位于发掘区的东部，南邻 M6，北邻 M8。方向 330°。竖穴土圹双人合葬墓，开口平面呈长方形。墓口距地表深 0.4 米，长 2.16 米，宽 1.89～2 米，墓深 0.5 米。墓坑内填五花土，土质较疏松。

　　墓坑内葬双棺，东西并排，仅存木棺痕迹。东棺棺痕长 1.85 米，宽 0.46～0.6 米，人骨保存状况一般，仰身直肢葬，头骨位于北部，面朝东南。西棺棺痕长 1.75 米，宽 0.42～0.55 米，人骨保存状况较差，仰身直肢葬，头骨位于北部，面向不详（图九）。

　　出土随葬品有釉陶罐 1 件、铜钱 2 枚。

　　M8　位于发掘区的东北部，南邻 M7。方向 5°。竖穴土圹单人葬墓，开口平面呈长方形。墓口距地表深 0.4 米，南北长 2.4 米，东西宽 0.9～0.95 米，墓深 1.1 米。墓坑内填五花土，土质较疏松。

　　墓坑内葬单棺，仅存木棺痕迹，南北长 1.8 米，东西宽 0.54～0.6 米。人骨保存状况较好，基本完整，仰身直肢葬，头骨位于北部，面向上（图一〇）。

　　出土随葬品有铜钱 2 枚。

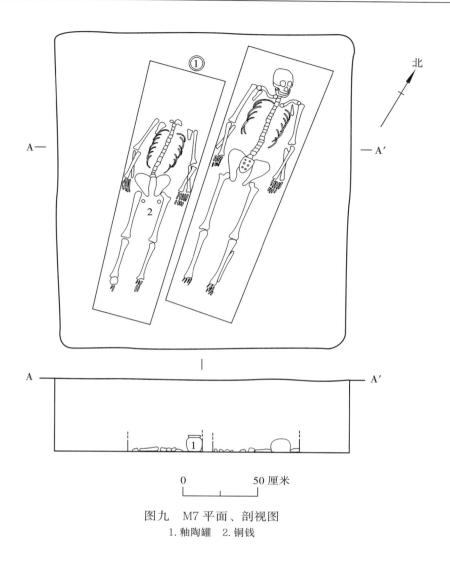

图九　M7 平面、剖视图
1. 釉陶罐　2. 铜钱

M9　位于发掘区的中东部，西北邻 M10。方向 10°。竖穴土圹单人葬墓，开口平面呈长方形。墓口距地表深 0.4 米，南北长 2.3 米，东西宽 0.85 ~ 0.9 米，墓深 0.85 米。墓坑内填五花土，土质较疏松。

墓坑内葬单棺，仅存木棺痕迹，南北长 1.68 米，东西宽 0.5 ~ 0.6 米。人骨保存状况较好，基本完整，仰身直肢葬，头骨位于北部，面向不详（图一一）。

未见随葬品。

M10　位于发掘区的东部，西南邻 M9。方向 35°。竖穴土圹墓，开口平面呈长方形。墓口距地表深 0.4 米，长 2.5 米，宽 0.96 ~ 1 米，墓深 0.6 米。墓坑内填五花土，土质较疏松。

墓坑内未发现葬具、人骨和随葬品等，初步判断为搬迁墓（图一二）。

M11　位于发掘区的东北部，东北邻 M13。方向 5°。竖穴土圹单人葬墓，开口平面呈长方形。墓口距地表深 0.4 米，南北长 2.4 米，东西宽 1.3 ~ 1.4 米，墓深 0.6 米。墓坑内填五花土，土质较疏松。

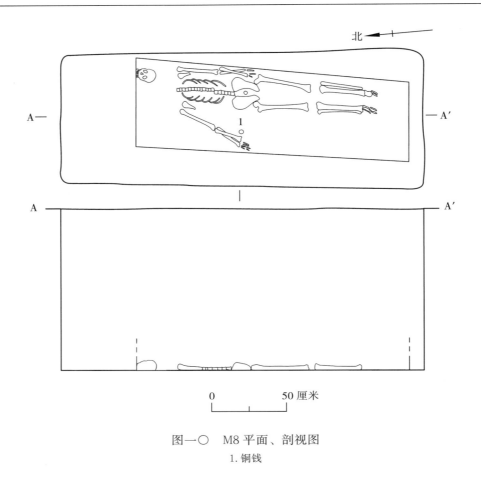

图一〇　M8 平面、剖视图

1.铜钱

　　墓坑内葬单棺，仅存木棺痕迹，南北长 1.75 米，宽 0.54～0.6 米。人骨保存状况较好，基本完整，仰身直肢葬，头骨位于北部，面向上（图一三）。

　　出土随葬品有釉陶罐 1 件。

　　M12　位于发掘区东北部，北邻 M11。方向 40°。竖穴土圹兽骨墓，开口平面呈长方形。墓口距地表深 0.4 米，长 2.4 米，宽 1.9 米，墓深 0.2 米。墓坑内填五花土，土质较疏松。

　　墓坑内葬兽骨，散乱，部分头骨位于西北部（图一四）。

　　未见随葬品。

　　M13　位于发掘区的东北部，西南邻 M11。方向 10°。竖穴土圹墓，开口平面呈长方形。墓口距地表深 0.4 米，南北长 2.3 米，东西宽 1.1 米，墓深 0.5 米。墓坑内填五花土，土质较疏松。

　　墓坑内未见葬具、人骨和随葬品等，初步判断为搬迁墓（图一五）。

　　M14　位于发掘区的中部，东南角被 M15 打破。方向 360°。竖穴土圹墓，开口平面呈长方形。墓口距地表深 0.6 米，南北长 2.1 米，东西宽 0.88 米，墓深 0.5 米。墓坑内填五花土，土质较疏松。

　　墓室内未见葬具、人骨和随葬品等，初步判断为搬迁墓（图一六）。

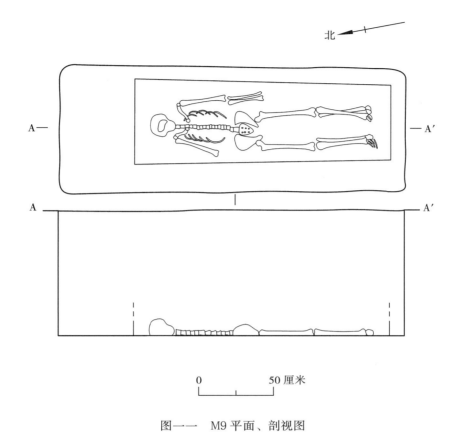

北

0　　　　　50 厘米

图一一　M9 平面、剖视图

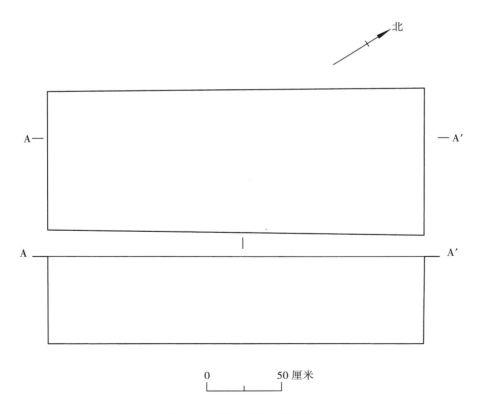

北

0　　　　　50 厘米

图一二　M10 平面、剖视图

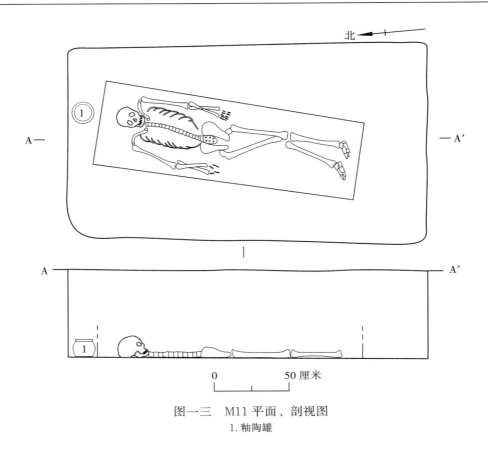

图一三　M11 平面、剖视图

1.釉陶罐

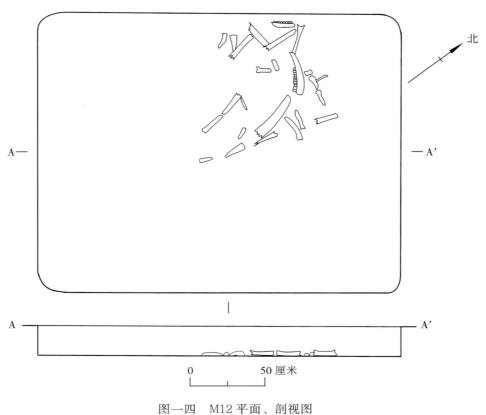

图一四　M12 平面、剖视图

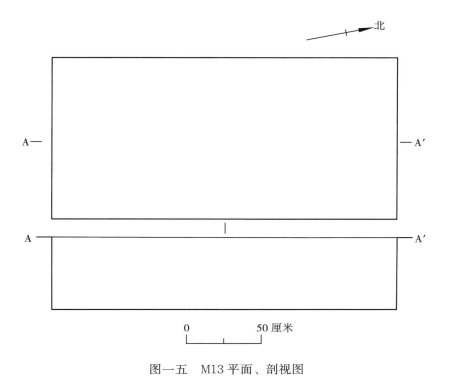

北

图一五　M13 平面、剖视图

0　　　　　50 厘米

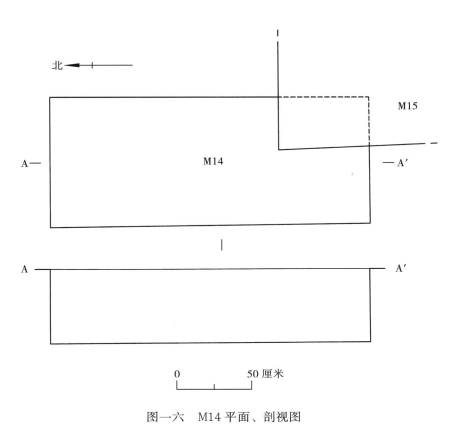

北

M15

M14

图一六　M14 平面、剖视图

0　　　　　50 厘米

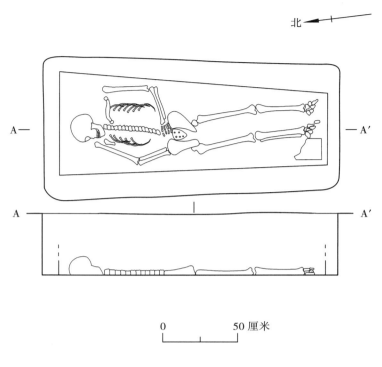

图一七　M15 平面、剖视图

M15　位于发掘区的中东部，西北角打破 M14。方向 5°。竖穴土圹单人葬墓，开口平面呈长方形。墓口距地表深 0.6 米，南北长 1.95 米，东西宽 0.82～0.95 米，墓深 0.4 米。墓坑内填五花土，土质较疏松。

墓坑内葬单棺，仅存木棺痕迹，南北长 1.72 米，东西宽 0.5～0.68 米。人骨保存状况较好，基本完整，仰身直肢葬，头骨位于北部，面朝西（图一七）。

未见随葬品。

M16　位于发掘区的中部，西北邻 M17，西邻 M18。方向 175°。竖穴土圹单人葬墓，开口平面呈长方形。墓口距地表深 0.5 米，南北长 2.3 米，东西宽 1.7～1.75 米，墓深 0.4 米。墓坑内填五花土，土质较疏松。

墓坑内葬单棺，仅存木棺痕迹，南北长 1.8 米，东西宽 0.55～0.6 米。人骨保存状况较差，仅存少量人骨，头骨位于南部，葬式不详（图一八）。

未见随葬品。

M17　位于发掘区的中部，西南邻 M18，东南邻 M16。方向 270°。竖穴土圹单人葬墓，开口平面呈长方形。墓口距地表深 0.5 米，东西长 2.16 米，南北宽 0.9～1.1 米，墓深 0.3 米。墓坑内填五花土，土质较疏松。

墓坑内葬单棺，仅存木棺痕迹，东西长 1.76 米，南北宽 0.42～0.6 米。人骨保存状况较好，基本完整，仰身直肢葬，头骨位于西部，面朝东（图一九）。

未见随葬品。

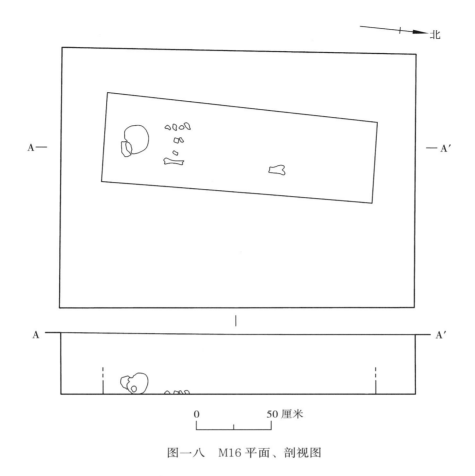

图一八　M16 平面、剖视图

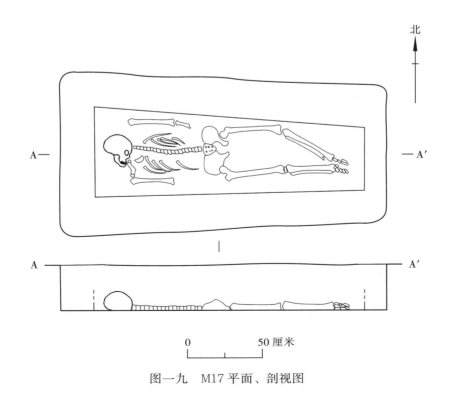

图一九　M17 平面、剖视图

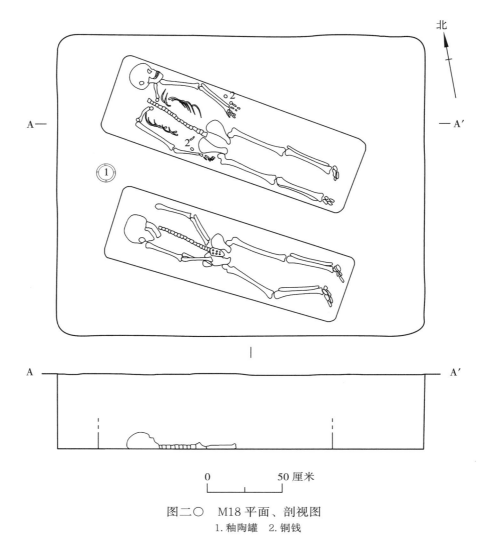

图二〇　M18 平面、剖视图
1. 釉陶罐　2. 铜钱

M18　位于发掘区中部，东北邻 M17，东南邻 M19。方向 280°。竖穴土圹双人合葬墓，开口平面呈长方形。墓口距地表深 0.6 米，东西长 2.4 米，南北宽 2 米，墓深 0.5 米。墓坑内填五花土，土质较疏松。

墓坑内葬双棺，仅存木棺痕迹。北棺棺痕东西长 1.7 米，南北宽 0.5~0.55 米。人骨保存状况较好，基本完整，仰身直肢葬，头骨位于西部，面朝东北。南棺棺痕东西长 1.6 米，宽 0.45~0.5 米。人骨保存状况较好，基本完整，仰身直肢葬，头骨位于西部，面朝西南（图二〇）。

出土随葬品有釉陶罐 1 件、铜钱 2 枚。

M19　位于发掘区的中部，西北邻 M18，西南邻 M20。方向 5°。竖穴土圹单人葬墓，开口平面呈长方形。墓口距地表深 0.6 米，南北长 2.18 米，东西宽 1.1~1.2 米，墓深 0.6 米。墓坑内填五花土，土质较疏松。

墓坑内葬单棺，仅存木棺痕迹，南北长 1.75 米，东西宽 0.42~0.58 米。人骨保存状况较好，基本完整，头骨位于北部，面朝东，为仰身直肢葬（图二一）。

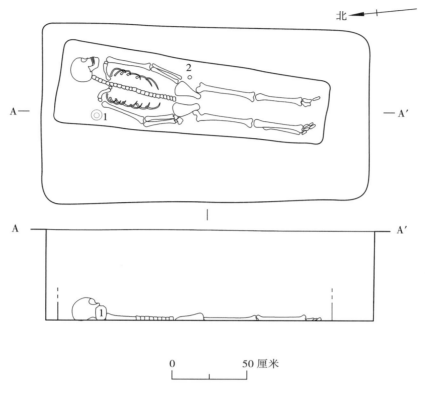

图二一　M19 平面、剖视图
1. 釉陶罐　2. 铜钱

出土随葬品有釉陶罐 1 件、铜钱 1 枚。

M20　位于发掘区的中部偏南，东北邻 M19，南邻 M22。方向 260°。竖穴土圹单人葬墓，开口平面呈长方形。墓口距地表深 0.6 米，东西长 2.1 米，南北宽 0.75 米，墓深 0.4 米。墓坑内填五花土，土质较疏松。

墓坑内葬单棺，仅存木棺痕迹，东西长 1.7 米，南北宽 0.48～0.5 米。人骨保存状况较好，基本完整，仰身直肢葬，头骨位于西部，面向上（图二二）。

未见随葬品。

M21　位于发掘区的南部，西邻 M22，西南邻 M23。方向 5°。竖穴土圹单人葬墓，开口平面呈长方形。墓口距地表深 0.6 米，南北长 2.4 米，东西宽 1 米，墓深 0.6 米。墓坑内填五花土，土质较疏松。

墓坑内葬单棺，仅存木棺痕迹，南北长 1.95 米，东西宽 0.45～0.6 米。人骨保存状况较好，基本完整，仰身直肢葬，头骨位于北部，面朝东南（图二三）。

未见随葬品。

M22　位于发掘区的南部，东南邻 M21，南邻 M23。方向 355°。竖穴土圹单人葬墓，开口平面呈长方形。墓口距地表深 0.6 米，南北长 2.4 米，东西宽 0.8～0.9 米，墓深 0.5 米。墓坑内填五花土，土质较疏松。

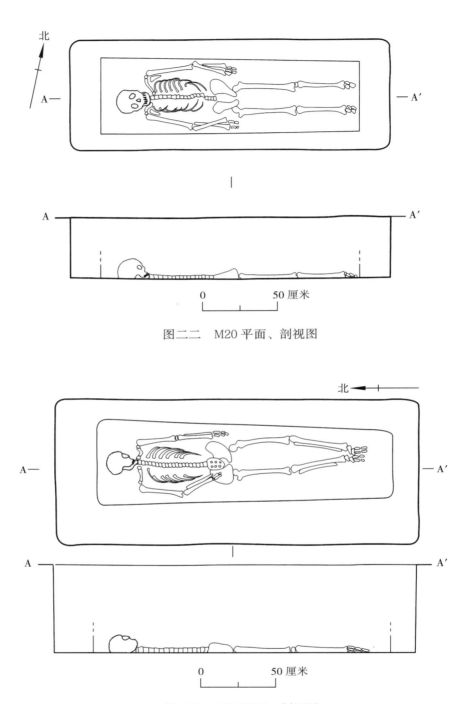

图二二　M20 平面、剖视图

图二三　M21 平面、剖视图

　　墓坑内葬单棺，仅存木棺痕迹，南北长 1.7 米，东西宽 0.45~0.55 米。人骨保存状况较差，基本完整，侧身屈肢葬，头骨位于北部，面朝东北（图二四）。

　　出土随葬品有铜钱 3 枚。

　　M23　位于发掘区的南部，东北邻 M21，北邻 M22。方向 5°。竖穴土圹单人葬墓，开口平面呈长方形。墓口距地表深 0.6 米，南北长 2.4 米，东西宽 1.1 米，墓深 0.7 米。墓坑内填五花土，土质较疏松。

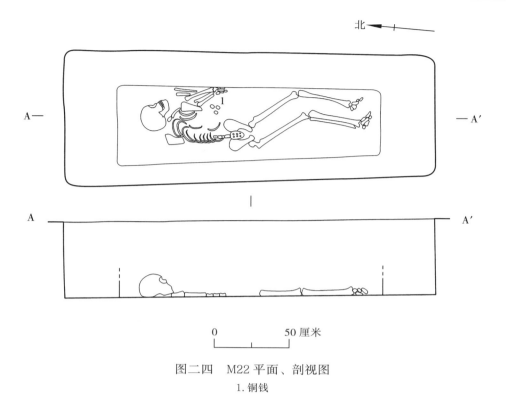

北

A — — A′

A —— A′

0　　　　50 厘米

图二四　M22 平面、剖视图
1. 铜钱

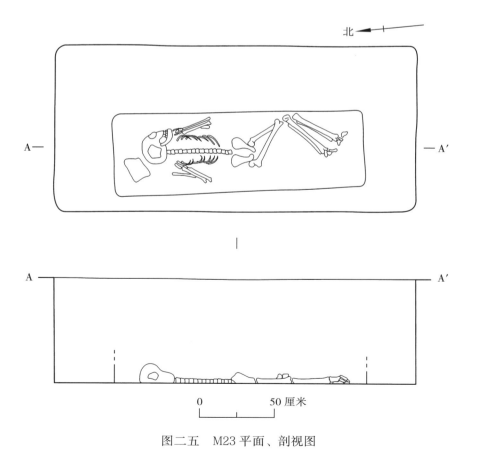

北

A — — A′

A —— A′

0　　　　50 厘米

图二五　M23 平面、剖视图

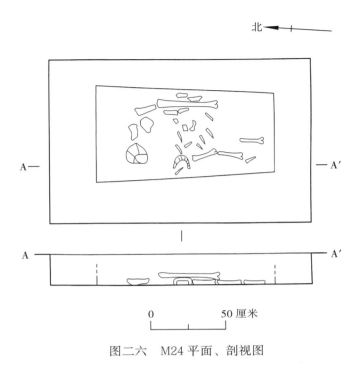

北

0   50 厘米

图二六　M24 平面、剖视图

墓坑内葬单棺，仅存木棺痕迹，南北长 1.65 米，东西宽 0.5～0.55 米。人骨保存较差，头骨位于北部，仰身屈肢葬，面朝东（图二五）。

未见随葬品。

M24　位于发掘区的西南部，东南邻 M2。方向 355°。竖穴土圹单棺墓，开口平面呈长方形。墓口距地表深 0.4 米，南北长 1.7 米，东西宽 1.1 米，墓深 0.2 米。墓坑内填五花土，土质较疏松。

墓坑内葬单棺，仅存木棺痕迹，南北长 1.16 米，东西宽 0.52～0.65 米。人骨保存状况较差，较为散乱，头骨位于北部，葬式、面向不详（图二六）。

未见随葬品。

二、出土器物

此次发掘出土釉陶罐 5 件和铜钱 10 枚；另有铁器 1 件，锈蚀严重，器形不能分辨。

釉陶罐根据口部、腹部形态的不同，可以分为直口鼓腹釉陶罐、直口斜直腹釉陶罐和敛口鼓腹釉陶罐三种。

直口鼓腹釉陶罐　2 件。形制大体相同，直口，圆唇，短直颈，溜肩，圆鼓腹，矮圈足。胎体为黄色，较为坚实致密。外壁从口沿至上腹部施釉，内壁亦施釉。釉呈酱色，施釉较薄，与胎体的结合较差，剥落较为严重。

M5：1，最大腹径偏于上部。圈足内的外底中部有一周凹弦纹。内壁施釉至下腹部，内、外底均无釉。口径 8.4、最大腹径 14.2、圈足径 7.9、高 13 厘米（图二七，1；彩版七二，1）。

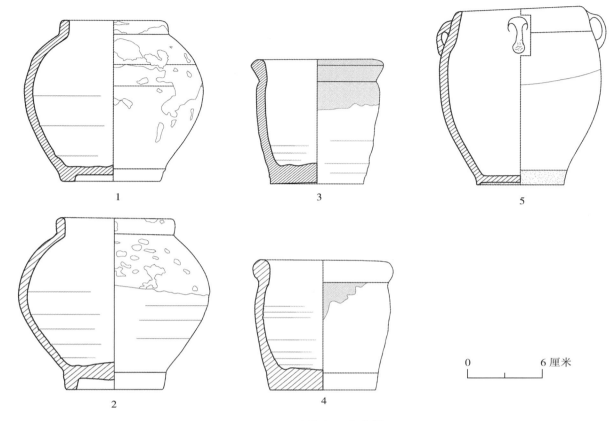

图二七　墓葬出土釉陶罐
1~5. M5:1、M7:1、M11:1、M18:1、M19:1

M7:1，素面。胎体为黄色，较为坚实致密。内壁均有釉。口径9.4、腹径15.4、圈足径7.9、高14.0厘米（图二七，2；彩版七二，2）。

直口斜直腹釉陶罐　2件。形制、胎质和釉色基本相同。直口微侈，圆唇，短束颈，腹上部略宽，向下略内收，外腹壁斜直，大平底。底部不规整。素面。胎为黄色，较厚，坚实细密。外壁从口沿处至上腹部施酱色釉，施釉较薄。内壁仅口沿处有釉。器身留有明显的轮制痕迹。

M11:1，口径10.5、腹径9.8、底径7.4、高10.2厘米（图二七，3；彩版七二，3）。

M18:1，口径11.2、腹径10.8、底径8.4、高10.7厘米（图二七，4；彩版七二，4）。

敛口鼓腹釉陶罐　1件。M19:1，敛口，短束颈，溜肩，鼓腹，腹最大径偏于上部，矮圈足。颈部至肩部有对称的四个系。素面。口沿至腹上部施黑色釉。口径10.2、最大腹径13、圈足径7、高14.8厘米（图二七，5）。

铜钱　10枚。均为"康熙通宝"。圆形，方穿，宽郭。正面楷书"康熙通宝"，对读。

M7:2-1，背面穿左右为满文纪局名"宝泉"。钱径2.65、穿径0.57、郭厚0.12厘米，重4.8克（图二八，1）。

M7:2-2，背面穿左右为满文纪局名"宝泉"。钱径2.7、穿径0.55、郭厚0.11厘米，重3.5克（图二八，2）。

M8:1-1，背面穿左右为满文纪局名"宝泉"。钱径2.55、穿径0.57、郭厚0.12厘米，重

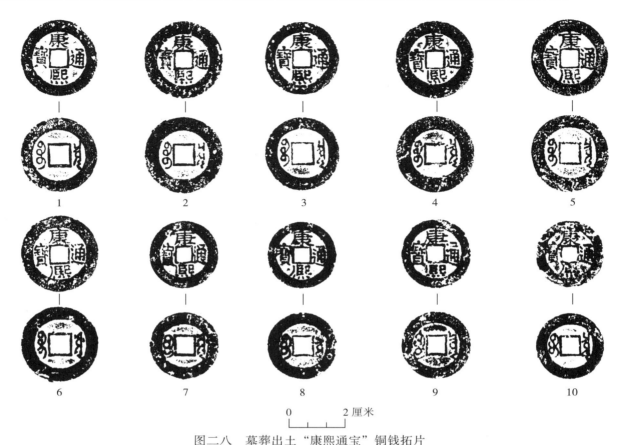

图二八　墓葬出土"康熙通宝"铜钱拓片

1～10. M7:2-1、M7:2-2、M8:1-1、M8:1-2、M18:2-1、M18:2-2、M19:2、M22:1-1、M22:1-2、M22:1-3

3.7克（图二八，3）。

M8:1-2，背面穿左右为满文纪局名"宝泉"。钱径2.71、穿径0.55、郭厚0.12厘米，重4.1克（图二八，4）。

M18:2-1，背面穿左右为满文纪局名"宝泉"。钱径2.67、穿径0.59、郭厚0.12厘米，重4.7克（图二八，5）。

M18:2-2，背面穿左右为满文纪局名"宝源"。钱径2.67、穿径0.58、郭厚0.12厘米，重3.8克（图二八，6）。

M19:2，背面穿左右为满文纪局名"宝源"。钱径2.38、穿径0.51、郭厚0.14厘米，重3.6克（图二八，7）。

M22:1-1，背面穿左右为满文纪局名"宝泉"。钱径2.39、穿径0.53、郭厚0.12厘米，重3.2克（图二八，8）。

M22:1-2，背面穿左右为满文纪局名"宝泉"。钱径2.39、穿径0.52、郭厚0.1厘米，重3.0克（图二八，9）。

M22:1-3，背面穿左右为满文纪局名"宝泉"。钱径2.32、穿径0.5、郭厚0.1厘米，重3.1克（图二八，10）。

三、小结

此次清理的 24 座墓葬，从开口层位、墓葬形制和结构、随葬品等方面综合来看，均为清代墓葬。从埋葬的对象与内容来看，可以分为三类：

一是墓坑内埋葬木棺和人骨的，共计 19 座，分别为 M1、M2、M4～M9、M11、M15～M24。此类墓葬，按照墓主人数量的多少，还可以进一步分为两型：一是单人葬墓，共 16 座；二是双人合葬墓，共 3 座。

二是墓坑内没有葬具、人骨和随葬品的，可能为搬迁墓，共计 4 座，分别为 M3、M10、M13、M14。

三是墓坑内埋藏兽骨的，仅有 1 座，即 M12。这种专门或单独埋藏兽骨的墓葬，较为特殊。从发掘情况来看，属于有意埋藏，初步排除殉牲和祭祀的可能，但是具体埋葬原因尚不能确定，需要关注和参考更多相关的发掘予以解释。

修复、绘图、照相：黄　星
执笔：孙　勐
周　宇
黄　星

附表一

墓葬登记表

墓号	方向（度）	墓葬形制	墓葬尺寸 长×宽×深（米）	葬具	葬式	随葬品	是否盗扰	备注
M1	355°	竖穴土圹单棺墓	2.3×（1.1~1.3）×1.0	木棺	仰身直肢葬		否	
M2	5°	竖穴土圹单棺墓	2.5×（0.94~1.0）×0.32	木棺	仰身直肢葬	铁器1（器形无法辨识）	否	
M3	10°	竖穴土圹墓	2.3×1.1×0.49				否	无人骨
M4	5°	竖穴土圹单棺墓	2.35×1.0×0.69	木棺			否	
M5	322°	竖穴土圹单棺墓	2.2×（0.7~0.82）×0.7	木棺	仰身直肢葬	釉陶罐1	否	
M6	5°	竖穴土圹双棺墓	2.7×1.6×1.0	木棺	仰身直肢葬		否	
M7	330°	竖穴土圹双棺墓	2.16×（1.89~2.0）×0.5	木棺	仰身直肢葬	釉陶罐1、铜钱2	否	
M8	5°	竖穴土圹单棺墓	2.4×（0.9~0.95）×1.1	木棺	仰身直肢葬	铜钱2	否	
M9	10°	竖穴土圹单棺墓	2.3×（0.85~0.9）×0.85	木棺	仰身直肢葬		否	
M10	35°	竖穴土圹墓	2.5×（0.96~1.0）×0.6				否	无人骨
M11	5°	竖穴土圹单棺墓	2.4×（1.3~1.4）×0.6	木棺	仰身直肢葬	釉陶罐1	否	
M12	40°	竖穴土圹兽骨墓	2.4×1.9×0.2				否	
M13	10°	竖穴土圹墓	2.3×1.1×0.5				否	无人骨
M14	360°	竖穴土圹墓	2.1×0.88×0.5				否	无人骨

续附表一

墓号	方向（度）	墓葬形制	墓葬尺寸 长×宽×深（米）	葬具	葬式	随葬品	是否盗扰	备注
M15	5°	竖穴土圹单棺墓	1.9×（0.82~0.95）×0.4	木棺	仰身直肢葬		否	
M16	175°	竖穴土圹单棺墓	2.3×（1.7~1.75）×0.4	木棺			否	
M17	270°	竖穴土圹单棺墓	2.16×（0.9~1.1）×0.3	木棺	仰身直肢葬		否	
M18	280°	竖穴土圹双棺墓	2.4×2×0.5	木棺	仰身直肢葬	釉陶罐1、铜钱2	否	
M19	5°	竖穴土圹单棺墓	2.18×（1.1~1.2）×0.6	木棺	仰身直肢葬	釉陶罐1、铜钱1	否	
M20	260°	竖穴土圹单棺墓	2.1×0.75×0.4	木棺	仰身直肢葬		否	
M21	5°	竖穴土圹单棺墓	2.4×1.0×0.6	木棺	仰身直肢葬		否	
M22	355°	竖穴土圹单棺墓	2.4×（0.8~0.9）×0.5	木棺	侧身屈肢葬	铜钱3	否	
M23	5°	竖穴土圹单棺墓	2.4×1.1×0.7	木棺	仰身屈肢葬		否	
M24	355°	竖穴土圹单棺墓	1.7×1.1×0.2	木棺			否	

房山区阎村镇清代墓葬考古发掘报告

为配合做好房山区阎村镇 04-0016、04-0033 等地块土地一级开发项目所在区域地下文物的保护工作，2016 年 7 月 8 日至 13 日，北京市文物研究所（今北京市考古研究院）在前期考古勘探的基础上，对该项目占地范围内的古代遗迹进行了考古发掘。

一、发掘区域概况

该项目地块位于房山区阎村镇，东邻府西园小区，北邻京周路，南邻阎安中路，西邻紫码路（图一）。此次发掘区域主要位于项目地块的东部，共清理 4 座古代墓葬，发掘面积共计 40 平方米。

图一 发掘区位置示意图

该区域地势较为平缓，地层堆积无太大变化，自上而下可分为2层：

①层：耕土层。厚约0.2米。土质疏松，土色花杂，含少量瓷片、瓦砾和植物根系。

②层：扰土层。厚约0.5米。土质较疏松，土色为黄色，含少量陶片残块、石块和植物根系。

②层以下为生土。土质较致密，土色为黄褐色。

二、墓葬形制与出土器物

在发掘区内共清理墓葬4座，编号M1～M4，均为竖穴土坑墓。出土器物共计16件（不计铜钱），质地包括陶、瓷、银、铜、铁，有陶瓦6件、瓷碗1件、瓷罐4件、银簪1件、铁器残片2件、铜扣2件。另有清代铜钱和清代、民国时期铜元。

（一）单棺墓

仅1座。

M2 南邻M1、北邻M3。南北向，方向336°。开口于②层下，向下打破生土。墓圹平面形状为梯形，北宽南窄，墓口距地表深0.7米，南北长2.2米，东西宽0.8～0.9米，墓深0.8～0.98米。四壁较规整，墓底呈斜坡状，北高南低。内填花土，土质疏松。

葬具为单棺，棺木已朽，底部残存白灰。南北长1.88米，东西宽0.58～0.68米，残高0.38米。棺内人骨保存较差，仅残存零散人骨肢节，葬式、头向、面向、性别和年龄均不详（图二；彩版七三，1）。

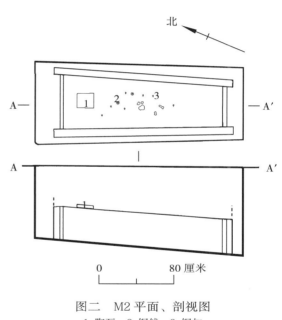

图二 M2平面、剖视图
1.陶瓦 2.铜钱 3.铜扣

随葬品有陶瓦、铜扣和铜钱。

陶瓦 1件。出土于棺内北部。M2:1，泥质灰陶。板瓦，一端较窄，略呈梯形，瓦背拱起，面上有朱砂花纹。上宽15.1、下宽16.9、长17.3、厚1.3厘米（图六，1；彩版七四，1）。

铜扣 2件。出土于棺内中部。范制。球形，有一环形穿孔。

M2:3-1，直径0.75、高1.05厘米（图八，8；彩版七四，2）。

M2:3-2，直径0.75、高1.05厘米（图八，9；彩版七四，2）。

铜钱 2枚。出土于棺内中部。为"嘉庆通宝"。均方孔圆钱，正、背面皆有内、外郭。正面钱文为"嘉庆通宝"，对读；背面穿左右有满文纪局名。

M2:2-1，背面穿左右有满文纪局名"宝源"。钱径2.22、穿径0.6、郭宽0.3、郭厚0.15厘米（图四，8）。

M2:2-2，背面穿左右有满文纪局名"宝泉"。钱径2.35、穿径0.6、郭宽0.25、郭厚0.15厘米（图四，9）。

（二）双棺墓

共2座。编号M1、M4。

M1　北邻M2。南北向，方向336°。开口于②层下，向下打破生土。墓圹平面形状为梯形，北宽南窄，墓口距地表深0.7米，长2.5米，宽1.6～1.9米，墓深0.9米。四壁较规整，墓底部较平。内填花土，土质疏松。

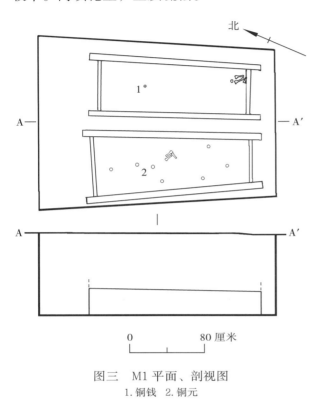

图三　M1平面、剖视图
1.铜钱　2.铜元

葬具为双棺，棺木已朽，底部四周残存棺痕。东棺南北长1.8米，东西宽0.6～0.68米，残高0.3米。棺内人骨保存较差，仅东南角残存脚趾骨，葬式、头向、面向、性别和年龄均不详。西棺南北长1.9米，东西宽0.58～0.8米，残高0.32米。棺内人骨保存较差，仅见零散人骨肢节，葬式、头向、面向、性别和年龄均不详（图三）。

随葬铜钱1枚，出土于东棺。铜元7枚，出土于西棺。

"道光通宝"铜钱　1枚。M1:1，方孔圆钱，正、背面皆有内、外郭。正面钱文为"道光通宝"，对读；背面穿左右有满文纪局名"宝泉"。钱径2.2、穿径0.6、郭宽0.3、郭厚0.15厘米（图四，10）。

"光绪元宝"铜元　1枚。M1:2-2，圆形。正面中央为"光绪元宝"，对读；背面锈蚀不清。钱径3.2、厚0.15厘米（图四，11）。

"大清铜币"铜元　2枚。均圆形。正面中央为"大清铜币"，对读；背面锈蚀不清。M1:2-1，钱径3.2、厚0.15厘米（图四，12）。

双旗铜元　3枚。均圆形。正面中央为两面交叉的旗子。

M1:2-3，背面锈蚀不清。钱径3.19、厚0.1厘米（图四，13）。

M1:2-4，背面中间钱文为"二十文"。钱径3.2、厚0.15厘米（图四，14）。

另1枚铜元锈蚀不清。

M4　南邻M3。南北向，方向5°。开口于②层下，向下打破生土。墓圹平面形状为不规则四边形，墓口距地表深0.8米，南北长3.14米，东西宽2.3米，墓底南北长3米，墓深1.6米。四壁较规整，南壁和北壁略倾斜，墓底部较平。内填花土，土质疏松。

葬具为双棺，棺木已朽。东棺南北长2米，东西宽0.58～0.74米，残高0.5米。棺底残存白灰，厚约0.07～0.08米。棺内人骨保存较好，仰身直肢葬，头向北，面向东，成年男性。西棺南北长2.18米，东西宽0.56～0.62米，残高0.5米。棺内人骨保存较好，仰身直肢葬，头向

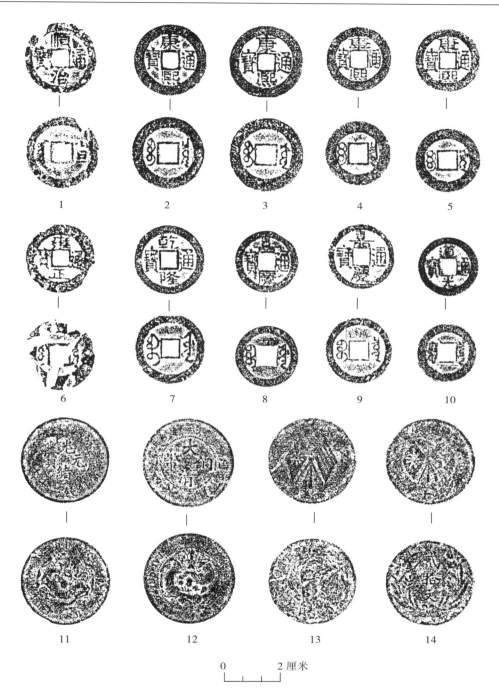

图四　墓葬出土铜钱、铜元拓片

1. "顺治通宝"铜钱（M4:3）　2～5. "康熙通宝"铜钱（M4:5-1、M4:5-2、M3:6-1、M3:6-2）　6. "雍正通宝"铜钱（M3:13）　7. "乾隆通宝"铜钱（M3:2）　8、9. "嘉庆通宝"铜钱（M2:2-1、2-2）　10. "道光通宝"铜钱（M1:1）　11. "光绪元宝"铜元（M1:2-2）　12. "大清铜币"铜元（M1:2-1）　13、14. 双旗铜元（M1:2-3、2-4）

北，面向上，成年女性（图五；彩版七三，2）。

随葬品有陶瓦、瓷罐和铜钱。

陶瓦　1件。出土于东棺人骨胸部上方。M4:1，泥质灰陶。板瓦，一端较窄，略呈梯形，瓦背拱起，面上有朱砂花纹。上宽16.2、下宽18.1、长21、厚1.6厘米（图八，3；彩版七四，3）。

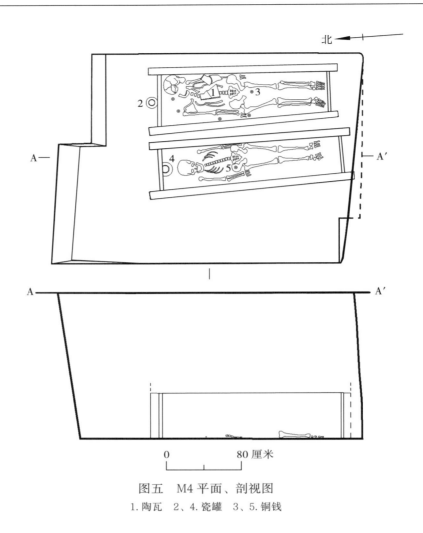

图五　M4 平面、剖视图
1.陶瓦　2、4.瓷罐　3、5.铜钱

　　瓷罐　2件。分别出土于东棺外北侧和西棺内北部。均方唇，敛口，斜颈，平底内凹。白胎。下腹部以上外壁施黑色釉，其余部分未施釉。素面。外壁可见轮制旋痕，底部可见偏心旋纹。

　　M4：2，圆肩，弧腹。口径 7.2、腹径 11.4、底径 6.2、高 14.1 厘米（图八，2；彩版七四，4）。

　　M4：4，溜肩，鼓腹。颈部贴附四个对称的桥形系。口径 9.6、腹径 13.6、底径 7.8、高 14.8 厘米（图六，4；彩版七四，5）。

　　铜钱　3枚。东、西棺均有出土。均方孔圆钱，正、背面皆有内、外郭。正面钱文分别为"顺治通宝"和"康熙通宝"，对读。

　　"顺治通宝"　1枚。M4：3，背面锈蚀不清。钱径 2.5、穿径 0.64、郭宽 0.3、郭厚 0.1 厘米（图四，1）。

　　"康熙通宝"　2枚。

　　M4：5-1，背面穿左右有满文纪局名"宝泉"。钱径 2.6、穿径 0.55、郭宽 0.4、郭厚 0.11 厘米（图四，2）。

　　M4：5-2，背面穿左右有满文纪局名"宝源"。钱径 2.7、穿径 0.6、郭宽 0.4、郭厚 0.1 厘米（图四，3）。

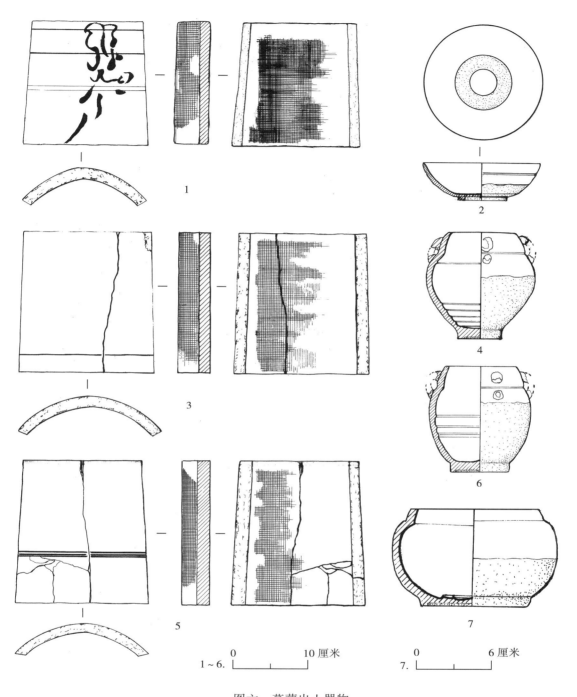

图六　墓葬出土器物

1、3、5.陶瓦（M2:1、M3:9、M3:1）　2.瓷碗（M3:3）　4、6、7.瓷罐（M4:4、M3:4、M3:12）

（三）四棺墓

仅1座。

M3　北邻M4。南北向，方向6°。开口于②层下，向下打破生土。墓圹平面形状为"凹"字形，墓口距地表深0.8米，南北长2.6~3米，东西宽3.32~3.5米，墓深1.1~1.3米。四壁较规整，墓底东部比中部和西部高约0.2米。内填花土，土质疏松。

　　葬具为四棺，棺木已朽。由东向西依次编号棺1至棺4。棺1南北长2.1米，东西宽0.58～0.62米，残高0.4米。棺底残存白灰，厚约0.06米。棺内人骨保存一般，仰身直肢葬，头向北、面向上，成年男性。棺2南北长2.02米，东西宽0.66～0.72米，残高0.5米。棺底残存白灰，厚约0.07～0.08米。棺内人骨保存一般，仰身直肢葬，头向北，面向上，成年女性。棺3南北长2.03米，东西宽0.52～0.68米，残高0.5米。棺内人骨保存一般，仰身直肢葬，头向北，面向东，成年男性。棺4南北长1.82米，东西宽0.58～0.6米，残高0.5米。棺底残存白灰，厚约0.07～0.08米。棺内人骨保存一般，仰身直肢葬，头向北，面向西，成年女性（图七；彩版七三，3）。其中棺2至棺4人骨均为二次迁葬。

　　随葬品有陶瓦、瓷碗、瓷罐、银簪、铁器残片和铜钱。

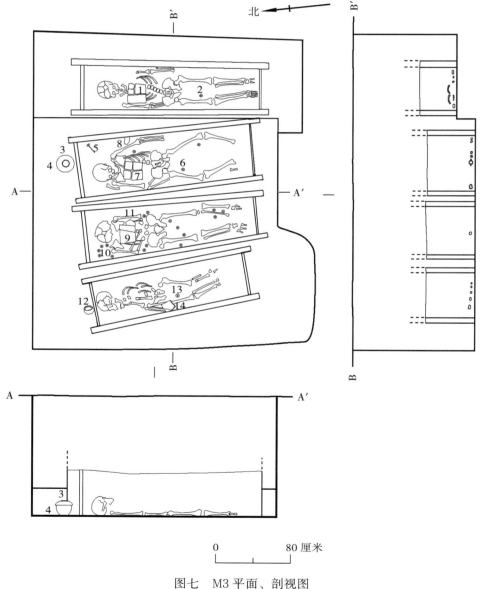

0　　　　　　80厘米

图七　M3平面、剖视图

1、7、9、14.陶瓦　2、6、13.铜钱　3.瓷碗　4、12.瓷罐　5.银簪　8、11.铁器残片

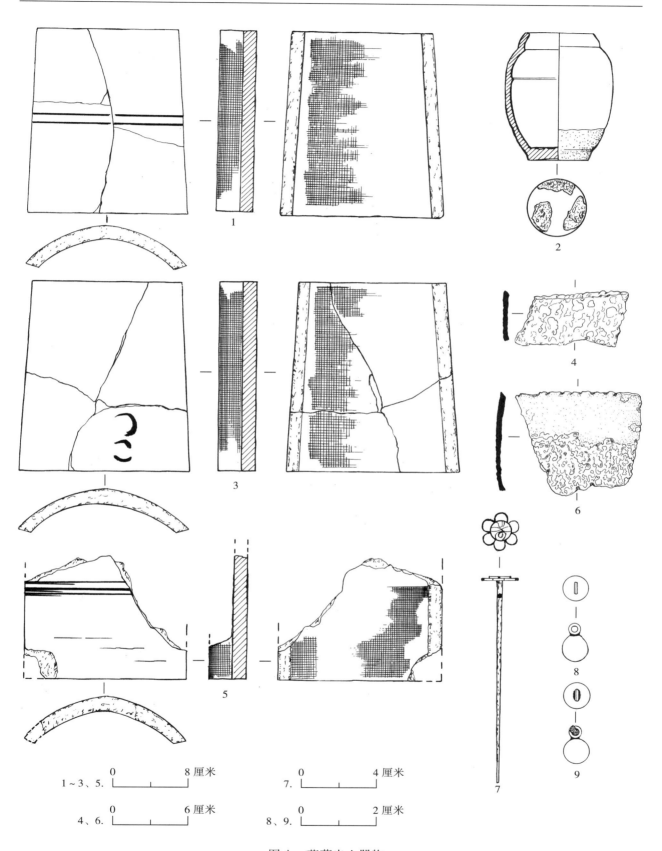

图八　墓葬出土器物

1、3、5.陶瓦（M3:7、M4:1、M3:14）　2.瓷罐（M4:2）　4、6.铁器残片（M3:8、11）　7.银簪（M3:5）　8、9.铜扣（M2:3-1、3-2）

陶瓦　4 件。四棺均有出土，其中棺 1 至棺 3 内陶瓦均出土于棺内人骨胸部上方；棺 4 内陶瓦出土于人骨手部上方。均为泥质灰陶。板瓦，一端较窄，略呈梯形，瓦背拱起，正面有一道弦纹。

M3：1，上宽 15.3、下宽 17.2、长 19.5、厚 1.2 厘米（图六，5；彩版七五，1）。

M3：7，上宽 15.4、下宽 17.4、长 20.2、厚 1.4 厘米（图八，1；彩版七五，2）。

M3：9，上宽 17、下宽 18、长 19.2、厚 1.4 厘米（图六，3；彩版七五，3）。

M3：14，下宽 17.4、残长 13.4、厚 1.4 厘米（图八，5；彩版七五，4）。

瓷碗　1 件。M3：3，出土于棺 2 外北侧。尖唇，侈口，弧腹，饼足。白胎。口沿外壁施一圈褐釉，其余部分未施釉。内底有涩圈。口径 16、底径 6.7、高 5.3 厘米（图六，2；彩版七五，5）。

瓷罐　2 件。分别出土于棺 2 和棺 4 外北侧。均方唇，敛口，平底内凹。白胎。外壁施黑色釉。素面。外壁可见轮制旋痕，底部可见偏心旋纹。

M3：4，斜颈，溜肩，弧腹。上腹部以上外壁施黑色釉，其余露白胎。颈部贴附四个对称的桥形系。口径 9.6、腹径 13.6、底径 8、高 14.8 厘米（图六，6；彩版七六，1）。

M3：12，折沿，圆肩，鼓腹。下腹部以上外壁施黑色釉，其余露白胎。口径 10、腹径 13、底径 8.2、高 8 厘米（图六，7；彩版七六，2）。

银簪　1 件。出土于棺 2 内东北角。M3：5，簪体呈圆锥状。簪首呈六瓣花朵形，中间有一圆形凸起，镶嵌篆书"寿"字。簪首宽 2、通长 11.3 厘米（图八，7；彩版七六，3）。

铁器残片　2 件。分别出土于棺 2 和棺 3 内人骨东侧。

M3：8，残长 9、残宽 4.8 厘米（图八，4；彩版七六，4）。

M3：11，残长 10、残宽 8.6 厘米（图八，6；彩版七六，5）。

铜钱　58 枚。四棺均有出土。均方孔圆钱，正、背面皆有内、外郭。正面钱文分别为"康熙通宝""雍正通宝"和"乾隆通宝"，对读。

"康熙通宝"　27 枚。

M3：6-1，背面穿左右有满文纪局名"宝泉"。钱径 2.4、穿径 0.6、郭宽 0.35、郭厚 0.1 厘米（图四，4）。

M3：6-2，背面穿左右有满文纪局名"宝源"。钱径 2.35、穿径 0.55、郭宽 0.35、郭厚 0.1 厘米（图四，5）。

"雍正通宝"　1 枚。M3：13，背面锈蚀不清。钱径 2.55、穿径 0.6、郭宽 0.4、郭厚 0.1 厘米（图四，6）。

"乾隆通宝"　1 枚。M3：2，背面穿左右有满文纪局名"宝源"。钱径 2.6、穿径 0.6、郭宽 0.35、郭厚 0.13 厘米（图四，7）。

另有 29 枚铜钱锈蚀不清。

三、结语

此次在房山区阎村镇共发掘古代墓葬 4 座，均为小型墓，墓葬保存较为完整，形制结构保存较好。均为竖穴土坑墓，其中包括单棺墓 1 座、双棺墓 2 座、四棺墓 1 座，均为北京地区明清时期常见的墓葬形制。

墓葬内出土器物较少，形制单一，均为北京地区清代墓葬中常见的随葬品。其中，银簪 M3：5 与昌平张营北区 M2：1、3[①] 形制相近；瓷罐 M3：12 与石景山鲁谷路 M11：1[②] 形制相近；四系瓷罐 M3：4、M4：4 与昌平张营北区 M76：1、M78：1 形制相近[③]；铜扣 M2：3-1、3-2 与轨道交通大兴线枣园路站 M41：1-7[④] 相近。铜钱以清代铜钱为主，有少量清代和民国时期的铜元。这批墓葬除 M1、M4 的西棺以外，其余棺内均出土 1 件陶瓦，多覆于人骨胸部上方，瓦上有朱砂绘制的图案，推测应为镇墓瓦，为北方地区镇墓习俗的一种体现[⑤]。

综上所述，这批墓葬规格等级较低，随葬品数量少、形制较单一，应属清代平民墓葬，其中 M1 已出土民国时期的铜元，其年代下限应为民国时期。

这批墓葬的发现，为研究北京西南部地区清末民国初墓葬的形制、丧葬习俗及物质文化提供了新的实物资料。

发掘：孙　峥　高　鑫

绘图：刘澄宇　赵博安

器物摄影：王宇新

执笔：王秋雨

---

① 北京市文物研究所：《昌平张营遗址北区墓葬发掘报告》，《北京考古》（第 2 辑），北京燕山出版社，2008 年。

② 北京市考古研究院：《石景山区鲁谷路辽金、明清墓葬发掘报告》，《北京考古》（第 3 辑），北京燕山出版社，2023 年。

③ 北京市文物研究所：《昌平张营遗址北区墓葬发掘报告》，《北京考古》（第 2 辑），北京燕山出版社，2008 年。

④ 北京市文物研究所：《轨道交通大兴线枣园路站考古发掘报告》，《小营与西红门——北京大兴考古发掘报告》，上海古籍出版社，2018 年。

⑤ 杨爱国：《明清墓随葬陶瓦与古代镇墓传统》，《中原文物》2022 年第 5 期。

房山区良乡高教园区清代墓葬
考古发掘报告

2018 年 11 月 19 日至 26 日，为配合做好良乡高教园区 09 街区 6001-6008 地块项目所在区域地下文物的保护工作，北京市文物研究所（今北京市考古研究院）在前期考古调查、勘探的基础上对该区域内发现的古代墓葬展开了考古发掘工作。

一、发掘区域概况

该项目地块位于房山区良乡高教园区，北邻高教园一号路，东邻北京市房山区教师进修学校，南邻文昌西路，西邻阳光北大街（图一）。本次发掘区域主要位于项目地块的东南部，发掘面积共计 136 平方米，共清理古代墓葬 14 座。

图一　发掘区位置示意图

该区域地势比较平坦，地层堆积无太大变化，自上而下可分为 4 层：

①层：渣土层。厚约 0.7～1.5 米。内含碎砖块、渣土等建筑垃圾。

②层：浅褐色土层。厚约 0.7～1.4 米。土质较致密，含零星矿物质黑色颗粒。

③层：浅黄色沙土层。厚约 0.8～1.8 米。土质较疏松。

④层：灰褐色淤土层。厚约 0.7~1.5 米。土质致密，含胶泥层。

④层以下为生土。

二、墓葬形制及出土器物

在发掘区内共清理出 14 座墓葬，编号 M1~M14，均为长方形竖穴土坑墓。根据葬具数量可分为单棺墓（6 座）、双棺墓（7 座）、三棺墓（1 座）。除 M1、M10~M12、M14 无随葬品外，其余 9 座墓葬共出土各类器物 56 件（不计铜钱），其中包括铜器 27 件、银器 21 件、陶器 2 件、瓷器 3 件、玉器 1 件、铁器 1 件和料器 1 件，另有铜钱 51 枚。

（一）单棺墓

共 6 座，编号 M1、M7、M9、M10、M13、M14，均为长方形竖穴土坑单棺墓。

M1　东西向，方向 30°。开口于②层下，向下打破生土层。墓口距地表深 0.9 米，墓圹东西长 2.7 米，南北宽 1.1~1.2 米，墓深 1.4 米。四壁较规整，墓底部较平。内填花土，土质较松（图二；彩版七七，1）。

葬具为单棺，棺木已朽，东西长 2.05 米，南北宽 0.66~0.8 米，残高 0.6 米，北侧棺板厚 0.02~0.04 米。棺内人骨保存较差，仅存部分腿骨，头向东，葬式、面向、性别及年龄不明。

无随葬品。

M7　东西向，方向 65°。开口于②层下，向下打破生土层。墓口距地表深 0.9 米，墓圹东西长 2.52 米，南北宽 1.08 米，墓深 0.76 米。四壁较规整，墓底部较平。内填花土，土质较松（图三；彩版七七，2）。

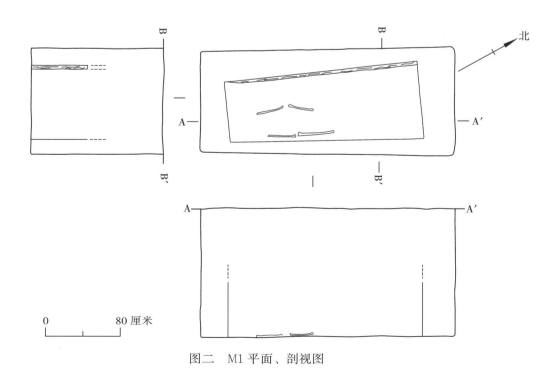

图二　M1 平面、剖视图

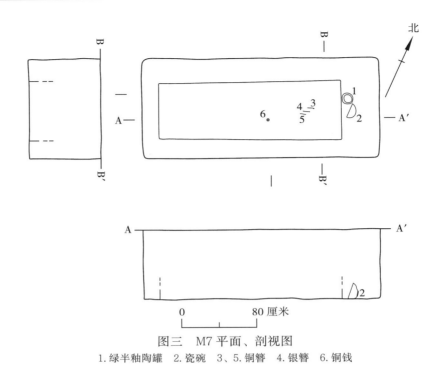

图三　M7 平面、剖视图
1. 绿半釉陶罐　2. 瓷碗　3、5. 铜簪　4. 银簪　6. 铜钱

　　葬具为单棺，棺木已朽，东西长 1.92 米，南北宽 0.6～0.64 米，残高 0.1 米。棺内无人骨痕迹，根据棺木痕的走向及随葬品出土位置，推断头向东，葬式、面向、性别及年龄不明。

　　随葬品有绿半釉陶罐、瓷碗、铜簪、银簪和铜钱。

　　绿半釉陶罐　1 件。墓室东部出土。M7:1，夹砂红陶，陶质粗糙。侈口，尖唇，束颈，折肩，肩部有双耳，鼓腹，平底。口内及外壁腹部以上施绿釉。口径 8.8、腹径 10.4、底径 6.4、高 8.4 厘米（图四，1；彩版八〇，1）。

　　瓷碗　1 件。墓室东部出土。M7:2，敞口，尖圆唇，斜直腹，矮圈足。白胎，内、外壁施红色釉，内底刮釉形成"涩圈"，外壁底部无釉。口径 15.2、底径 6.3、高 5.2 厘米（图四，3；彩版八〇，2）。

　　铜簪　2 件。棺内东部出土。

　　M7:3，鎏金。簪首呈六瓣花朵形，每片花瓣上以篦点纹为地，铸一朵小花，中间为圆形凸起，镶嵌篆书"寿"字。簪体弯折，呈圆锥状。簪首宽 2.5、通长 12.6 厘米（图四，4；彩版八〇，3）。

　　M7:5，簪首呈圆形、伞状，中间铸花草纹样，外圈饰一圈回形纹。簪体弯曲，呈圆锥状。簪首宽 2.1、通长 7.6 厘米（图四，5；彩版八〇，4）。

　　银簪　1 件。棺内东部出土。M7:4，簪首錾刻花草纹样，上接葫芦形纹样和五个菱形凸起。簪体弯曲，呈圆锥状。簪首宽 0.2～0.5、通长 19.2 厘米（图四，6；彩版八〇，5）。

　　铜钱　3 枚。棺内中部出土。均为方孔圆钱，正、背面皆有内、外郭。

　　M7:6-1，正面楷书"乾隆通宝"，对读；背面锈蚀不清。钱径 2.3、穿径 0.6、郭宽 0.3、郭厚 0.15 厘米（图六，1）。

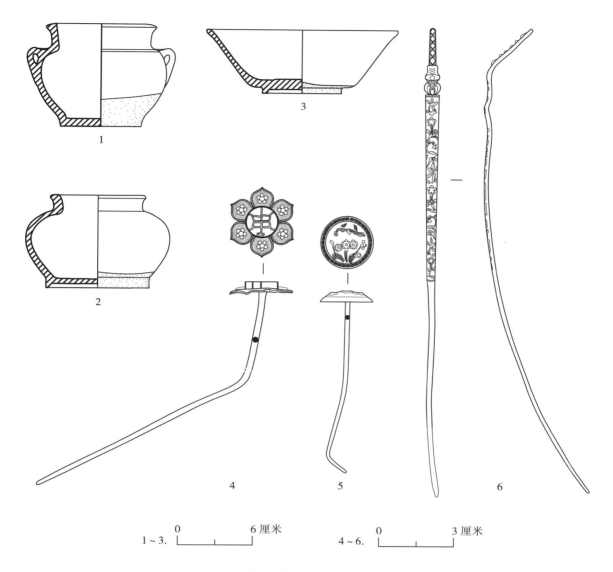

图四　M7、M13 出土器物

1.绿半釉陶罐（M7:1）　2.黑釉瓷罐（M13:2）　3.瓷碗（M7:2）　4、5.铜簪（M7:3、5）　6.银簪（M7:4）

M7:6-2，正面楷书"咸丰通宝"，对读；背面穿左右有满文纪局名"宝泉"。钱径 2.2、穿径 0.6、郭宽 0.2、郭厚 0.15 厘米（图六，3）。

M7:6-3，正面楷书"光绪通宝"，对读；背面穿左右有满文纪局名"宝源"。钱径 2.1、穿径 0.6、郭宽 0.25、郭厚 0.1 厘米（图六，4）。

M9　东西向，方向 68°。开口于②层下，向下打破生土层。墓口距地表深 0.9 米，墓圹东西长 2.8 米，南北宽 1.5 米，墓深 0.8 米。四壁较规整，墓底部较平。内填花土，土质较松（图五；彩版七七，3）。

葬具为单棺，棺木已朽，东西长 1.65 米，南北宽 0.5~0.65 米，残高 0.1 米。棺内人骨保存较差，推测为仰身直肢葬，头向东，女性，面向、年龄不详。

随葬铜钱 8 枚。棺内中部出土。其中 1 枚为"光绪通宝"，其余 7 枚锈蚀不清。

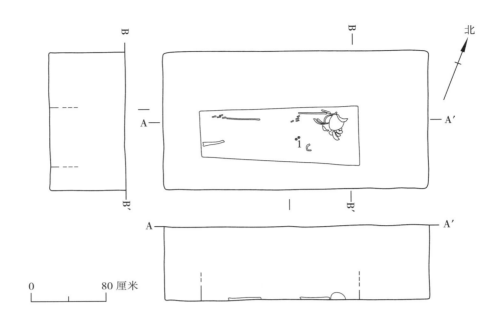

图五　M9 平面、剖视图
1.铜钱

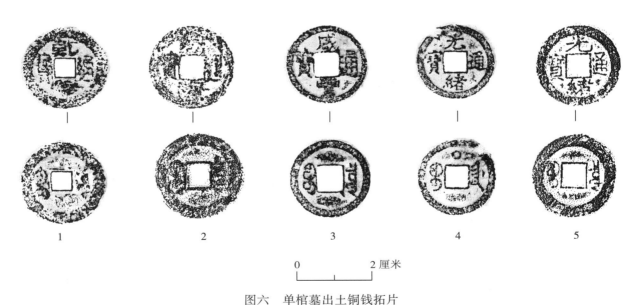

图六　单棺墓出土铜钱拓片
1、2."乾隆通宝"（M7:6-1、M13:1-1）　3."咸丰通宝"（M7:6-2）　4、5."光绪通宝"（M7:6-3、M9:1-1）

　　M9:1-1，方孔圆钱，正、背面皆有内、外郭。正面楷书"光绪通宝"，对读；背面穿左右有满文纪局名"宝泉"。钱径 2.2、穿径 0.6、郭宽 0.35、郭厚 0.15 厘米（图六，5）。

　　M10　东西向，方向 50°。开口于②层下，向下打破生土层。墓口距地表深 0.8 米，墓圹东西长 2.5 米，南北宽 0.9 米，墓深 1.2 米。四壁较规整，墓底部较平。内填花土，土质较松（图七；彩版七七，4）。

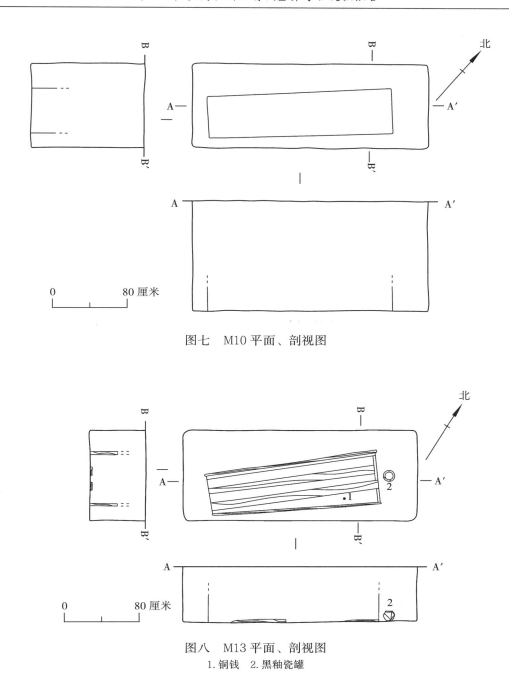

图七　M10 平面、剖视图

图八　M13 平面、剖视图
1. 铜钱　2. 黑釉瓷罐

葬具为单棺，棺木已朽，东西长 1.95 米，南北宽 0.45～0.5 米，残高 0.26 米。棺内无人骨痕迹，故葬式、头向、面向、性别及年龄不明。棺底有厚 0.02 米的白灰。

无随葬品。

M13　东西向，方向 60°。开口于②层下，向下打破生土层。墓口距地表深 0.8 米，墓圹东西长 2.5 米，南北宽 1 米，墓深 0.6 米。四壁较规整，墓底部较平。内填花土，土质较松（图八）。

葬具为单棺，棺木已朽，东西长 1.8 米，南北宽 0.42～0.54 米，残高 0.3 米，棺的南、北两壁为厚 0.02 米的棺板。棺内无人骨痕迹。棺底部有一层厚 0.02 米的棺板，其上有厚 0.02 米

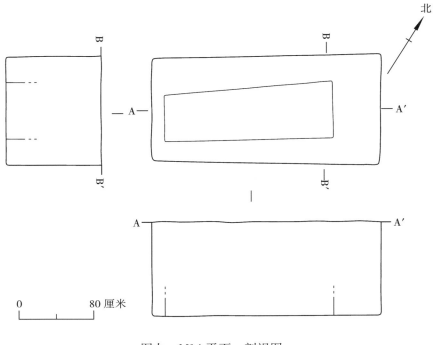

图九　M14 平面、剖视图

的白灰。

随葬品有黑釉瓷罐、铜钱。

黑釉瓷罐　1 件。墓室东部出土。M13:2，侈口，尖唇，束颈，溜肩，鼓腹，矮圈足。白胎，外壁施黑釉。陶质粗糙，有轮制痕迹。口径 7.6、腹径 11.4、底径 8.2、高 7.6 厘米（图四，2；彩版八〇，6）。

铜钱　2 枚。棺内东南部出土。1 枚为"乾隆通宝"，另 1 枚锈蚀不清。

M13:1-1，方孔圆钱，正、背面皆有内、外郭。正面楷书"乾隆通宝"，对读；背面锈蚀不清。钱径 2.3、穿径 0.6、郭宽 0.3、郭厚 0.15 厘米（图六，2）。

M14　东西向，方向 60°。开口于②层下，向下打破生土层。墓口距地表深 0.8 米，墓圹东西长 2.4 米，南北宽 1.1～1.2 米，墓深 1 米。四壁较规整，墓底部较平。内填花土，土质较松（图九）。

葬具为单棺，棺木已朽，东西长 1.76 米，南北宽 0.5～0.6 米，残高 0.2 米。棺内无人骨痕迹。

无随葬品。

（二）双棺墓

共 7 座，编号 M2、M4～M6、M8、M11、M12，均为长方形竖穴土坑双棺墓。

M2　东西向，方向 75°。开口于②层下，向下打破生土层。墓口距地表深 0.9 米，墓圹东西长 2.6 米，南北宽 1.9～2.1 米，墓深 1.28 米。四壁较规整，墓底部较平。内填花土，土质较松（图一〇；彩版七八，1）。

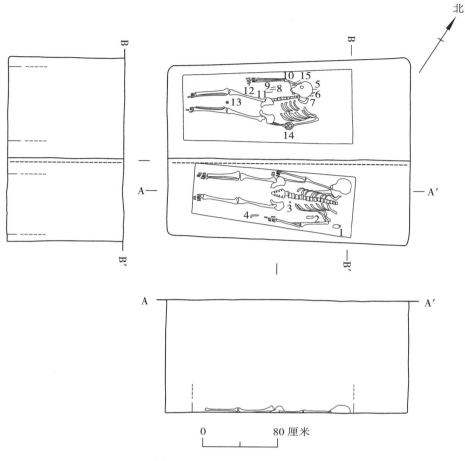

图一〇 M2平面、剖视图

1.玉鼻烟壶 2.铜饰 3.料器 4.铜烟锅 5、7、8、11.铜簪 6.铜头饰 9.银簪 10.银耳环 12.银戒指 13.铜钱 14.银手镯 15.银押发

南室打破北室。葬具为双棺，棺木已朽。南棺东西长1.76米，南北宽0.58～0.68米，残高0.1米。棺内人骨保存较完整，仰身直肢葬，头向东、面向北，男性，年龄不详。北棺东西长1.84米，南北宽0.74～0.84米，残高0.14米，棺底有厚0.02米的白灰。棺内人骨保存较完整，仰身直肢葬，头向东、面向北，女性，年龄不详。

随葬品有玉鼻烟壶、铜饰、料器、铜烟锅、铜簪、银簪、铜头饰、银耳环、银戒指、银手镯、银押发和铜钱。

玉鼻烟壶 1件。南棺东南部出土。M2:1，直口，方唇，直颈，圆肩，直腹至底略内收，平底。器身素面，呈暗红色。壶盖镶嵌暗红色宝石，略呈伞状。壶盖下方悬挂一铜质小勺，直柄，下端圆尖。直径2.3、高8.2厘米（图一一，9；彩版八一，1）。

铜饰 1件。南棺人骨左臂处出土。M2:2，略呈长方形片状，微向内凹。正面饰有对称的几何纹饰，四角及中间有五个铜钉。背面无纹饰，四角及中间有铜钉凸起。通长9～9.2、宽3.6～4.1、厚0.15厘米（图一一，16；彩版八一，2）。

料器 1件。南棺人骨腰部出土。M2:3，残。圆形，正面有两个同心圆形凸起，背面平直无纹饰。通体透明。直径3.8、厚0.2厘米（图一一，10；彩版八一，3）。

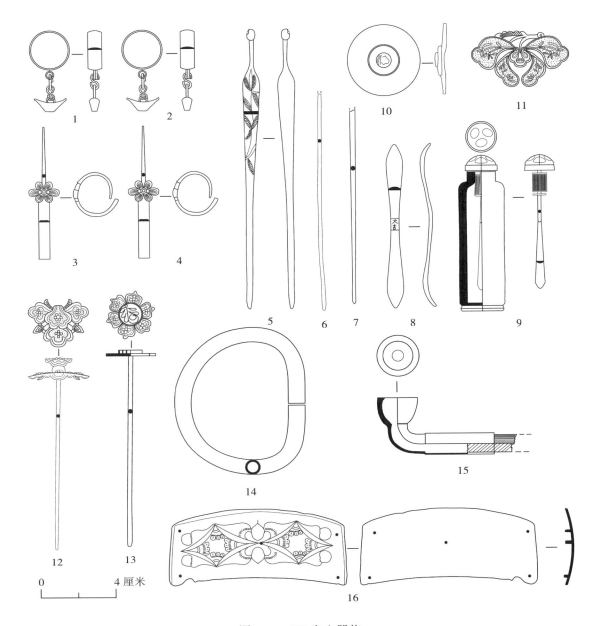

图一一　M2 出土器物

1、2. 银戒指（M2:12-1、12-2）　3、4. 银耳环（M2:10-1、10-2）　5~7、13. 铜簪（M2:11、5、8、7）　8. 银押发（M2:15）　9. 玉鼻烟壶（M2:1）　10. 料器（M2:3）　11. 铜头饰（M2:6）　12. 银簪（M2:9）　14. 银手镯（M2:14）　15. 铜烟锅（M2:4）　16. 铜饰（M2:2）

　　铜烟锅　1 件。南棺人骨左手处出土。M2:4，与烟杆连接端为圆柱形，中空，弯折处略内凹，上部为筒状。残长 7、烟锅径 2.1 厘米（图一一，15；彩版八一，4）。

　　铜簪　4 件。北棺人骨头部、胸部出土。

　　M2:5，残。仅存圆锥形簪体。残长 11.2 厘米（图一一，6）。

　　M2:7，鎏金。簪首呈六瓣如意花朵形，以篦点纹为地，每片花瓣上铸一朵四瓣小花，中间为圆形凸起，内镶嵌篆书"福"字。簪体呈圆锥形。簪首宽 2.5、通长 10.5 厘米（图一一，13；彩版八一，5）。

M2:8，残。仅存圆锥形簪体。残长 10.2 厘米（图一一，7）。

M2:11，簪首呈耳勺形，正面上部饰花草纹，背素面。簪体扁平呈叶状。残长 15.2、宽 0.2～0.9 厘米（图一一，5；彩版八一，6）。

银簪　1 件。北棺人骨头部出土。M2:9，鎏金。簪首略弯曲，分两层，下层由三片相连的花瓣构成如意云纹形，每片以箆点纹为地，其上铸一朵四瓣花朵；上层为一片如意形花瓣，以箆点纹为地，其上铸一朵五瓣花朵，两层之间有一圆珠间隔。簪体呈圆锥形。簪首宽 3.2、通长 10.4 厘米（图一一，12；彩版八一，7）。

铜头饰　1 件。北棺人骨头部出土。M2:6，整体呈蝴蝶形，通体以箆点纹为地，其上饰花草纹。长 5.1、宽 2.9 厘米（图一一，11；彩版八二，1）。

银耳环　2 件。北棺人骨头部出土。形制、大小一致。鎏金。圆形，一端为尖状，一端为长方形，中间铸六瓣花朵纹样。M2:10-1、10-2，通长 7.1、直径 2 厘米（图一一，3、4；彩版八二，2）。

银戒指　2 件。北棺人骨右手处出土。形制、大小一致。圆形，素面，下端连接一元宝形饰。M2:12-1、12-2，通长 4.3、直径 2.1 厘米（图一一，1、2；彩版八二，3、4）。

银手镯　1 件。北棺人骨左臂处出土。M2:14，略呈圆形，有一开口，截面为圆形。表面光素无纹饰。通长 23.4、直径 8 厘米（图一一，14；彩版八二，5）。

银押发　1 件。北棺人骨头部出土。M2:15，两端圆尖，中间呈束腰状，正面粗糙，中间錾刻"大吉"两字，侧视如弓形。通长 8.8、宽 0.4～0.8 厘米（图一一，8；彩版八二，6）。

铜钱　2 枚。北棺人骨腿部出土。均方孔圆钱，正、背面皆有内、外郭。

M2:13-1，正面楷书"嘉庆通宝"，对读；背面锈蚀不清。钱径 2.4、穿径 0.6、郭宽 0.3、郭厚 0.15 厘米（图一五，5）。

M2:13-2，正面楷书"道光通宝"，对读；背面锈蚀不清。钱径 2.4、穿径 0.5、郭宽 0.3、郭厚 0.15 厘米（图一五，7）。

M4　东西向，方向 80°。开口于②层下，向下打破生土层。墓口距地表深 0.9 米，墓圹东西长 2.7 米，南北宽 2.0～2.2 米，墓深 1.3～1.4 米。四壁较规整，墓底部较平。内填花土，土质较松（图一二；彩版七八，2）。

葬具为双棺，棺木已朽。南棺东西长 1.88 米，南北宽 0.4～0.54 米，残高 0.1 米。棺内人骨保存较完整，仰身直肢葬，头向东、面向上，女性，年龄不详。北棺东西长 1.9 米，南北宽 0.48～0.58 米，残高 0.3 米，棺的南、东、北三侧为厚 0.04～0.12 米的棺板。棺内人骨保存较完整，仰身直肢葬，头向东、面向北，男性，年龄不详。

随葬品有铜簪、铜扁方、银耳环和铜钱。

铜簪　3 件。南棺人骨头部出土。

M4:1，簪首残断。簪体细直，呈圆锥形。残长 23.5 厘米（图一三，7；彩版八三，1）。

M4:2，簪首为两层，下层呈五瓣花朵形，每片花瓣中空，外侧铸密集的箆点纹；上层外圈

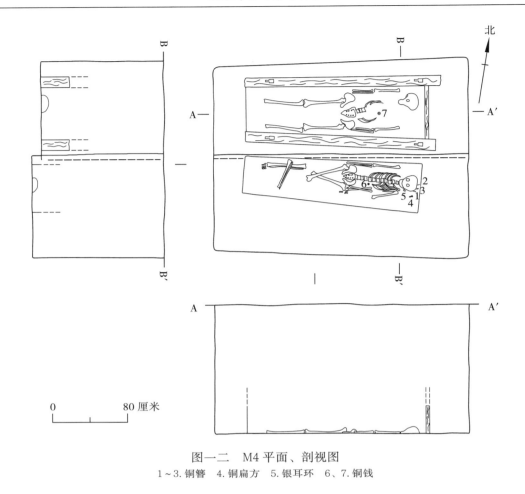

图一二　M4 平面、剖视图
1～3.铜簪　4.铜扁方　5.银耳环　6、7.铜钱

为花蕊，中间镶嵌物已脱落。簪体细直，呈圆柱状。簪首宽 3、通长 6.4 厘米（图一三，4；彩版八三，3）。

M4∶3，簪首呈禅杖形，下端有数道凹弦纹和两道凸起。簪体残断，整体细直。残长 11.6 厘米（图一三，5；彩版八三，4）。

铜扁方　1 件。南棺人骨头部出土。M4∶4，首卷曲，正面铸一蝙蝠。上端錾刻一圆形吉祥纹样，下端錾刻蝙蝠纹样。通长 13.6、宽 1.8 厘米（图一三，6；彩版八三，5）。

银耳环　1 只。南棺人骨头部出土。M4∶5，残。下端呈圆饼形。残长 1.8 厘米（图一三，3；彩版八三，2）。

铜钱　9 枚。南、北棺均有出土。均为方孔圆钱，正、背面皆有内、外郭。其中 3 枚锈蚀不清。

"乾隆通宝"　3 枚。正面均楷书"乾隆通宝"，对读；背面穿左右有满文纪局名。

M4∶6-1，背面穿左右有满文纪局名"宝晋"。钱径 2.35、穿径 0.6、郭宽 0.3、郭厚 0.2 厘米（图一五，1）。

M4∶7-1，背面穿左右有满文纪局名"宝源"。钱径 2.5、穿径 0.65、郭宽 0.35、郭厚 0.15 厘米（图一五，2）。

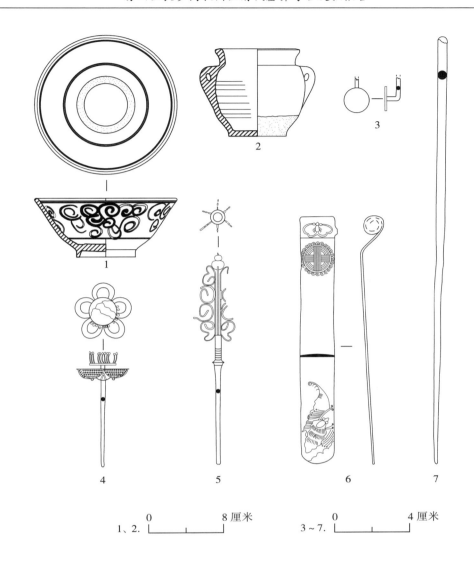

图一三　M4、M5 出土器物

1.青花瓷碗（M5:1）　2.绿半釉陶罐（M5:3）　3.银耳环（M4:5）　4、5、7.铜簪（M4:2、3、1）　6.铜扁方（M4:4）

M4:7-2，背面穿左右有满文纪局名"宝泉"。钱径 2.5、穿径 0.65、郭宽 0.3、郭厚 0.15 厘米（图一五，3）。

"道光通宝"　1 枚。M4:6-2，正面楷书"道光通宝"，对读；背面锈蚀不清。钱径 2.4、穿径 0.6、郭宽 0.35、郭厚 0.15 厘米（图一五，8）。

M5　东西向，方向 80°。开口于②层下，向下打破生土层。墓口距地表深 0.9 米，墓圹东西长 2.5 ~ 2.9 米，南北宽 1.8 ~ 2 米，墓深 1.3 米。四壁较规整，墓底部较平。内填花土，土质较松（图一四；彩版七八，3）。

葬具为双棺，棺木已朽。南棺东西长 1.9 米，南北宽 0.54 ~ 0.6 米，残高 0.2 米，底部有厚 0.02 米的白灰。棺内人骨保存较差，无头骨、盆骨及股骨，其他部位保存较完整，仰身直肢葬，头向东、面向不清，性别、年龄不详。北棺东西长 2 米，南北宽 0.54 ~ 0.64 米，残高 0.2 米，棺的南、北部为厚 0.04 米的棺板，底部有厚 0.02 米的白灰。棺内无人骨痕迹。

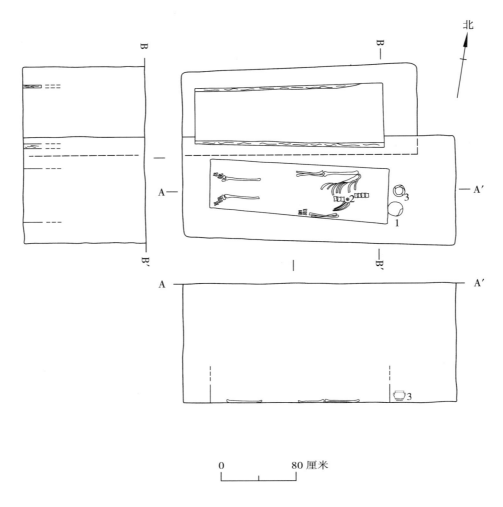

图一四　M5平面、剖视图
1.青花瓷碗　2.铜钱　3.绿半釉陶罐

随葬品有青花瓷碗、绿半釉陶罐和铜钱。

青花瓷碗　1件。南墓室东部出土。M5:1，敞口，圆唇，斜直腹，圈足。白胎，内、外壁施白釉，圈足内无釉。内壁口部及底部各有两道弦纹，外壁绘四组涡纹，口部及下腹部绘弦纹，纹饰整体较粗糙、凌乱。外底部有裂纹。口径15、底径6.2、高6.4厘米（图一三，1；彩版八四，1）。

绿半釉陶罐　1件。南墓室东部出土。M5:3，夹砂红陶，陶质粗糙。侈口，方唇，束颈，折肩，鼓腹，肩腹部有双耳，平底。口内及外壁下腹部以上施绿釉。有轮制痕迹。口径8.8、腹径9.6、底径6、高9.4厘米（图一三，2；彩版八四，2）。

铜钱　2枚。锈蚀严重，钱文无法辨认。

M6　东西向，方向80°。开口于②层下，向下打破生土层。墓口距地表深0.9米，墓圹东西长2.7米，南北宽1.8~2.05米，墓深1.34~1.4米。四壁较规整，墓底部较平。内填花土，土质较松（图一六；彩版七八，4）。

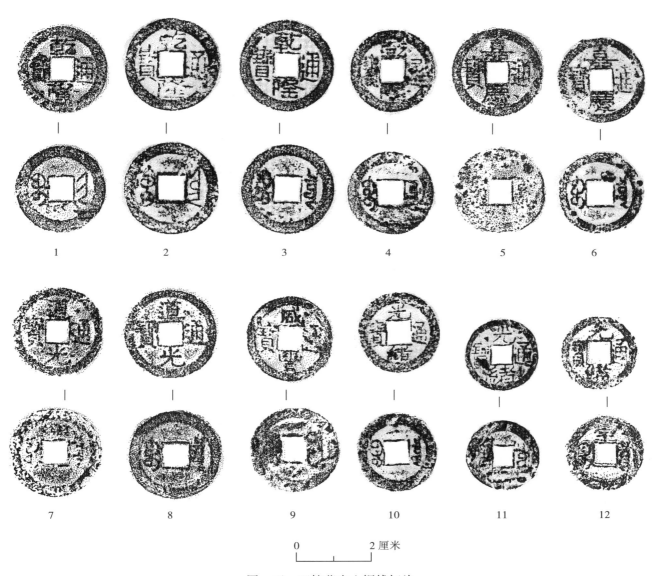

图一五　双棺墓出土铜钱拓片

1～4.“乾隆通宝”（M4:6-1、M4:7-1、M4:7-2、M6:6-1）　5、6.“嘉庆通宝”（M2:13-1、M8:2-1）　7、8.“道光通宝”（M2:13-2、M4:6-2）　9.“咸丰通宝”（M8:3-1）　10～12.“光绪通宝”（M6:6-2、M8:2-2、M8:3-2）

　　葬具为双棺，棺木已朽。南棺东西长 2.28 米，南北宽 0.48～0.5 米，残高 0.2 米，棺的周壁有厚 0.04～0.06 米的棺板。棺内人骨保存较差，仅存部分四肢骨，仰身直肢葬，头向东、面向不明，女性，年龄不详。北棺东西长 2.1 米，南北宽 0.6～0.7 米，残高 0.25 米，棺的周壁有厚 0.06～0.1 米的棺板。棺内人骨除无头骨外，其他部位保存较完整，仰身直肢葬，头向东，男性，年龄不详。

　　随葬品有银押发、铜簪、银耳环、银手镯、银戒指和铜钱。

　　银押发　1件。南棺东部出土。M6:1，两端圆尖略宽，中间呈束腰状，簪体中间錾刻两个花卉纹样，两端錾刻数道凹槽，侧视如弓形。通长 12.2、宽 0.9～1.6 厘米（图一七，2；彩版八四，3）。

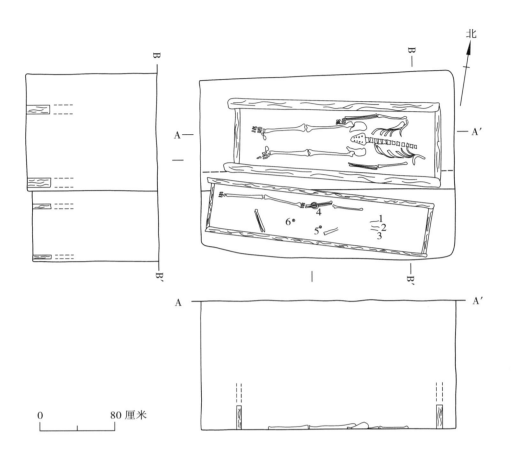

图一六　M6 平面、剖视图
1.银押发　2.铜簪　3.银耳环　4.银手镯　5.银戒指　6.铜钱

　　铜簪　1件。南棺东部出土。M6:2，鎏金。簪首呈圆形、伞状，中间以箆点纹为地饰对称的吉祥纹样，外圈饰一圈回形纹。簪体弯曲，呈圆锥状。簪首宽3、通长12.6厘米（图一七，1；彩版八四，4）。

　　银耳环　1件。南棺东部出土。M6:3，下端已残，上端呈弯曲状。残长2.8厘米（图一七，7）。

　　银手镯　1件。南棺中部出土。M6:4，略呈圆形，有一开口，截面为圆形。表面光素无纹饰。直径7.6厘米（图一七，6；彩版八四，5）。

　　银戒指　1件。南棺中部出土。M6:5，环形，连接处一端为蝴蝶纹样，表面有两道凸弦纹，弦纹中间以箆点纹为地，刻缠枝花草纹样。直径1.8、宽1.1厘米（图一七，4；彩版八四，6）。

　　铜钱　4枚。南棺中部出土。方孔圆钱，正、背面皆有内、外郭。其中2枚锈蚀不清。

　　M6:6-1，正面楷书"乾隆通宝"，对读；背面锈蚀不清。钱径2.3、穿径0.6、郭宽0.3、郭厚0.2厘米（图一五，4）。

　　M6:6-2，正面楷书"光绪通宝"，对读；背面穿左右有满文纪局名"宝泉"。钱径2.2、穿径0.5、郭宽0.35、郭厚0.2厘米（图一五，10）。

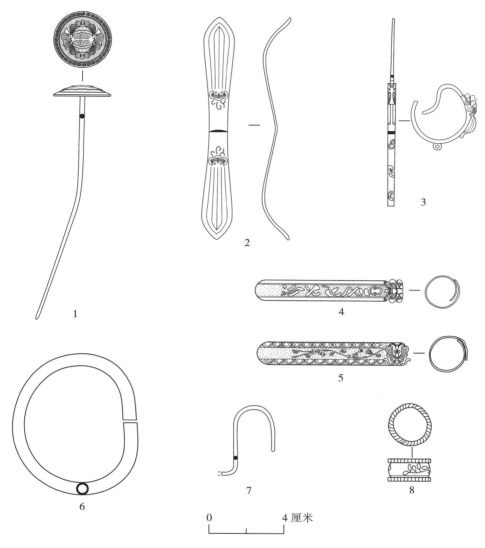

图一七　M6、M8 出土器物

1.铜簪（M6:2）　2.银押发（M6:1）　3.铜耳环（M8:1）　4、5、8.银戒指（M6:5、M8:4-2、M8:4-1）　6.银手镯（M6:4）　7.银耳环（M6:3）

M8　东西向，东南部被 M7 打破，方向 65°。开口于②层下，向下打破生土层。墓口距地表深 0.9 米，墓圹东西长 2.6～2.7 米，南北宽 1.8～2.4 米，墓深 1.4 米。四壁较规整，墓底部较平。内填花土，土质较松（图一八；彩版七九，1）。

葬具为双棺，棺木已朽。北棺东西长 1.72 米，南北宽 0.5～0.6 米，残高 0.1 米。棺内人骨保存较差，仅存上肢骨，推测头向东，葬式、面向、性别及年龄不明。南棺东西长 1.75 米，南北宽 0.38 米，残高 0.2 米。棺内人骨保存较差，仅存少量四肢骨，推测头向东，葬式、面向、性别及年龄不明。

随葬品有铜耳环、银戒指和铜钱。

铜耳环　1 件。北棺东部出土。M8:1，环形，中间铸成龙头形，口中衔珠，龙头后饰三组花草纹饰。耳环下端铸一凸起圆环。通长 10.2、宽 0.4 厘米（图一七，3；彩版八五，1）。

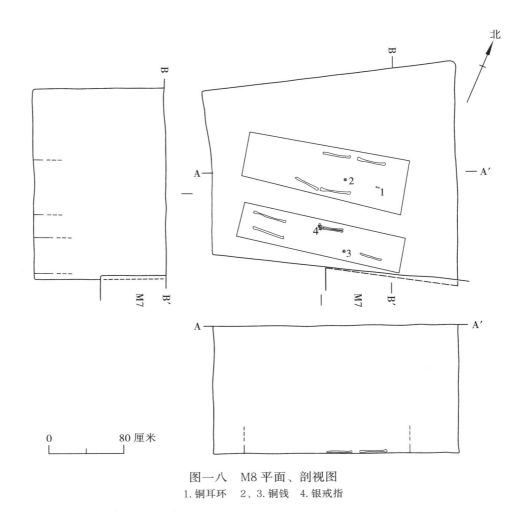

图一八　M8 平面、剖视图
1.铜耳环　2、3.铜钱　4.银戒指

银戒指　2 件。南棺中部出土。

M8：4-1，环形，中间浮雕花草纹样，两侧铸成绳索状。直径 2.2、宽 1.2 厘米（图一七，8；彩版八五，2）。

M8：4-2，环形，连接处一端为蝴蝶纹样，以篦点纹为地，表面有两道凸弦纹，弦纹中间刻缠枝花草纹样，弦纹两侧为连续的菱形纹样。直径 2、宽 1.2 厘米（图一七，5；彩版八五，3）。

铜钱　9 枚。南、北棺均有出土。均为方孔圆钱，正、背面皆有内、外郭。为清钱"嘉庆通宝""咸丰通宝""光绪通宝"，其余 5 枚锈蚀不清。

"嘉庆通宝"　1 枚。M8：2-1，正面楷书"嘉庆通宝"，对读；背面穿左右有满文纪局名"宝泉"。钱径 2.3、穿径 0.6、郭宽 0.25、郭厚 0.15 厘米（图一五，6）。

"咸丰通宝"　1 枚。M8：3-1，正面楷书"咸丰通宝"，对读；背面锈蚀不清。钱径 2.3、穿径 0.6、郭宽 0.35、郭厚 0.15 厘米（图一五，9）。

"光绪通宝"　2 枚。正面楷书"光绪通宝"，对读；背面穿左右有满文纪局名"宝泉"。

M8：2-2，钱径 2、穿径 0.55、郭宽 0.2、郭厚 0.15 厘米（图一五，11）。

M8：3-2，钱径 2、穿径 0.6、郭宽 0.3、郭厚 0.1 厘米（图一五，12）。

M11　东西向，方向 60°。开口于②层下，向下打破生土层。墓口距地表深 0.8 米，墓圹东西长 2.5 米，南北宽 1.6 米，墓深 1 米。四壁较规整，墓底部较平。内填花土，土质较松（图一九）。

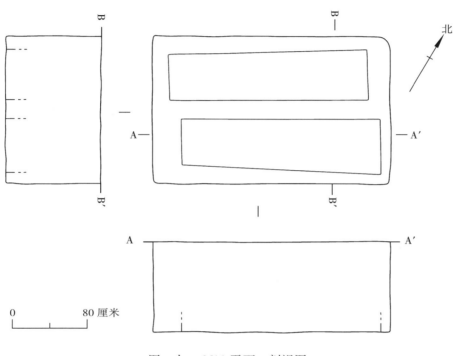

图一九　M11 平面、剖视图

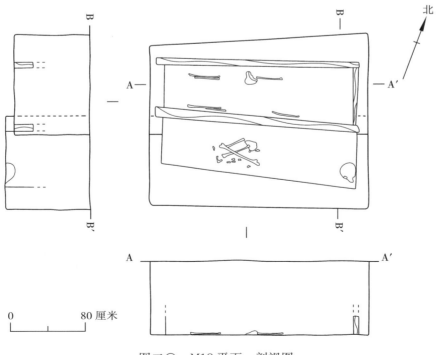

图二〇　M12 平面、剖视图

葬具为双棺，棺木已朽。南棺东西长 2.1 米，南北宽 0.5～0.6 米，残高 0.1 米。北棺东西长 2.1 米，南北宽 0.5～0.54 米，残高 0.1 米。两棺内均无人骨痕迹。

无随葬品。

M12　东西向，方向 70°。开口于②层下，向下打破生土层。墓口距地表深 0.8 米，墓圹东西长 2.3 米，南北宽 1.7～1.9 米，墓深 0.8～0.9 米。四壁较规整，墓底部较平。内填花土，土质较松（图二〇；彩版七九，2）。

葬具为双棺，棺木已朽，其中北棺打破南棺。北棺东西长 1.98 米，南北宽 0.46～0.6 米，残高 0.2 米，棺的南、北两壁为厚 0.06～0.08 米的棺板，底部有一层厚 0.02 米的白灰。棺内人骨保存较差，仅存少量肢骨，推测为仰身直肢葬，头向东、面向不明，性别、年龄不详。南棺东西长 2.04 米，南北宽 0.5～0.6 米，残高 0.3 米。棺内人骨保存较差，仅存头骨及少量腿骨，头向东、面向南，葬式、性别及年龄不明。

无随葬品。

（三）三棺墓

仅 1 座，为长方形竖穴土坑三棺墓，编号 M3。

M3　东西向，方向 85°。开口于②层下，向下打破生土层。墓口距地表深 0.9 米，墓圹东西长 2.6 米，南北宽 2.4 米，墓深 0.9～1 米。四壁较规整，墓底部较平。内填花土，土质较松（图二一；彩版七九，3）。

葬具为三棺，棺木已朽，其中南、北两棺打破中棺。南棺东西长 1.84 米，南北宽 0.54～0.6 米，棺的南、北两侧为厚 0.1 米的棺板，底部有厚 0.02 米的白灰。棺内人骨保存较完整，仰身直肢葬，头向东、面向上，男性，年龄不详。中棺东西长 1.75 米，南北宽 0.52～0.6 米，残高 0.2 米。棺内人骨保存较完整，仰身直肢葬，头向东、面向北，女性，年龄不详。北棺东西长 1.7 米，南北宽 0.6 米，残高 0.1 米，底部有厚 0.02 米的白灰。棺内人骨保存较完整，仰身直肢葬，头向东、面向上，女性，年龄不详。

随葬品有铜环、铜烟锅、铜簪、银簪、银押发、铜扁方、铜耳环、银戒指、银手镯、铁器和铜钱。

铜环　1 件。南棺人骨腰部出土。M3:2，截面为圆形。直径 2.2 厘米（图二二，1；彩版八六，1）。

铜烟锅　1 件。南棺人骨左手处出土。M3:4，由嘴、杆、锅三部分组成。玉质烟嘴，圆柱体，中空，束颈，一端连接木质烟杆。木质烟杆，圆柱形，与烟嘴连接处略内凹。铜质烟锅，与烟杆连接端为圆柱形，中空，弯折处略内凹，上部为筒状。残长 17.4、烟锅径 2.1 厘米（图二二，6；彩版八六，2）。

铜簪　5 件。中棺和北棺人骨头部均有出土。

M3:5，簪首呈圆形，外部錾刻为逆时针葵花状，中间为圆形凸起，内镶嵌篆书"福"字。簪体呈圆锥形。簪首宽 2.6、通长 12.7 厘米（图二二，17；彩版八六，3）。

M3:7，残。簪体细直，呈锥形。残长 9.1 厘米（图二二，8）。

M3:8，残。簪首为圆饼形；簪体细直，呈圆柱形。残长 5.6 厘米（图二二，7）。

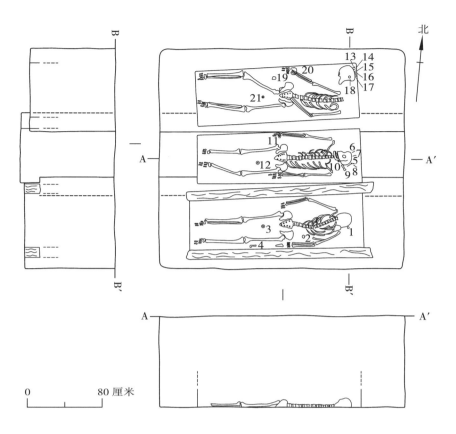

图二一 M3 平面、剖视图

1、3、12、21.铜钱 2.铜环 4.铜烟锅 5、7、8、16、17.铜簪 6、13、14.银簪 9.铜扁方 10、18.铜耳环 11.银戒指 15.银押发 19.铁器 20.银手镯

M3:16，鎏金。簪首略弯曲，分两层，下层由三片相连的花瓣构成如意云纹形，每片以叶子相隔，外圈铸一圈与轮廓一致的凸起，中间铸一五瓣花朵；上层为一片如意形花瓣，外圈铸一圈与轮廓一致的凸起，中间铸花草纹样；两层下端相连，连接处刻数道凹弦纹；中间中空。簪体弯折，呈圆锥形。簪首宽 3.4、通长 9.8 厘米（图二二，16；彩版八六，4）。

M3:17，簪首呈佛手形。簪体细直，呈圆锥形。通长 12.2 厘米（图二二，10；彩版八六，5）。

银簪 3 件。中棺和北棺人骨头部出土。

M3:6，残。簪首为圆环形，残半，上饰连续的回形纹。簪体呈扁锥形。残长 11.4、簪体直径 0.2～0.4 厘米（图二二，11；彩版八七，1）。

另两件均鎏金。簪首呈圆形、伞状，中间以篦点纹为地，饰花草纹样，外圈饰一圈三角形纹。簪体呈圆锥状。簪首直径 2.5、通长 9 厘米。

M3:13，簪体弯曲（图二二，14；彩版八七，2）。

M3:14，簪体细直（图二二，15；彩版八七，3）。

银押发 1 件。北棺人骨头部出土。M3:15，两端圆尖略宽，中间呈束腰状，正面中间有一凸棱，侧视如弓形。通长 8.6、宽 0.7～1.2 厘米（图二二，9；彩版八七，4）。

铜扁方 1 件。中棺人骨头部出土。M3:9，残。首端铸成盘长结样式，上端为绳索样式，侧视略弯曲。体饰缠枝花草纹样。残长 12.8、体宽 1.1～1.6 厘米（图二二，13；彩版八六，7）。

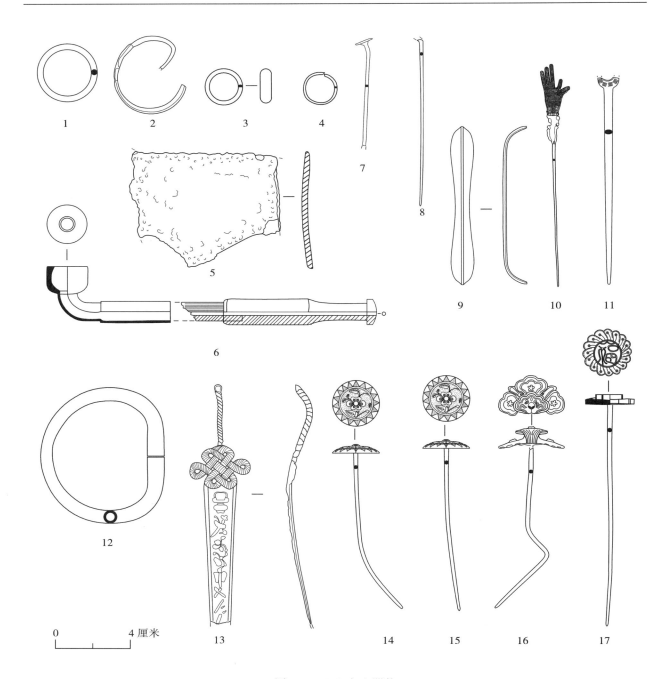

图二二　M3 出土器物

1.铜环（M3：2）　2.铜耳环（M3：10-2）　3、4.银戒指（M3：11-1、11-2）　5.铁器（M3：19）　6.铜烟锅（M3：4）　7、8、10、16、17.铜簪（M3：8、7、17、16、5）　9.银押发（M3：15）　11、14、15.银簪（M3：6、13、14）　12.银手镯（M3：20）　13.铜扁方（M3：9）

　　铜耳环　3 件。中棺和北棺人骨头部均有出土。

　　M3：10，整体呈"C"形。一端为圆柱状，中间铸成镂空盘长结样式；另一端为扁条形，上有花草纹样（彩版八六，6）。

　　M3：10-1，直径 4.2 厘米。

　　M3：10-2，直径 4.2 厘米（图二二，2）。

　　M3：18，锈蚀严重。

银戒指　2件。中棺人骨右手处出土。均素面。

M3:11-1，表面较粗糙，截面为半圆形。直径1.8~2厘米（图二二，3；彩版八七，5）。

M3:11-2，有接口，截面为长方形。直径1.8厘米（图二二，4；彩版八七，5）。

银手镯　1件。北棺人骨右手部出土。M3:20，略呈圆形，有一开口，截面为圆形。表面光素无纹饰。直径7.5、通长22厘米（图二二，12；彩版八七，6）。

铁器　1件。北棺人骨腿部附近出土。M3:19，残。上部平直，侧视略向内凹。外壁有火烧痕迹，呈黑色。残长8、残宽6.2厘米（图二二，5；彩版八七，7）。

铜钱　12枚。三棺内均有出土。均方孔圆钱，正、背面皆有内、外郭。为清钱"乾隆通宝""嘉庆通宝"，其余9枚锈蚀不清。

M3:12-1，正面楷书"乾隆通宝"，对读；背面穿左右有满文纪局名"宝泉"。钱径2.3、穿径0.55、郭宽0.4、郭厚0.15厘米（图二三，1）。

M3:12-2，正面楷书"嘉庆通宝"，对读；背面锈蚀不清。钱径2.4、穿径0.6、郭宽0.3、郭厚0.2厘米（图二三，2）。

M3:21，正面楷书"嘉庆通宝"，对读；背面穿左右有满文纪局名"宝源"。钱径2.5、穿径0.6、郭宽0.3、郭厚0.15厘米（图二三，3）。

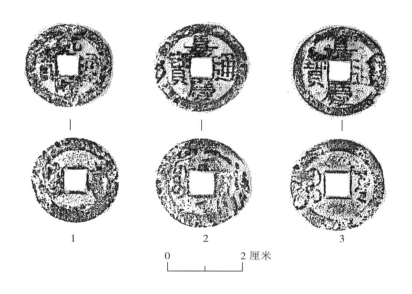

图二三　M3出土铜钱拓片
1."乾隆通宝"（M3:12-1）　2、3."嘉庆通宝"（M3:12-2、21）

三、小结

这14座墓葬均为长方形竖穴土坑墓，墓葬形制较为单一；葬具均为木棺，多数已经朽烂；葬式可判断的均为仰身直肢葬，头向均朝东。墓葬形制与奥运村工程[1]、通州田家府村[2]等地的

---

[1] 北京市文物局、北京市文物研究所：《奥运村工程考古发掘报告》，《北京奥运场馆考古发掘报告》，科学出版社，2007年。

[2] 北京市文物研究所：《通州田家府村——通州文化旅游区A8、E1、E6地块考古发掘报告》，上海古籍出版社，2020年。

墓葬相似，均为北京地区常见的明清时期墓葬。

　　这批墓葬中，有 9 座出土了随葬品，但数量均较少。随葬品按质地可分为铜器、银器、陶器、瓷器、铁器和料器等。包括北京地区常见的簪子、耳环、戒指、手镯等装饰品，陶罐、瓷碗等实用器或明器以及鼻烟壶、铜烟锅等生活用具，此外还发现有若干清代铜钱。

　　其中，禅杖簪 M4:3 与通州武夷花园 M3:5[①]、海淀中坞 M105:2[②]，铜烟锅 M2:4、M3:4 与奥运村绿化隔离带 M2:3[③]、中关村电子城 M8:12、M8:13[④]，铜簪 M4:2 与昌平张营 M10:5、M11:3[⑤]，铜扁方 M4:4 与中关村电子城 M1:1、M2:5[⑥]，瓷碗 M5:1、M7:2 与通州田家府 E6 地块 M6:3、5[⑦] 和常营 M1:4[⑧]，黑釉瓷罐 M13:2 与大兴线枣园路站 M14:2[⑨]，绿半釉陶罐 M5:3、M7:1 与房山长阳 M15:8[⑩] 等形制相近，均为北京地区明清时期器物。

　　铜钱均为清代铜钱，包括"乾隆通宝""嘉庆通宝""道光通宝""咸丰通宝""光绪通宝"，背面满文纪局名有"宝源""宝泉"和"宝晋"三种。

　　综上所述，根据墓葬开口层位、墓葬形制以及出土器物，可以判断这 14 座墓葬均为清代晚期墓葬。墓葬规格等级较低，随葬品数量较少，应属平民墓葬。这批墓葬的发现为研究北京西南部地区明清时期社会面貌和历史文化提供了新的实物材料。

发掘：孙　峥

绘图：许红利　同　新

摄影：王宇新

执笔：王秋雨

---

① 北京市文物研究所：《北京市通州区武夷花园二期项目遗址考古发掘报告》，《北京考古》（第 2 辑），北京燕山出版社，2008 年。

② 北京市文物研究所：《海淀中坞——北京市南水北调配套工程团城湖调节池工程考古发掘报告》，科学出版社，2017 年。

③ 北京市文物研究所：《奥运村绿化隔离带工程考古发掘报告》，《北京考古》（第 2 辑），北京燕山出版社，2008 年。

④ 北京市文物研究所：《中关村电子城西区 E5 研发中心三期地块考古发掘报告》，《单店与黑庄户——朝阳区考古发掘报告集》，上海古籍出版社，2021 年。

⑤ 北京市文物研究所：《昌平张营遗址北区墓葬发掘报告》，《北京考古》（第 2 辑），北京燕山出版社，2008 年。

⑥ 北京市文物研究所：《中关村电子城西区 E5 研发中心三期地块考古发掘报告》，《单店与黑庄户——朝阳区考古发掘报告集》，上海古籍出版社，2021 年。

⑦ 北京市文物研究所：《通州田家府村——通州文化旅游区 A8、E1、E6 地块考古发掘报告》，上海古籍出版社，2020 年。

⑧ 北京市文物研究所：《常营乡剩余建设用地土地储备项目 1 号地块考古发掘报告》，《单店与黑庄户——朝阳区考古发掘报告集》，2021 年。

⑨ 北京市文物研究所：《轨道交通大兴线枣园路站考古发掘报告》，《小营与西红门——北京大兴考古发掘报告》，上海古籍出版社，2018 年。

⑩ 北京市文物研究所：《北京市房山长阳 07 街区 0029 号地块清代墓葬发掘简报》，《北京文博文丛》2020 年第 4 期。

丰台区菜户营清代墓葬及窑址
考古发掘报告

菜户营遗址位于丰台区菜户营桥西北部，地理坐标为北纬39°52′19.27″、东经116°20′8.86″。发掘区被菜户营西街分为南、北两个区域，遗址北区西临莲花河，东邻京九铁路；遗址南区西邻菜户营西路，南邻丽泽路（图一）。

图一　发掘区位置示意图

2016年4月14日至21日，为配合北京丽泽金融商务区北区C地块及综合治理项目——菜户营定向安置房地块建设，北京市文物研究所（今北京市考古研究院）对其用地范围内的古代遗迹进行了考古发掘，共发掘古代墓葬5座、窑址3座，发掘面积100平方米（图二）。现将发掘情况报告如下。

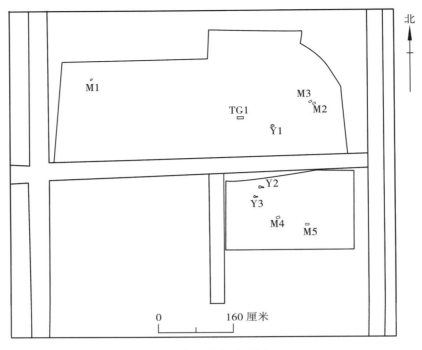

图二　遗迹分布示意图

一、地层堆积

发掘区内的地层堆积可分为 4 层，各层薄厚不一。现以发掘北区探沟 TG1 地层堆积为例进行说明：

①层：深灰褐色土。厚 0.3～0.4 米。土质较硬，包含植物根系、白灰粒及现代生活垃圾。呈波状分布于整个探沟。墓葬均开口于此层下。

②层：灰褐色土。厚 0.12～0.24 米。土质疏松，包含石灰粒、砖粒及砖、瓦残片。呈波状分布于整个探沟。窑址均开口于此层下。

③层：黄褐色土。厚 0.16～0.2 米。土质疏松，含瓦片、灰粒，多含砖粒。呈间断状分布于整个探沟。

④层：浅灰褐色土。厚 0.18～0.2 米。含沙，土质疏松，含砖、瓦残块。呈间断状分布于整个探沟。

二、墓葬

此次发掘墓葬 5 座，编号 M1～M5，其中 M1 为单人葬墓，M2、M3、M5 为双人合葬墓，M4 为三人合葬墓。分别介绍如下。

（一）单人墓葬

1 座，编号 M1。

M1　位于发掘北区西北部。方向 217°。开口于①层下，墓口距地表深 0.3 米。墓圹平面呈

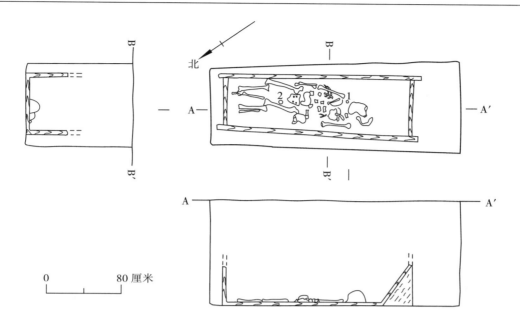

图三　M1 平面、剖视图
1、2.铜钱

长方形，长 2.6 米，宽 0.8～1 米，深 1.1 米。直壁，平底（图三；彩版八八，1）。

葬具为木棺，已朽，仅存痕迹。平面呈梯形。长 2.1 米，宽 0.6～0.7 米，残高 0.44 米，棺板厚 0.05 米。棺内人骨 1 具，保存一般，仰身直肢葬，头向西南，男性。

随葬 2 枚铜钱。

（二）双人合葬墓

共 3 座，编号 M2、M3、M5。

M2　位于发掘北区东北部，北邻 M3。方向 263°。开口于①层下，墓口距地表深 0.2～0.3 米。墓圹平面呈梯形，长 2.1 米，宽 1.34～1.56 米，深 0.76 米。直壁，平底。内填五花土，土质疏松（图四；彩版八八，2）。

葬具均为木棺，已朽，仅存痕迹，平面均呈梯形。北侧棺残长 1.96 米，宽 0.62～0.74 米，残高 0.28 米，棺板厚 0.03～0.04 米。南侧棺残长 1.9 米，宽 0.6～0.7 米，仅存棺底板，底板厚 0.03～0.04 米。

因被盗扰破坏，棺内未发现人骨和随葬品。

M3　位于发掘北区东北部，南邻 M2。方向 260°。开口于①层下，墓口距地表深 0.3 米。墓圹平面近似方形，长 3.08～3.18 米，宽 2.6～2.66 米，深 1.06 米。直壁，平底。内填五花土，土质疏松（图五；彩版八九，1）。

葬具均为木棺，已朽，仅存痕迹，平面均呈梯形。北侧棺残长 1.84 米，宽 0.62～0.72 米，残高 0.14 米，棺板厚 0.04 米。南侧棺残长 1.9 米，宽 0.62～0.72 米，残高 0.14 米，棺板厚 0.03～0.04 米。

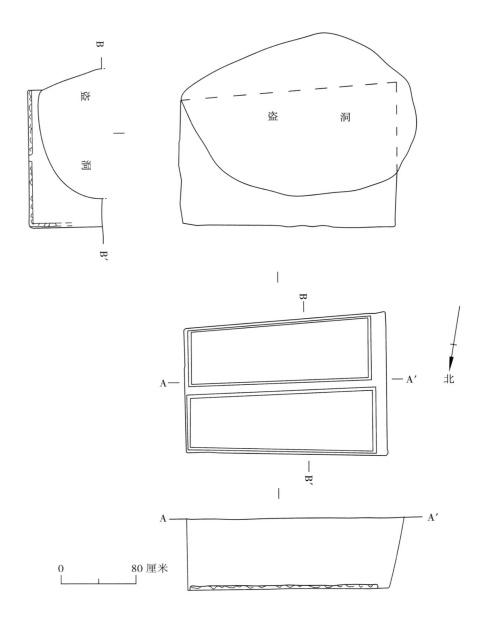

图四　M2 平面、剖视图

因被盗扰破坏，棺内未发现人骨和随葬品。

M5　位于发掘南区东南部，西邻 M4。方向 273°。开口于①层下，墓口距地表深 0.3 米。墓圹平面近似方形，长 2.4～2.6 米，宽 1.84 米，深 0.9 米。直壁，平底。内填五花土，土质疏松（图六；彩版八九，2）。

葬具均为木棺，已朽，仅存痕迹，平面均呈梯形。北侧棺残长 2 米，宽 0.56～0.68 米，残高 0.2～0.38 米，棺板厚 0.04～0.05 米。南侧棺残长 2 米，宽 0.62～0.76 米，残高 0.24 米，棺厚 0.05 米。

棺内未发现人骨和随葬品。

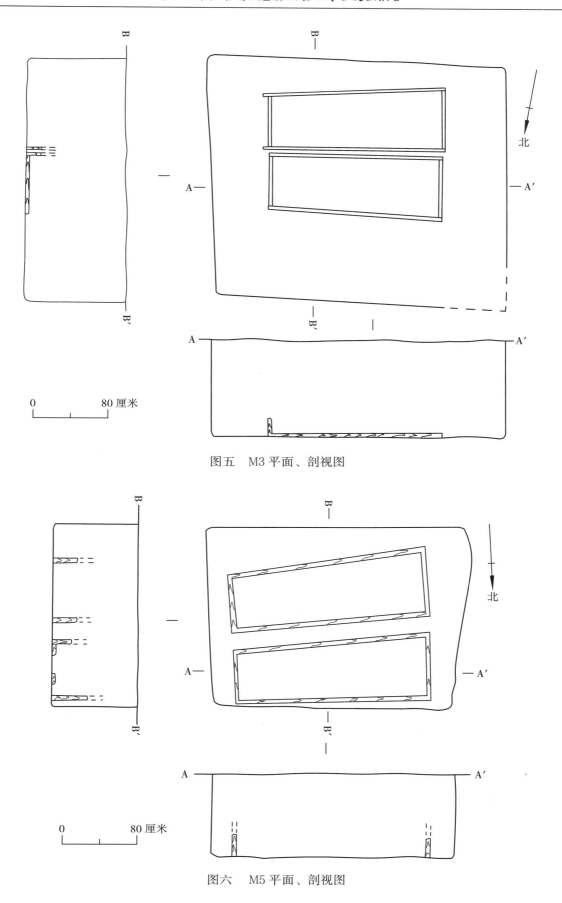

图五　M3 平面、剖视图

0　　　80 厘米

图六　M5 平面、剖视图

0　　　80 厘米

（三）三人合葬墓

1 座。编号 M4。

M4　位于发掘南区中部。方向 250°。开口于①层下，墓口距地表深 0.3 米。墓圹平面近梯形，长 2.5 米，宽 2.14～2.8 米，深 0.76 米。直壁，平底。内填五花土，土质疏松（图七；彩版九○，1）。

葬具均为木棺，已朽，仅存痕迹，平面均呈梯形。北侧棺残长 2.1 米，宽 0.64～0.78 米，残高 0.66 米，棺厚 0.06～0.1 米。中棺残长 2.1 米，宽 0.6～0.72 米，残高 0.3 米。南侧棺长 2.05 米，宽 0.64～0.78 米，残高 0.18 米，棺厚 0.03～0.04 米。

棺内均未发现人骨，只中棺和北棺出土数枚铜钱。

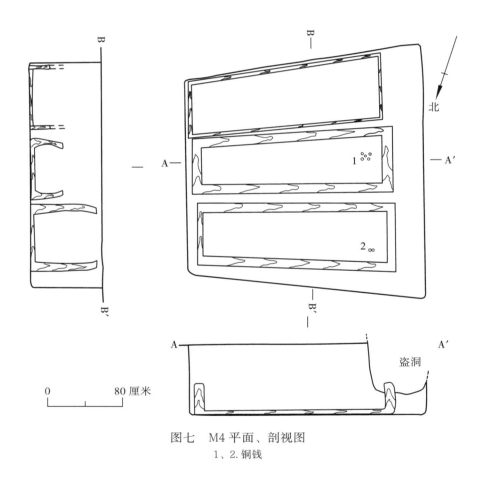

图七　M4 平面、剖视图
1、2. 铜钱

三、窑址

共 3 座，编号 Y1～Y3。分别介绍如下。

Y1　位于发掘北区南部，西邻 TG1。南北向，方向 360°。开口于②层下。被现代垃圾坑破坏，窑址结构不详，仅存长方形红烧土。上口东西长 2.2 米，南北宽 1.2～1.3 米，底部不平，底部距开口深 0.36～0.46 米（图八；彩版九○，2）。

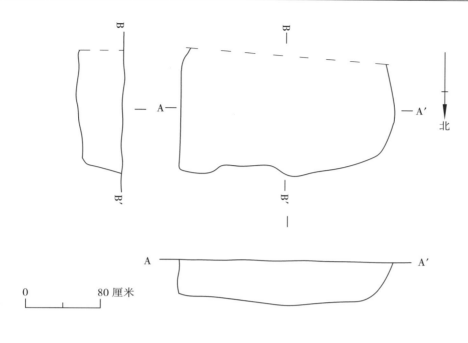

图八　Y1 平面、剖视图

　　Y2　位于发掘南区北部，南邻 Y3。东西向，方向 270°。开口于②层下。窑底距地表深 1.1 米。总长 6.7 米。由操作间、窑门、火膛、窑室、烟道五部分组成（图九；彩版九一，1）。

　　操作间位于窑门西部，平面呈长方形。上口东西长 3.5 米，南北宽 0.75～1.14 米。操作间北壁靠近窑门处被①层下一扰坑打破，自西壁向下共分三阶台阶。

　　窑门位于操作间东部，拱形。整体残高 0.45 米，南北宽 0.58 米，东西进深 0.18 米。顶部用一层竖砖顺砌成拱顶，用砖规格残长 18 厘米 ×15 厘米 ×5 厘米。火门内壁为青灰色烧结面，厚 0.05 米，向外为红烧土，红色渐淡。

　　火膛位于窑室西部，平面近半圆形，顶部坍塌不详，平底。南北长 2.3 米，东西宽 1 米。火膛东壁为直壁。底部平面低于窑门面 0.15 米，低于窑床面 0.7 米。

　　窑室位于火膛东部，平面呈马蹄形，顶已残。窑床位于窑室内东部，平面呈长方形，南北长 2.3 米，东西宽 1.8 米。窑床高于火膛 0.7 米，底面平坦，有一层青灰色烧结面，厚 0.05 米，烧结面下为红烧土，厚 0.1 米。窑床周壁残高 0.2 米，烧结面呈青灰色，厚 0.08 米；其外为红烧土，向外红色渐淡。

　　烟道位于窑室东壁，与窑壁相连，呈凹槽状，截面呈长方形。共 2 条，分别位于后壁南、北两侧，二者相距 1 米。两条烟道宽、残高、进深相同，宽 0.3 米，残高 0.2 米，进深 0.25 米。烟道周壁为青灰色烧结面。

　　Y3　位于发掘南区中部，北邻 Y2。东西向，方向 270°。开口于②层下。窑底距地表深 1.3 米。总长 6.2 米。由操作间、窑门、火膛、窑室四部分组成（图一〇；彩版九一，2）。

　　操作间位于窑门东部，平面近似长方形。上口东西长 3.34 米，南北宽 0.62～1.16 米，东壁自上而下有三阶台阶。包含少量红烧土块、青灰色烧土块及草木灰。

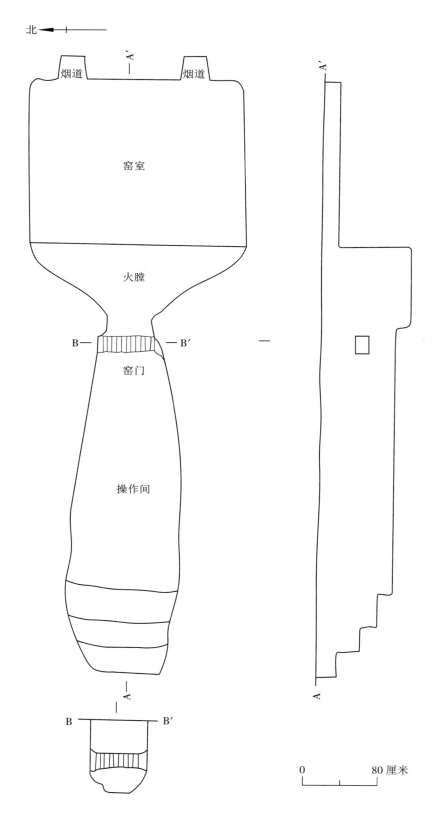

图九　Y2 平面、剖视图

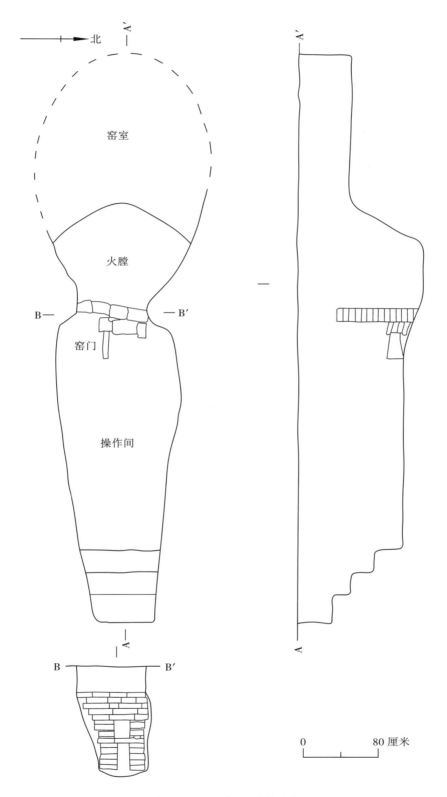

图一〇　Y3平面、剖视图

　　窑门位于操作间与火膛之间，整体残高 0.8～0.9 米，宽 0.5～0.74 米，用绳纹青砖错缝砌筑，用砖规格为长 29 厘米 ×14 厘米 ×5 厘米。风道及掏灰口宽 0.11～0.15 米，高 0.32 米，进深 0.3 米。

窑室位于窑门西部，平面呈椭圆形。东西长 2.76 米，南北宽 0.75～1.82 米。窑顶已坍塌，且窑室西部壁面被破坏，窑室东部至火膛两侧壁面保存较好，呈青灰色烧结面，厚 0.03 米。火膛位于窑室东部，长 0.62 米，宽 0.74～1.4 米，火膛底距开口 1.3 米，低于窑床 0.8 米。火膛底部见草木灰，填土为灰褐色，包含红烧土块。

四、出土器物

出土器物有铜钱 14 枚。均为方孔圆形，正、背面均有郭。现将钱文清晰可辨识者介绍如下：

"乾隆通宝" 3 枚。正面楷书"乾隆通宝"，对读；背面穿左右有满文纪局名。

M1:1，背面纪局名为"宝泉"。钱径 2.7、穿径 0.61、郭厚 0.17 厘米，重 5.31 克（图一一，1）。

M4:1，背面纪局名为"宝源"。钱径 2.48、穿径 0.58、郭厚 0.1 厘米，重 2.69 克（图一一，2）。

M4:2-1，背面纪局名为"宝源"。钱径 2.29、穿径 0.57、郭厚 0.16 厘米，重 3.52 克（图一一，3）。

"嘉庆通宝" 1 枚。M1:2，正面楷书"嘉庆通宝"，对读；背面穿左右为满文纪局名"宝泉"。钱径 2.72、穿径 0.58、郭厚 0.17 厘米，重 5.32 克（图一一，4）。

"宣统通宝" 1 枚。M4:2-2，正面楷书"宣统通宝"，对读；背面穿左右为满文纪局名"宝泉"。钱径 1.88、穿径 0.45、郭厚 0.12 厘米，重 1.93 克（图一一，5）。

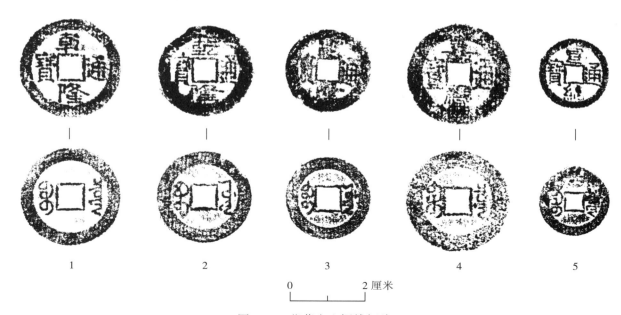

0　　　　　　2 厘米

图一一　墓葬出土铜钱拓片

1～3."乾隆通宝"（M1:1、M4:1、M4:2-1） 4."嘉庆通宝"（M1:2） 5."宣统通宝"（M4:2-2）

五、结语

本次考古发掘发现的墓葬皆为竖穴土坑墓，按葬具数量又可分为单人葬墓、双人葬墓与三人合葬墓，均为北京地区常见的清墓形制。单人葬墓 M1 形制与通州文化旅游区 A8 地块 M17 相似[①]，双人葬墓 M2、M3、M5 形制与昌平张营 M23、M27[②] 相似，三人葬墓 M4 形制与昌平张营 M63[③]、大兴小营村 M12 相似[④]。

M1 所出铜钱，最早为乾隆时期，最晚为嘉庆时期，因此 M1 应为清代中期墓葬。M4 出土铜钱最晚为"宣统通宝"，因此该墓为清代晚期墓葬。

Y1～Y3 分布集中，平面形制相似，窑室呈椭圆形或马蹄形，与海淀区学院路 Y2[⑤] 形制相似，三座窑址年代应为明清时期。

此次发掘，为研究北京地区清代墓葬的形制、丧葬习俗、物质文化以及明清时期窑址的形制、结构提供了新的资料。

发掘：张智勇

绘图：赵夏峰　温梦砥

摄影：刘晓贺

执笔：温梦砥　张智勇

---

① 北京市文物研究所：《通州田家府村——通州文化旅游区 A8、E1、E6 地块考古发掘报告》，上海古籍出版社，2020 年，第 15 页。

② 北京市文物研究所：《昌平张营遗址北区墓葬发掘报告》，《北京考古》（第 2 辑），北京燕山出版社，2008 年，第 231、235 页。

③ 北京市文物研究所：《昌平张营遗址北区墓葬发掘报告》，《北京考古》（第 2 辑），北京燕山出版社，2008 年，第 321 页。

④ 北京市文物研究所：《小营与西红门——北京大兴考古发掘报告》，上海古籍出版社，2018 年，第 61 页。

⑤ 王策、周宇、于璞：《北京市海淀区学院路清代窑址发掘简报》，《北京文博文丛》2017 年第 3 期。

海淀区田村路清代墓葬考古发掘报告

畅茜园小区五期项目位于海淀区西部，东邻海淀实验小学，南邻田村路，西邻畅茜园小区，北邻大台铁路（图一）。2014 年 6 月 21 日至 24 日，为配合基本建设，北京市文物研究所（今北京市考古研究院）对畅茜园小区五期项目开展了考古发掘工作，发掘面积 74 平方米，发掘清代墓葬 4 座。

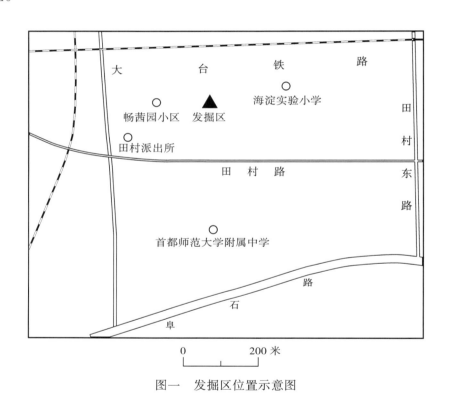

图一　发掘区位置示意图

一、墓葬形制及出土器物

4 座墓葬皆开口于②层下。均为竖穴土坑墓，分为双人合葬墓、三人合葬墓、搬迁墓（图二）。出土器物有瓷罐、银簪、铁刀、铜饰、铜钱等。

（一）双人合葬墓

共 2 座，编号 M2、M3。

M2　位于发掘区西部，东邻 M3，西邻 M1。方向 10°。墓口距地表深 0.4 米。平面呈长方

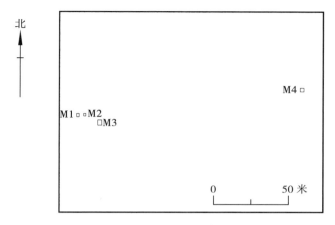

图二 遗迹分布图

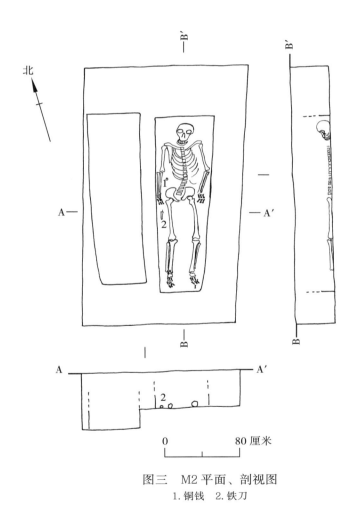

图三 M2 平面、剖视图
1.铜钱 2.铁刀

形，长 2.8 米，宽 1.6~1.72 米，深 0.4~0.6 米。墓壁平直，平底。内填花土，含沙量较大，土质疏松（图三；彩版九二，1）。

葬具为木棺，已朽。东侧棺平面近梯形，长 1.9 米，宽 0.42~0.6 米，残高 0.15 米。棺内置人骨 1 具，保存较好，仰身直肢葬，头向北，面向上，男性。随葬品有铁刀 1 件，出土

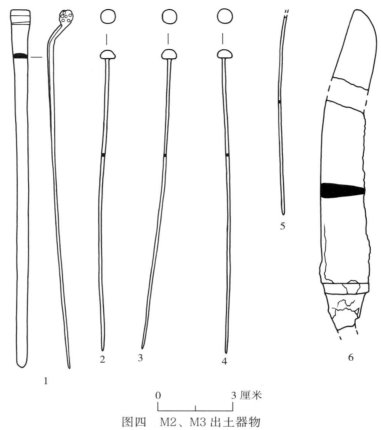

图四　M2、M3 出土器物

1~5.银簪（M3:2、3、4、5、6）　6.铁刀（M2:2）

于人骨右股骨西侧；铜钱 1 枚，出土于人骨盆骨北侧。西侧棺平面近梯形，长 1.86 米，宽 0.46~0.55 米，残高 0.2 米。棺内未发现人骨及随葬品。

铁刀　1 件。M2:2，整体呈扁长条形，锈蚀严重，刀身近尖部断裂。残长 13.1、宽 1.7、厚 0.6 厘米（图四，6；彩版九四，1）。

"康熙通宝"　1 枚。M2:1，模制，完整。圆形，方穿，正、背面均有郭。正面楷书"康熙通宝"，对读；背面穿左右为满文纪局名"宝源"。钱径 2.6、穿径 0.58、郭厚 0.12 厘米（图五，1）。

M3　位于发掘区西部，西邻 M2。方向 10°。墓口距地表深 0.45 米。平面呈梯形，长 2.2 米，宽 1.7~2.04 米，深 0.2 米。墓壁平直，平底。内填花土，含沙量较大，土质疏松（图六；彩版九二，2）。

葬具为木棺，已朽。东侧棺平面近梯形，长 1.96 米，宽 0.5~0.7 米，残高 0.1 米。棺内置人骨 1 具，保存较好，仰身直肢葬，头向北，面向上，女性。随葬品有铜钱 1 枚，出土于人骨胸骨西侧；银簪 5 件，出土于人骨头骨北侧。西侧棺平面近梯形，长 1.96 米，宽 0.44~0.67 米，残高 0.05 米。棺内置人骨 1 具，保存较好，仰身直肢葬，头向东，面向上，男性。随葬品有铜钱数枚，散落于人骨股骨之间和盆骨西侧。

银簪　5 件。

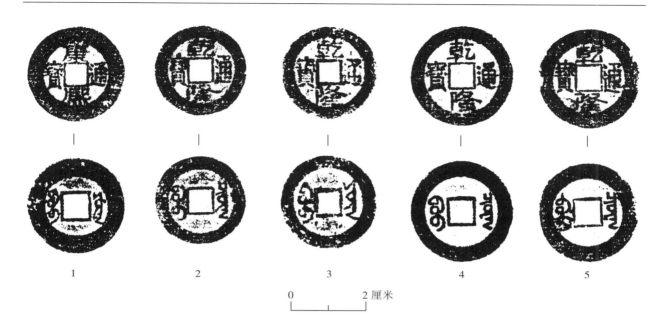

图五　M2～M4 出土铜钱拓片

1. "康熙通宝"（M2:1）　2～5. "乾隆通宝"（M3:1-1、M3:1-2、M4:5-1、M4:5-2）

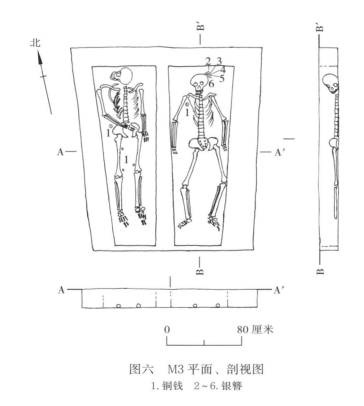

图六　M3 平面、剖视图

1. 铜钱　2～6. 银簪

　　M3:2，簪首卷曲，侧如五瓣梅花状，起棱。簪体扁平，略弯，上宽下窄。尾圆弧。素面。通长 14.7、簪首宽 0.8、厚 0.2 厘米（图四，1；彩版九四，2）。

　　M3:3，簪首为小圆球，簪体为圆锥体，尾尖。素面。通长 12.3 厘米（图四，2；彩版九四，3）。

　　M3:4，簪首为小圆球，簪体为圆锥体，尾尖。素面。通长 12.3 厘米（图四，3；彩版九四，4）。

M3:5，簪首为小圆球，簪体为圆锥体，尾尖。素面。通长 12.5 厘米（图四，4；彩版九四，5）。

M3:6，簪首残缺，簪体为圆锥体，尾尖。素面。残长 8.1 厘米（图四，5；彩版九四，6）。

"乾隆通宝" 2 枚。均模制，完整。圆形，方穿，正、背面均有郭。正面楷书"乾隆通宝"，对读。

M3:1-1，背面穿左右为满文纪局名"宝泉"。直径 2.45、穿径 0.55、郭厚 0.15 厘米（图五，2）。

M3:1-2，背面穿左右为满文纪局名"宝源"。直径 2.55、穿径 0.5、郭厚 0.16 厘米（图五，3）。

（二）三人合葬墓

M4 位于发掘区东部。方向 350°。墓口距地表深 0.24 ～ 0.6 米。平面呈梯形，长 2.66 米，宽 2.4 ～ 2.6 米，深 0.5 米。墓壁平直，平底。内填花土，含沙量较大，土质疏松（图七；彩版九三，1）。

东、西侧棺葬具为木棺，已朽。东侧棺平面近梯形，长 1.7 米，宽 0.4 ～ 0.58 米，残高 0.48 米。棺内置人骨 1 具，保存较差，葬式不详，头向东，面向上，男性。随葬品有瓷罐 1 件，出土于棺北侧；铜钱 2 枚，出土于棺底。西侧棺平面近梯形，长 1.88 米，宽 0.44 ～ 0.54 米，残高 0.48 米。棺内置人骨 1 具，保存较差，头向北，面向上，女性，葬式不详。随葬品有瓷罐 1 件，出土于棺北侧；铜钱 2 枚，出土于棺底。中间为瓷瓮，内有骨灰，残高 0.38 米。

瓷瓮　1 件。M4:1，由瓮盖和瓮身两部分组成。瓮盖整体呈覆碗形，顶部有一圆形抓手，

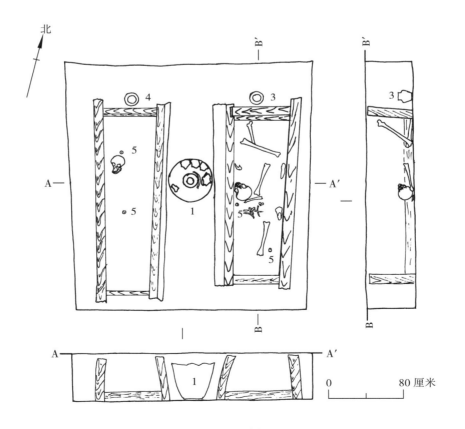

图七　M4 平面、剖视图
1.瓷瓮（葬具）2.铜饰（填土内）3、4.瓷罐　5.铜钱

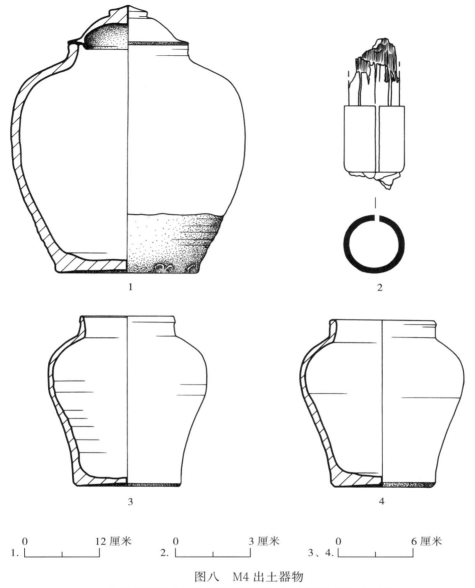

1.   0 ———— 12 厘米   2.   0 ———— 3 厘米   3、4.   0 ———— 6 厘米

图八　M4 出土器物

1.瓷瓮（M4:1）　2.铜饰（M4:2）　3、4.瓷罐（M4:3、4）

弧腹，尖圆唇，平折沿，侈口。瓮圆唇，近直口，短竖颈，鼓肩，圆弧腹，平底。通体施黑釉。瓮盖口径 13.3、高 7.1 厘米，瓮口径 19.1、肩径 37.2、底径 22.8、高 37.6 厘米（图八，1；彩版九五，1）。

瓷罐　2 件。均通体施青釉。素面。内壁腹部至底部有明显的轮旋痕迹。

M4:3，尖圆唇，直口微侈，短竖颈，鼓肩，圆腹，下腹弧收，近底部折收，平底。口径 7.4、肩径 12.6、底径 8.6、高 14.1 厘米（图八，3；彩版九五，2）。

M4:4，方圆唇，直口，短竖颈，鼓肩，圆腹，下腹弧收，近底部折收，平底。口径 8.5、肩径 13、底径 8.3、高 13.9 厘米（图八，4；彩版九五，3）。

铜饰　1 件。M4:2，出土于填土内。为一圆形铜环，内嵌有一小木棒。锈蚀严重。残长 6.2、直径 2.4 厘米（图八，2；彩版九五，4）。

"乾隆通宝" 2 枚。均模制，完整。圆形，方穿，正、背面有郭。正面楷书"乾隆通宝"，对读；背面穿左右为满文纪局名"宝泉"。

M4:5-1，钱径 2.8、穿径 0.65、郭厚 0.18 厘米（图五，4）。

M4:5-2，钱径 2.7、穿径 0.6、郭厚 0.18 厘米（图五，5）。

（三）搬迁墓

M1 位于发掘区西部，东邻 M2。方向 10°。墓口距地表深 0.4 米。平面呈长方形，长 1.8 米，宽 0.8 米，深 0.5 米。墓壁平直，平底。内填花土，含沙量较大，土质疏松（图九；彩版九三，2）。

墓底无木棺及人骨痕迹，推测为搬迁墓。未见随葬品。

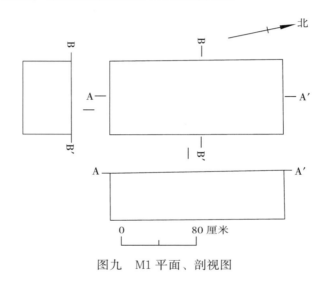

图九 M1 平面、剖视图

二、结语

（一）墓葬形制

本次发掘的 4 座墓葬均为竖穴土坑墓，其中 2 座双人合葬墓、1 座三人合葬墓、1 座搬迁墓。

（二）葬具与葬式

葬具多为木棺，仅 M4 中有瓮棺。除 M4 东、西侧棺和搬迁墓 M1 葬式不明，以及 M4 中部棺为火葬外，其余皆为仰身直肢葬。头向均为南北向。

（三）出土器物

墓葬出土器物按质地可分为瓷、银、铜、铁器等。瓷器有青釉瓷罐、黑釉瓷罐，银器主要为银簪，铜器有铜饰、铜钱等。出土器物种类和质地较为单一。

（四）墓葬年代

墓葬均开口于②层下。墓葬形制在北京地区清代墓葬中较为常见。出土的银簪、瓷罐等，在朝阳区善店养老产业示范基地项目清代墓中均有类似形制发现，如 M4 随葬的两件青釉瓷罐（M4:3、4）与单店双棺 A 型墓随葬瓷罐（M15:11）形制基本相同 [①]。墓葬中出土有"康熙通宝""乾隆通宝"等清代铜钱。由此推断，本批墓葬年代为清代早中期。

（五）墓葬性质

本次发掘未出土墓志、买地券等有明确文字记载的遗物，且墓葬排列未发现明显规律，因而对大多数墓葬族属较难判断。M4 因其瓮棺内存骨灰的葬式，推测为清代满人墓。从墓葬形制和随葬品分析，此批墓葬均属清代平民墓。

本次发掘，为研究该地区清代早中期丧葬习俗、社会发展状况提供了实物资料。

发掘：张智勇

绘图：赵夏锋

摄影：刘晓贺

拓片：赵夏锋

执笔：张　旭　张智勇

---

① 北京市文物研究所：《单店与黑庄户——朝阳区考古发掘报告集》，上海古籍出版社，2021 年，第 89 页。

平谷区兴谷经济开发区 D05 地块清代墓葬考古发掘报告

　　2015 年 6 月 28 日至 7 月 4 日，为配合平谷新城北部产业用地 D05 地块的建设，原北京市文物研究所对该地块范围内的 4 座清代墓葬进行了考古发掘。发掘证号为考执字〔2015〕第（045）号。

　　该地块位于平谷区兴谷经济开发区北部，地势平坦，处于平谷区山东庄地下文物埋藏区西北部。中心区域 GPS 数据为北纬 40° 10′ 40″、东经 117° 7′ 16″，海拔约 33.4～34.4 米。

　　发掘区南邻平旺街，西面为中上路（规划为兴谷西路），北面为平谷新城北街，东面暂为空地（规划道路为兴谷路，暂未修通），南距杜辛庄约 600 米（图一）。

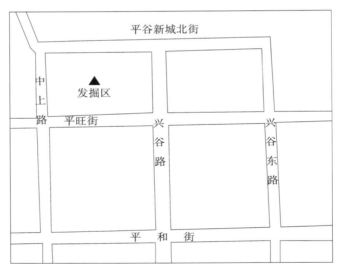

图一　发掘区位置示意图

　　该地块内的近、现代地层已被建设单位清理，现有的地层堆积自上而下分为 2 层。

①层：灰褐色土。厚 0～0.3 米。土质松散，含大量植物根系和极少量石块、瓷片。

②层：浅红褐色土。厚约 0.3～1 米，深 0.5～1.2 米。土质较致密，含少量石块。

②层以下为生土。

　　墓葬分布于发掘区的中部、北部（图二），均长方形竖穴土坑墓。棺木已朽。均开口于①层下，打破②层和生土。发掘面积总计 23 平方米，出土文物 2 件（不计铜钱）。

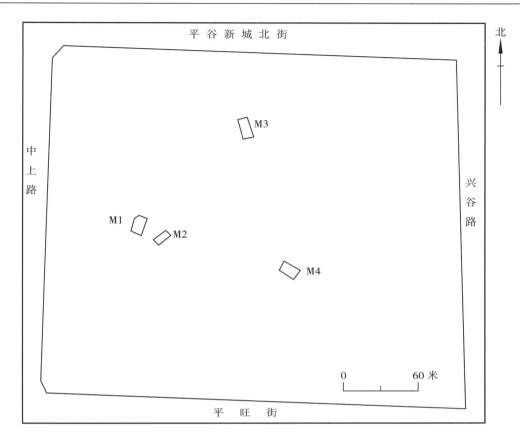

图二 墓葬分布示意图

一、墓葬形制及出土器物

M1 位于发掘区的中西部。南北向，方向 340°。墓口距地表深 1.5 米，墓底距地表深 2.5 米。墓圹长 2.6 米，宽 1.6～1.9 米，深 1 米。墓内填土较坚硬，为黄褐色花土（图三；彩版九六，1）。

内葬双棺。东侧棺长 1.8 米，宽 0.56～0.74 米，残高 0.3 米。棺内人骨保存较差，仰身直肢葬，为老年女性。西侧棺长 1.7 米，宽 0.55～0.64 米，残高 0.3 米。棺内人骨保存较差，葬式、年龄、性别均不详。

随葬品有铜簪、铜钱。

铜簪 1 件。M1∶1，簪首用铜丝焊接成禅杖形杵，并套铜环。顶作葫芦状，簪体细长，呈锥形。簪首长 2 厘米，簪尾残长 13 厘米（图六，1；彩版九六，5）。

铜钱 17 枚。均为平钱。方穿，宽郭，钱体厚重。

"乾隆通宝" 4 枚。钱面文为"乾隆通宝"，对读；背面穿左右为满文纪局名"宝泉"。M1∶2-3，钱径 2.15、穿径 0.55、厚 0.09 厘米。

"道光通宝" 4 枚。钱面文为"道光通宝"，对读；背面穿左右为满文纪局名"宝泉"。M1∶2-1，钱径 2.15、穿径 0.57、厚 0.14 厘米。

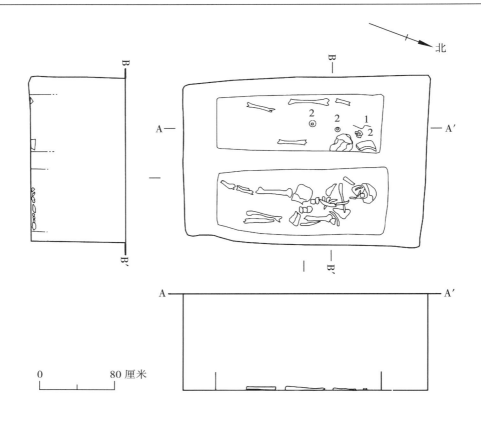

图三　M1 平面、剖视图
1. 铜簪　2. 铜钱

“光绪通宝”　9 枚。钱面文为“光绪通宝”，对读；背面穿左右为满文纪局名“宝泉”。M1:2-2，钱径 2.15、穿径 0.45、厚 0.09 厘米。

M2　位于发掘区的中西部，M1 东南方向约 10 米。西北—东南向，方向 305°。墓口距地表深 0.4 米，墓底距地表深 1.62 米。墓圹长 2.1 米，宽 0.7～0.8 米，深 1.2 米。墓内填土较坚硬，为黄褐色花土（图四；彩版九六，2）。

内葬单棺。棺长 1.9 米，宽 0.6～0.8 米，残高 0.2 米。棺内人骨保存较好，仰身直肢葬，为成年男性。

随葬品有铜钱、铜元。

铜钱　3 枚。均为平钱。方穿，宽郭，钱体厚重。

M2:2-1，钱面文为“乾隆通宝”，对读；背面穿左右为满文纪局名“宝泉”。钱径 2.45、穿径 0.55、厚 0.08 厘米。

M2:2-2，钱面文为“道光通宝”，对读；背面穿左右为满文纪局名“宝泉”。钱径 2.45、穿径 0.5、厚 0.09 厘米。

M2:2-3，钱面文为“光绪通宝”，对读；背面穿左右为满文纪局名“宝泉”。钱径 2.25、穿径 0.5、厚 0.07 厘米。

铜元　3 枚。均圆形，无方孔。M2:1-1，钱径 2.81、厚 1.15 厘米。

M3　位于发掘区的西北部，M1 东北方向约 100 米。东南—西北向，方向 292°。墓口距地表深 0.4 米，墓底距地表深 1.72 米。墓圹南北长 2.1 米，宽 1.22～1.32 米，深 1.32 米。墓内填土较坚硬，为黄褐色花土（图五；彩版九六，3）。

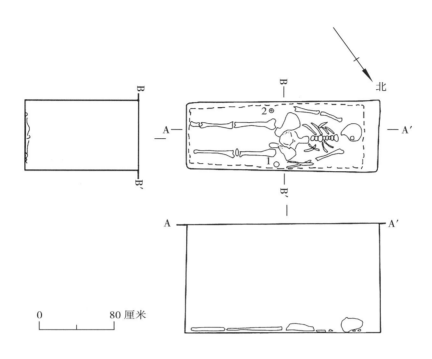

图四　M2 平面、剖视图
1. 铜元　2. 铜钱

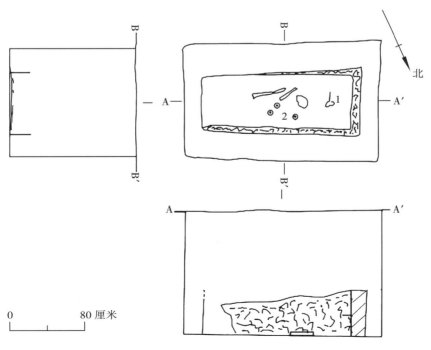

图五　M3 平面、剖视图
1. 银簪　2. 铜钱

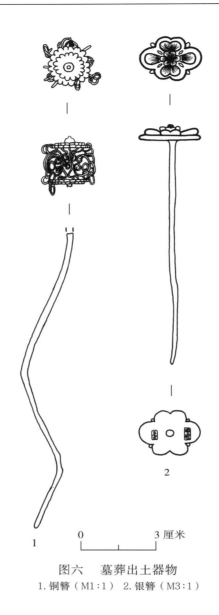

图六　墓葬出土器物
1. 铜簪（M1:1）　2. 银簪（M3:1）

　　内葬单棺。棺长 1.68 米，宽 0.6～0.7 米，残高 0.5 米。棺内人骨保存较差，葬式、年龄、性别均不详。

　　随葬品有银簪、铜钱。

　　银簪　1 件。M3:1，簪首镀白银，作四叶花瓣形。背左錾刻"足文"字样，右錾刻"顺德"字样。簪体呈圆锥形。通长 9.8 厘米（图六，2；彩版九六，6）。

　　铜钱　3 枚。均为平钱。方穿，宽郭，钱体厚重。钱面文为"道光通宝"，对读；背面穿左右为满文纪局名"宝泉"。

　　M3:2-1，钱径 2.29、穿径 0.53、厚 0.15 厘米。

　　M4　位于发掘区的中南部。东西向，方向 155°。墓口距地表深 0.4 米，墓底距地表深 1.44 米。墓圹长 2 米，宽 1.2～1.3 米，深 1.04 米。墓内填土较坚硬，为黄褐色花土（图七；彩版九六，4）。

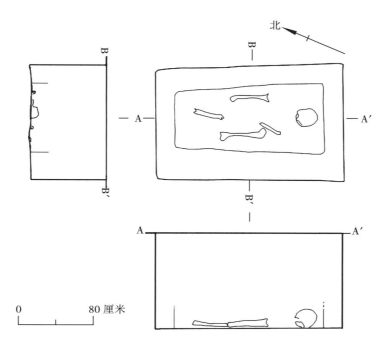

图七　M4 平面、剖视图

　　内葬单棺。棺长 1.58 米，宽 0.62～0.76 米，残高 0.2 米。棺内人骨保存较差，葬式、年龄、性别均不详。未发现随葬品。

二、结语

　　平谷新城北部产业用地近年来经过相继发掘[1]，出土了一批汉代至清代的文物。这 4 座墓葬均属清代晚期。这次发掘增加了该地区清代晚期的墓葬材料。

发掘：郭京宁

绘图：杨　茜

摄影：王宇新

执笔：郭京宁

---

① 北京市文物研究所 2016 年、2017 年发掘资料。

东城区西革新里危改土地一级开发
上市区地块清代墓葬考古发掘报告

　　为配合东城区西革新里危改土地一级开发上市区地块工程建设，原北京市文物研究所在前期考古勘探的基础上，于 2016 年 4 月 20 日至 2016 年 4 月 27 日，对其用地范围内的古代墓葬进行了抢救性发掘。发掘区位于北京市东城区革新南路，东革新里 40 号院的西侧。其位置处于北京市主城的中南部，三环以内，东邻永定门外大街，东北紧邻 14 号线永定门外地铁站，南面为革新南路（图一）。GPS 坐标为北纬 39°51′51″、东经 116°23′21″，海拔高程约为 40 米。发掘区地势相对平坦，地表植被稀疏，四周均为城市生活区。根据古墓葬的实际分布情况，对集中分布墓葬采取了整体布方式的发掘，对分散墓葬进行单个布方发掘的工作方法。此次共发掘墓葬 17 座（图二），发掘面积共计约 135 平方米，出土各类随葬品 49 件（不计铜钱）。

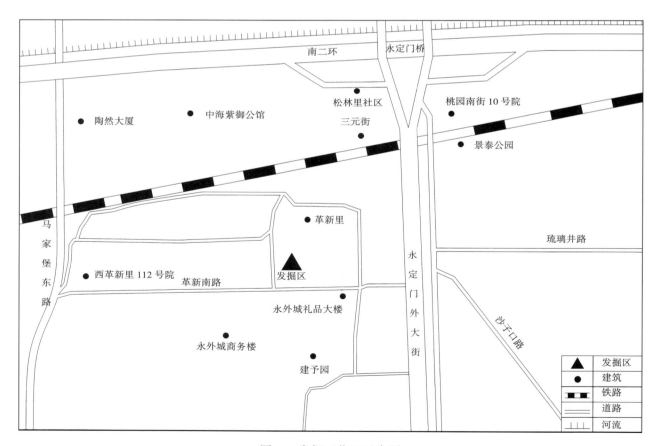

图一　发掘区位置示意图

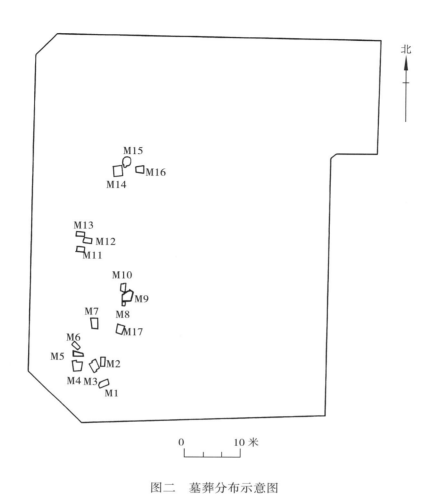

图二　墓葬分布示意图

现将此次发掘墓葬的形制、结构及随葬品等相关情况报告如下。

一、地层堆积

经考古勘探发现，这一区域地层分布相对简单，地下主要为自然淤积沙土层，叠压打破关系清晰明了，对我们判断不同开口层位遗迹的时代有重要参考意义。根据土质、土色及包含物的不同，发掘区地层堆积自上而下可分为4层：

①层：现代渣土层。深0～1米。内含砖渣及植物根系等。

②层：原表土层。深1～2.1米，厚约1.1米。土质较硬，包含少量砂粒。

③层：冲积层。深2.1～3.2米，厚约1.1米。土质较致密，无包含物。

④层：红褐色胶黏土层。深3.2～4.6米，厚约1.4米。土质致密，较干净。

④层以下为生土，呈浅褐色，土质较致密。

二、墓葬形制及出土器物

此次共发掘清理墓葬17座，编号M1～M17，其中M15为圆形土圹砖室墓，其余均为长方形竖穴土圹墓。根据木棺数量，长方形竖穴土圹墓可分为单棺墓、双棺墓、三棺墓，其中单棺墓 6 座，双棺墓 6 座，三棺墓 4 座。共出土陶、金、银、玉、瓷、丝、布等质地各类器物 49 件（附表一）。另出土铜钱 57 枚（附表二）。

（一）单棺墓

6 座，编号 M2、M5、M6、M8、M11、M13。皆为长方形竖穴土圹墓。

M2 位于发掘区的西南部，西南邻 M3。南北向，方向 360°。开口于①层下，墓口距地表深约 0.8 米。墓圹平面呈长方形，南北长 2.65 米，东西宽 0.8 米，深 0.22 米，墓底距地表约 1.02 米。直壁，平底。内填黄褐色花土，土质较硬，含有少量的小石块及砂粒（图三）。

棺木已朽，墓圹底部仅发现几枚棺钉及残存的少量板灰痕迹。人骨保存情况较差，仅剩少量的肢骨，葬式、性别、年龄不详。

随葬品有铜钱。

"道光通宝" 1 枚。M2:1，圆形，方穿，正、背面皆有内、外郭。正面楷书"道光通宝"，对读；背面穿左右为满文纪局名"宝泉"。直径 1.9、穿径 0.6、郭宽 0.3、郭厚 0.15 厘米（图八，2）。

M5 位于发掘区的西南部，北邻 M6。东西向，方向 105°。开口于①层下，墓口距地表深约 0.6 米，墓底距地表深约 1 米。墓圹平面近长方形，东西长 3 米，南北宽 1.1~1.7 米，深 0.4 米。内填黄褐色杂土，土质松散，上部土层被扰乱严重。

葬具不详，根据墓底残留板灰推测应为棺木葬。墓内人骨保存情况较差，仅存头骨和两根肢骨，头向东，面向北，葬式、性别、年龄不详（图四）。

未发现随葬品。

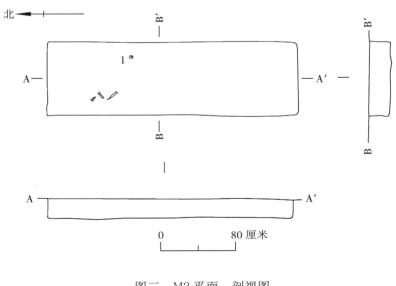

图三 M2 平面、剖视图

1. 铜钱

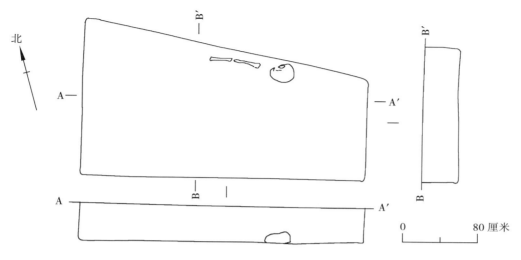

图四　M5平面、剖视图

M6　位于发掘区的西南部，南邻 M5 约 0.2 米，南距 M4 约 2.2 米。南北向，方向 130°。开口于①层下，墓口距地表深约 0.6 米，墓底距地表深约 0.72 米。墓圹南北长 2.1～2.2 米，东西宽 1～1.1 米，残深 0.12 米。内填黄褐色沙土，土质疏松，上部土层被严重扰乱，土中无包含物。

由于该墓已被严重扰乱，仅存腿骨残块。葬式、头向、面向、性别、年龄不详（图五）。未发现随葬品。

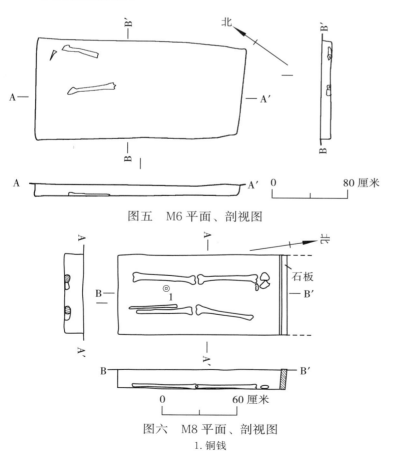

图五　M6平面、剖视图

图六　M8平面、剖视图

1. 铜钱

M8　位于发掘区的西南部，北邻 M9。南北向，方向 10°。开口于①层下，墓口距地表深约 0.4 米，墓底距地表深约 0.52 米。墓圹平面近长方形，南北长 1.3 米，东西宽 0.65 米，深 0.12 米。内填灰褐色花土，土质松散。墓室上部填土扰乱严重，北侧已被破坏，墓圹北侧有一块石板。

葬具不详，根据墓底残留板灰推测应为棺木葬。墓内人骨保存情况较差，仅存下肢骨，头向北，葬式、面向、性别、年龄不详（图六；彩版九七，1）。

随葬品有铜钱。

"雍正通宝" 1 枚。M8:1，平钱。图形，方穿，正、背面皆有郭，郭缘稍宽。正面楷书"雍正通宝"，对读；背面穿左右为满文纪局名"宝泉"。钱径 2.2、穿径 0.5、郭宽 0.3、郭厚 0.13 厘米（图八，3）。

　　M11　位于发掘区的西南部，东北距 M12 约 2 米，东南距 M10 约 8 米。东西向，方向 100°。开口于①层下，墓口距地表深约 0.8 米，墓底距地表深 1.1 米。墓圹平面形状呈长方形，东西长 2.55 米，南北宽 1.14～1.3 米，深 0.3 米。内填黄褐色花土，土质疏松。墓室右侧有被现代扰乱现象。

　　棺木已朽，棺长 2.1 米，宽 0.56～0.6 米，残高 0.16 米。棺内人骨保存情况较好，仰身直肢葬，头向东，面向北，为中年女性，残长 1.84 米（图七；彩版九七，2）。

　　随葬品有铜钱，置于棺内人骨脚踝处。

　　"乾隆通宝"　1 枚。M11:1，圆形，方穿，正、背面皆有内、外郭。正面楷书"乾隆通宝"，对读；背面穿左右为满文纪局名"宝源"。钱径 2.2、穿径 0.6、郭宽 0.3、郭厚 0.15 厘米（图八，4）。

　　M13　位于发掘区的西南部，东南紧邻 M12，东北距 M14 约 11 米。东西向，方向 100°。开口于①层下，墓口距地表深约 0.7 米，墓底距地表深约 1.16 米。墓圹平面形状近长方形，东西长约 2.5 米，南北宽 0.92～1.12 米，深 0.46 米。内填灰褐色花土，土质松散，逐层堆积，上部被扰乱。

　　棺木已朽，仅残见棺痕，棺痕长约 2 米，宽约 0.8 米。棺内人骨保存情况一般，下肢被扰乱严重，腿骨集中分布，仰身直肢葬，头向东，面向上，男性，年龄不详（图九；彩版九七，3）。

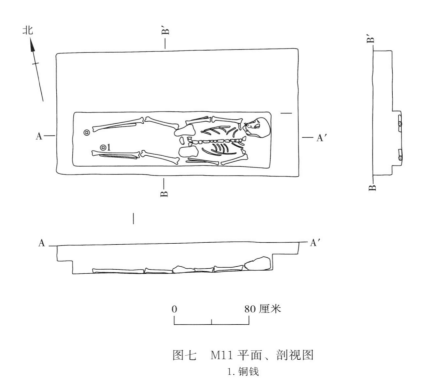

图七　M11 平面、剖视图

1. 铜钱

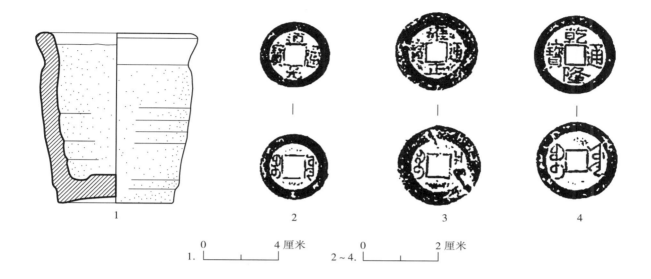

图八　墓葬出土器物

1.釉陶罐（M13:1）　2."道光通宝"铜钱（M2:1）　3."雍正通宝"铜钱（M8:1）　4."乾隆通宝"铜钱（M11:1）

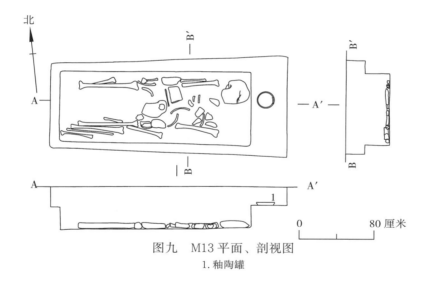

图九　M13平面、剖视图

1.釉陶罐

随葬品有釉陶罐。

釉陶罐　1件。M13:1，轮制。方圆唇，侈口，折沿，束颈，溜肩，斜直腹，平底略内凹。内、外壁口沿及上腹部施酱黄色釉，釉层稀薄。外壁中下部、底部未施釉，露浅褐色胎，胎质较粗糙。素面。器体留有明显的轮旋痕迹，底部有偏心旋痕。口径8.6、最大腹径8、底径6.2、高9.2厘米（图八，1）。

（二）双棺合葬墓

6座，编号M1、M3、M7、M10、M12、M17。皆为长方形竖穴土圹双棺合葬墓。

M1　位于发掘区的西南部，北距M2约2.8米，西北距M3约0.7米。东西向，方向80°。开口于①层下，墓口距地表深约0.7米，墓底距地表深约1米。墓圹平面形状近长方形，墓口

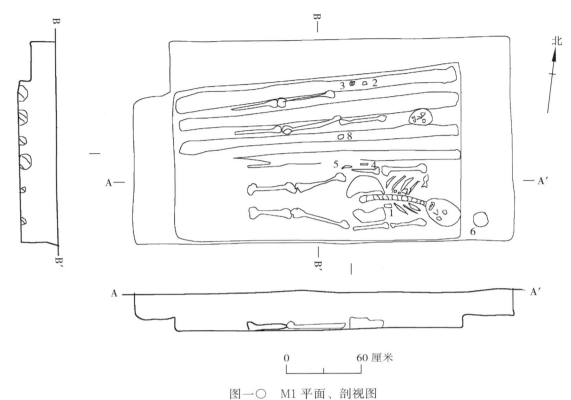

图一〇　M1 平面、剖视图

1.青花瓷鼻烟壶　2.银戒指　3.铜钱　4.玉烟嘴　5.玉挂坠　6.釉陶罐　7.瓷扣　8.玉饰件

长约 3 米，宽 0.95～1.65 米；墓底长约 3 米，宽 0.9～1.6 米，深 0.3 米。内填黄褐色花土，土质松散，夹有石块等，上部填土已被扰乱。

　　棺木葬，两棺相距 0.2 米。南棺已朽，未发现棺木及棺钉痕迹。内有人骨 1 具，人骨保存较完整，仰身直肢葬，头向东、面向上，性别为男性。棺内及东侧随葬有青花鼻烟壶、玉烟嘴、玉挂坠、瓷扣、釉陶罐。北棺保存情况较好，长约 2 米，宽 0.4～0.7 米。内有人骨 1 具，人骨保存较差，仰身直肢葬，头向东，面向上，性别为女性。棺内北部随葬有银戒指、铜钱，南部随葬玉饰件（图一〇；彩版九八，1）。

　　青花瓷鼻烟壶　1 件。M1:1，模制。无盖，敞口，平沿，尖圆唇，束颈，圆折肩，直腹微弧，近筒状，内圈足。乳白色胎，器外通体施白釉，器内不施釉。釉下以青花于颈部饰草叶纹，于腹壁饰佛八宝纹，包含宝伞、双鱼、宝瓶、莲花、法螺、吉祥结、宝幢、法轮，其间杂以缠枝草叶纹，构图饱满。底素面，无款。口径 2.2、腹径 3.6、底径 2.9、高 8.8 厘米。壶体内含木质烟勺，勺长 8.2 厘米（图一一，1；彩版一〇三，1）。

　　银戒指　1 件。M1:2，灰白色。手工打造。两端扁尖，重叠呈圆形，中间为桃心形平面，其表面刻弧形分界线，一半为素面，打磨痕迹明显；一半錾刻花草纹。通长 8.2、直径 1.8 厘米（图一一，2；彩版一〇三，2）。

　　"大清铜币"铜元　1 枚。M1:3-1，圆形。正面珠圈内楷书"大清铜币"，对读，珠圈外右左书"己酉"；背面锈蚀模糊不清。直径 2.8、厚 0.17 厘米（图一二，1）。

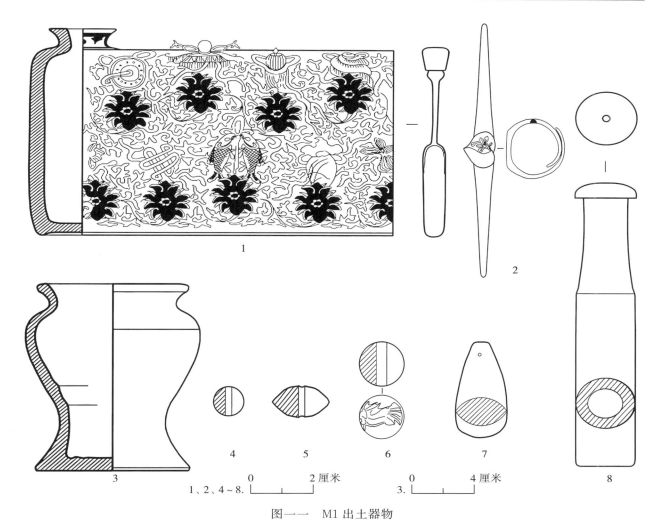

图一一　M1 出土器物

1.青花瓷鼻烟壶（M1:1）　2.银戒指（M1:2）　3.釉陶罐（M1:6）　4、5.玉饰件（M1:8-1、8-2）　6.瓷扣（M1:7-1）　7.玉挂坠（M1:5）　8.玉烟嘴（M1:4）

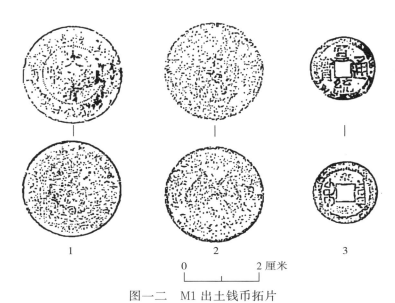

图一二　M1 出土钱币拓片

1."大清铜币"铜元（M1:3-1）　2.双旗铜元（M1:3-2）　3."宣统通宝"铜钱（M1:3-3）

双旗铜元　1 枚。M1:3-2，圆形。正面为两面交叉的旗子，背面竖写汉字"十文"。直径 2.7、厚 0.17 厘米（图一二，2）。

"宣统通宝"铜钱　1 枚。标本 M1:3-3，圆形，方穿，正、背面有郭。正面楷书"宣统通宝"，对读；背面穿左右铸满文纪局名"宝泉"。直径 1.8、穿径 0.4、郭宽 0.2、郭厚 0.1 厘米（图一二，3）。

玉烟嘴　1 件。M1:4，白玉质略透青色，淡黄黑色沁。顶作蘑菇状，束颈，下部呈筒形。顶、底部有圆孔相通。通长 9.4、孔径 0.2～0.9 厘米（图一一，8；彩版一〇三，3）。

玉挂坠　1 件。M1:5，白色，含少量翠绿色沁。器体大致呈水滴状，底部隆起，尖部有一小穿孔。长 3.1、宽 0.5～1.7、厚 0.96 厘米（图一一，7；彩版一〇三，4）。

釉陶罐　1 件。M1:6，轮制。侈口，平沿，圆唇，束颈，鼓肩，上腹部圆鼓，下腹部弧收，底部外展，平底微凹。口沿内、外及外壁施乳白色釉，釉层稀薄，已有明显脱落，局部泛五彩光泽，内壁及底部未施釉，露红褐色胎。素面。器体留有轮旋修坯痕迹。口径 9.4、最大腹径 10.8、底径 9.4、高 12.2 厘米（图一一，3；彩版一〇三，5）。

瓷扣　3 件。形制、质地、釉色相同。体呈圆球形，中部有一圆形穿孔。通体施白釉。表面光滑，釉下饰红色鱼形图案。M1:7-1，直径 1.45、穿径 0.35 厘米（图一一，6；彩版一〇三，6）。

玉饰件　2 件。

M1:8-1，翠绿色，通体晶莹剔透。体呈圆球形，中部有一圆形穿孔。表面光素无纹。直径 0.95 厘米（图一一，4；彩版一〇三，7 左）。

M1:8-2，青色，局部泛白。体呈椭圆扁球形，中部圆润，两端尖锐，中部有一穿孔。通长 1.8 厘米（图一一，5；彩版一〇三，7 右）。

M3　位于发掘区的西南部，东距 M2 约 2 米，西距 M4 约 4 米。南北向，方向 340°。开口于①层下，墓口距地表深约 0.6 米，墓底距地表深约 0.84 米。墓圹平面形状近长方形，南北长 2.64～2.72 米，东西宽约 1.7 米，深约 0.24 米。内填花土，上部为黄褐色，底部为灰褐色，土质疏松，上部土层被严重扰乱。

棺木葬。棺木保存较差，仅剩棺痕，棺底有黑灰。西侧棺痕长约 2 米，宽 0.43～0.58 米。棺内人骨保存较完整，仰身直肢葬，头向北，面向东，女性，年龄不详。棺外北侧随葬有釉陶罐，棺内头骨西侧随葬有银耳环、银扁方。东侧棺痕长约 2 米，宽 0.45～0.68 米。棺内人骨保存较好，仰身直肢葬，头向北，面向上，男性。棺外北侧随葬有釉陶罐（图一三；彩版九八，2）。

釉陶罐　2 件。轮制。形制基本一致，均直口微敞，平沿，方圆唇略外展，近直领，平底微凹，底部略向外展。器壁内、外可见明显的轮旋痕迹。

M3:1，西棺出土。圆肩，弧腹内收。口径 8.5、最大腹径 13.2、底径 9.9、高 12.7 厘米（图一四，1；彩版一〇四，1）。

M3:2，东棺出土。溜肩，鼓腹，下部弧收。口径 8.8、最大腹径 13.2、底径 9.3、高 13.6 厘米（图一四，2；彩版一〇四，2）。

银扁方　1 件。M3:3，首呈扁平如意形，上端镂空饰蝙蝠，振翅张目，造型生动；下端

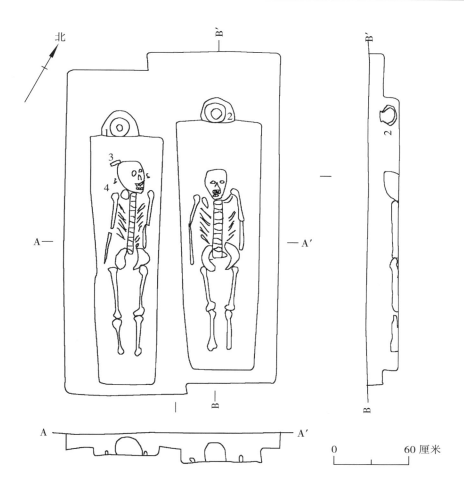

图一三　M3 平面、剖视图
1、2.釉陶罐　3.银扁方　4.银耳环

镂空饰盘长结图案。其下簪体呈扁条形，正面錾刻交错花朵、蝴蝶纹饰。尾呈圆弧形。通长 8、宽 0.9～1.9 厘米（图一四，4；彩版一〇四，3）。

银耳环　1 件。M3:4，下端呈圆饼状，体呈"S"形，尾部尖细。圆饼状部分直径 1.5 厘米（图一四，3；彩版一〇四，4）。

M7　位于发掘区的西南部，西南距 M6 约 4 米，东北距 M8 约 4.4 米。南北向，方向 340°。开口于①层下，墓口距地表深约 0.7 米，墓底距地表深约 0.9 米。墓圹近长方形，南北长约 2.46 米，东西宽 1.56～1.96 米，残深 0.2 米。内填灰褐色花土，土质疏松，墓圹上部被扰乱严重，仅残存墓坑底部。

棺木葬。棺木腐朽严重，仅残留棺痕，两棺相距约 0.1 米。东侧棺痕南北长 2.2 米，东西宽 0.6 米。棺内人骨保存情况一般，仰身直肢葬，头向北，面向西，男性，年龄不详，长约 1.84 米。西侧棺痕南北长 1.9 米，东西宽 0.6 米。棺内人骨保存情况较差，仰身直肢葬，头向北，面向上，女性，年龄不详（图一五；彩版九九，1）。

随葬品有白瓷罐、铜钱。

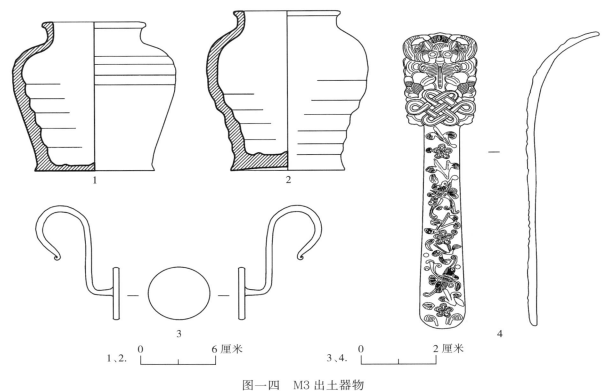

图一四　M3 出土器物

1、2.釉陶罐（M3∶1、2）　3.银耳环（M3∶4）　4.银扁方（M3∶3）

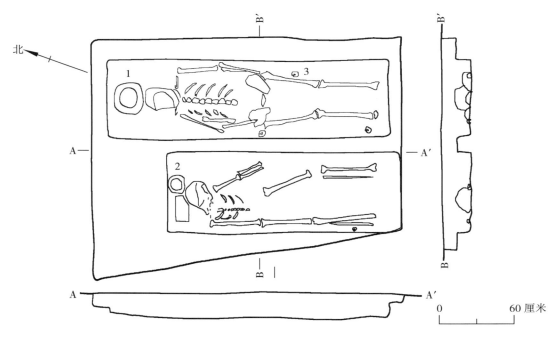

图一五　M7 平面、剖视图

1、2 白瓷罐　3.铜钱

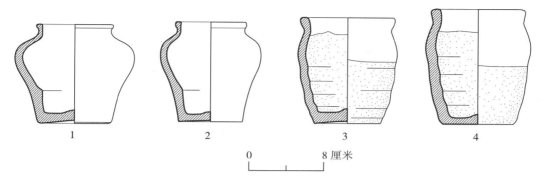

图一六　M7、M10 出土器物
1、2.白瓷罐（M7:1、2）　3、4.釉陶罐（M10:1、2）

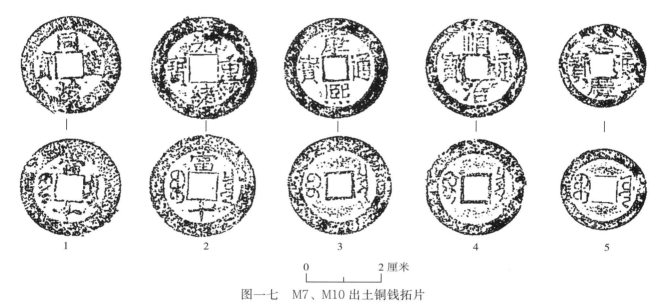

图一七　M7、M10 出土铜钱拓片
1."同治重宝"（M7:3-1）　2."光绪重宝"（M7:3-2）　3."康熙通宝"（M10:3-1）　4."顺治通宝"（M10:3-2）　5."嘉庆通宝"
（M10:3-3）

白瓷罐　2件。轮制。形制基本一致，均直口微敞，方圆唇，短束颈，圆鼓腹，下腹近底部内弧收，平底微凹。器外壁施青白釉，釉色莹润，口沿及底部露浅褐色胎，胎质细腻。内壁可见明显的轮制修坯痕迹，底部有偏心旋痕。

M7:1，溜肩，鼓腹，下腹斜收。口径 8.6、最大腹径 12.8、底径 7.5、高 11 厘米（图一六，1；彩版一〇四，5）。

M7:2，鼓肩，圆腹，下腹弧收。口径 7.4、最大腹径 10.5、底径 6.5、高 10.6 厘米（图一六，2；彩版一〇四，6）。

铜钱　3枚。

"同治重宝"　1枚。M7:3-1，大平钱。方穿，正、背面郭缘较宽。正面楷书"同治重宝"，对读；背面穿左右为满文纪局名"宝泉"，上下楷书"当十"。钱径 2.7、穿径 0.7、郭宽 0.4、郭厚 0.14 厘米（图一七，1）。

"光绪重宝"　2枚，仅1枚可辨识。M7:3-2，大平钱。方穿，正、背面郭缘较宽。正面楷书"光绪重宝"，对读；背面穿左右为满文纪局名"宝泉"，上下楷书"当十"。钱径2.9、穿径0.8、郭宽0.4、郭厚0.14厘米（图一七，2）。

　　M10　位于发掘区的西南部，东南紧邻M9，西北距M11约8米。南北向，方向5°。开口于①层下，墓口距地表深约0.3米，墓底距地表深约0.5～0.64米。墓圹平面近长方形，南北长2.1～2.3米，东西宽1.44～1.58米，深0.2～0.34米，内填黄褐色花土，土质疏松。

　　棺木葬。棺木腐朽严重，仅残存棺痕。东侧棺痕长2.3米，宽0.69米。棺内人骨保存一般，仰身直肢葬，头向北，面向东，上肢扰乱严重，性别为男性，年龄不详，长约1.75米。西侧棺痕长2.2米，宽0.7～0.9米。棺内人骨保存较差，头骨缺失，仰身直肢葬，女性，头向、面向、年龄不详（图一八；彩版九九，3）。

　　随葬品有半釉陶罐、铜钱。

　　半釉陶罐　2件。轮制。敞口，尖圆唇，短颈，溜肩，斜弧腹，平底略内凹。口部及肩部施酱釉或酱黄釉，釉面已脱落，其余部位露灰胎，胎质较粗糙。素面。留有明显的轮旋痕迹。

　　M10:1，口径10.2、最大腹径10.6、底径7、高11.3厘米（图一六，3；彩版一〇五，1）。

　　M10:2，腹部近底部略收。口径9.7、最大腹径11.3、底径7.5、高12.3厘米（图一六，4；

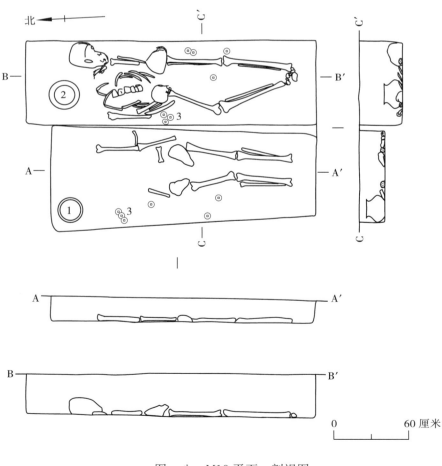

图一八　M10平面、剖视图
1、2.半釉陶罐　3.铜钱

彩版一〇五, 2)。

铜钱   18枚。其中3枚可辨识, 余皆锈蚀较甚, 字迹模糊不清。

"康熙通宝"   1枚。M10:3-1, 圆形, 方穿, 正、背面皆有内、外郭。正面楷书"康熙通宝", 对读; 背面穿左右为满文纪局名"宝泉"。直径2.8、穿径0.7、郭宽0.3、郭厚0.1厘米(图一七, 3)。

"顺治通宝"   1枚。M10:3-2, 圆形, 方穿, 正、背面皆有内、外郭。正面楷书"顺治通宝", 对读; 背面穿左右为满文纪局名"宝泉"。直径2.7、穿径0.7、郭宽0.3、郭厚0.09厘米(图一七, 4)。

"嘉庆通宝"   1枚。M10:3-3, 平钱。方穿, 正、背面皆有圆郭。正面楷书"嘉庆通宝", 对读; 背面穿左右为满文纪局名"宝源"。直径2.3、穿径0.7、郭宽0.2、郭厚0.12厘米(图一七, 5)。

M12   位于发掘区的西部, 西南距M11约0.8米, 西北紧邻M13。东西向, 方向100°。开口于①层下, 墓口距地表深约0.8米, 墓底距地表深约1.58～1.62米。墓圹东西长2.4～2.6米, 南北宽约1.6米, 深0.38～0.42米。上部地层被扰乱, 南侧坑底东侧已被破坏。内填灰褐色花土, 土质疏松。

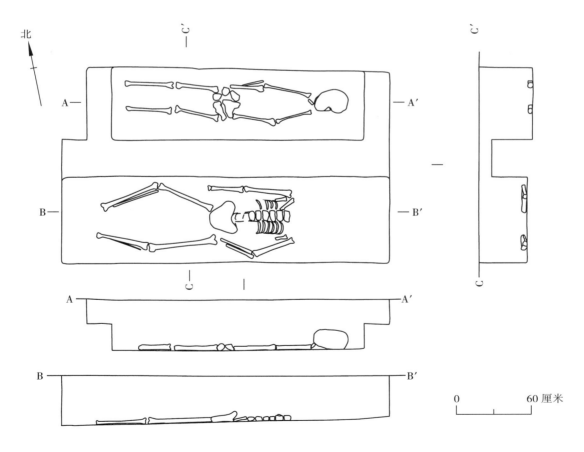

图一九   M12平面、剖视图

棺木腐朽严重，仅残存棺痕，两棺相距约0.3米。南棺棺痕长约2.6米，宽约0.7米。棺内人骨保存情况较差，仰身直肢葬，头骨缺失，推测头向东，面向不详，性别为男性，年龄不详。北棺棺痕长约2米，宽约0.6米。棺内人骨保存情况一般，长约1.76米，仰身直肢葬，头向东，面向南，性别为女性，年龄不详（图一九；彩版九九，4）。

未发现随葬品。

M17 位于发掘区的西南部，北距M8约3.2米，西北距M7约3.2米。南北向，方向15°。开口于①层下，墓口距地表深约0.2米，墓底距地表深约1.4~1.45米。墓圹平面形状呈长方形，南北长约2.9米，宽约1.6~1.8米，深约1.2~1.25米。内填黄褐色花土，土质疏松。

棺木葬。棺木腐朽严重，仅存棺痕，两棺相距约0.1米。东棺棺痕长约1.9米，宽0.5~0.6米。棺内人骨保存情况一般，仰身直肢葬，上肢被扰严重，头向北，面向上，男性，年龄不详，人骨长约1.64米。西棺棺痕长约2米，宽约0.6米。棺内人骨保存情况一般，仰身直肢葬，头向北，面向上，女性，年龄不详，人骨长约1.6米（图二〇；彩版九九，2）。

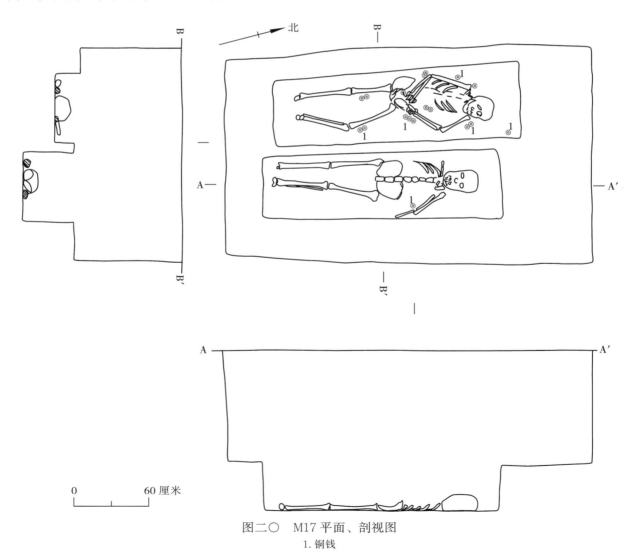

图二〇　M17 平面、剖视图

1. 铜钱

随葬品有铜钱。

"嘉靖通宝" 1枚。M17:1，平钱。方穿，正、背面郭缘稍窄。正面楷书"嘉靖通宝"，对读；背面锈蚀不清，字迹无法辨识。钱径2.4、穿径0.6、郭宽0.2、郭厚0.15厘米（图二二，8）。

其余铜钱皆锈蚀较甚，字迹模糊不清。

（三）三棺墓

4座。编号M4、M9、M14、M16。皆为竖穴土圹长方形三室墓。

M4 位于发掘区的西南部，东北距M5约1.02米，东距M3约1.2米。南北向，方向355°。开口于①层下，墓口距地表深约0.7米，墓底距地表深约0.85米。墓圹南北长约2.9米，东西宽约2.3~2.6米，深约0.15米。内填黄褐色沙土，土质较疏松，内含少量的碎石块。

棺木葬，棺木腐朽严重，仅存棺痕。西侧棺痕南北长2.24米，东西宽0.8米。棺内人骨保存一般，仰身直肢葬，头向北、面向西，男性，年龄不详，长约1.75米。中部棺痕南北长2.1米，东西宽0.6米。棺内人骨保存较差，被严重扰乱，仰身直肢葬，头向北、面向东，女性，年龄不详。东侧棺痕南北长2.1米，东西宽0.6米。棺内人骨保存较差，仰身直肢葬，头向北、面向上，女性，年龄不详，残长1.47米（图二一；彩版一〇〇，1）。

图二一　M4平面、剖视图
1、2.半釉陶罐　3.铜钱

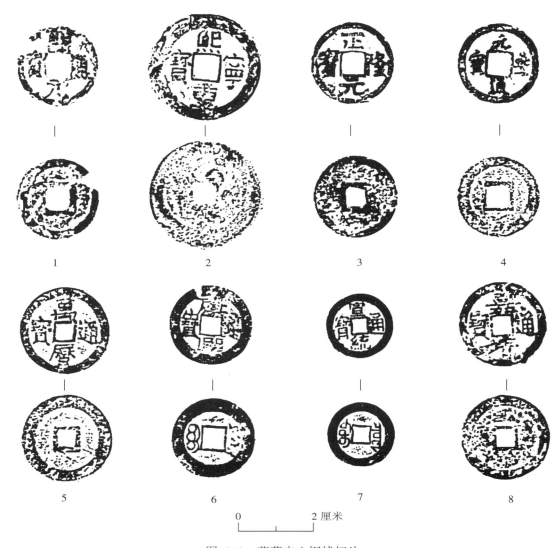

图二二　墓葬出土铜钱拓片

1.“开元通宝”（M4:3-1）　2.“熙宁重宝”（M4:3-2）　3.“正隆元宝”（M4:3-3）　4.“元丰通宝”（M4:3-4）　5.“万历通宝”（M4:3-5）
6.“康熙通宝”（M9:2）　7.“宣统通宝”（M14:4）　8.“嘉靖通宝”（M17:1）

随葬品有半釉陶罐和铜钱。

半釉陶罐　2件。轮制。圆唇，直口，短颈，圆肩，斜弧腹，腹部近底部略内收，圈足底。口沿下部至肩部施酱绿色釉，其余部位露灰胎，胎质较粗糙。素面。器物内、外壁留有明显的轮旋痕迹。

M4:1，完整。口径9、最大腹径13.4、底径6.4、高13.4厘米（图二三，1；彩版一〇五，3）。

M4:2，有滴釉现象。口径8.4、最大腹径13.7、底径8、高12.5厘米（图二三，2；彩版一〇五，4）。

铜钱　11枚。其中可辨钱文者5枚。

“开元通宝”　1枚。M4:3-1，平钱。方穿，正、背面郭缘较窄。正面楷书“开元通宝”，对读；背面锈蚀不清。钱径2.2、穿径0.7、郭宽0.2、郭厚0.12厘米（图二二，1）。

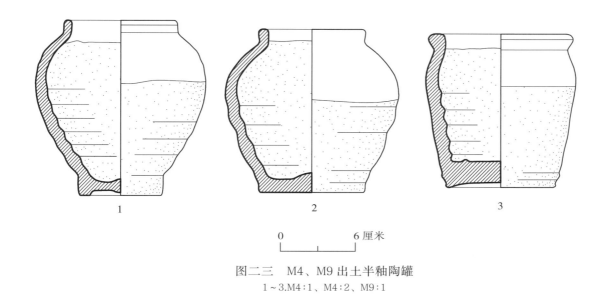

0　　　　　　6厘米

图二三　M4、M9 出土半釉陶罐
1～3.M4：1、M4：2、M9：1

"熙宁重宝"　1枚。M4：3-2，大平钱。方穿，正、背面郭缘较宽。正面隶书"熙宁重宝"，旋读。钱径3.2、穿径0.5、郭宽0.4、郭厚0.11厘米（图二二，2）。

"正隆元宝"　1枚。M4：3-3，平钱。方穿，正、背面郭缘稍窄。正面楷书"正隆元宝"，旋读。钱径2.3、穿径0.6、郭宽0.1、郭厚0.11厘米（图二二，3）。

"元丰通宝"　1枚。M4：3-4，平钱。方穿，正、背面郭缘稍窄。正面行书"元丰通宝"，旋读。钱径2.3、穿径0.7、郭宽0.2、郭厚0.11厘米（图二二，4）。

"万历通宝"　1枚。M4：3-5，平钱。方穿，正、背面郭缘较宽。正面楷书"万历通宝"，对读。钱径2.5、穿径0.5、郭宽0.3、郭厚0.1厘米（图二二，5）。

M9　位于发掘区的西南部，西北紧邻M10。南北向，方向30°。开口于①层下，墓口距地表深约0.7米，墓底距地表深0.92～1.06米。墓圹南北长2.54～3.26米，东西宽2.4～3.4米，深0.22～0.36米。内填灰褐色花土，土质疏松。

棺木葬。棺木已朽，仅存棺痕。东侧棺痕南北长约2米，东西宽0.5～0.7米。棺内人骨保存一般，仰身直肢葬，头向北，男性，面向、年龄不详。中部棺痕南北长约2米，东西宽0.9～1.1米。棺内人骨保存较差，仅残存零碎骨头数块。西侧棺痕南北长约1.8米，东西宽约0.6米。棺内未发现人骨（图二四；彩版一〇〇，2）。

随葬品有半釉陶罐、铜钱。

半釉陶罐　1件。M9：1，轮制。敞口，圆唇，短颈，溜肩，直腹微弧，平底略内凹。素面。口部及肩部施酱釉，釉面已脱落，其余部位露灰胎，胎质较粗糙。器体留有明显的轮旋痕迹。口径10.3、最大腹径11.8、底径8.3、高11.9厘米（图二三，3；彩版一〇五，5）。

"康熙通宝"　1枚。M9：2，圆形，方穿，正、背面皆有内、外郭。正面楷书"康熙通宝"，对读；背面穿左右为满文纪局名"宝源"。钱径2.3、穿径0.6、郭宽0.2、郭厚0.15厘米（图二二，6）。

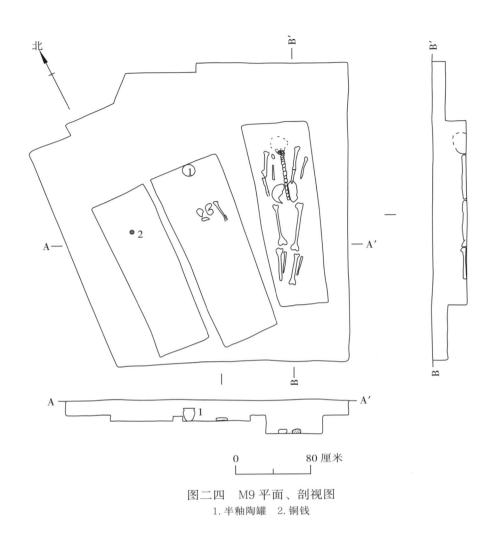

图二四　M9 平面、剖视图
1. 半釉陶罐　2. 铜钱

M14　位于发掘区的西部，西南距 M13 约 10.8 米，东北为 M15。东西向，方向 87°。开口于①层下，墓口距地表深 1.2 米，墓底距地表深 2.42 米，打破生土层。墓圹南北长约 3.8 米，东西宽 3～3.06 米，深 1.22 米。内填黄褐色花土，土质疏松，无包含物。

棺木葬。三棺均保存较好。北棺南北长 2.28 米，东西宽 0.64～0.74 米，高 0.7 米，板厚 0.1米；中棺东西长 2.34、南北宽 0.7～0.78 米，高 0.7 米，板厚 0.1 米；南棺东西长 2.18、南北宽 0.58～0.64 米，高 0.6 米，板厚 0.1 米。三棺内壁均涂以朱漆。棺内人骨均保存较好（全部采集），均为仰身直肢葬，均头向东、面向上，北棺为男性，南棺为女性，中棺性别不详（图二五；彩版一〇一，1）。

随葬品有服饰、金簪、木朝珠、玉挂坠、铜扣、顶戴配饰、铁剪刀、铜钱等。

铁剪刀　1 件。M14:1，铸造成型。锈蚀严重。脊厚刃薄，前端尖细，与现代生活用剪形制已无异。通长 17.8 厘米（图二六，1；彩版一〇五，6）。

翎羽　1 件。M14:2，花翎，单眼，翎管已缺失。残长 25 厘米（图二八，2；彩版一〇六，1）。

"宣统通宝"　1 枚。M14:4，圆形，方穿，正、背面有圆郭。正面楷书"宣统通宝"，对读；背面穿左右铸满文纪局名"宝泉"。钱径 1.9、穿径 0.5、郭宽 0.2、厚 0.1 厘米（图二二，7）。

金簪　1件。M14:5，簪首较宽，向后弯曲，做成草叶形，正面上部錾刻细线纹，中部錾刻如意、花卉纹，背面上部錾刻"万增"字样。簪体细长，扁平长条形，末端尖细，呈三角锥状。簪首宽 2.2 厘米，通长 20.5 厘米（图二六，2；彩版一〇七，1）。

铜扣　1件。M14:6，锈蚀严重。整体呈花朵状，中部有一圆形穿孔。直径 2.8、孔径 0.8 厘米（图二六，3；彩版一〇七，2）。

木朝珠　2件。串珠主体由 108 颗浅棕色木珠组成，间以深棕色木质佛头 4 个。佛头均通饰圆形"寿"字纹，下连木质佛头塔 1 座。由木珠组成记捻 3 串，每串 10 粒，末端坠角均为木质水滴形，其上錾刻圆形"寿"字纹。

M14:7，塔下以浅褐色丝绦穿系木质背云，尾端为木质水滴形坠角。串珠直径 1.28、孔径 0.48 厘米（图二七，1；彩版一〇六，2）。

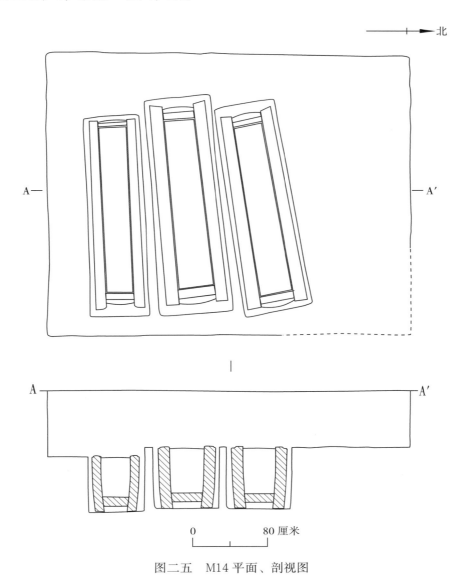

图二五　M14 平面、剖视图

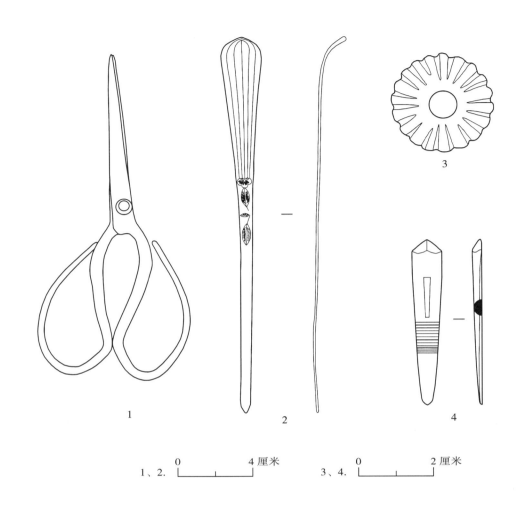

图二六　M14 出土器物

1.铁剪刀（M14:1）　2.金簪（M14:5）　3.铜扣（M14:6）　4.木饰件（M14:10）

M14:8，背云、坠角均已缺失，仅存塔下穿系一小节浅褐色丝绦。串珠直径 1.28、孔径 0.48 厘米（图二七，2；彩版一○六，3）。

镂花铜座　1 件。M14:9，似碗形，内层饰三层圆圈纹，外侧均匀饰"寿"字纹 8 个，底部均匀外展出 16 个三角锥状棱角。中部有一圆形穿孔，螺栓贯穿其中。直径 6、高 3.1 厘米（图二八，1；彩版一○七，3）。

木饰件　1 件。M14:10，整体呈不规则形，一端削两个凹面，另一端为三角锥状，中上部有一细窄长方形穿孔，中下部有数道黑色横纹。长 4.5 厘米（图二六，4；彩版一○七，4）。

珊瑚帽饰　1 件。M14:11，粉色。器体呈六棱锥状，头部尖锐，底部较平，近底部有一圆形穿孔。手工制作，表面加工平整。长 5.4 厘米（图二八，6；彩版一○七，5）。

玉挂坠　1 件。M14:12，蓝色，坠体通透。大致呈水滴状，底部隆起，顶部一圆形穿。高 2.7 厘米（图二八，3；彩版一○七，7）。

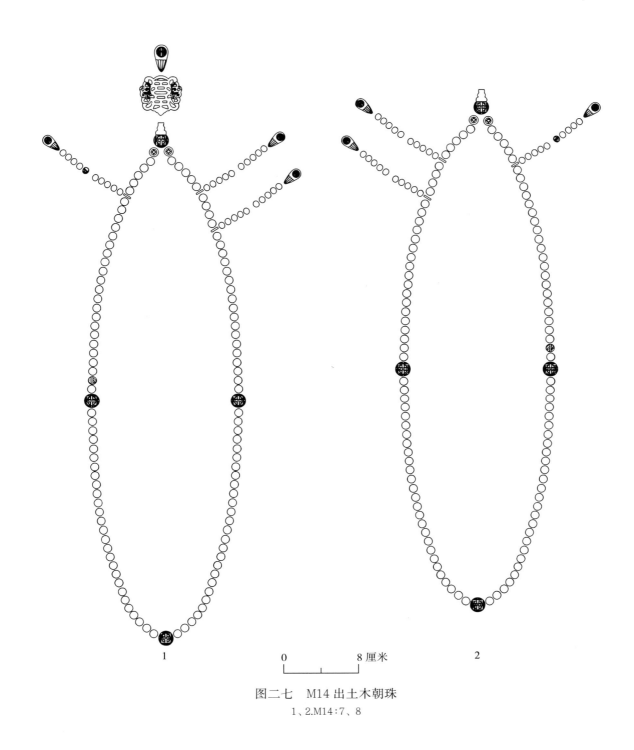

图二七　M14 出土木朝珠
1、2.M14：7、8

料珠　1件。M14：13，翠绿色。手工制作，表面光滑，略带麻点。主体中间穿一小圆孔。直径 2.5 厘米（图二八，4；彩版一〇七，8）。

铜帽饰　1件。M14：14，锈蚀严重。器体分为上、下两层。上层由若干条支架组成，上端均凸起，为如意首形，整体呈承托状；下层近圆球形，表面錾刻如意、花卉纹；螺栓贯通上下，层间及底部采用莲花形垫片固定。通高 6.7 厘米（图二八，5；彩版一〇七，6）。

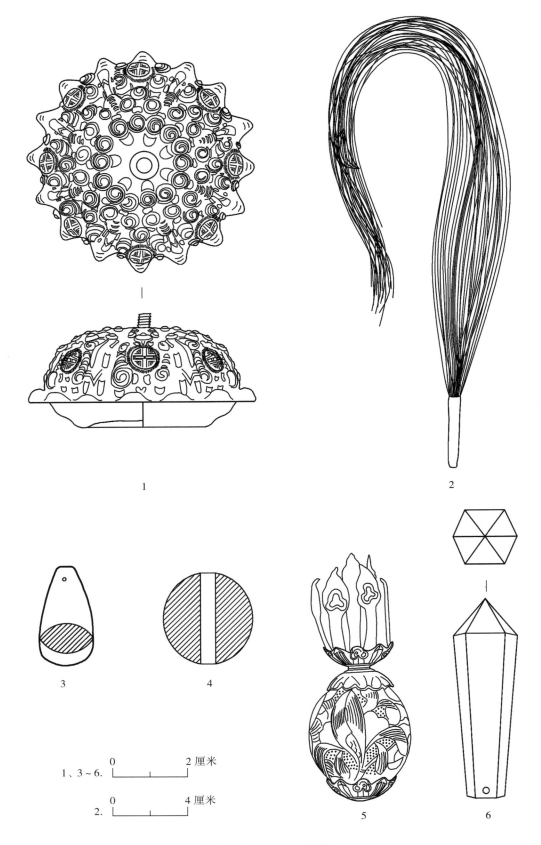

图二八　M14 出土器物

1. 镂花铜座（M14∶9）　2. 翎羽（M14∶2）　3. 玉挂坠（M14∶12）　4. 料珠（M14∶13）　5. 铜帽饰（M14∶14）　6. 珊瑚帽饰（M14∶11）

补服　2件。均圆领，对襟，平直宽袖，以深褐色为面，淡紫色绢为里衬。袍身通饰暗"寿"字纹。前胸、后背各缀一大小、纹样相同的方形补子，前胸补子缝缀于开襟两侧，后背补子为一整片，缝缀于背部正中。补子纹样鲜明、生动，整体画面为一飞禽（仔细观察应为锦鸡）位于画面正中，展翅于浪花之上，昂首望日，形态优雅。

M14：15，后开裾，左、右开裾。补子纹样较为清晰，飞禽面向右，周围祥云围绕，间以蝙蝠纹、花卉纹等吉祥图案，下方为海水江崖纹。纹饰繁密精美，以彩色丝线绣制于褐色素缎之上，四周用褐色丝线以"万"字纹装饰。整体布局合理，制作考究。身长117、两袖通长176、袖口宽28、后开裾长50厘米，补子长27.5、宽25厘米（彩版一〇八）。

M14：16，左、右开裾。领口、开襟及下摆以浅褐色面料包边。补子纹饰鲜明，飞禽面向左，周围祥云围绕，间以宝伞、宝盖、莲花、鱼、法轮、盘长等吉祥图案，下方为海水江崖纹。以彩色丝线绣制于深褐色素缎之上。整体布局合理，制作考究。身长97、两袖通长154、袖口宽35、下摆宽89厘米，左、右开裾长31厘米，补子长24、宽22厘米（彩版一〇九）。

蟒袍　1件。M14：17，圆领，大襟右衽，马蹄袖，宽下摆，四开裾，左、右开叉至近腋下。袍面有明显褪色及与其他服饰发生染色的现象。现为粉紫色，里为浅褐色。袍身纹饰多样，以龙纹为主体，形象传神，间以大量的辅助纹饰，结构饱满。前胸、后背及两肩绣正龙各一，下摆前、后绣升龙各二，繁密云纹、暗八仙纹飘浮其间。袍服下摆及接袖处饰海水江崖纹，并有海中三山耸立。前、后衣襟及两袖端为深褐色缎地绣行龙纹、云纹及暗八仙纹，边缘处绣饰"寿"字纹。做工精细，绣面平整。身长129、两袖通长207、袖宽21～39、下摆宽94厘米，前、后开裾长60.5厘米（彩版一一〇）。

上衣　3件。

M14：18，由质地轻薄飘逸的面料制成。圆立领，直身，偏襟，左、右两侧开有叉口，端平窄袖。整体以褐色缎为面料，深褐色挽袖。衣身通饰圆形"寿"字暗纹。通体简约。衣长79、两袖通长182、袖口宽15、下摆宽79厘米（彩版一一一，1）。

M14：19，圆立领，大襟右衽，领口、右襟处各缀有一副扎带，右腋下各缀有两副扎带，左、右两侧开有叉口，两袖宽直。衣身为深紫色缎制成，面料较厚实，内有棉絮；接深棕色挽袖，领口、大襟、下摆至左、右叉口处均以深棕色布料镶边。衣身通饰圆形"寿"字暗纹。衣长95、两袖通长151、袖口宽34、下摆宽82厘米（彩版一一二，1）。

M14：20，由质地轻薄飘逸的面料制成。圆立领，直身，偏襟，右腋下缀有两副扎带，左、右两侧开有叉口，端平窄袖。衣身有较严重的褪色及与其他服饰发生染色的现象，现缎料呈粉紫色，深褐色挽袖。衣身通饰圆形"寿"字暗纹。衣长86、两袖通长154、袖口宽20、下摆宽85厘米（彩版一一二，2）。

长袍　1件。M14：21，由质地轻薄飘逸的面料制成。圆立领，右开襟，端平窄袖，宽下摆。袍身局部有褪色及与其他服饰发生染色的现象。现袍身为浅褐色绸地绣圆形"寿"字暗纹，形制简素。身长129、两袖通长171、袖口宽14、下摆宽96厘米（彩版一一三，1）。

百褶裙　1件。M14：22，淡绛色绸地。裙门、裙背镶深棕色素面栏杆，两侧各捏50道细褶，下摆与裙门、裙背边饰相同。淡紫色轻薄丝绸腰头。无背衬（彩版一一一，2）。

袜子　2 对。

M14：23，以深棕色布料制成。素面。内衬一层薄棉。通高 40、底长 28.5、筒宽 20 厘米（彩版一一三，2）。

M14：24，丝绸质地，有较严重的褪色及与其他服饰发生染色的现象，现大致为浅褐色。素面。无内衬。通高 26.5、底长 25、筒宽 15 厘米（彩版一一三，3）。

补子（残）　1 件。M14：25，破损，分为两部分。有较严重的褪色及与其他服饰发生染色的现象。左侧布料现为深棕色。呈长方形。表面依稀可见补子图案，整体画面为一飞禽（仔细观察应为锦鸡）位于画面正中，展翅于浪花之上，周围祥云围绕，下方为海水江崖纹，边缘用彩色丝线以云纹相饰。右侧布料损毁严重，现为浅褐色。呈不规则形。中部钉一深褐色扎带。残长 28.5、残宽 26 厘米（彩版一一三，4）。

织带　1 件。M14：26，由黑褐色丝绒面料制成环状，有轻微弹性。通长约 70、宽 7.5 厘米（彩版一一三，5）。

衣带　3 件。

M14：27，整体为红褐色细长方形飘带。中部穿系如意形带扣，下端有一长方形带环。环上镂空雕饰"寿"字纹。通长 75、宽 3.4 厘米（彩版一一四，1）。

M14：28，红褐色，主体有明显黑色染色。呈长方形，自东向西渐细，东端为五边形垂角，

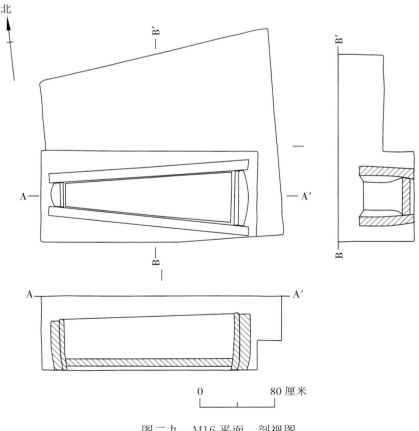

图二九　M16 平面、剖视图

西端有明显断裂痕迹。通长52、最宽处2.5厘米（彩版一一四，2）。

M14∶29，整体为红褐色长方形，由质地轻薄飘逸的丝绸面料制成。通体饰圆形"寿"字纹。通长264、宽23厘米（彩版一一四，3）。

M16　位于发掘区的西部。东西向，方向95°。开口于①层下，墓口距地表深0.8米。墓底距地表深1.6米，打破生土层。墓圹南北长约2.36米，东西宽2.46～2.6米，上部地层遭盗扰，现存墓口至墓底深约0.8米。内填黄褐色花土，土质松散，无包含物。

棺木葬。南棺保存较好，东西长2.2米，南北宽0.48～0.84米，残高0.6米，板厚0.1米。北棺和中棺已朽（图二九；彩版一〇一，2）。

棺内均未发现人骨和随葬品。

（四）圆形土圹砖室墓

M15　位于发掘区的西部，西南距M14约0.3米，东南距M16约1.25米。南北向，方向185°。开口于①层下，墓口距地表深约1米，墓底距地表深约1.62米。为竖穴土圹砖砌椭圆形单室墓。口大底小，墓口南北长3.54米，东西宽3.2米；墓底南北长2米，东西宽2.25米，墓圹深0.62米。内填黄褐色花土，土质较硬，土层内含少量从上部坍塌下来的碎残砖块。自南向北由墓道、甬道、墓门、墓室四部分组成（图三〇；彩版一〇二）。

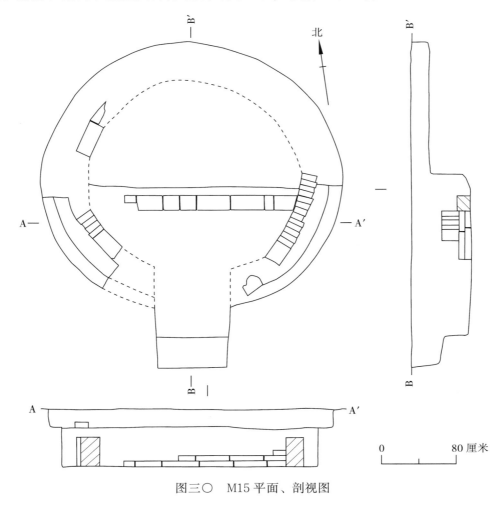

图三〇　M15平面、剖视图

墓道位于南侧，平面近梯形，南北残长 0.32 米，东西宽约 0.8 米，靠近甬道处较宽。内填花土，土质较硬。甬道位于墓门的南端，与其相连，东西宽约 0.8 米，进深 0.4 米，两壁墓砖被拆除。墓门位于墓室的南端（已残缺）。

墓室位于墓门的北侧，其形状近圆形，南北内长 2.05 米，东西内宽 2.2 米。墓室已被破坏，内含大量的碎石块，墓室北侧有棺床。墓室内填花土，土层内夹杂少量从上部及四壁坍塌下来的残青灰砖块。墓壁砖为卧、甃交替砌筑。由于该墓早期被毁坏，棺床、铺地砖无存，棺床东西长 2.2 米，南北宽 1.4 米。

未见棺木及人骨。未发现随葬品。

三、结语

本次发掘的 17 座墓葬中，1 座为圆形土圹砖室墓。16 座为长方形竖穴土圹墓，其中单棺墓 6 座，占总数的 37.5%；双棺墓 6 座，占总数的 37.5%；三棺墓 4 座，占总数的 25%。

葬具均为木棺，大部分棺木已朽蚀，仅存少量棺板残片。葬式均为仰身直肢葬。

随葬有陶、金、银、玉、瓷、丝、布等质地器物，墓葬所出的青花瓷鼻烟壶、玉烟嘴、银耳环、银扁方等都是北京地区常见的清代文物。

铜钱的种类丰富，有"开元通宝""熙宁重宝""元丰通宝""正隆元宝""万历通宝""顺治通宝""康熙通宝""雍正通宝""乾隆通宝""嘉庆通宝""道光通宝""同治重宝""光绪重宝""宣统通宝"。铜元有"大清铜币"和双旗铜元两种。这批钱币的出土对于唐代至清代的铜钱研究具有一定意义。

根据墓葬形制和出土器物，结合铜钱钱文，初步推断这批墓葬的年代为清末民初。

通过此次考古发掘，抢救了永定门外区域地下埋藏的古墓葬，为研究北京地区清末民初墓葬的形制、丧葬习俗及物质文化提供了第一手的珍贵资料。值得注意的是，M14 出土多件服饰，包含补服、蟒袍、长袍、上衣、百褶裙、带、袜等，种类丰富，制作规整，且补服和蟒袍纹饰精美，衣料较为精良，保存较好，在北京地区鲜有发现。本批服饰的出土，为研究北京地区清代官吏服装规制及制作工艺提供了实物资料，为中国传统服饰研究提供了宝贵资料，一定程度上也可推动文物保护过程中丝织品修复方法的探究与进步。

发掘：孙　峥

绘图：王技凡

摄影：王宇新

拓片：王技凡

执笔：宋　灿

附表一

东城区西革新里危改土地一级开发上市区地块墓葬登记表

墓号	方向（度）	墓口 长×宽×深/米	墓底 长×宽×深/米	深度/米	葬式	人骨保存情况	头向及面向	性别、年龄	随葬品	备注
M1	80°	3.0×（0.95~1.65）×0.7	3.0×（0.9~1.6）×1	0.3	均仰身直肢葬	南棺较差北棺较好	均头向东，面向上	南棺为男性；北棺为女性。年龄均不详。	青花瓷鼻烟壶1、银戒指1、玉挂坠1、玉烟嘴1、釉陶罐1、瓷扣3、玉饰件2、铜钱3	双棺墓
M2	360°	2.65×0.8×0.8	2.65×0.8×1.02	0.22		较差	头向东，面向上		铜钱1	单棺墓
M3	340°	（2.64~2.72）×1.7×0.6	（2.64~2.72）×1.7×0.84	0.24	均仰身直肢葬	较好	东棺头向北，面向上；西棺头向北，面向东	东棺为男性；西棺为女性。年龄均不详。	釉陶罐2、银扁方1、银耳环1	双棺墓
M4	355°	2.9×（2.3~2.6）×0.7	2.9×（2.3~2.6）×0.85	0.15	均仰身直肢葬	西棺一般；中棺、东棺较差	西棺头向北，面向西；中棺头向北，面向东；东棺头向北，面向上	西棺为男性；中棺、东棺为女性。年龄均不详	半釉陶罐2、铜钱11	三棺墓
M5	105°	3×（1.1~1.7）×0.6	3×（1.1~1.7）×1	0.4		较差	头向东，面向北			单棺墓
M6	130°	（2.1~2.2）×（1~1.1）×0.6	（2.1~2.2）×（1~1.1）×0.72	0.12		较差				单棺墓
M7	340°	2.46×（1.56~1.96）×0.7	2.46×（1.56~1.96）×0.9	0.2	均仰身直肢葬	东棺一般；西棺较差	东棺头向北，面向西；西棺头向北，面向上	东棺为男性；西棺为女性。年龄均不详	白瓷罐2、铜钱3	双棺墓

续附表一

墓号	方向（度）	墓口 长×宽×深/米	墓底 长×宽×深/米	深度/米	葬式	人骨保存情况	头向及面向	性别、年龄	随葬品	备注
M8	10°	1.3×0.65×0.4	1.3×0.65×0.52	0.12		较差	头向北，面向不详		铜钱1	单棺墓
M9	30°	(2.54~3.26)×(2.4~3.4)×0.7	(2.54~3.26)×(2.4~3.4)×(0.92~1.06)	0.22~0.36	东棺为仰身直肢葬；西棺内无骨架；中棺仅存碎骨数块	东棺一般，中棺较差	东棺头向北，面向不详；西棺、中棺不详	东棺为男性；西棺、中棺不详	半釉陶罐1，铜钱1	三棺墓
M10	5°	(2.1~2.3)×(1.44~1.58)×0.3	(2.1~2.3)×(1.44~1.58)×(0.5~0.64)	0.2~0.34	均仰身直肢葬	东棺一般；西棺较差	东棺头向北，面向不详；西棺不详	东棺为男性；西棺年龄均不详	半釉陶罐2，铜钱18	双棺墓
M11	100°	2.55×(1.14~1.3)×0.8	2.55×(1.14~1.3)×1.1	0.3	仰身直肢葬	较好	头向东，面向北	中年女性	铜钱1	单棺墓
M12	100°	(2.4~2.6)×1.6×0.8	(2.4~2.6)×1.6×(1.58-1.62)	0.38~0.42	均仰身直肢葬	南棺较差；北棺一般	南棺头向东，面向不详；北棺头向东，面向南	南棺为男性；北棺为女性		双棺墓
M13	100°	2.5×(0.92~1.12)×0.7	2.5×(0.92~1.12)×1.16	0.46	仰身直肢葬	一般	头向东，面向上	男性，年龄不详	釉陶罐1	单棺墓

续附表一

墓号	方向（度）	墓口长 × 宽 × 深 / 米	墓底长 × 宽 × 深 / 米	深度 / 米	葬式	人骨保存情况	头向及面向	性别、年龄	随葬品	备注
M14	87°	3.8×（3~3.06）×1.2	3.8×（3~3.06）×2.42	1.22	均仰身直肢葬	均较好	均头向东，面向上	北棺为男性；南棺为女性；中棺性别不详。年龄均不详	铁剪刀1，金簪1，翎羽1，铜扣1，木朝珠2，镂花铜座1，木饰件1，珊瑚帽饰1，玉挂坠1，料珠1，铜帽饰1，补服2，蟒袍1，上衣3，长袍1，百褶裙1，袜子2，朴子（残）1，织带1，衣带3，铜钱1	三棺墓
M15	185°	3.54×3.2×1	2×2.25×1.62	0.62		无人骨				砖室墓
M16	95°	2.36×（2.46~2.6）×0.8	2.36×（2.46~2.6）×1.6	0.8		南棺较好；北棺、中棺无人骨				三棺墓
M17	15°	2.9×（1.6~1.8）×0.2	2.9×（1.6~1.8）×（1.4~1.45）	1.2~1.25	均仰身直肢葬	一般	均头向北，面向上	东棺为男性；西棺为女性。年龄均不详	铜钱17	双棺墓

附表二

东城区西革新里危改土地一级开发上市区地块墓葬出土钱币登记表

编号	钱面	尺寸/厘米				重量/克	背面	字体	阅读方式
		钱径	穿径	郭宽	郭厚				
M1:3-1	"大清铜币"	2.8	/	/	0.17	4.25	背面模糊不清	楷书	对读
M1:3-2	双旗图案	2.7	/	/	0.17	4.2	背面竖写汉字"十文"	楷书	对读
M1:3-3	"宣统通宝"	1.8	0.4	0.2	0.1	2.75	背面穿右铸满文"宝泉"	楷书	对读
M2:1	"道光通宝"	1.9	0.6	0.3	0.15	3.58	背面穿左右铸满文"宝泉"	楷书	对读
M4:3-1	"开元通宝"	2.2	0.7	0.2	0.12	3.36	背面模糊不清	楷书	对读
M4:3-2	"熙宁重宝"	3.2	0.5	0.4	0.11	4.55	光背无纹	隶书	旋读
M4:3-3	"正隆元宝"	2.3	0.6	0.1	0.11	3.22	光背无纹	楷书	旋读
M4:3-4	"元丰通宝"	2.3	0.7	0.2	0.11	3.32	光背无纹	行书	旋读
M4:3-5	"万历通宝"	2.5	0.5	0.3	0.1	3.2	光背无纹	楷书	对读
M7:3-1	"同治重宝"	2.7	0.7	0.4	0.14	3.65	背面穿左右铸满文"宝泉",上下楷书"当十"	楷书	对读
M7:3-2	"光绪重宝"	2.9	0.8	0.4	0.14	3.77	背面穿左右铸满文"宝泉"	楷书	对读
M8:1	"雍正通宝"	2.2	0.5	0.3	0.13	3.58	背面穿左右铸满文"宝泉"	楷书	对读
M9:2	"康熙通宝"	2.3	0.6	0.2	0.15	4.32	背面穿左右铸满文"宝源"	楷书	对读
M10:3-1	"康熙通宝"	2.8	0.7	0.3	0.1	4.47	背面穿左右铸满文"宝泉",上下楷书"当十"	楷书	对读
M10:3-2	"顺治通宝"	2.7	0.7	0.3	0.09	3.78	背面穿左右铸满文"宝泉",上下楷书"当十"	楷书	对读
M10:3-3	"嘉庆通宝"	2.3	0.7	0.2	0.12	3.69	背面穿左右铸满文"宝源"	楷书	对读
M11:1	"乾隆通宝"	2.2	0.6	0.3	0.15	3.86	背面穿左右铸满文"宝源"	楷书	对读
M14:4	"宣统通宝"	1.9	0.5	0.2	0.1	2.89	背面穿左右铸满文"宝泉"	楷书	对读
M17:1	"嘉靖通宝"	2.4	0.6	0.2	0.15	3.88	背面模糊不清	楷书	对读

大兴区采育清代、民国时期墓葬及窑址
考古发掘报告

大兴区采育项目位于大兴区东部，东邻福源路，南邻京岚线，西临凤河，北邻九周路（图一）。2014 年 4 月 4 日至 5 月 12 日，为配合基本建设，北京市文物研究所（今北京市考古研究院）对大兴区采育项目开展了考古发掘工作，发掘面积 2159 平方米，分为 A 区、B 区两个发掘区域，共发掘清代、民国时期墓葬 102 座，窑址 4 座。

图一　发掘区位置示意图

一、地层

该地块原为建设用地，地表堆积大量建筑垃圾。区域内地层堆积较简单，依土质、土色的不同，可分为 2 层（图二）：

①层：黄色土。厚约 1 米。较疏松，含较多现代建筑垃圾及零星礓石块，层状堆积。所有墓葬和 Y1 开口于此层下。

②层：黄褐色土。厚约 0.2~0.5 米。较疏松，含水锈斑点、细沙，层状堆积。Y2~Y4 开口于此层下。

②层以下为黄色生土。

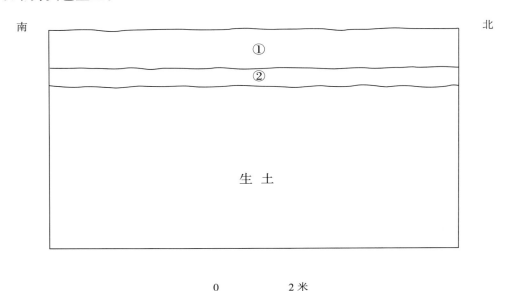

图二　南北向地层堆积剖面图

二、墓葬

共发掘墓葬 102 座，全部位于 B 发掘区。均开口于①层下，皆为竖穴土坑单人葬墓（图三）。

M1　位于墓葬区西北部，东邻 M2。方向 345°。墓口距地表深 0.2 米。平面呈长方形，墓壁竖直，底较平。长 2 米，宽 0.7 米，深 0.6 米。

未见明显葬具痕迹。人骨保存较好，仰身直肢葬，头向北，面向东，为男性（图四）。

未见随葬品。

M2　位于墓葬区西北部，南邻 M5。方向 10°。墓口距地表深 0.2 米。平面呈长方形，墓壁竖直，底较平。长 2 米，宽 0.8 米，深 0.6 米。

未见明显葬具痕迹。人骨保存较好，仰身直肢葬，头向北，面向东，为老年男性（图五；彩版一一五，1）。

填土内发现陶器 1 件，瓷碟、瓷盅、瓷盘、瓷盆各 1 件，瓷碗 4 件；于人骨下发现铜钱 5 枚。

陶器　1 件。M2:1，整体呈圆柱状，中部有穿孔。器表有一凹槽。素面。长 6.2、直径 3.1、孔径 0.7~1.1 厘米（图七，2；彩版一一八，1）。

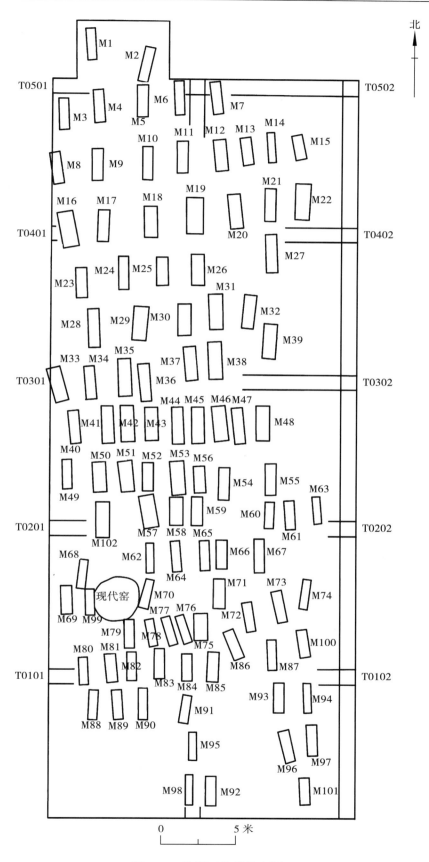

图三　B 发掘区墓葬分布图

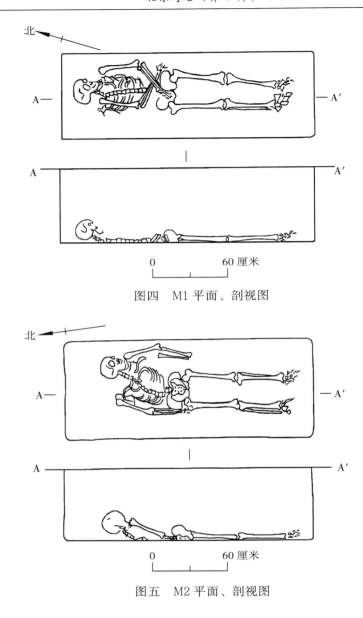

图四　M1平面、剖视图

图五　M2平面、剖视图

　　瓷碟　1件。M2:2，敞口，尖圆唇，弧腹，圈足。整体施白釉，底部不施釉。素面。口径17.2、底径7.2、高4厘米（图六，1；彩版一一八，2）。

　　瓷盅　1件。M2:3，直口外敞，尖圆唇，斜直腹，圈足。整体施白釉。素面。口径13.2、底径5.4、高6.4厘米（图六，2；彩版一一八，3）。

　　瓷盘　1件。M2:4，敞口，圆唇，弧腹，圈足。外壁施白釉，断口处露白胎。内壁绘青花图案，为草叶纹及葵花纹。口径16.8、底径9、高3.2厘米（图六，3；彩版一一八，4）。

　　瓷盆　1件。M2:5，敞口，圆唇，弧腹，平底。外壁施酱釉。内壁腹部饰草叶纹。口径20.4、底径12.1、高10.2厘米（图七，1；彩版一一八，5）。

　　瓷碗　4件。形制基本一致，均敞口，圆唇，弧腹，圈足。

　　M2:6，口沿处饰一周草叶纹，内底满布花草纹，外腹部饰花朵、花叶图案。口径14.5、底径5.7、高5厘米（图六，4；彩版一一八，6）。

0　　　　　5厘米

图六　M2 出土器物

1.瓷碟（M2:2）2.瓷盅（M2:3）3.瓷盘（M2:4）4、5.瓷碗（M2:6、7）

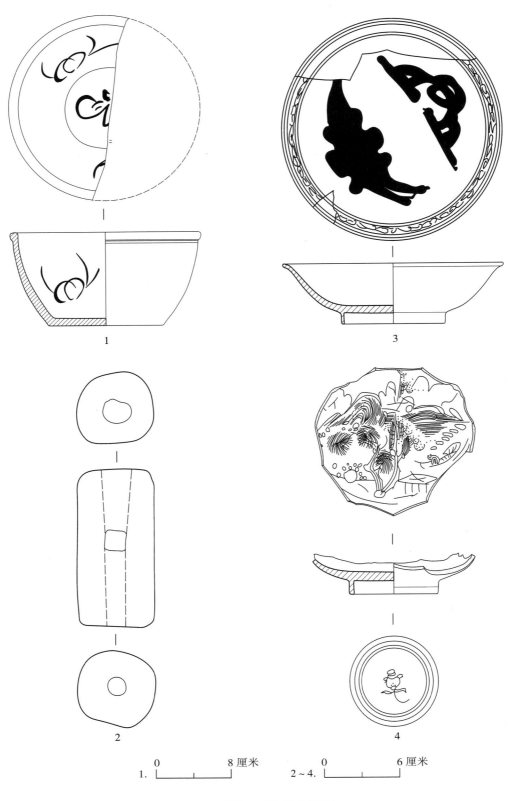

0 　　　　　 8 厘米　　　 0 　　　　　 6 厘米
1. 　　　　　　　　　　　 2 ~ 4.

图七　M2 出土器物

1. 瓷盆（M2∶5）　2. 陶器（M2∶1）　3、4. 瓷碗（M2∶8、9）

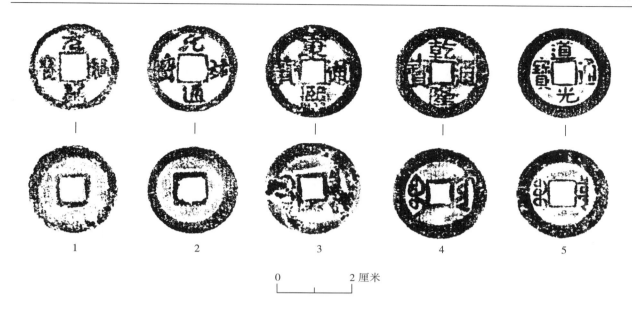

图八　M2 出土铜钱拓片

1、2."元祐通宝"（M2:9-1、9-2）　3."康熙通宝"（M2:9-3）　4."乾隆通宝"（M2:9-4）　5."道光通宝"（M2:9-5）

M2:7，内底饰花朵图案，外腹部饰花草纹。底部有"永裕堂制"四字落款。口径 10.6、底径 5.1、高 6 厘米（图六，5；彩版一一九，1）。

M2:8，内底饰草叶图案。口径 17.6、底径 8.2、高 4.8 厘米（图七，3；彩版一一九，2）。

M2:9，口沿被破坏。内底饰山水、树木、草屋、渔人立舟垂钓的图景；外底饰花朵一枝。底径 7.1、残高 3.2 厘米（图七，4；彩版一一九，3）。

铜钱　5 枚。均模制。圆形，方穿，正、背面均有郭。

"元祐通宝"　2 枚。背面无文字。

M2:9-1，正面篆书"元祐通宝"，旋读。钱径 2.4、穿径 0.7、郭厚 0.2 厘米（图八，1）。

M2:9-2，正面行书"元祐通宝"，旋读。钱径 2.4、穿径 0.7、郭厚 0.15 厘米（图八，2）。

"康熙通宝"　1 枚。M2:9-3，正面楷书"康熙通宝"，对读；背面穿左右为满文纪局名"宝泉"。钱径 2.5、穿径 0.58、郭厚 0.3 厘米（图八，3）。

"乾隆通宝"　1 枚。M2:9-4，正面楷书"乾隆通宝"，对读；背面穿左右为满文纪局名"宝源"。钱径 2.5、穿径 0.58、郭厚 0.3 厘米（图八，4）。

"道光通宝"　1 枚。M2:9-5，正面楷书"道光通宝"，对读；背面穿左右为满文纪局名"宝泉"。钱径 2.5、穿径 0.57、郭厚 0.3 厘米（图八，5）。

M3　位于墓葬区西北部，东邻 M4。方向 350°。墓口距地表深 0.2 米。平面呈长方形，墓壁竖直，底较平。长 2.2 米，宽 0.7 米，深 0.5 米。

未见明显葬具痕迹。人骨保存较好，仰身直肢葬，头向北，面向西，经鉴定为老年男性（图九）。

未见随葬品。

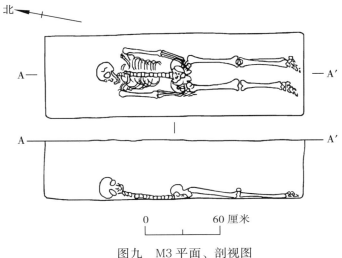

图九　M3 平面、剖视图

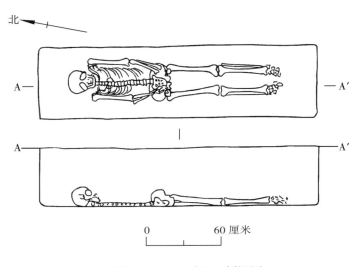

图一〇　M4 平面、剖视图

M4　位于墓葬区西北部，西邻 M3。方向 350°。墓口距地表深 0.2 米。平面呈长方形，墓壁竖直，底较平。长 2.3 米，宽 0.6 米，深 0.5 米。

未见明显葬具痕迹。人骨保存较好，仰身直肢葬，头向北，面向上，男性（图一〇）。

未见随葬品。

M5　位于墓葬区西北部，北邻 M2。方向 360°。墓口距地表深 0.2 米。平面呈长方形，墓壁竖直，底较平。长 2.1 米，宽 0.7 米，深 0.7 米。

未见明显葬具痕迹。人骨保存较好，仰身直肢葬，头向北，面向西，经鉴定为年龄 30～35 岁的男性（图一一）。

未见随葬品。

M6　位于墓葬区北部，西邻 M5。方向 355°。墓口距地表深 0.2 米。平面呈长方形，墓壁竖直，底较平。长 2.3 米，宽 0.7 米，深 0.7 米。

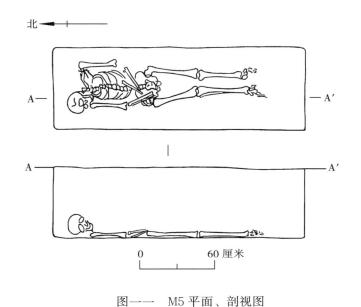

图一一 M5 平面、剖视图

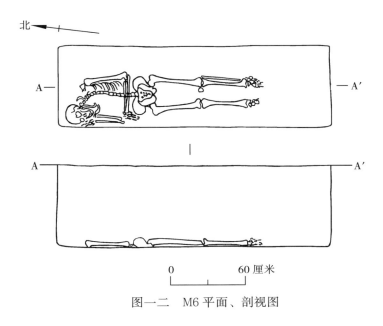

图一二 M6 平面、剖视图

　　未见明显葬具痕迹。人骨保存较好，仰身直肢葬，头向北，面向西，经鉴定为年龄 45～50 岁的男性（图一二）。

　　未见随葬品。

　　M7　位于墓葬区北部，南邻 M12。方向 350°。墓口距地表深 0.2 米。平面呈长方形，墓壁竖直，底较平。长 2.1 米，宽 0.7 米，深 0.7 米。

　　未见明显葬具痕迹。人骨保存较好，仰身直肢葬，头向北，面向西，经鉴定为年龄 20～25 岁的男性（图一三）。

　　未见随葬品。

　　M8　位于墓葬区西北部，东邻 M9。方向 350°。墓口距地表深 0.2 米。平面呈长方形，墓

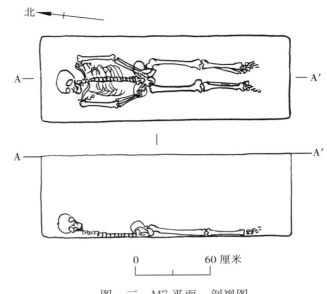

图一三　M7 平面、剖视图

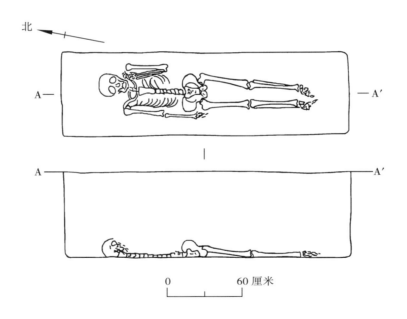

图一四　M8 平面、剖视图

壁竖直，底较平。长 2.3 米，宽 0.7 米，深 0.7 米。

未见明显葬具痕迹。人骨保存较好，仰身直肢葬，头向北，面向上，经鉴定为年龄 20 岁左右的男性（图一四；彩版一一五，2）。

填土内发现瓷罐、铜簪各 1 件。

瓷罐　1 件。M8:1，口微敛，短颈，肩略鼓，弧腹，平底。通体施黑釉。口径 6、肩径 8.5、底径 6、高 10.2 厘米（图一五，1；彩版一一九，4）。

铜簪　1 件。M8:2，体略弯，呈锥形。长 12 厘米（图一五，3；彩版一二〇，1）。

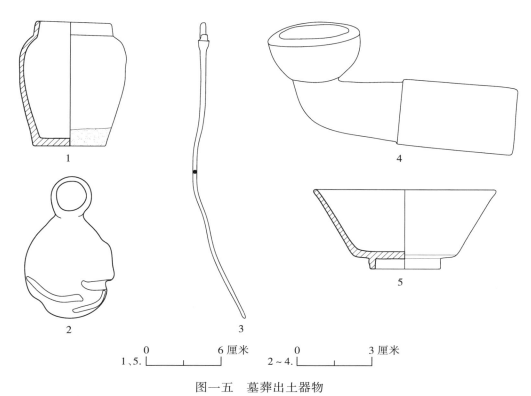

图一五　墓葬出土器物

1. 瓷罐（M8:1）　2. 铜扣（M13:1）　3. 铜簪（M8:2）　4. 铜烟锅（M23:1）　5. 瓷碗（M30:1）

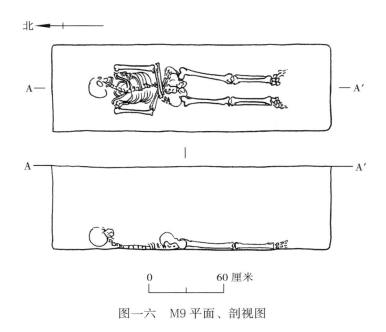

图一六　M9 平面、剖视图

M9　位于墓葬区西北部，西邻 M8。方向 360°。墓口距地表深 0.2 米。平面呈长方形，墓壁竖直，底较平。长 2.3 米，宽 0.7 米，深 0.7 米。

未见明显葬具痕迹。人骨保存较好，仰身直肢葬，头向北，面向东，经鉴定为年龄 25～30 岁的男性（图一六）。

未见随葬品。

　　M10　位于墓葬区西北部，东邻 M11。方向 360°。墓口距地表深 0.2 米。平面呈长方形，墓壁竖直，底较平。长 2.2 米，宽 0.6 米，深 0.6 米。

　　未见明显葬具痕迹。人骨保存较好，仰身直肢葬，头向北，面向东，经鉴定为老年男性（图一七）。

　　未见随葬品。

　　M11　位于墓葬区北部，东邻 M12。方向 360°。墓口距地表深 0.2 米。平面呈长方形，墓壁竖直，底较平。长 2.2 米，宽 0.8 米，深 0.6 米。

　　未见明显葬具痕迹。人骨保存较好，仰身直肢葬，头向西北，面向上，经鉴定为老年男性（图一八）。

　　未见随葬品。

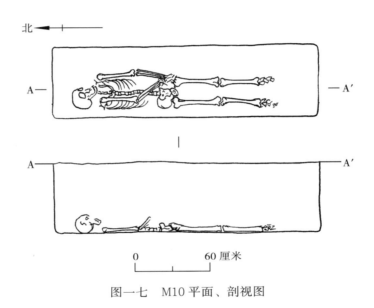

图一七　M10 平面、剖视图

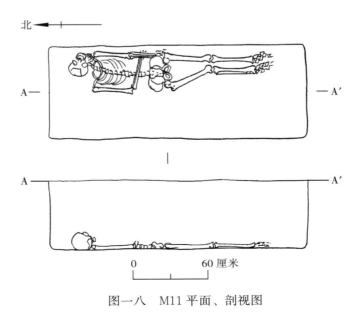

图一八　M11 平面、剖视图

M12 位于墓葬区北部，东邻 M13。方向 355°。墓口距地表深 0.2 米。平面呈长方形，墓壁竖直，底较平。长 2.2 米，宽 0.7 米，深 0.6 米。

未见明显葬具痕迹。人骨保存较好，仰身直肢葬，头向北，面向上，经鉴定为年龄 20～25 岁的男性（图一九）。

未见随葬品。

M13 位于墓葬区北部，东邻 M14。方向 355°。墓口距地表深 0.2 米。平面呈长方形，墓壁竖直，底较平。长 1.9 米，宽 0.55 米，深 0.7 米。

未见明显葬具痕迹。人骨保存较好，仰身直肢葬，头向东北，面向上，男性（图二〇；彩版一一五，3）。

填土内发现铜扣 1 件。

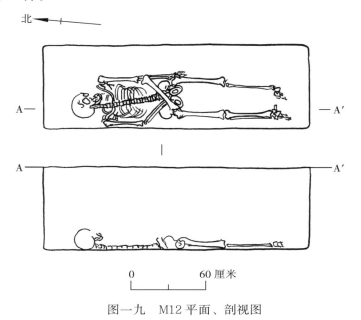

图一九 M12 平面、剖视图

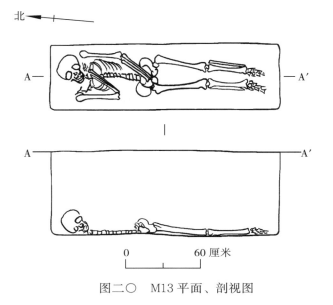

图二〇 M13 平面、剖视图

　　铜扣　1 件。M13:1，扣体呈圆形，中空，上呈圆环状。高 5.8 厘米（图一五，2；彩版一二○，4）。

　　M14　位于墓葬区东北部，东邻 M15。方向 355°。墓口距地表深 0.2 米。平面呈长方形，墓壁竖直，底较平。长 2 米，宽 0.5 米，深 0.7 米。

　　未见明显葬具痕迹。人骨保存较好，侧身屈肢葬，头向北，面向西，经鉴定为年龄 10 岁左右的小孩，性别不详（图二一）。

　　未见随葬品。

　　M15　位于墓葬区东北部，西邻 M14。方向 350°。墓口距地表深 0.2 米。平面呈长方形，墓壁竖直，底较平。长 1.9 米，宽 0.6 米，深 0.6 米。

　　未见明显葬具痕迹。人骨保存较好，仰身直肢葬，头向北，面向上，男性（图二二）。

　　未见随葬品。

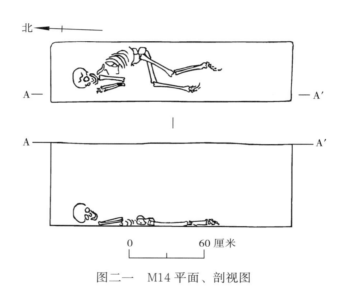

图二一　M14 平面、剖视图

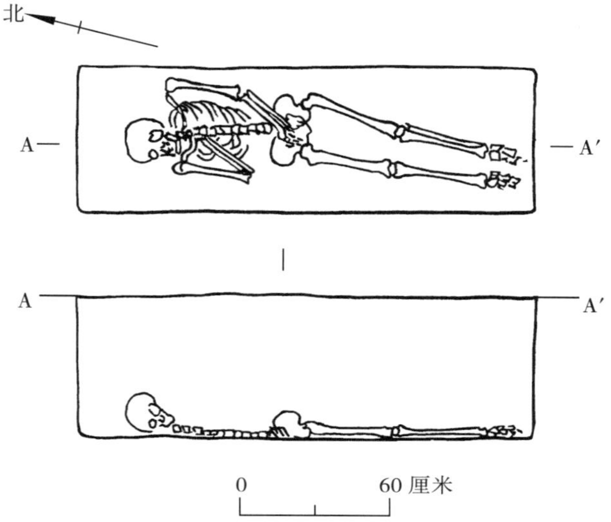

图二二　M15 平面、剖视图

　　M16　位于墓葬区西北部，东邻 M17。方向 350°。墓口距地表深 0.2 米。平面呈长方形，墓壁竖直，底较平。长 2.4 米，宽 1 米，深 0.5 米。

　　未见明显葬具痕迹。人骨保存较好，仰身直肢葬，头向北，面向西，经鉴定为年龄 20 岁左右的男性（图二三）。

　　未见随葬品。

　　M17　位于墓葬区西北部，东邻 M18。方向 360°。墓口距地表深 0.2 米。平面呈长方形，墓壁竖直，底较平。长 2.2 米，宽 0.7 米，深 0.5 米。

　　未见明显葬具痕迹。人骨保存较好，侧身直肢葬，头向北，面向西，经鉴定为年龄 20～25 岁的男性（图二四）。

　　未见随葬品。

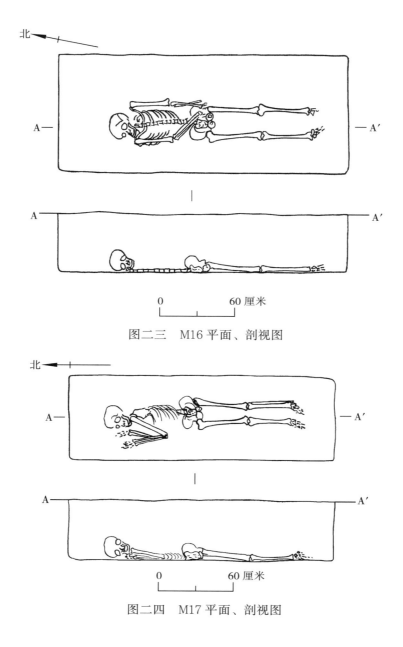

图二三　M16 平面、剖视图

图二四　M17 平面、剖视图

M18　位于墓葬区西北部，东邻 M19。方向 360°。墓口距地表深 0.2 米。平面呈长方形，墓壁竖直，底较平。长 2.2 米，宽 0.8 米，深 0.5 米。

未见明显葬具痕迹。人骨保存较好，仰身直肢葬，双手交握置于腹部，头向北，面向西，经鉴定为老年男性（图二五）。

未见随葬品。

M19　位于墓葬区北部，东邻 M20。方向 360°。墓口距地表深 0.2 米。平面呈长方形，墓壁竖直，底较平。长 2.3 米，宽 1 米，深 0.5 米。

未见明显葬具痕迹。人骨保存较好，仰身直肢葬，双臂交叉置于胯上，头向北，面向西，经鉴定为年龄 25 岁左右的男性（图二六）。

未见随葬品。

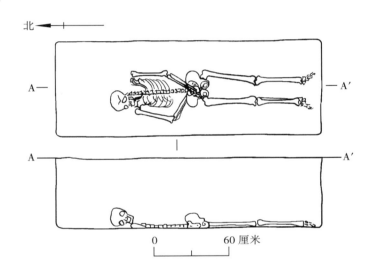

图二五　M18 平面、剖视图

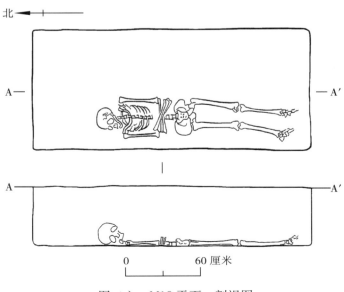

图二六　M19 平面、剖视图

M20 位于墓葬区北部，东邻 M21。方向 345°。墓口距地表深 0.2 米。平面呈长方形，墓壁竖直，底较平。长 2.3 米，宽 0.8 米，深 0.6 米。

未见明显葬具痕迹。人骨保存较好，仰身直肢葬，头向北，面向上，男性（图二七）。

未见随葬品。

M21 位于墓葬区东北部，东邻 M22。方向 360°。墓口距地表深 0.2 米。平面呈长方形，墓壁竖直，底较平。长 2.3 米，宽 0.7 米，深 0.6 米。

未见明显葬具痕迹。人骨保存较好，仰身直肢葬，头向北，面向西，经鉴定为年龄 40 ~ 45 岁的男性（图二八）。

未见随葬品。

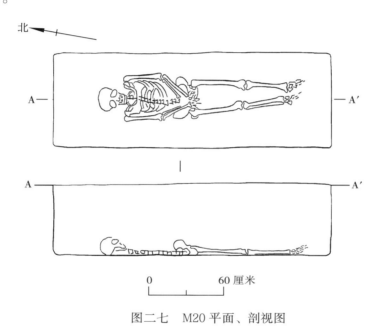

图二七　M20 平面、剖视图

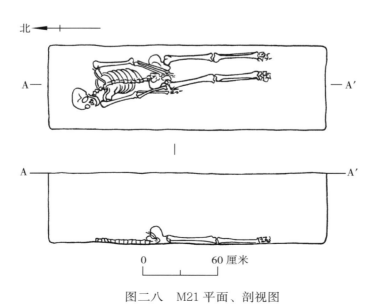

图二八　M21 平面、剖视图

　　M22　位于墓葬区东北部，西邻 M21。方向 10°。墓口距地表深 0.2 米。平面呈长方形，墓壁竖直，底较平。长 2.3 米，宽 0.8 米，深 0.7 米。

　　未见明显葬具痕迹。人骨保存较好，仰身直肢葬，头向北，面向上，经鉴定为老年男性（图二九）。

　　未见随葬品。

　　M23　位于墓葬区西北部，东邻 M24。方向 350°。墓口距地表深 0.2 米。平面呈长方形，墓壁竖直，底较平。长 2.1 米，宽 0.7 米，深 0.6 米。

　　未见明显葬具痕迹。人骨保存较好，仰身直肢葬，头向西北，面向东，男性（图三○；彩版一一五，4）。

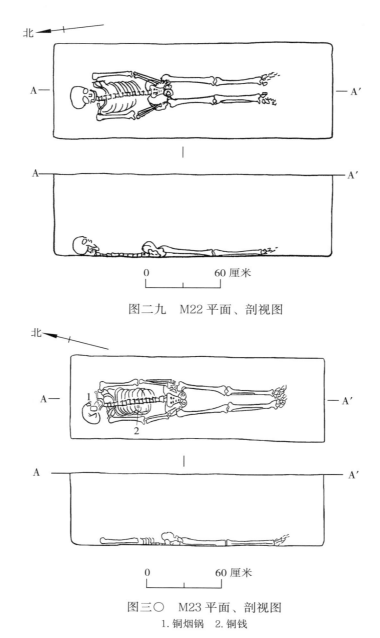

图二九　M22 平面、剖视图

图三○　M23 平面、剖视图

1.铜烟锅　2.铜钱

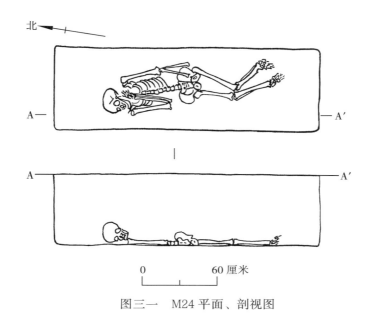

图三一　M24 平面、剖视图

随葬铜烟锅 1 件，出土于人头骨处；铜钱 1 枚，出土于人骨下。

铜烟锅　1 件。M23：1，仅存颈、杆，烟嘴已缺失。杆中空，颈内弯。锅直径 3.8 厘米，残长 9.8 厘米（图一五，4；彩版一二〇，2）。

"咸丰重宝"　1 枚。M23：2，模制。圆形，方穿，正、背面均有郭。正面楷书"咸丰重宝"，对读；背面穿上下为楷书"当十"，穿左右为满文纪局名"宝泉"。钱径 3.18、穿径 0.75、郭厚 0.15 厘米（图五一，1）。

M24　位于墓葬区西北部，东邻 M25。方向 350°。墓口距地表深 0.2 米。平面呈长方形，墓壁竖直，底较平。长 2.2 米，宽 0.7 米，深 0.6 米。

未见明显葬具痕迹。人骨保存较好，仰身屈肢葬，头向北，面向西，经鉴定为年龄 20 岁左右的男性（图三一）。

未见随葬品。

M25　位于墓葬区西北部，东邻 M26。方向 350°。墓口距地表深 0.2 米。平面呈长方形，墓壁竖直，底较平。长 2.2 米，宽 0.7 米，深 0.6 米。

未见明显葬具痕迹。人骨保存较好，侧身直肢葬，头向北，面向西，男性（图三二）。

未见随葬品。

M26　位于墓葬区北部，西邻 M25。方向 350°。墓口距地表深 0.2 米。平面呈长方形，墓壁竖直，底较平。长 2.2 米，宽 0.8 米，深 0.6 米。

未见明显葬具痕迹。人骨保存较好，仰身直肢葬，头向北，面向东，经鉴定为年龄 25～30 岁的男性（图三三）。

未见随葬品。

M27　位于墓葬区东北部，西邻 M26。方向 358°。墓口距地表深 0.1 米。平面呈长方形，墓壁竖直，底较平。长 2 米，宽 0.84 米，深 0.56 米。

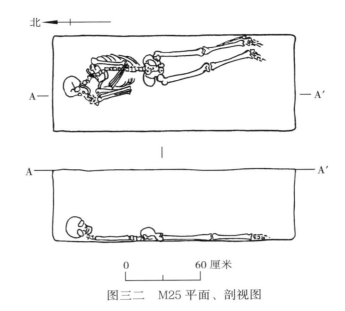

图三二　M25 平面、剖视图

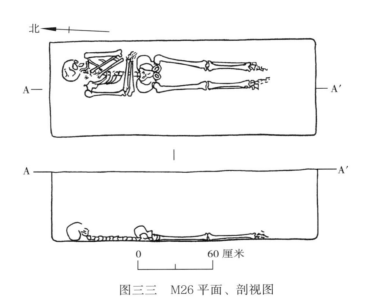

图三三　M26 平面、剖视图

未见明显葬具痕迹。人骨保存较好，仰身直肢葬，头向东北，面向上，男性（图三四）。

未见随葬品。

M28　位于墓葬区中部偏西北，东邻 M29。方向 358°。墓口距地表深 0.12 米。平面呈长方形，墓壁竖直，底较平。长 2.5 米，宽 0.72 米，深 0.64 米。

未见明显葬具痕迹。人骨保存较好，仰身直肢葬，头向北，面向西，经鉴定为年龄 45 岁左右的男性（图三五）。

未见随葬品。

M29　位于墓葬区中部偏北，东邻 M30。方向 2°。墓口距地表深 0.12 米。平面呈长方形，墓壁竖直，底较平。长 2.3 米，宽 1.1 米，深 0.66 米。

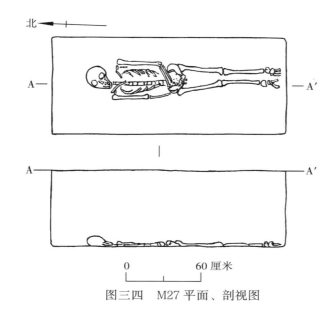

北

A — — A′

A — — A′

0　　　　　60 厘米

图三四　M27 平面、剖视图

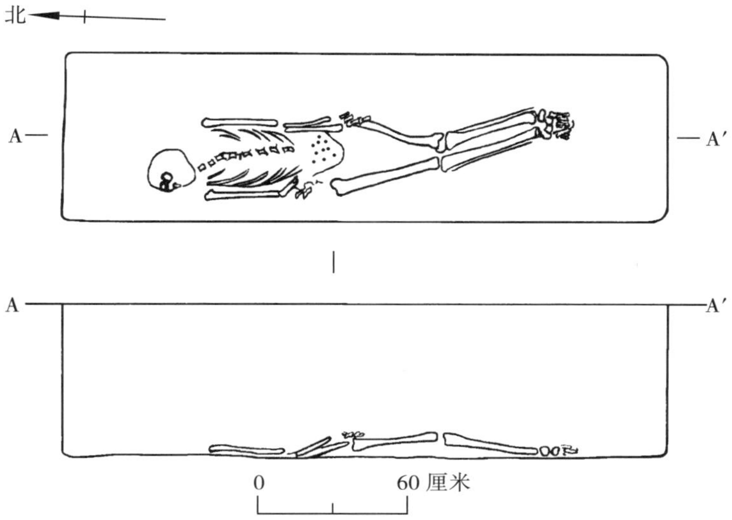

北

A — — A′

A — — A′

0　　　　　60 厘米

图三五　M28 平面、剖视图

未见明显葬具痕迹。人骨保存较好，仰身直肢葬，头向北，面向西，男性（图三六）。

未见随葬品。

M30　位于墓葬区中部偏北，东邻 M31。方向 358°。墓口距地表深 0.1 米。平面呈长方形，墓壁竖直，底较平。长 2.34 米，宽 0.72 米，深 0.52 米。

未见明显葬具痕迹。人骨保存较好，仰身直肢葬，头向东北，面向上，经鉴定为年龄 20～25 岁的男性（图三七）。

随葬瓷碗 1 件，出土于人骨小腿骨之间。

瓷碗　1 件。M30:1，敞口，圆唇，斜直腹，圈足。素面。口径 14.4、底径 5.6、高 6.4 厘米（图一五，5；彩版一一九，5）。

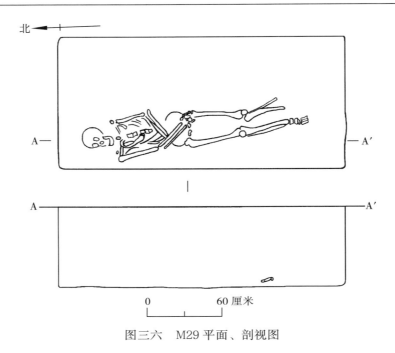

图三六　M29 平面、剖视图

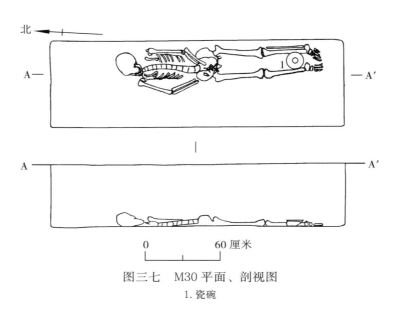

图三七　M30 平面、剖视图
1. 瓷碗

M31　位于墓葬区中部偏北，东邻 M32。方向 357°。墓口距地表深 0.1 米。平面略呈梯形，墓壁竖直，底较平。长 2.46 米，宽 0.92 ~ 0.96 米，深 0.52 米。

未见明显葬具痕迹。人骨保存较好，仰身直肢葬，头向北，面向东，经鉴定为年龄 50 岁左右的男性（图三八）。

未见随葬品。

M32　位于墓葬区中部偏东北，西邻 M31。方向 3°。墓口距地表深 0.1 米。平面呈长方形，墓壁竖直，底较平。长 2.3 米，宽 0.8 米，深 0.62 米。

未见明显葬具痕迹。人骨保存较好，仰身直肢葬，头向北，面向西，男性（图三九）。

未见随葬品。

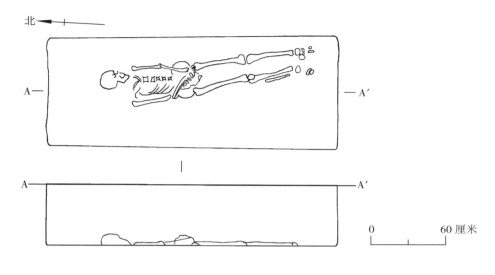

图三八　M31 平面、剖视图

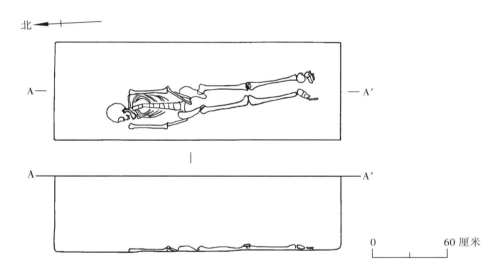

图三九　M32 平面、剖视图

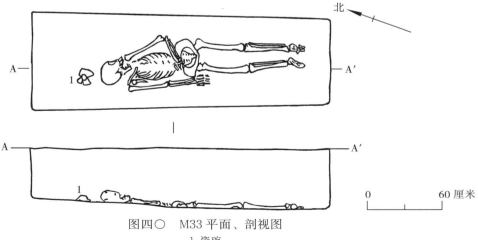

图四〇　M33 平面、剖视图

1. 瓷碗

M33　位于墓葬区中部偏西，东邻 M34。方向 343°。墓口距地表深 0.15 米。平面呈梯形，墓壁竖直，底呈北高南低缓坡状。长 2.4 米，宽 0.7～0.8 米，深 0.35～0.5 米。

未见明显葬具痕迹。人骨保存较好，仰身直肢葬，头向北，面向东，经鉴定为年龄 30～35 岁的男性（图四〇）。

随葬瓷碗 1 件，出土于人头骨北侧。

瓷碗　1 件。M33:1，敞口，圆唇，弧腹，圈足。腹部饰葵纹及草叶纹。口径 17.4、底径 7.2、高 6.6 厘米（图四一，1）。

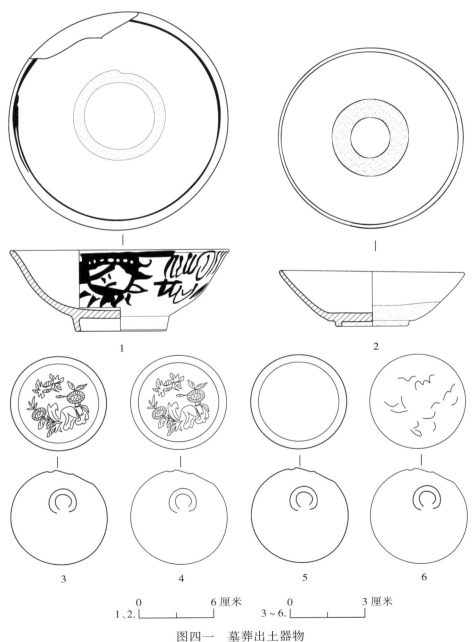

图四一　墓葬出土器物

1、2.瓷碗（M33:1、M50:1）　3～6.铜扣（M49:1-1、M60:1、M49:1-2、M93:1）

M34 位于墓葬区中部偏西，东邻 M35。方向 167°。墓口距地表深 0.1 米。平面呈长方形，墓壁竖直，底部略凹。长 2.24 米，宽 0.66 米，深 0.4~0.46 米。

未见明显葬具痕迹。人骨保存较好，仰身直肢葬，头向南，面向东，经鉴定为年龄 55 岁左右的男性（图四二）。

未见随葬品。

M35 位于墓葬区中部偏西，东邻 M36。方向 358°。墓口距地表深 0.15 米。平面呈梯形，墓壁竖直，底较平。长 2.16 米，宽 0.84~0.88 米，深 0.52 米。

未见明显葬具痕迹。人骨保存较好，仰身直肢葬，头向北，面向西，经鉴定为年龄 20~25 岁的男性（图四三）。

未见随葬品。

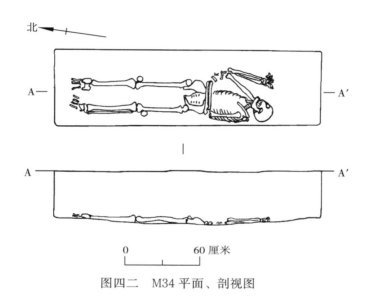

图四二　M34 平面、剖视图

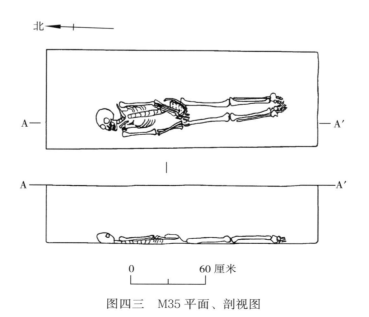

图四三　M35 平面、剖视图

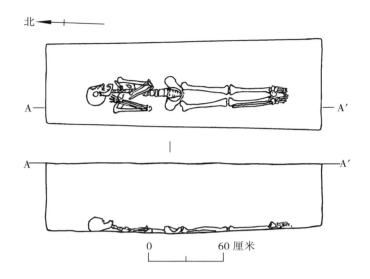

图四四　M36 平面、剖视图

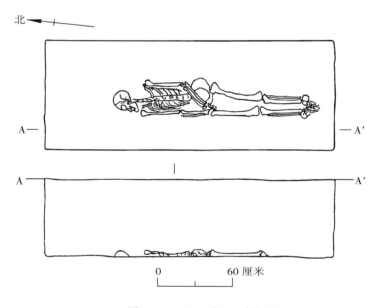

图四五　M37 平面、剖视图

M36　位于墓葬区中部偏西，东邻 M37。方向 355°。墓口距地表深 0.1 米。平面呈梯形，墓壁竖直，底较平。长 2.2 米，宽 0.72～0.8 米，深 0.6 米。

未见明显葬具痕迹。人骨保存较好，仰身直肢葬，头向北，面向东，经鉴定为年龄 25～30 岁的男性（图四四）。

未见随葬品。

M37　位于墓葬区中部，东邻 M38。方向 355°。墓口距地表深 0.1 米。平面呈长方形，墓壁竖直，底较平。长 2.4 米，宽 0.92 米，深 0.66 米。

未见明显葬具痕迹。人骨保存较好，仰身直肢葬，头向北，面向西，经鉴定为老年男性（图四五）。

未见随葬品。

M38 位于墓葬区中部，西邻M37。方向358°。墓口距地表深0.1米。平面呈长方形，墓壁竖直，底较平。长2.27米，宽0.88米，深0.52米。

未见明显葬具痕迹。人骨保存较好，仰身直肢葬，头向北，面向西，经鉴定为年龄25~30岁的男性（图四六）。

未见随葬品。

M39 位于墓葬区中部偏东，西邻M38。方向8°。墓口距地表深0.12米。平面呈长方形，墓壁竖直，底较平。长2.2米，宽0.88米，深0.55米。

未见明显葬具痕迹。人骨保存较好，仰身直肢葬，头向北，面向西，男性（图四七）。

未见随葬品。

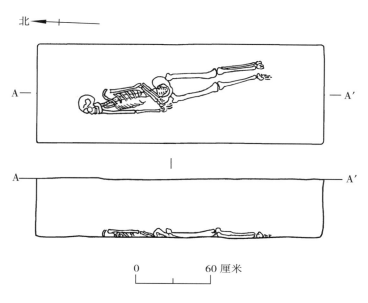

图四六   M38平面、剖视图

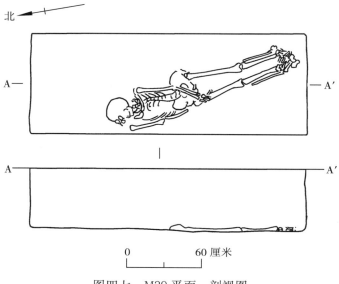

图四七   M39平面、剖视图

　　M40　位于墓葬区中部偏西，东邻 M41。方向 352°。墓口距地表深 0.12 米。平面呈长方形，墓壁竖直，底较平。长 2.36 米，宽 0.72 米，深 0.46 米。

　　未见明显葬具痕迹。人骨保存较好，仰身直肢葬，头向北，面向东，经鉴定为年龄 50 岁左右的男性（图四八）。

　　未见随葬品。

　　M41　位于墓葬区中部偏西，东邻 M42。方向 357°。墓口距地表深 0.12 米。平面呈长方形，墓壁竖直，底较平。长 2.48 米，宽 0.84 米，深 0.48 米。

　　未见明显葬具痕迹。人骨保存较好，仰身直肢葬，头向北，面向西，经鉴定为年龄 35 岁左右的男性（图四九）。

　　未见随葬品。

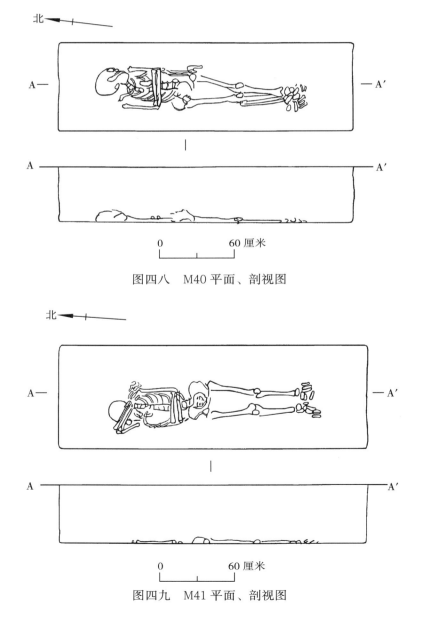

图四八　M40 平面、剖视图

图四九　M41 平面、剖视图

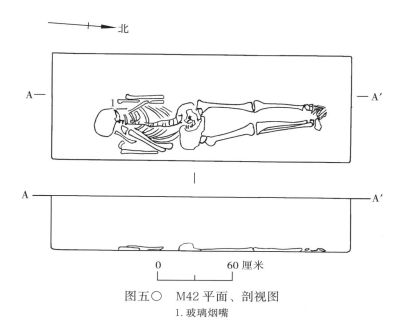

图五〇 M42 平面、剖视图
1.玻璃烟嘴

M42 位于墓葬区中部偏西，东邻 M43。方向 177°。墓口距地表深 0.1 米。平面呈长方形，墓壁竖直，底较平。长 2.38 米，宽 0.88 米，深 0.44 米。

未见明显葬具痕迹。人骨保存较好，仰身直肢葬，头向南，面向西，经鉴定为年龄 30 岁左右的男性（图五〇）。

随葬玻璃烟嘴 1 件，出土于人头骨旁。

玻璃烟嘴 1 件。M42:1，整体呈圆柱状，中空，中部略凸起，中部至烟嘴处略细。整体呈棕褐色。直径 1.2、长 11.3 厘米（图五一，9；彩版一二〇，3）。

M43 位于墓葬区中部偏西，东邻 M44。方向 358°。墓口距地表深 0.1 米。平面呈长方形，墓壁竖直，底较平。长 2.34 米，宽 0.88 米，深 0.6 米。

未见明显葬具痕迹。人骨保存较好，仰身直肢葬，头向北，面向东，经鉴定为年龄 45 岁左右的男性（图五二）。

未见随葬品。

M44 位于墓葬区中部，东邻 M45。方向 360°。墓口距地表深 0.12 米。平面呈长方形，墓壁竖直，底较平。长 2.56 米，宽 0.8 米，深 0.62 米。

未见明显葬具痕迹。人骨保存较好，仰身直肢葬，头向北，面向东，经鉴定为年龄 35～40 岁左右的男性（图五三）。

未见随葬品。

M45 位于墓葬区中部，东邻 M46。方向 356°。墓口距地表深 0.1 米。平面呈长方形，墓壁竖直，底较平。长 2.42 米，宽 0.8 米，深 0.66 米。

未见明显葬具痕迹。人骨保存较好，仰身直肢葬，头向北，面向东，经鉴定为年龄 35～40 岁左右的男性（图五四）。

未见随葬品。

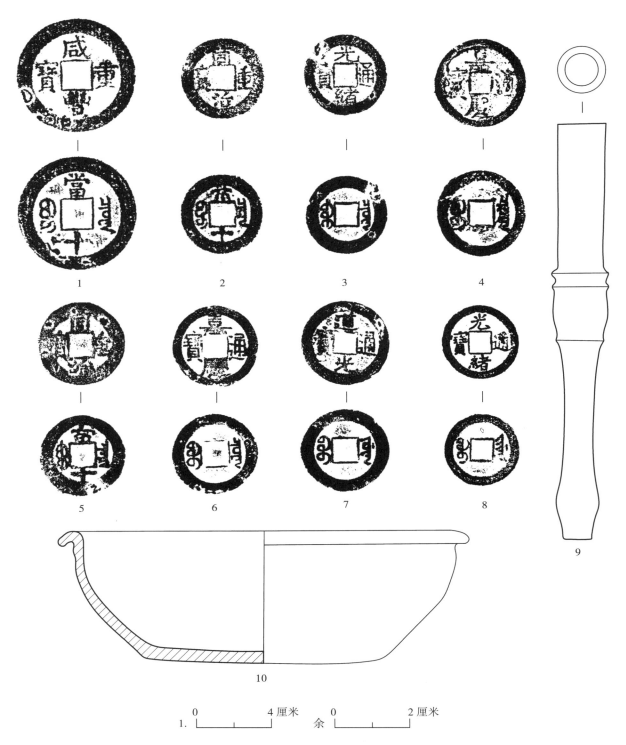

图五一　墓葬出土器物

1. "咸丰重宝" 铜钱（M23∶2）　2、5. "同治重宝" 铜钱（M58∶1、M75∶1-2）　3、8. "光绪通宝" 铜钱（M59∶1、M102∶1-3）　4、6. "嘉庆通宝" 铜钱（M75∶1-1、M102∶1-1）　7. "道光通宝" 铜钱（M102∶1-2）　9. 玻璃烟嘴（M42∶1）　10. 陶盆（M53∶1）

M46　位于墓葬区中部，东邻 M47。方向 354°。墓口距地表深 0.1 米。平面呈长方形，墓壁竖直，底较平。长 2.3 米，宽 0.88 米，深 0.64 米。

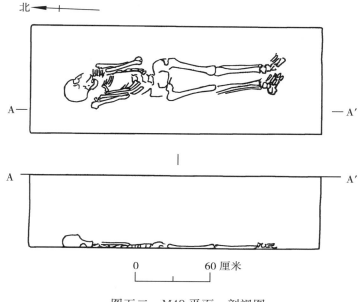

图五二　M43 平面、剖视图

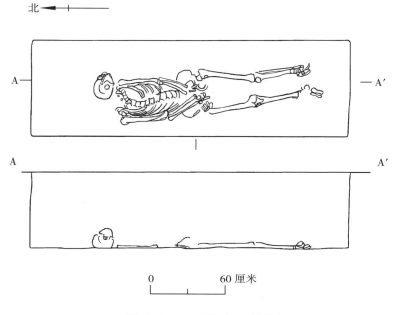

图五三　M44 平面、剖视图

　　未见明显葬具痕迹。人骨保存较好，仰身直肢葬，头向北，面向西北，经鉴定为老年男性（图五五）。

　　未见随葬品。

　　M47　位于墓葬区中部偏东，东邻 M48。方向 355°。墓口距地表深 0.15 米。平面呈长方形，墓壁竖直，底较平。长 2.4 米，宽 0.8 米，深 0.6 米。

　　未见明显葬具和人骨痕迹（图五六）。

　　未见随葬品。

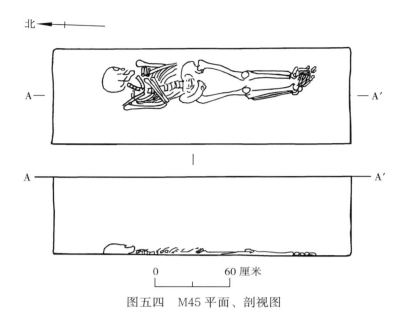

图五四　M45 平面、剖视图

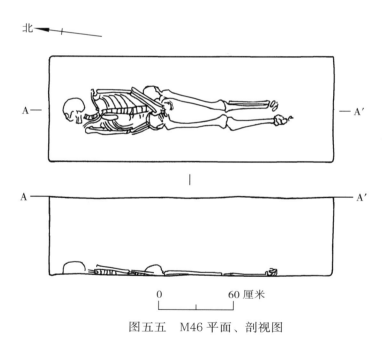

图五五　M46 平面、剖视图

M48　位于墓葬区中部偏东，西邻 M47。方向 178°。墓口距地表深 0.15 米。平面呈梯形，墓壁竖直，底较平。长 2.3 米，宽 0.9~1 米，深 0.86 米。

未见明显葬具痕迹。人骨保存较好，仰身直肢葬，头向南，面向东，经鉴定为年龄 8 岁左右的女性（图五七）。

未见随葬品。

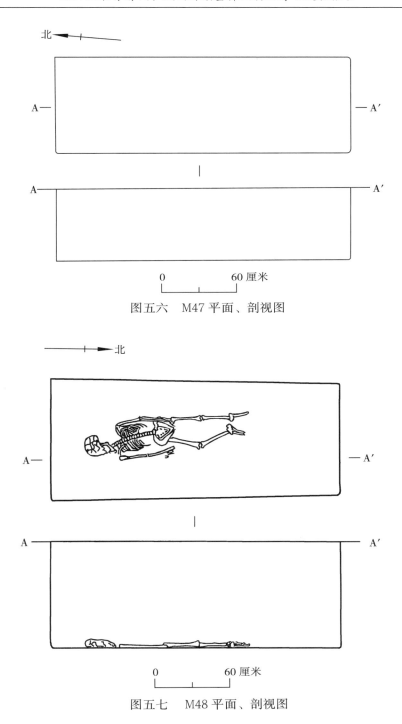

图五六　M47 平面、剖视图

图五七　M48 平面、剖视图

M49　位于墓葬区中部偏西，东邻 M50。方向 358°。墓口距地表深 0.15 米。平面呈长方形，墓壁竖直，底较平。长 1.96 米，宽 0.68 米，深 0.5 米。

未见明显葬具痕迹。人骨保存较好，仰身直肢葬，头向北，面向西，经鉴定为老年男性（图五八）。

随葬铜扣 2 件，位于人胸骨处。

铜扣　2 件。形制、大小相同。整体呈圆形，背面有一环形纽。直径 3.8 厘米。

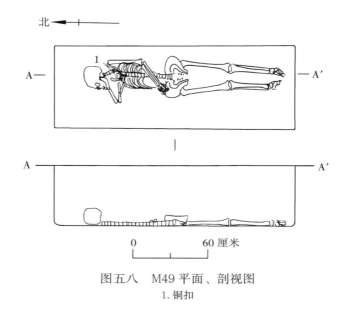

图五八　M49 平面、剖视图
1. 铜扣

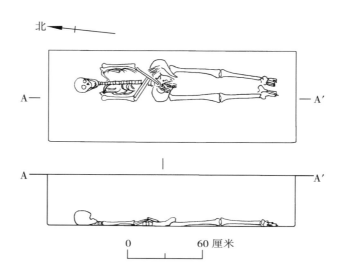

图五九　M50 平面、剖视图

M49:1-1，正面饰花草图案（图四一，3；彩版一二〇，5）。

M49:1-2，素面（图四一，5；彩版一二〇，6）。

M50　位于墓葬区中部偏西，东邻 M51。方向 355°。墓口距地表深 0.15 米。平面呈长方形，墓壁竖直，底较平。长 2.1 米，宽 0.8 米，深 0.44 米。

未见明显葬具痕迹。人骨保存较好，仰身直肢葬，头向北，面向上，经鉴定为年龄 25 岁左右的男性（图五九）。

填土中发现瓷碗 1 件。

瓷碗　1 件。M50:1，敞口，圆唇，斜腹，圈足。通体施黑釉。口径 14.6、底径 5.6、高 4.6 厘米（图四一，2；彩版一一九，6）。

　　M51　位于墓葬区中部偏西，东邻 M52。方向 358°。墓口距地表深 0.15 米。平面呈长方形，墓壁竖直，底较平。长 2 米，宽 1.04 米，深 0.4 米。

　　未见明显葬具痕迹。人骨保存较好，仰身直肢葬，头向北，面向西，经鉴定为年龄 25～30 岁的男性（图六〇）。

　　未见随葬品。

　　M52　位于墓葬区中部偏西，东邻 M53。方向 350°。墓口距地表深 0.15 米。平面呈长方形，墓壁竖直，底较平。长 2 米，宽 0.64 米，深 0.6 米。

　　未见明显葬具痕迹。人骨保存较好，仰身直肢葬，头向北，面向东，男性（图六一）。

　　未见随葬品。

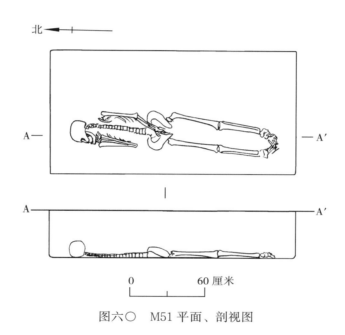

图六〇　M51 平面、剖视图

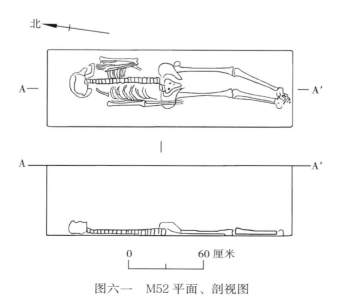

图六一　M52 平面、剖视图

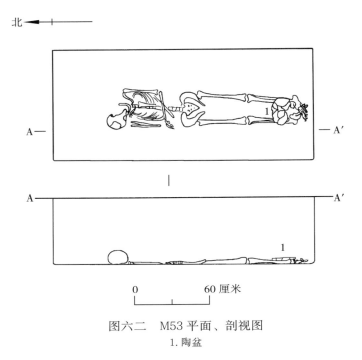

图六二　M53 平面、剖视图
1. 陶盆

M53　位于墓葬区中部，东邻 M56。方向 352°。墓口距地表深 0.15 米。平面呈长方形，墓壁竖直，底较平。长 2.1 米，宽 0.96 米，深 0.58 米。

未见明显葬具痕迹。人骨保存较好，仰身直肢葬，头向西，面向南，经鉴定为年龄 25 岁左右的男性（图六二）。

随葬陶盆 1 件，出土于人小腿骨上。

陶盆　1 件。M53:1，敞口，卷折沿，圆唇，弧腹，平底。素面。口径 21.6、底径 12.2、高 7.2 厘米（图五一，10；彩版一一九，7）。

M54　位于墓葬区中部，西邻 M56。方向 360°。墓口距地表深 0.1 米。平面呈梯形，墓壁竖直，底较平。长 2.3 米，宽 0.68～0.72 米，深 0.58 米。

未见明显葬具痕迹。人骨保存较好，仰身屈肢葬，头向北，面向东南，经鉴定为年龄 25 岁左右的男性（图六三）。

未见随葬品。

M55　位于墓葬区中部偏东，西邻 M54。墓口距地表深 0.1 米。方向 360°。平面呈长方形，墓壁竖直，底较平。长 2.2 米，宽 0.68 米，深 0.53 米。

未见明显葬具痕迹。人骨保存较好，仰身直肢葬，头向北，面向上，男性（图六四）。

未见随葬品。

M56　位于墓葬区中部，西邻 M53。方向 358°。墓口距地表深 0.1 米。平面呈梯形，墓壁竖直，底较平。长 1.84 米，宽 0.64～0.72 米，深 0.36 米。

未见明显葬具痕迹。人骨保存较好，仰身直肢葬，头向北，面向西，经鉴定为年龄 25～30 岁的男性（图六五）。

未见随葬品。

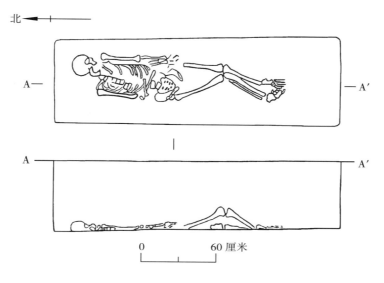

图六三　M54 平面、剖视图

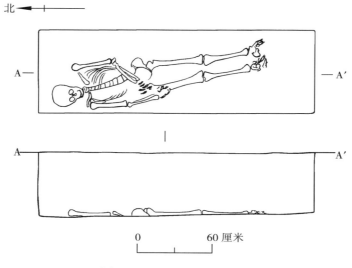

图六四　M55 平面、剖视图

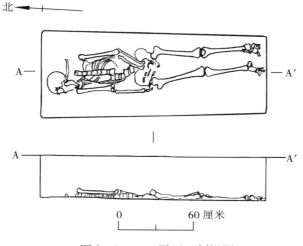

图六五　M56 平面、剖视图

M57 位于墓葬区中部偏南，东邻 M58。方向 352°。墓口距地表深 0.15 米。平面呈长方形，墓壁竖直，底较平。长 2.1 米，宽 0.96 米，深 0.4 米。

未见明显葬具痕迹。人骨保存较好，侧身直肢葬，头向北，面向东，男性（图六六）。

未见随葬品。

M58 位于墓葬区中部偏南，东邻 M59。方向 356°。墓口距地表深 0.15 米。平面呈长方形，墓壁竖直，底较平。长 1.9 米，宽 0.84 米，深 0.56 米。

未见明显葬具痕迹。人骨保存较好，仰身直肢葬，头向北，面向东，经鉴定为年龄 40 岁左右的男性（图六七）。

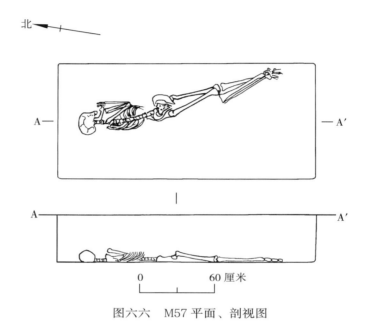

图六六　M57 平面、剖视图

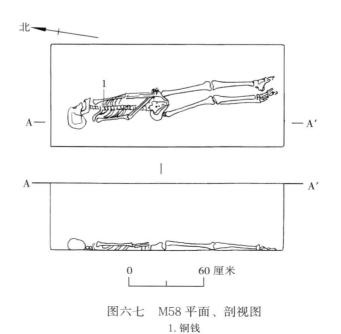

图六七　M58 平面、剖视图

1. 铜钱

随葬铜钱 1 枚，出土于人骨下。

"同治重宝" 1 枚。M58:1，模制。圆形，方穿，正、背面均有郭。正面铸楷书"同治通宝"，对读；背面穿上下为"当十"，背面穿左右为满文纪局名"宝泉"。钱径 2.25、穿径 0.59、郭厚 0.15 厘米（图五一，2）。

M59 位于墓葬区中部偏南，西邻 M58。方向 358°。墓口距地表深 0.1 米。平面呈长方形，墓壁竖直，底较平。长 2.1 米，宽 0.64 米，深 0.52 米。

未见明显葬具痕迹。人骨保存较好，仰身直肢葬，头向北，面向东，男性（图六八）。

随葬铜钱 1 枚，出土于人骨下。

"光绪通宝" 1 枚。M59:1，模制。圆形，方穿，正、背面均有郭。正面铸楷书"光绪通宝"，对读；背面穿左右为满文纪局名"宝泉"。钱径 2.2、穿径 0.59、郭厚 0.14 厘米（图五一，3）。

M60 位于墓葬区中部偏南，东邻 M61。方向 360°。墓口距地表深 0.1 米。平面呈梯形，墓壁竖直，底较平。长 1.9 米，宽 0.52~0.6 米，深 0.52~0.56 米。

未见明显葬具痕迹。人骨保存较好，仰身直肢葬，头向北，面向上，男性（图六九）。

随葬铜扣 1 件，位于胸骨处。

铜扣 1 件。M60:1，整体呈圆形，背面有一环形纽。正面饰花草图案。直径 3.8 厘米（图四一，4；彩版一二〇，7）。

M61 位于墓葬区中部偏南，东邻 M63。方向 357°。墓口距地表深 0.1 米。平面呈长方形，墓壁竖直，底较平。长 1.98 米，宽 0.51 米，深 0.46 米。

未见明显葬具痕迹。人骨保存较好，仰身直肢葬，头向北，面向上，男性（图七〇）。

未见随葬品。

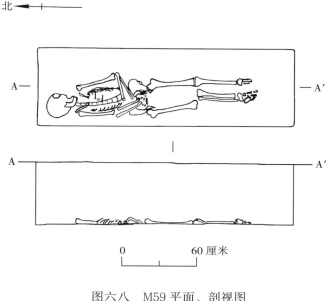

北

0   60 厘米

图六八 M59 平面、剖视图
1. 铜钱

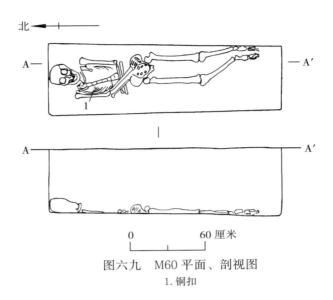

图六九　M60 平面、剖视图
1.铜扣

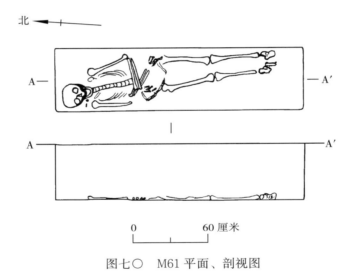

图七〇　M61 平面、剖视图

M62　位于墓葬区南部偏西，东邻 M64。方向 355°。墓口距地表深 0.15 米。平面呈长方形，墓壁竖直，底较平。长 1.8 米，宽 0.48 米，深 0.5 米。

未见明显葬具痕迹。人骨保存较好，仰身直肢葬，头向西北，面向东，经鉴定为年龄 45～50 岁的男性（图七一）。

未见随葬品。

M63　位于墓葬区中部偏东，西邻 M61。方向 352°。墓口距地表深 0.1 米。平面呈长方形，墓壁竖直，底较平。长 1.77 米，宽 0.54 米，深 0.46 米。

未见明显葬具痕迹。人骨保存较好，仰身直肢葬，头向北，面向西，经鉴定为年龄 35 岁左右的男性（图七二）。

未见随葬品。

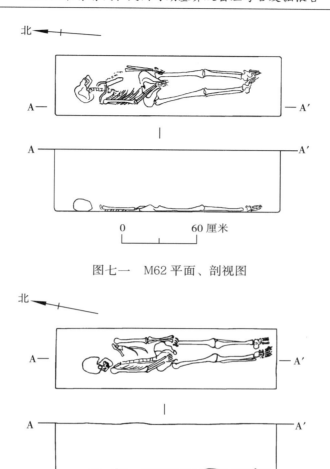

图七一　M62 平面、剖视图

图七二　M63 平面、剖视图

M64　位于墓葬区南部偏中，东邻 M65。方向 355°。墓口距地表深 0.1 米。平面呈长方形，墓壁竖直，底较平。长 1.74 米，宽 0.5 米，深 0.46 米。

未见明显葬具痕迹。人骨保存较好，侧身直肢葬，头向北，面向西，经鉴定为年龄 20～25 岁的男性（图七三）。

未见随葬品。

M65　位于墓葬区南部偏中，东邻 M66。方向 355°。墓口距地表深 0.2 米。平面呈长方形，墓壁竖直，底较平。长 1.9 米，宽 0.5 米，深 0.6 米。

未见明显葬具痕迹。人骨保存较好，仰身直肢葬，头向北，面向东，男性（图七四）。

未见随葬品。

M66　位于墓葬区南部偏中，东邻 M67。方向 360°。墓口距地表深 0.2 米。平面呈长方形，墓壁竖直，底较平。长 1.87 米，宽 0.5 米，深 0.46 米。

未见明显葬具痕迹。人骨保存较好，仰身直肢葬，头向北，面向上，经鉴定为年龄 25 岁左右的男性（图七五）

未见随葬品。

北

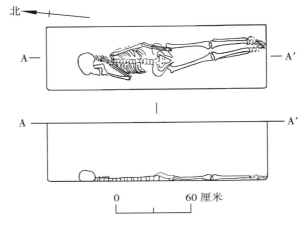

0　　　　60 厘米

图七三　M64 平面、剖视图

北

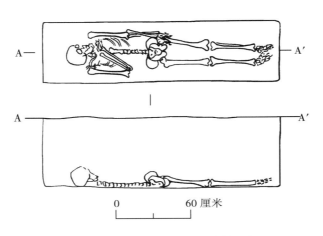

0　　　　60 厘米

图七四　M65 平面、剖视图

北

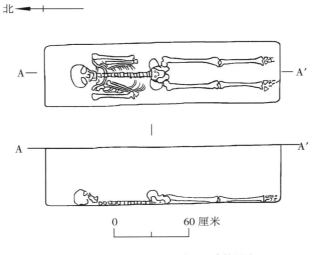

0　　　　60 厘米

图七五　M66 平面、剖视图

M67　位于墓葬区南部偏东，西邻 M66。方向 360°。墓口距地表深 0.2 米。平面呈长方形，墓壁竖直，底较平。长 1.9 米，宽 0.5 米，深 0.5 米。

未见明显葬具痕迹。人骨保存较好，侧身屈肢葬，头向北，面向东，男性（图七六）。

未见随葬品。

M68　位于墓葬区南部偏西，南邻 M99。方向 175°。墓口距地表深 0.15 米。平面呈长方形，墓壁竖直，底较平。长 1.96 米，宽 0.56 米，深 0.4 米。

未见明显葬具痕迹。人骨保存较好，仰身屈肢葬，头向南，面向西，男性（图七七）。

未见随葬品。

M69　位于墓葬区南部偏西，东邻 M99。方向 355°。墓口距地表深 0.15 米。平面呈长方形，墓壁竖直，底较平。长 1.9 米，宽 0.64 米，深 0.5 米（图七八）。

未见明显葬具痕迹。人骨保存较好，仰身屈肢葬，头向北，面向东，经鉴定为年龄 45 岁左右的男性。

未见随葬品。

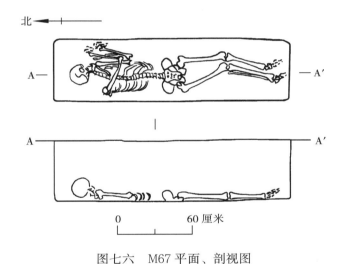

图七六　M67 平面、剖视图

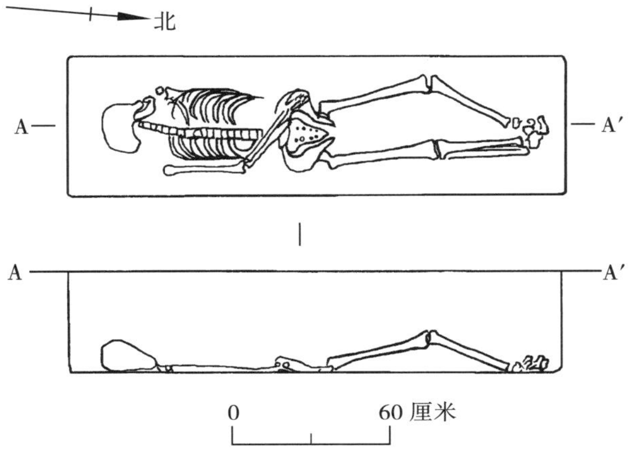

图七七　M68 平面、剖视图

北

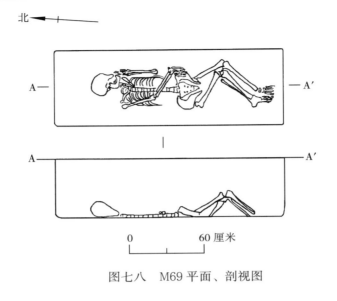

0　　　　60 厘米

图七八　M69 平面、剖视图

北

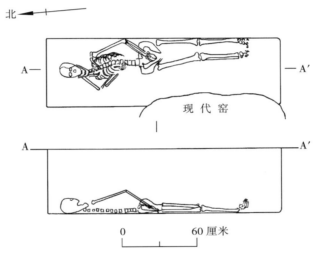

现　代　窑

0　　　　60 厘米

图七九　M70 平面、剖视图

M70　位于墓葬区南部偏西，北邻 M62。方向 5°。墓口距地表深 0.15 米。平面呈长方形，墓壁竖直，底较平。长 1.82 米，宽 0.54 米，深 0.52 米。

未见明显葬具痕迹。人骨保存较好，仰身直肢葬，头向北，面向上，男性（图七九）。

未见随葬品。

M71　位于墓葬区南部偏中，北邻 M66。方向 182°。墓口距地表深 0.15 米。平面呈长方形，墓壁竖直，底较平。长 1.95 米，宽 0.7 米，深 0.55 米。

未见明显葬具痕迹。人骨保存较好，仰身直肢葬，头向南，面向上，经鉴定为老年男性（图八〇）。

未见随葬品。

M72　位于墓葬区南部偏东，东邻 M73。方向 349°。墓口距地表深 0.1 米。平面呈长方形，墓壁竖直，底较平。长 1.9 米，宽 0.5 米，深 0.5 米。

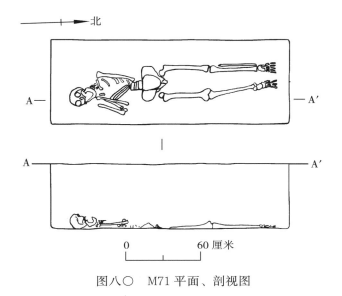

图八〇　M71 平面、剖视图

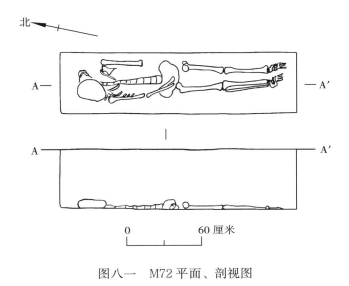

图八一　M72 平面、剖视图

未见明显葬具痕迹。人骨保存较好，仰身直肢葬，头向北，面向西，男性（图八一）。

未见随葬品。

M73　位于墓葬区南部偏东，东邻 M74。方向 345°。墓口距地表深 0.2 米。平面呈长方形，墓壁竖直，底较平。长 1.9 米，宽 0.7 米，深 0.6 米。

未见明显葬具痕迹。人骨保存较好，仰身直肢葬，头向北，面向上，男性（图八二）。

未见随葬品。

M74　位于墓葬区南部偏东，西邻 M73。方向 5°。墓口距地表深 0.2 米。平面呈长方形，墓壁竖直，底较平。长 2 米，宽 0.5 米，深 0.5 米。

未见明显葬具痕迹。人骨保存较好，仰身直肢葬，头向北，面向西，男性（图八三）。

未见随葬品。

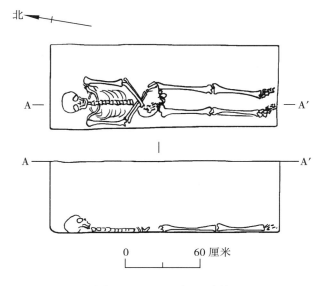

图八二　M73 平面、剖视图

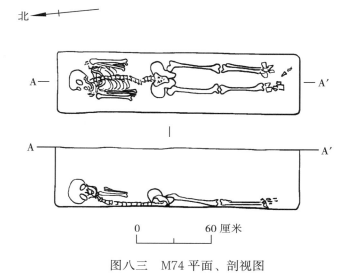

图八三　M74 平面、剖视图

M75　位于墓葬区南部偏中，西邻 M76。方向 195°。墓口距地表深 0.2 米。平面呈梯形，墓壁竖直，底较平。长 2 米，宽 0.7～0.8 米，深 0.6 米。

未见明显葬具痕迹。人骨保存较好，仰身直肢葬，头向南，面向西，经鉴定为年龄 30～35 岁的男性（图八四）。

随葬铜钱 2 枚，出土于人骨下。均模制，完整。圆形，方穿，正、背面均有郭。"嘉庆通宝""同治重宝"各 1 枚。

M75：1-1，正面楷书"嘉庆通宝"，对读；背面穿左右为满文纪局名"宝泉"。钱径 2.44、穿径 0.59、郭厚 0.15 厘米（图五一，4）。

M75：1-2，正面楷书"同治重宝"，对读；背面穿上下为楷书"当十"，穿左右为满文纪局名"宝泉"。钱径 2.3、穿径 0.66、郭厚 0.15 厘米（图五一，5）。

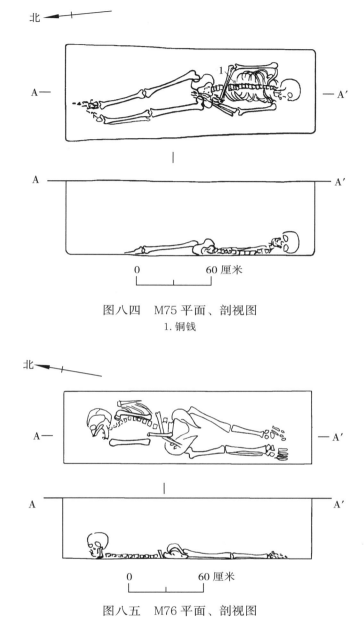

图八四　M75 平面、剖视图
1. 铜钱

图八五　M76 平面、剖视图

　　M76　位于墓葬区南部偏中，西邻 M77。方向 345°。墓口距地表深 0.2 米。平面呈长方形，墓壁竖直，底较平。长 2 米，宽 0.6 米，深 0.5 米。

　　未见明显葬具痕迹。人骨保存较好，仰身直肢葬，头向北，面向西，经鉴定为年龄 40～45 岁的男性（图八五）。

　　未见随葬品。

　　M77　位于墓葬区南部偏中，东邻 M76。方向 340°。墓口距地表深 0.2 米。平面呈长方形，墓壁竖直，底较平。长 2.1 米，宽 0.6 米，深 0.4 米。

　　未见明显葬具痕迹。人骨保存较好，仰身直肢葬，头向北，面向西，经鉴定为年龄 35 岁左右的男性（图八六）。

　　未见随葬品。

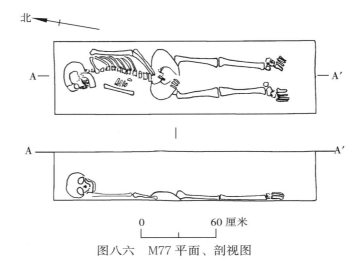

图八六　M77 平面、剖视图

图八七　M78 平面、剖视图

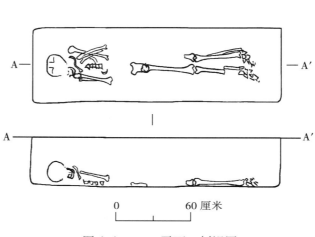

图八八　M79 平面、剖视图

M78　位于墓葬区南部偏中，东邻 M77。方向 350°。墓口距地表深 0.2 米。平面呈长方形，墓壁竖直，底较平。长 2 米，宽 0.6 米，深 0.5 米。

未见明显葬具痕迹。人骨保存较好，仰身直肢葬，头向西北，面向东北，男性（图八七）。

未见随葬品。

M79　位于墓葬区南部偏西，东邻 M78。方向 360°。墓口距地表深 0.2 米。平面呈长方形，墓壁竖直，底较平。长 2 米，宽 0.6 米，深 0.4 米。

未见明显葬具痕迹。人骨保存一般，仰身直肢葬，头向北，面向不详，男性（图八八）。

未见随葬品。

M80　位于墓葬区南部偏西，东邻 M81。方向 350°。墓口距地表深 0.2 米。平面呈长方形，墓壁竖直，底较平。长 1.9 米，宽 0.6 米，深 0.6 米。

未见明显葬具痕迹。人骨保存较好，仰身直肢葬，头向北，面向西，男性（图八九）。

未见随葬品。

M81　位于墓葬区南部偏西，东邻 M82。方向 350°。墓口距地表深 0.2 米。平面呈梯形，墓壁竖直，底较平。长 1.9 米，宽 0.6~0.7 米，深 0.5 米。

未见明显葬具痕迹。人骨保存较好，侧身屈肢葬，头向北，面向西，男性（图九〇）。

未见随葬品。

M82　位于墓葬区南部偏西，西邻 M81。方向 350°。墓口距地表深 0.2 米。平面呈梯形，墓壁竖直，底较平。长 1.9 米，宽 0.55~0.65 米，深 0.5 米。

未见明显葬具痕迹。人骨保存较好，仰身直肢葬，头向北，面向西，经鉴定为年龄 30 岁上下的男性（图九一）。

未见随葬品。

M83　位于墓葬区南部偏西，西邻 M82。方向 350°。墓口距地表深 0.2 米。平面呈长方形，墓壁竖直，底较平。长 2 米，宽 0.7 米，深 0.5 米。

未见明显葬具痕迹。人骨保存较好，侧身屈肢葬，头向北，面向西，经鉴定为年龄 30 岁上下的男性（图九二）。

未见随葬品。

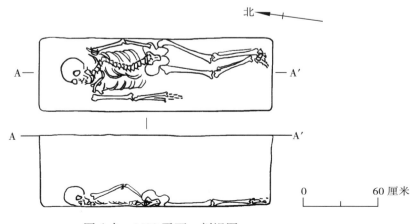

图八九　M80 平面、剖视图

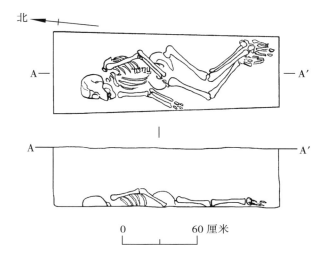

图九〇　M81平面、剖视图

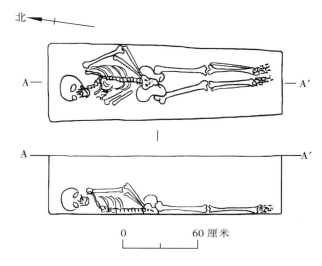

图九一　M82平面、剖视图

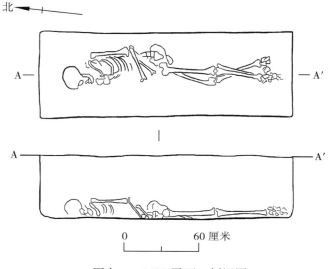

图九二　M83平面、剖视图

M84 位于墓葬区南部偏中，东邻 M85。方向 180°。墓口距地表深 0.2 米。平面呈长方形，墓壁竖直，底较平。长 2 米，宽 0.7 米，深 0.5 米。

未见明显葬具痕迹。人骨保存较好，仰身直肢葬，头向南，面向西，经鉴定为年龄 30 岁上下的男性（图九三）。

未见随葬品。

M85 位于墓葬区南部偏中，西邻 M84。方向 360°。墓口距地表深 0.2 米。平面呈长方形，墓壁竖直，底较平。长 2.2 米，宽 0.7 米，深 0.5 米。

未见明显葬具痕迹。人骨保存较差，侧身屈肢葬，头向北，面向东，男性（图九四）。

未见随葬品。

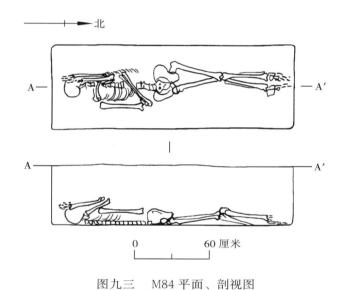

图九三　M84 平面、剖视图

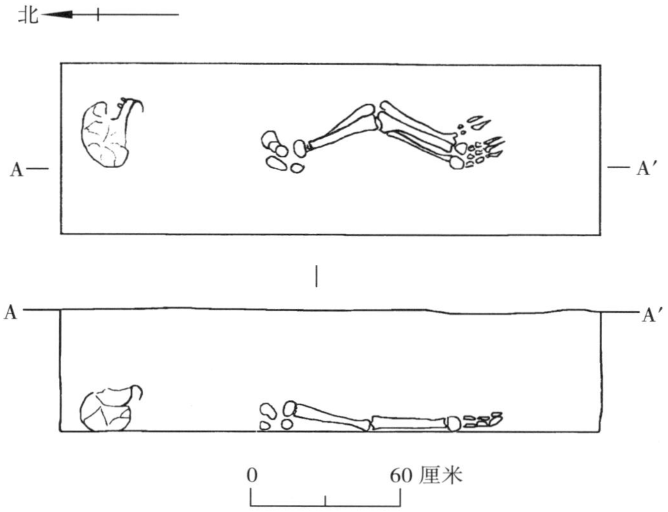

图九四　M85 平面、剖视图

M86　位于墓葬区南部偏中，西邻 M85。方向 330°。墓口距地表深 0.2 米。平面呈梯形，墓壁竖直，底呈北高南低缓坡状。长 2 米，宽 0.6～0.7 米，深 0.45～0.67 米。

未见明显葬具痕迹。人骨保存较好，仰身直肢葬，头向北，面向上，经鉴定为年龄 30～35 岁的男性（图九五）。

未见随葬品。

M87　位于墓葬区南部偏东，东邻 M100。方向 358°。墓口距地表深 0.2 米。平面呈梯形，墓壁竖直，底中部略凹。长 1.9 米，宽 0.5～0.6 米，深 0.7～0.8 米。

未见明显葬具痕迹。人骨保存较好，侧身屈肢葬，头向北，面向西北，经鉴定为年龄 30～35 岁的男性（图九六）。

未见随葬品。

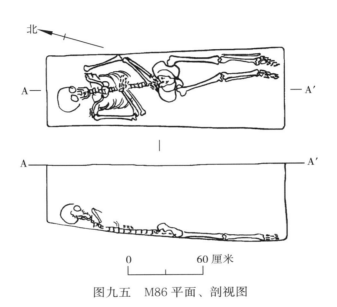

图九五　M86 平面、剖视图

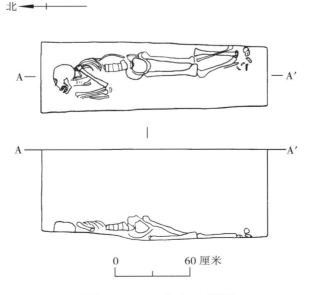

图九六　M87 平面、剖视图

M88 位于墓葬区南部偏西，东邻 M89。方向 5°。墓口距地表深 0.2 米。平面呈长方形，墓壁竖直，底较平。长 1.9 米，宽 0.7 米，深 0.4 米。

未见明显葬具痕迹。人骨保存较好，仰身直肢葬，头向北，面向上，女性（图九七）。

未见随葬品。

M89 位于墓葬区南部偏西，东邻 M90。方向 359°。墓口距地表深 0.2 米。平面近长方形，墓壁竖直，底较平。长 1.9 米，宽 0.54～0.66 米，深 0.46 米。

未见明显葬具痕迹。人骨保存较好，侧身直肢葬，头向北，面向西北，经鉴定为年龄 55 岁上下的男性（图九八）。

未见随葬品。

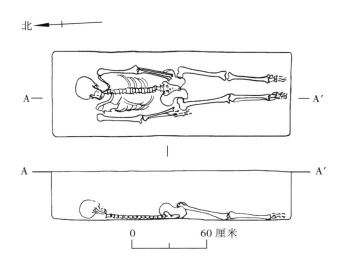

图九七　M88 平面、剖视图

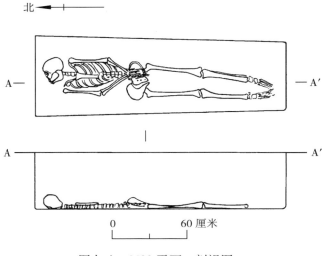

图九八　M89 平面、剖视图

M90 位于墓葬区南部偏西，西邻 M89。方向 360°。墓口距地表深 0.2 米。平面呈长方形，墓壁竖直，底较平。长 2 米，宽 0.6 米，深 0.5 米。

未见明显葬具痕迹。人骨保存较好，仰身直肢葬，头向北，面向上，男性（图九九）。

未见随葬品。

M91 位于墓葬区南部偏中，北邻 M84。方向 185°。墓口距地表深 0.2 米。平面呈长方形，墓壁竖直，底较平。长 1.8 米，宽 0.7 米，深 0.5 米。

未见明显葬具痕迹。人骨保存较好，仰身直肢葬，头向南，面向西，男性（图一〇〇）。

未见随葬品。

M92 位于墓葬区南部，西邻 M98。方向 360°。墓口距地表深 0.2 米。平面呈长方形，墓壁竖直，底较平。长 2 米，宽 0.7 米，深 0.5 米。

未见明显葬具痕迹。人骨保存较好，侧身直肢葬，头向北，面向西，男性（图一〇一）。

未见随葬品。

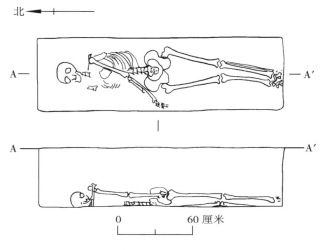

图九九 M90 平面、剖视图

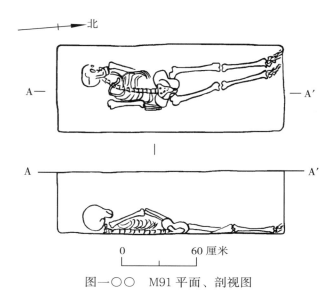

图一〇〇 M91 平面、剖视图

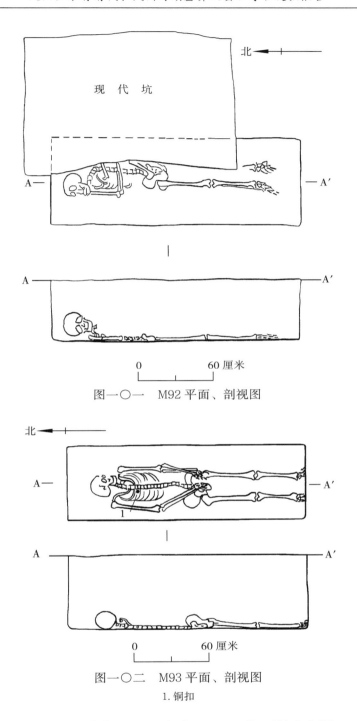

北

现　代　坑

A—　　　　　　　　　—A′

A　　　　　　　　　　　　　　　A′

0　　　60 厘米

图一〇一　M92 平面、剖视图

北

A—　　　　　　　　　—A′

A　　　　　　　　　　　　　　　A′

0　　　60 厘米

图一〇二　M93 平面、剖视图
1. 铜扣

M93　位于墓葬区南部偏东，东邻 M94。方向 360°。墓口距地表深 0.2 米。平面呈长方形，墓壁竖直，底较平。长 1.9 米，宽 0.6 米，深 0.6 米。

未见明显葬具痕迹。人骨保存较好，仰身直肢葬，头向北，面向东，经鉴定为年龄 35～40 岁的男性（图一〇二）。

随葬铜扣 1 件，出土于人胸骨处。

铜扣　1 件。M93：1，整体呈圆形，背面有一环形纽。素面。直径 3.8 厘米（图四一，6；彩版一二〇，8）。

　　M94　位于墓葬区南部偏东，西邻 M93。方向 360°。墓口距地表深 0.2 米。平面呈长方形，墓壁竖直，底较平。长 1.8 米，宽 0.5 米，深 0.7 米。

　　未见明显葬具痕迹。人骨保存较好，仰身屈肢葬，头向北，面向东，男性（图一〇三）。

　　未见随葬品。

　　M95　位于墓葬区南部，北邻 M91。方向 360°。墓口距地表深 0.2 米。平面呈长方形，墓壁竖直，底较平。长 1.9 米，宽 0.6 米，深 0.5 米。

　　未见明显葬具痕迹。人骨保存较好，仰身直肢葬，头向北，面向西，经鉴定为年龄 45～50 岁的男性（图一〇四）。

　　未见随葬品。

　　M96　位于墓葬区东南部，东邻 M97。方向 350°。墓口距地表深 0.2 米。平面呈长方形，墓壁竖直，底较平。长 2 米，宽 0.5 米，深 0.5 米。

　　未见明显葬具痕迹。人骨保存较好，仰身屈肢葬，头向北，面向东，男性（图一〇五）。

　　未见随葬品。

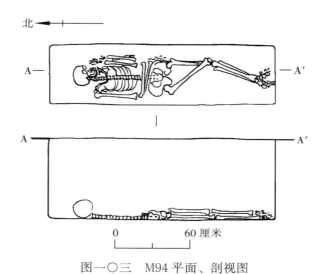

图一〇三　M94 平面、剖视图

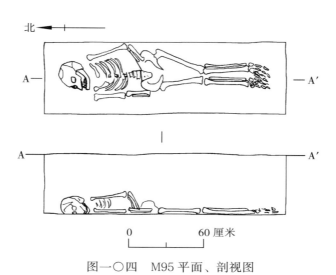

图一〇四　M95 平面、剖视图

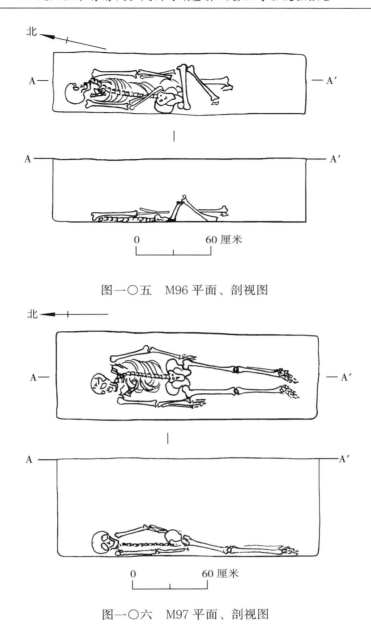

图一〇五　M96 平面、剖视图

图一〇六　M97 平面、剖视图

M97　位于墓葬区东南部，西邻 M96。方向 360°。墓口距地表深 0.2 米。平面呈长方形，墓壁竖直，底较平。长 2.1 米，宽 0.7 米，深 0.8 米。

未见明显葬具痕迹。人骨保存较好，仰身直肢葬，头向北，面向西，经鉴定为年龄 45 岁左右的男性（图一〇六）。

未见随葬品。

M98　位于墓葬区南部，东邻 M92。方向 180°。墓口距地表深 0.2 米。平面呈长方形，墓壁竖直，底较平。长 1.9 米，宽 0.5 米，深 0.5 米。

未见明显葬具痕迹。人骨保存较好，仰身直肢葬，头向南，面向东，经鉴定为年龄 35 岁左右的男性（图一〇七）。

未见随葬品。

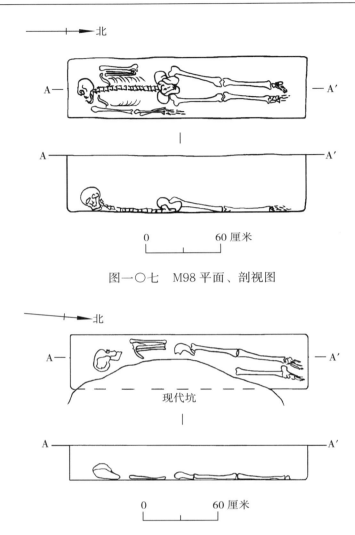

图一〇七　M98 平面、剖视图

图一〇八　M99 平面、剖视图

M99　位于墓葬区南部偏西，西邻 M69。方向 175°。墓口距地表深 0.15 米。平面呈长方形，墓壁竖直，底较平。长 1.9 米，宽 0.46 米，深 0.3 米。

未见明显葬具痕迹。人骨保存较差，仰身直肢葬，头向南，面向西，男性（图一〇八）。

未见随葬品。

M100　位于墓葬区南部偏东，西邻 M87。方向 351°。墓口距地表深 0.15 米。平面呈长方形，墓壁竖直，墓底北部略高于南部。长 1.85 米，宽 0.68 米，深 0.68～0.72 米。

未见明显葬具痕迹。人骨保存较好，仰身直肢葬，头向北，面向上，男性（图一〇九）。

未见随葬品。

M101　位于墓葬区东南部，北邻 M96。方向 355°。平面呈长方形，墓壁竖直，底较平，墓口距地表深 0.15 米，长 1.9 米，宽 0.6 米，深 0.7 米（图一一〇）。

未见明显葬具痕迹。人骨保存较好，仰身直肢葬，头向北，面向东，经鉴定为年龄 14～16 岁的男性。

未见随葬品。

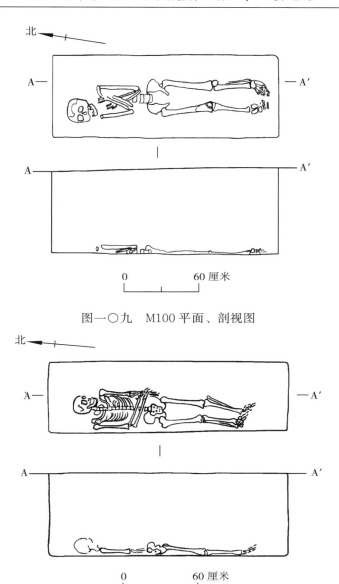

图一〇九　M100 平面、剖视图

图一一〇　M101 平面、剖视图

M102　位于墓葬区中部偏西，北邻 M50。方向 360°。墓口距地表深 0.15 米。平面呈长方形，墓壁竖直，底较平。长 1.9 米，宽 0.58 米，深 0.46 米。

未见明显葬具痕迹。人骨保存较好，仰身屈肢葬，头向北，面向东，男性（图一一一）。

随葬铜钱 3 枚，出土于人盆骨北侧。均模制。圆形，方穿，正、背面均有郭。正面铸楷书钱文，对读；背面穿左右为满文纪局名"宝泉"或"宝源"。"嘉庆通宝""道光通宝""光绪通宝"各 1 枚。

M102:1-1，正面楷书"嘉庆通宝"，背文纪局名为"宝泉"。钱径 2.36、穿径 0.63、郭厚 0.15 厘米（图五一，6）。

M102:1-2，正面楷书"道光通宝"，背文纪局名为"宝源"。钱径 2.34、穿径 0.6、郭厚 0.15 厘米（图五一，7）。

M102:1-3，正面楷书"光绪通宝"，背文纪局名为"宝源"。钱径 2.05、穿径 0.6、郭厚 0.16 厘米（图五一，8）。

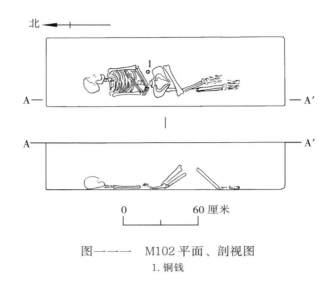

图一一一　M102 平面、剖视图
1. 铜钱

三、窑址

共发掘窑址 4 座，除 Y1 开口于①层下外，其余皆开口于②层下。集中分布于 A 发掘区。

Y1　位于 A 发掘区北部，西南邻 Y3。东西向，方向 260°。窑西部被现代坑打破，操作间、火门等已被破坏无存。窑口距地表深 0.9 米，窑深 1.4 米。东西长 4.28 米，南北宽 3.01 米。残存窑室、烟道两部分（图一一二；彩版一一六，1）。

窑室位于烟道西侧。平面呈圆形，直壁，平底。东西直径 3.01 米，深 1.4 米。窑壁用青砖错缝垒筑而成，残存 3~9 层。内填灰褐色杂土，土质较疏松，包含有红烧土块、青砖碎块、青花瓷片。

烟道位于窑室东侧。平面呈长方形，宽 1.03~1.74 米，进深 1.77 米，残高 1.4 米。壁用青砖错缝垒筑而成，残存 9 层。

Y2　位于 A 发掘区东北部，西北邻 Y1。东西向，方向 93°。窑口距地表深 1.6 米，窑深 1.4 米。东西长 6.82 米，南北宽 2.92 米。由操作间、进风道、火门、火膛、窑床五部分组成（图一一三；彩版一一六，2）。

操作间位于火门东侧。平面呈梯形，直壁，平底。东西长 3.58 米，南北宽 1.68~1.96 米，深 0.6 米。内填灰褐色杂土，土质较疏松，包含有红烧土块、青砖碎块、瓦片等。

进风道位于操作间西部，西与火门相连。平面呈长方形，为土洞砖券顶。土洞高 0.74 米，宽 0.6 米，进深 1.83 米。西端青砖起券。南、北两壁用顺砖错缝及结合半块丁砖砌筑而成，西端顶部用两块丁砖券筑而成。

火门位于操作间西侧，西与火膛相连。平面呈长方形，为土洞砖券顶。土洞高 0.32 米，宽 0.38 米，进深 0.66 米。内用丁砖摆放 2 块封门砖，用砖规格为 31 厘米 ×15 厘米 ×7 厘米。

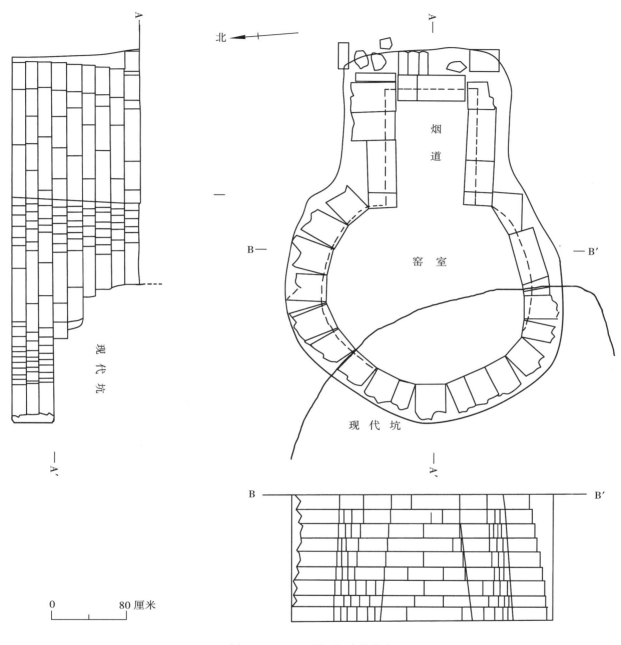

图一一二　Y1平面、剖视图

　　窑室位于火门西侧。平面呈圆形，窑壁斜向上内收，口径 2.72～2.9 米。由火膛和窑床组成，火膛位于东侧，窑床位于西侧。

　　火膛位于窑室东部。平面呈橄榄形，口大底小，弧壁，平底。东壁有一层黄褐色烧结面，烧结面外侧有一层红烧土。西壁平直，平砖错缝砌筑而成，顶部与窑床齐平。底部南北宽 1.83 米，进深 0.95 米，距窑床面 0.8 米。内填灰褐色土，土质较疏松，包含烧土块、草木灰等，草木灰厚约 0.15 米。

　　窑床位于窑室西部。平面呈半月形。窑床面平整，未铺砖，表面有一层青灰色烧结面，烧结

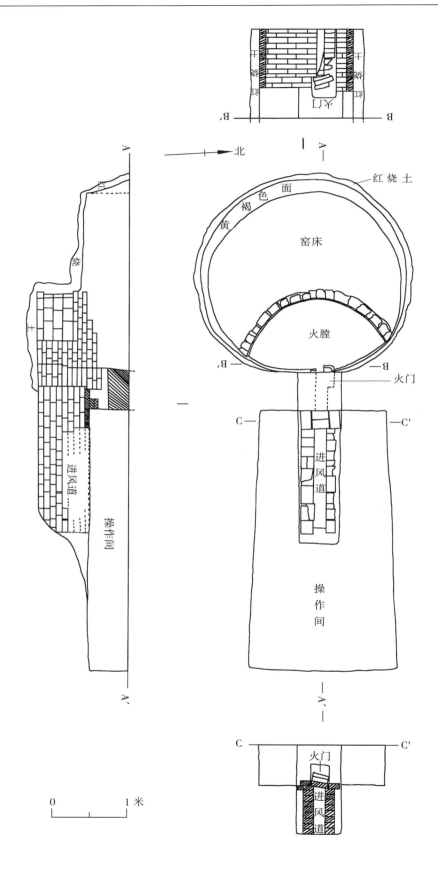

图一一三　Y2 平面、剖视图

面外侧有一层红烧土。南北宽2.56米，进深2.12米，高0.6米。窑床上堆积灰褐色杂土，土质较疏松，包含红烧土块、窑壁烧结块、青砖块、瓦片等。

Y3　位于A发掘区西北部，东北邻Y1。东西向，方向270°。操作间西部被现代坑打破，窑顶部破坏严重。窑口距地表深0.8米，窑深1.54米。东西残长4.23米，南北宽3米。残存操作间、窑室两部分（图一一四；彩版一一七，1）。

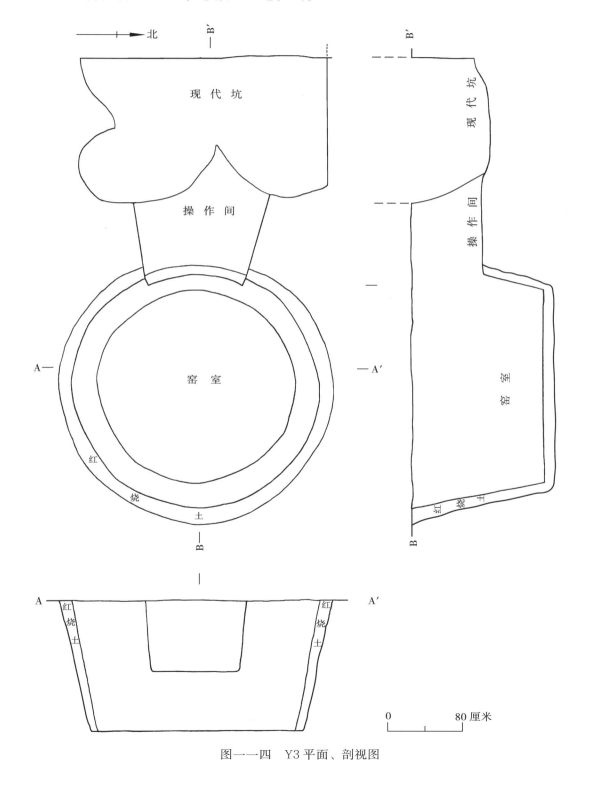

图一一四　Y3平面、剖视图

　　操作间位于窑室西侧，西部被现代坑打破。平面略呈梯形，直壁，平底。东西长 1.58 米，南北宽 1.02～1.48 米，深 0.78 米。内填灰褐色杂土，土质较疏松，包含有红烧土块、青砖碎块、瓦片等。

　　窑室位于操作间东侧。平面呈圆形，口大底小，窑壁向下弧收。口径 3 米，深 1.41 米。窑壁及底部存有一层厚 0.12 米的红烧土。

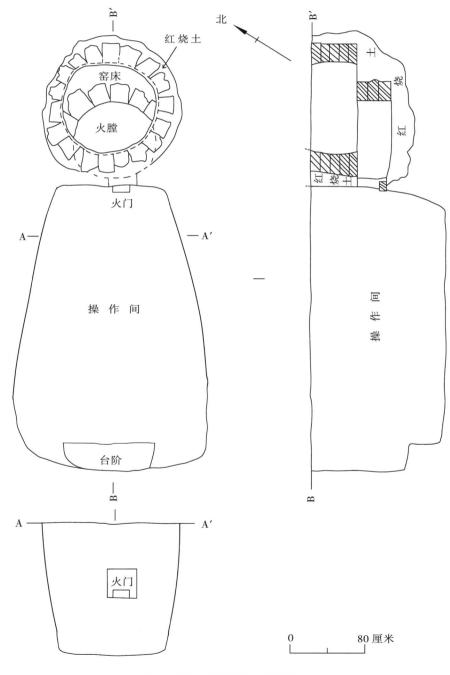

图一一五　Y4 平面、剖视图

Y4 位于 A 发掘区南部，东北邻 Y2。东西向，方向 235°。窑口距地表深 0.9 米，窑深 1.43 米。东西长 4.8 米，南北宽 2.07 米。由操作间、火门、火膛、窑床四部分组成（图一一五；彩版一一七，2）。

操作间位于火门西侧。平面略呈梯形，直壁，平底。东西长 3.14 米，南北宽 1.17 ～ 2.08 米，深 1.44 米。内填灰褐色杂土，土质较疏松，包含有红烧土块、青砖碎块、瓦片等。

火门位于操作间东侧，东与火膛相连。平面呈正方形。为土洞式火门，火门内有一封门砖。土洞高 0.24 米，宽 0.24 米，进深 0.24 米。

窑室位于火门东侧。平面略呈圆形，口径 1.49 ～ 1.56 米。窑壁斜向上内收，用丁砖错缝旋转砌筑而成。由火膛和窑床组成，火膛位于西侧，窑床位于东侧。

火膛位于窑室西部。平面呈橄榄形，直壁，平底。壁面火烧痕迹明显。东壁平直，丁砖错缝旋转砌筑而成，顶部与窑床齐平。底部宽 0.85 米，进深 0.54 米，距窑床面 0.36 米。内填灰褐色土，土质较疏松，包含烧土块、草木灰等。

窑床位于窑室东部。平面呈半月形。窑床面平整，未铺砖。宽 1 米，进深 0.45 米，高 0.5 米。窑床上堆积灰褐色杂土，土质较疏松，包含红烧土块、窑壁烧结块、青砖块、瓦片等。

四、结语

（一）墓葬

本次共发掘古代墓葬 102 座。墓葬形制皆为竖穴土坑墓，且都为单人葬墓。未发现葬具痕迹。墓向基本为南北向。

墓葬出土随葬品极少，按质地可分为陶、瓷、铜、玻璃等。以瓷器为主，多为常见的生活用器，有碗、碟、盘、盅等。

墓葬均开口于①层下。出土的瓷器在朝阳区单店养老产业示范基地项目[①]清代墓中及其他地区的民国时期墓葬中有类似形制发现。同时墓葬中出土有"康熙通宝""乾隆通宝""道光通宝"等清代铜钱，以及清末民国初所见的铜扣、玻璃烟嘴等。由此推断，本批墓葬年代为清代末年、民国时期。

本次发掘未出土墓志、买地券等有明确文字记载的遗物，但墓葬排列有序，葬具、葬式一致。从墓葬形制和随葬品分析，此批墓葬均属于清代平民墓，下葬时间间隔很短或为同一时间下葬。

（二）窑址

本次发掘的窑址主要结构有操作间、窑门，燃烧部分的火道、火膛，以及烧成部分的窑室。它与北京轨道交通大兴线枣园路站[②]发现的清代窑址及更晚的民国时期窑址在形制、规模、结

---

① 北京市文物研究所：《单店养老产业示范基地项目考古发掘报告》，《单店与黑庄户：朝阳区考古发掘报告集》，上海古籍出版社，2021 年，第 78 ～ 102 页。

② 北京市文物研究所：《轨道交通大兴线枣园路站考古发掘报告》，《小营与西红门：北京大兴考古发掘报告》，上海古籍出版社，2018 年，第 136 页。

构上都较为相近，由此推测这些窑址年代为清代末年、民国时期。

　　本次发掘，为研究该地区清代末年和民国时期的丧葬习俗、社会发展状况提供了实物资料。

发掘：尚　珩

绘图：张志伟

摄影：刘晓贺

拓片：古艳兵

执笔：张　旭　尚　珩

1. M13

2. 陶釜（M13：1）

3. 陶釜（M13：2）

4. 陶釜（M13：3）

5. 陶釜（M13：4）

彩版一　房山区元武屯村战国墓葬 M13 及其出土陶釜

1. J1（由南向北）

3. 陶瓮腹片（J1：2）

4. 陶釜口沿（J1：3）

2. 筒瓦（J1：1）

5. 板瓦残片（J1：4）

6. 板瓦残片（J1：6）

7. 板瓦残片（J1：7）

8. 陶瓮口沿（J1：5）

彩版二　房山区元武屯村东汉水井 J1 及其出土陶器

1. M18

2. 陶罐（M18：1）

3. 陶盘（M18：2）

4. 瓷碗（M18：3）

5. 瓷壶（M18：4）

彩版三　房山区元武屯村唐代墓葬 M18 及其出土器物

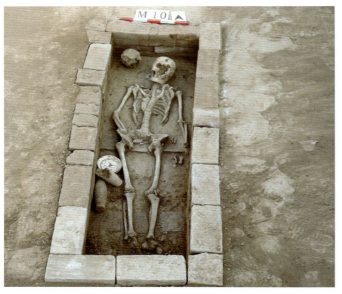

1. M10（由南向北）

4. 瓷鸡腿瓶（M10：4）

2. 陶双系罐（M10：1）

5. 白瓷盘（M10：3）

6. 白瓷盘（M10：5）

3. 瓷鸡腿瓶（M10：2）

7. 白瓷盘（M10：6）

彩版四　房山区元武屯村金代墓葬 M10 及其出土器物

1. M7（由南向北）

2. 陶盆（M7：1）

3. 陶盆（M7：2）

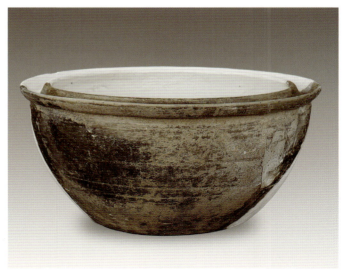

4. 陶盆（M7：4）

彩版五　房山区元武屯村元代墓葬 M7 及其出土陶盆

1. M8

2. 陶双系罐（M8：1）

3. 陶双系罐（M8：18）

4. 陶壶（M8：2）

5. 陶六鋬釜（M8：6）

彩版六　房山区元武屯村元代墓葬 M8 及其出土陶器

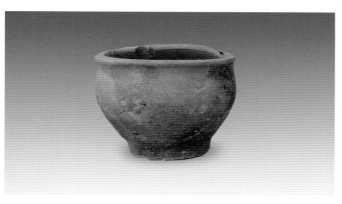

1. M8：3

2. M8：12

3. M8：13

4. M8：14

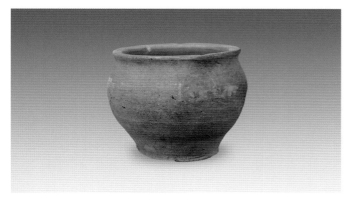

5. M8：15

6. M8：16

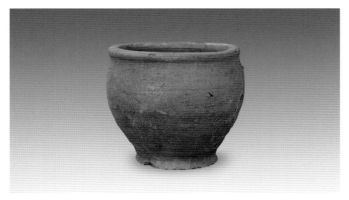

7. M8：17

彩版七　房山区元武屯村元代墓葬 M8 出土陶罐

1. 杯（M8：4）

2. 盆（M8：5）

3. 盆（M8：7）

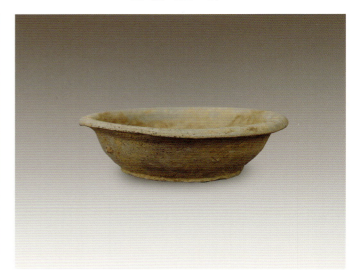

4. 盆（M8：9）

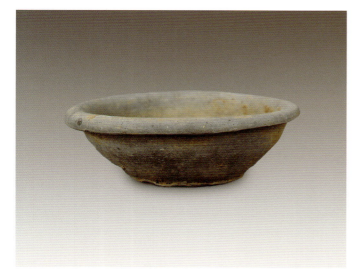

5. 盆（M8：10）

6. 盆（M8：11）

彩版八　房山区元武屯村元代墓葬 M8 出土陶器

1. M14（由北向南）

3. 刻字砖（M15∶1）

2. M15（由南向北）

彩版九　房山区元武屯村元代墓葬 M14、M15 及其出土刻字砖

1. M4（由南向北）

2. M5（由南向北）

彩版一〇　房山区元武屯村明代墓葬 M4、M5

1. M6（由南向北）

2. M9（由南向北）

彩版一一　房山区元武屯村明代墓葬 M6、M9

1. 铜钗（M4：2）

2. 铜钗（M4：3）

3. 铜簪（M6：5）

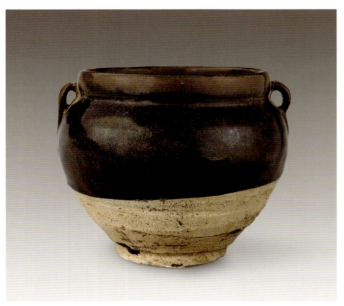

4. 瓷双系罐（M6：1）

5. 陶盆（M6：4）

彩版一二　房山区元武屯村明代墓葬 M4、M6 出土器物

1. M11（由南向北）

2. 铜簪（M11：2）

3. 铜钗（M11：4）

4. 铜钗（M11：5）

彩版一三　房山区元武屯村明代墓葬 M11 及其出土铜器

（右为北）

彩版一四　怀柔区郑重庄村发掘区汉代墓葬分布

彩版一五 怀柔区郑重庄村汉代墓葬 M1、M4

1. M2

2. M3

彩版一六　怀柔区郑重庄村汉代墓葬 M2、M3

1. M5、M6

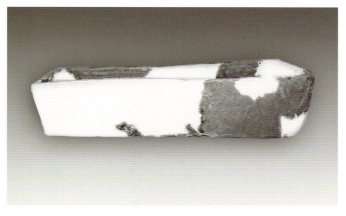

2. M5 出土陶棺

3. 陶狗（M5∶1）

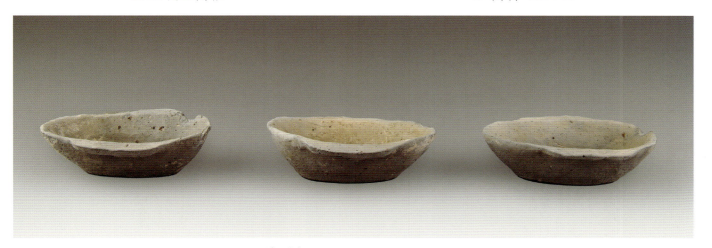

4. 陶耳杯（M6∶2-1、2-2、2-3）

彩版一七　怀柔区郑重庄村汉代墓葬 M5、M6 及其出土器物

1. M7

2. M8

彩版一八　怀柔区郑重庄村汉代墓葬 M7、M8

1. 陶奁（M7：3）

4. 陶耳杯（M7：5-1、5-3、5-4、5-5）

2. 陶勺（M7：1）

5. 铅制品（M7：8）

3. 陶盘（M7：4）

6. 陶耳杯（M8：1）

彩版一九　怀柔区郑重庄村汉代墓葬 M7、M8 出土器物

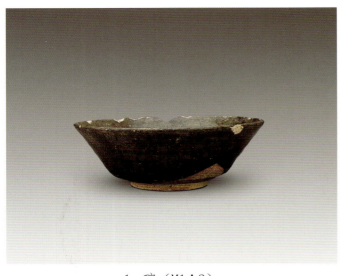

1. 碗（M1：2）

2. 罐（M4：2）

3. 罐（M5：2）

4. 罐（M5：3）

5. 罐（M5：4）

6. 罐（M7：1）

彩版二〇　房山区阎村镇明清时期墓葬出土瓷器

1. 瓷罐（M6：1）

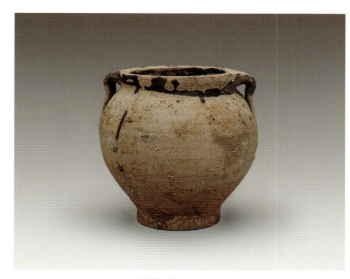

2. 釉陶罐（M6：3）

3. 釉陶盏（M6：2）

4. 釉陶盏（M6：4）

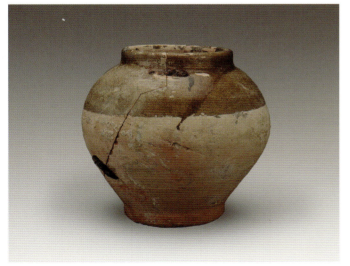

5. 釉陶罐（M13：3）

6. 瓷罐（M13：1）

彩版二一　房山区阎村镇明清时期墓葬出土器物

1. 铜镜（M11：1）

2. 铜戒指（M15：2）

3. 青花瓷碗（M12：1）

4. 青花瓷碗（M13：2）

彩版二二　房山区阎村镇明清时期墓葬出土器物

1. M2（上为北）

2. M3（左下为北）

3. M11（左下为北）

4. M14（下为北）

彩版二三　通州区黄瓜园明清时期单人葬墓 M2、M3、M11、M14

1. M16

2. M34（右下为北）

3. M38

彩版二四　通州区黄瓜园明清时期单人葬墓 M16、M34、M38

1. M4

2. M5

彩版二五　通州区黄瓜园明清时期双人合葬墓 M4、M5

1. M9

2. M17

彩版二六　通州区黄瓜园明清时期双人合葬墓 M9、M17

1. M18

2. M19

彩版二七　通州区黄瓜园明清时期双人合葬墓 M18、M19

1. M23

2. M24

彩版二八　通州区黄瓜园明清时期双人合葬墓 M23、M24

1. M25（下为北）

2. M27

彩版二九　通州区黄瓜园明清时期双人合葬墓 M25、M27

1. M29（上为北）

2. M31

彩版三〇　通州区黄瓜园明清时期双人合葬墓 M29、M31

1. M32（上为北）

2. M33（上为北）

彩版三一　通州区黄瓜园明清时期双人合葬墓 M32、M33

1. M36（上为北）

2. M1

彩版三二　通州区黄瓜园明清时期双人合葬墓 M36 和多人合葬墓 M1

1. M7

2. M13（下为北）

彩版三三　通州区黄瓜园明清时期多人合葬墓 M7、M13

1. M15（右下为北）

2. M30

彩版三四　通州区黄瓜园明清时期多人合葬墓 M15、M30

1. 陶罐（M15：8）

2. 青石质买地券（M30：10）

彩版三五　通州区黄瓜园明清时期墓葬出土器物

1. M1：6

2. M2：2

3. M7：5

4. M7：6

5. M8：1

6. M13：3

彩版三六　通州区黄瓜园明清时期墓葬出土釉陶罐

1. M15：4

2. M19：2

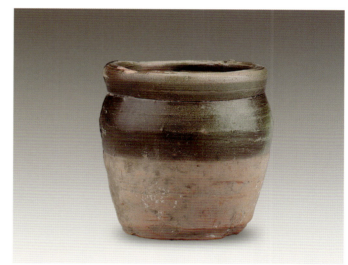

3. M23：2

4. M24：3

5. M24：4

彩版三七　通州区黄瓜园明清时期墓葬出土釉陶罐

1. M30：4

2. M30：5

3. M31：1

4. M34：3

5. M38：3

彩版三八　通州区黄瓜园明清时期墓葬出土釉陶罐

1. M5：6

2. M9：4

3. M9：5

4. M11：1

5. M16：3

6. M17：4

彩版三九　通州区黄瓜园明清时期墓葬出土青花瓷罐

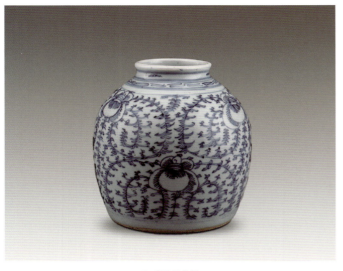

1. M17：5

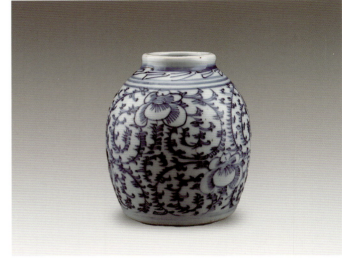

2. M18：5

3. M25：1

4. M29：4

5. M31：2

彩版四〇　通州区黄瓜园明清时期墓葬出土青花瓷罐

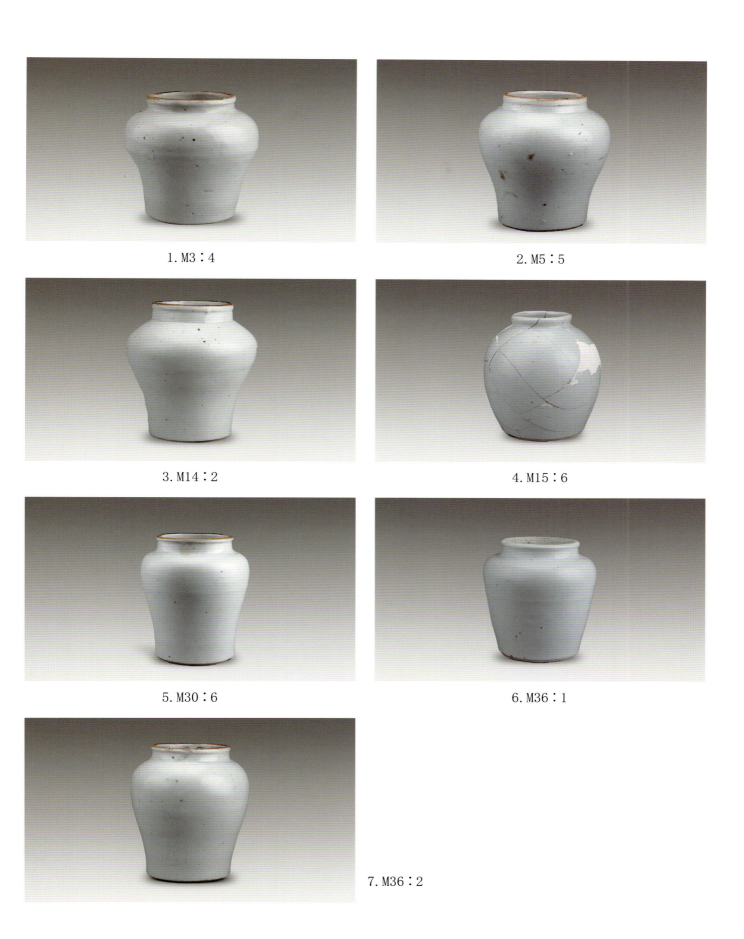

1. M3：4

2. M5：5

3. M14：2

4. M15：6

5. M30：6

6. M36：1

7. M36：2

彩版四一　通州区黄瓜园明清时期墓葬出土青白釉瓷罐

1. 黄绿釉瓷罐（M1：3）

2. 黄绿釉瓷罐（M13：2）

3. 黄绿釉瓷罐（M15：3）

4. 黄绿釉瓷罐（M18：6）

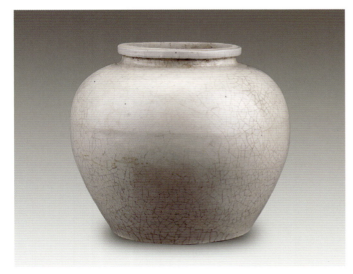

5. 白釉瓷罐（M4：2）

6. 白釉瓷罐（M27：3）

彩版四二　通州区黄瓜园明清时期墓葬出土瓷罐

1. 酱釉瓷罐（M33：1）

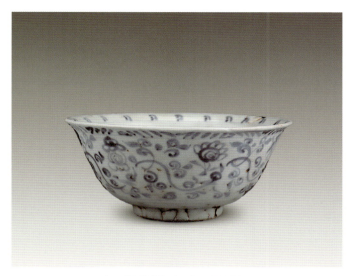

3. 青花瓷碗（M15：7）

2. 酱釉瓷罐（M33：2）

4. 青釉瓷碗（M15：5）

彩版四三　通州区黄瓜园明清时期墓葬出土瓷器

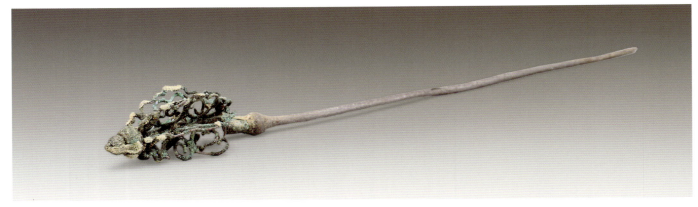

1. M4：3

2. M5：1-1

3. M5：1-2

4. M7：4-1

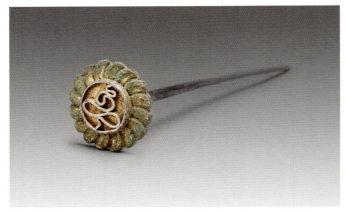

5. M7：4-2

6. M7：7

彩版四四　通州区黄瓜园明清时期墓葬出土银簪

1. M9：1

2. M9：6-1

3. M9：6-2

4. M27：1

5. M27：5

6. M29：1

彩版四五　通州区黄瓜园明清时期墓葬出土银簪

1. 银扁方（M3：1）

2. 银扁方（M4：1）

7. 玉饰件（M18：3）

3. 银扁方（M25：2）

8. 玉饰件（M18：4）

4. 银押发（M17：3）

9. 琉璃环（M17：2）

5. 银押发（M18：1）

6. 银押发（M27：4）

10. 骨簪（M32：2）

彩版四六　通州区黄瓜园明清时期墓葬出土器物

1. 石砚台（M30：8）

2. 铜镜（M30：7）

3. 铜锁（M13：1）

4. 铜花钱（M38：1）

彩版四七　通州区黄瓜园明清时期墓葬出土器物

1. M1∶1-1

2. M1∶2

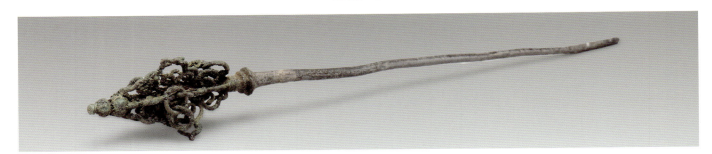

3. M5∶7

4. M7∶2

5. M19∶1

6. M16∶1

彩版四八　通州区黄瓜园明清时期墓葬出土铜簪

1. M25：3-1

2. M25：3-2

3. M25：4

4. M34：1-1

5. M34：1-2

彩版四九　通州区黄瓜园明清时期墓葬出土铜簪

1. M3：3

2. M12：2

3. M5：4

4. M18：7

5. M29：5

6. M29：6

彩版五〇　通州区黄瓜园明清时期墓葬出土铜纽扣

1. M1

2. M2

3. M4

彩版五一　通州区麦庄村清代墓葬 M1、M2、M4

1. M5

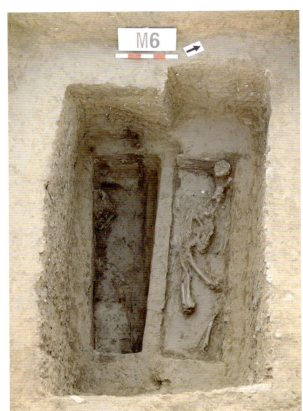

2. M6

3. M7

4. M8

彩版五二　通州区麦庄村清代墓葬 M5 ～ M8

1. M9

2. M10

3. M12

彩版五三　通州区麦庄村清代墓葬 M9、M10、M12

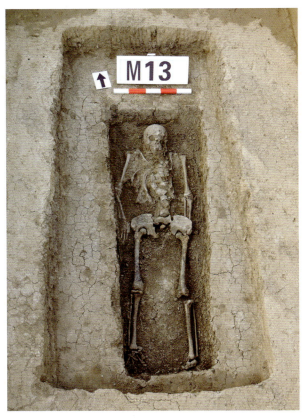

1. M13

2. M15

3. M16

4. M17

彩版五四　通州区麦庄村清代墓葬 M13、M15～M17

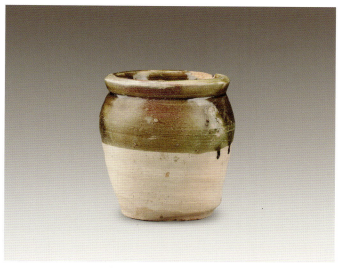

1. 半釉陶罐（M2：3）

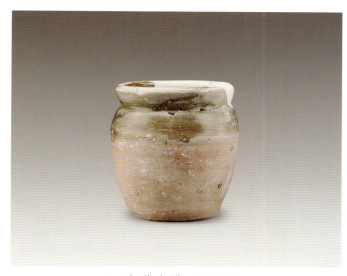

2. 半釉陶罐（M2：4）

3. 瓷碗（M2：5）

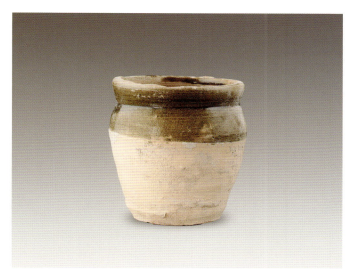

4. 半釉陶罐（M3：1）

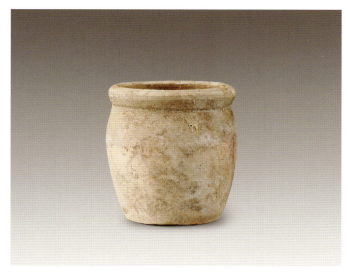

5. 半釉陶罐（M3：4）

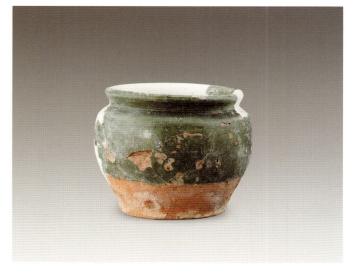

6. 半釉陶罐（M5：1）

彩版五五　通州区麦庄村清代墓葬出土器物

1. 陶罐（M4∶4）

2. 铜扁方（M4∶3）

3. 铜筦首（M4∶1）

4. 瓷罐（M6∶1）

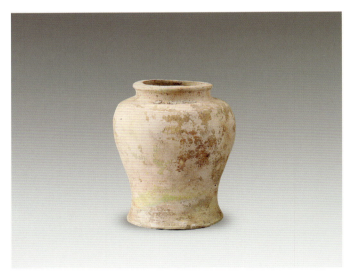

5. 半釉陶罐（M8∶1）

彩版五六　通州区麦庄村清代墓葬出土器物

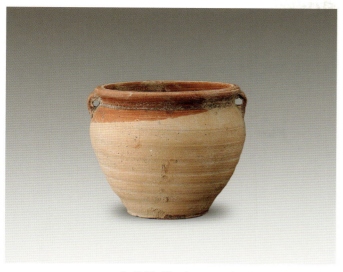

1. 半釉陶罐（M15：2）

2. 瓷罐（M15：1）

3. 陶罐（M17：2）

4. 瓷碗（M18：1）

彩版五七　通州区麦庄村清代墓葬出土器物

1. M5、M6、M23（上为北）

2. M7

彩版五八　朝阳区善各庄村清代单人葬墓 M5 ~ M7、M23

1. M1

2. M8

彩版五九　朝阳区善各庄村清代双人合葬墓 M1、M8

1. M9

2. M10

彩版六〇 朝阳区善各庄村清代双人合葬墓 M9、M10

1. M11

2. M12

彩版六一　朝阳区善各庄村清代双人合葬墓 M11、M12

1. M17

2. M18

彩版六二　朝阳区善各庄村清代双人合葬墓 M17、M18

1. M19

2. M20

彩版六三　朝阳区善各庄村清代双人合葬墓 M19、M20

彩版六四　朝阳区善各庄村清代双人合葬墓 M24

1. M2

2. M22

彩版六五　朝阳区善各庄村清代多人合葬墓 M2、M22

1. 釉陶罐（M10∶2）

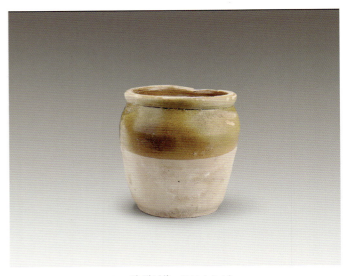

2. 釉陶罐（M11∶1）

3. 釉陶罐（M12∶3）

4. 釉陶罐（M12∶4）

5. 瓷罐（M10∶1）

6. 瓷罐（M15∶1）

彩版六六　朝阳区善各庄村清代墓葬出土器物

1. 镯（M1：1）

2. 簪（M2：1-1）

3. 簪（M2：1-2）

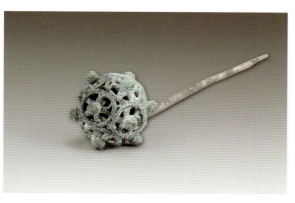

4. 簪（M2：2）

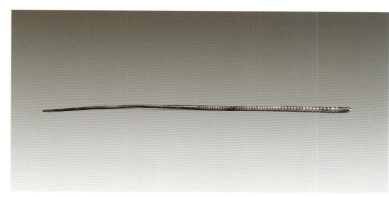

5. 簪（M8：2）

6. 簪（M17：1）

7. 簪（M18：2）

彩版六七　朝阳区善各庄村清代墓葬出土银器

1. 簪（M22：4-1）　　　　　　　　　2. 簪（M22：4-2）

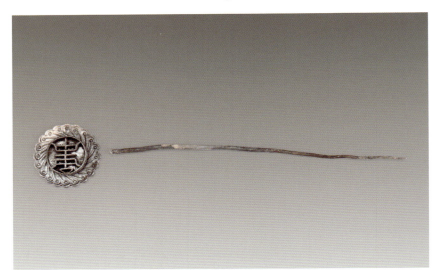

3. 簪（M24：1-1）　　　　　　　　　4. 簪（M24：1-2）

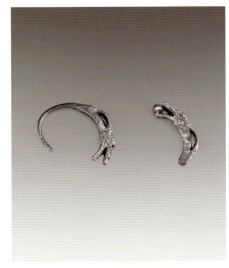

5. 簪（M24：2）　　　　6. 耳环（M8：6）　　　　7. 耳环（M22：7）

彩版六八　朝阳区善各庄村清代墓葬出土银器

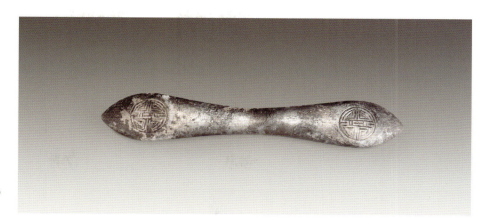

1. 押发（M2:3）

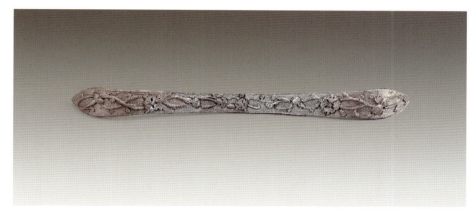

2. 押发（M3:1）

3. 押发（M17:3）

4. 押发（M18:1）

5. 押发（M19:2）

彩版六九　朝阳区善各庄村清代墓葬出土银器

1. 银扁方（M22：3）

2. 银扁方（M22：5）

3. 铜簪首（M17：2）

4. 铜簪（M20：2）

5. 铜簪（M20：3）

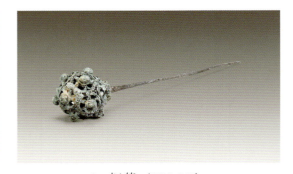

6. 铜簪（M22：2）

彩版七〇　朝阳区善各庄村清代墓葬出土器物

1. 铜扁方（M8:3）

2. 铜耳环（M1:2）

3. 铜戒指（M8:5）

4. 铜戒指（M17:4）

5. 铜顶针（M17:5）

6. 玉饰件（M6:1）

7. 琉璃鼻烟壶（M19:1）

彩版七一　朝阳区善各庄村清代墓葬出土器物

1. M5:1

2. M7:1

3. M11:1

4. M18:1

彩版七二　房山区元武屯村清代墓葬出土釉陶罐

1. 单棺墓 M2

2. 双棺墓 M4

3. 四棺墓 M3

彩版七三　房山区阎村镇清代墓葬 M2～M4

1. 陶瓦（M2：1）

2. 铜扣（M2：3-1、3-2）

3. 陶瓦（M4：1）

4. 瓷罐（M4：2）

5. 瓷罐（M4：4）

彩版七四　房山区阎村镇清代墓葬 M2、M4 出土器物

1. 陶瓦（M3：1）

4. 陶瓦（M3：14）

2. 陶瓦（M3：7）

3. 陶瓦（M3：9）

5. 瓷碗（M3：3）

彩版七五　房山区阎村镇清代墓葬 M3 出土器物

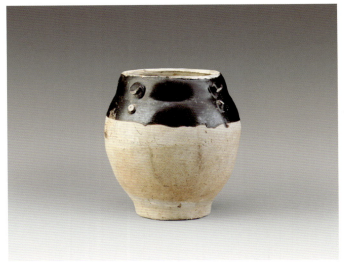

1. 瓷罐（M3：4）　　　　　　　　　　　2. 瓷罐（M3：12）

3. 银簪（M3：5）

4. 铁器残片（M3：8）　　　　　　　　　5. 铁器残片（M3：11）

彩版七六　房山区阎村镇清代墓葬 M3 出土器物

1. M1

2. M7

3. M9

4. M10

彩版七七　房山区良乡高教园区清代单棺墓 M1、M7、M9、M10

1. M2

2. M4

3. M5

4. M6

彩版七八　房山区良乡高教园区清代双棺墓 M2、M4～M6

1. M8

2. M12

3. M3

彩版七九　房山区良乡高教园区清代双棺墓 M8、M12 和三棺墓 M3

1. 绿半釉陶罐（M7：1）

3. 铜簪（M7：3）

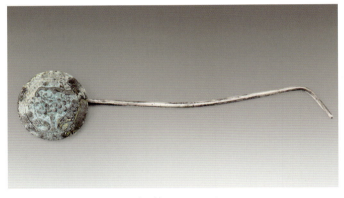

4. 铜簪（M7：5）

2. 瓷碗（M7：2）

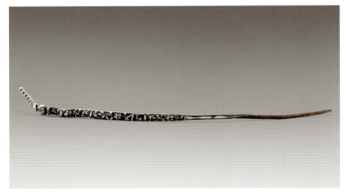

5. 银簪（M7：4）

6. 黑釉陶罐（M13：2）

彩版八〇　房山区良乡高教园区清代单棺墓 M7、M13 出土器物

1. 玉鼻烟壶（M2：1）

3. 料器（M2：3）

4. 铜烟锅（M2：4）

2. 铜饰（M2：2）

5. 铜簪（M2：7）

6. 铜簪（M2：11）

7. 银簪（M2：9）

彩版八一　房山区良乡高教园区清代双棺墓 M2 出土器物

1. 铜头饰（M2∶6）

2. 银耳环（M2∶10）

3. 银戒指（M2∶12）

4. 银戒指（M2∶12-1）

5. 银手镯（M2∶14）

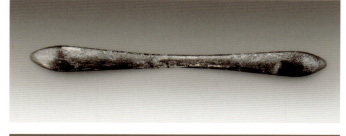

6. 银押发（M2∶15）

彩版八二　房山区良乡高教园区清代双棺墓 M2 出土器物

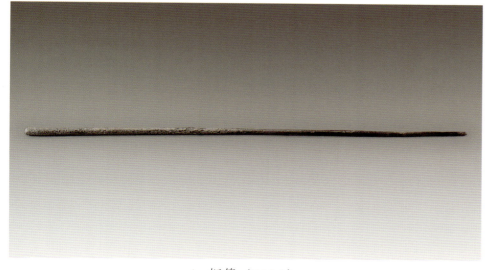

1. 铜簪（M4：1）

2. 银耳环（M4：5）

3. 铜簪（M4：2）

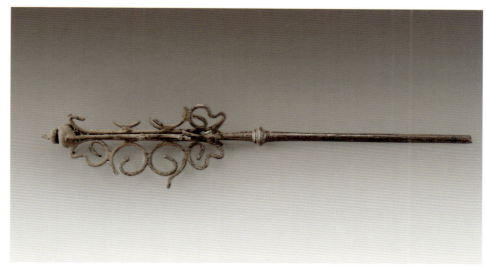

4. 铜簪（M4：3）

5. 铜扁方（M4：4）

彩版八三　房山区良乡高教园区清代双棺墓 M4 出土器物

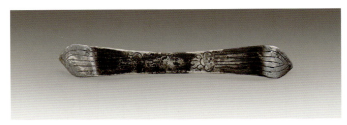

3. 银押发（M6：1）

1. 青花瓷碗（M5：1）

4. 铜簪（M6：2）

5. 银手镯（M6：4）

2. 绿半釉陶罐（M5：3）

6. 银戒指（M6：5）

彩版八四　房山区良乡高教园区清代双棺墓 M5、M6 出土器物

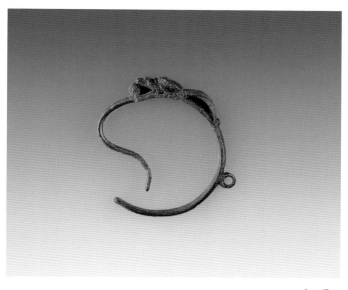
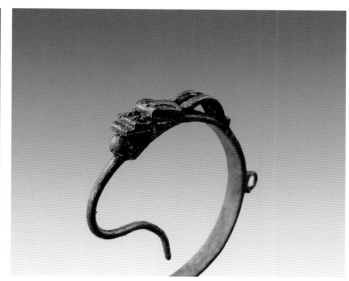

1. 铜耳环（M8:1）

2. 银戒指（M8:4-1）　　　　　　　　　3. 银戒指（M8:4-2）

彩版八五　房山区良乡高教园区清代双棺墓 M8 出土器物

1. 环（M3：2）

2. 烟锅（M3：4）

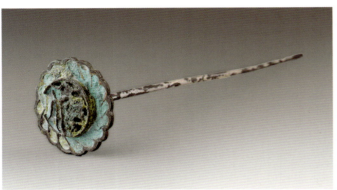

3. 簪（M3：5）

4. 簪（M3：16）

5. 簪（M3：17）

6. 耳环（M3：10）

7. 扁方（M3：9）

彩版八六　房山区良乡高教园区清代三棺墓 M3 出土铜器

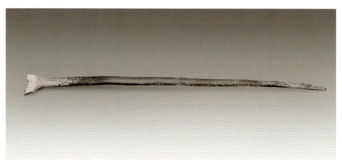

1. 银簪（M3：6）

5. 银戒指（M3：11-2、11-1）

2. 银簪（M3：13）

3. 银簪（M3：14）

6. 银手镯（M3：20）

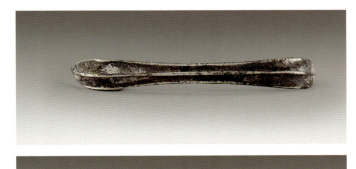

4. 银押发（M3：15）

7. 铁器（M3：19）

彩版八七　房山区良乡高教园区清代三棺墓 M3 出土器物

1. M1

2. M2

彩版八八　丰台区菜户营清代墓葬 M1、M2

1. M3

2. M5

彩版八九　丰台区菜户营清代墓葬 M3、M5

1. M4

1. Y1

彩版九〇　丰台区菜户营清代墓葬 M4 和窑址 Y1

1. Y2

2. Y3

彩版九一　丰台区菜户营清代窑址 Y2、Y3

1. 双人合葬墓 M2

2. 双人合葬墓 M3

彩版九二　海淀区田村路清代墓葬 M2、M3

1. 三人合葬墓 M4

2. 搬迁墓 M1

彩版九三　海淀区田村路清代墓葬 M4、M1

1. 铁刀（M2：2）

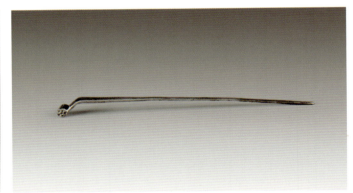

2. 银簪（M3：2）

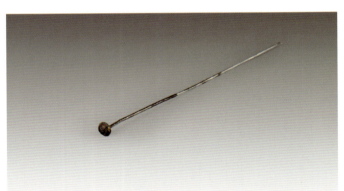

| 3. 银簪（M3：3） | 4. 银簪（M3：4） |

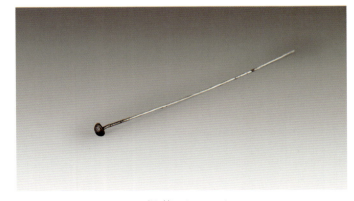
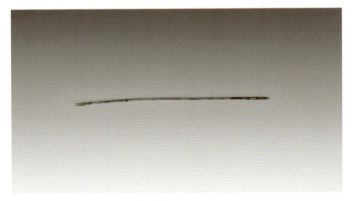

5. 银簪（M3：5）   6. 银簪（M3：6）

彩版九四　海淀区田村路清代墓葬 M2、M3 出土器物

1. 瓷瓮（M4：1）

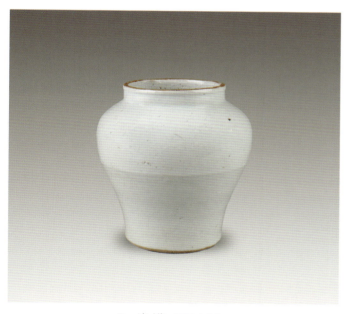
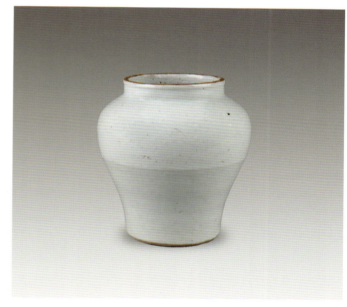

2. 瓷罐（M4：3）　　　　　　　　3. 瓷罐（M4：4）

4. 铜饰（M4：2）

彩版九五　海淀区田村路清代墓葬 M4 出土器物

1. M1（上为北）

2. M2（上为北）

3. M3（左为北）

4. M4（左为北）

5. 铜簪（M1∶1）

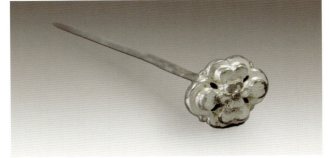

6. 银簪（M3∶1）

彩版九六　平谷区兴谷经济开发区 D05 地块墓葬 M1～M4 及其出土器物

1. M8

2. M11

3. M13

彩版九七　东城区西革新里清代单棺墓 M8、M11、M13

1. M1

2. M3

彩版九八　东城区西革新里清代双棺墓 M1、M3

1. M7

2. M17

3. M10

4. M12

彩版九九　东城区西革新里清代双棺墓 M7、M10、M12、M17

1. M4

2. M9

彩版一〇〇　东城区西革新里清代三棺墓 M4、M9

1. M14

2. M16

彩版一〇一　东城区西革新里清代三棺墓 M14、M16

彩版一〇二　东城区西革新里清代圆形土圹砖室墓 M15

1. 青花瓷鼻烟壶（M1：1）

5. 釉陶罐（M1：6）

2. 银戒指（M1：2）

3. 玉烟嘴（M1：4）

6. 瓷扣（M1：7）

4. 玉挂坠（M1：5）

7. 玉饰件（M1：8）

彩版一〇三　东城区西革新里清代墓葬 M1 出土器物

1. 釉陶罐（M3：1）

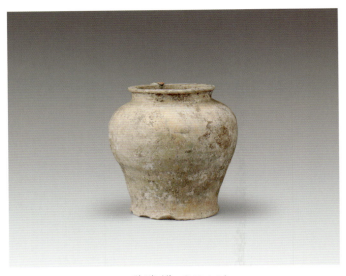

2. 釉陶罐（M3：2）

3. 银扁方（M3：3）

4. 银耳环（M3：4）

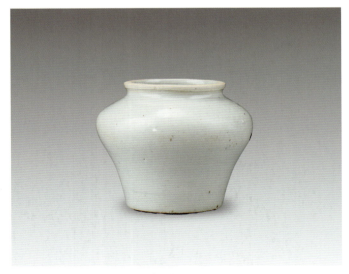

5. 白瓷罐（M7：1）

6. 白瓷罐（M7：2）

彩版一〇四　东城区西革新里清代墓葬 M3、M7 出土器物

1. 半釉陶罐（M10：1）

2. 半釉陶罐（M10：2）

3. 半釉陶罐（M4：1）

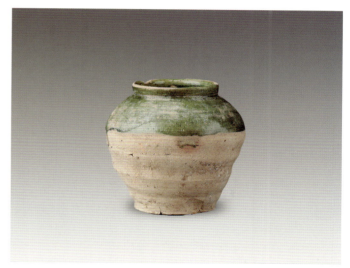

4. 半釉陶罐（M4：2）

5. 半釉陶罐（M9：1）

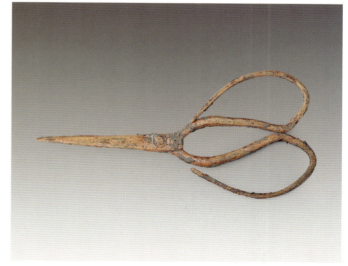

6. 铁剪刀（M14：1）

彩版一〇五　东城区西革新里清代墓葬 M4、M9、M10、M14 出土器物

1. 翎羽（M14：2）

2. 木朝珠（M14：7）

3. 木朝珠（M14：8）

彩版一〇六　东城区西革新里清代墓葬 M14 出土翎羽、木朝珠

1. 金簪（M14：5）

2. 铜扣（M14：6）

3. 镂花铜座（M14：9）

4. 木饰件（M14：10）

5. 珊瑚帽饰（M14：11）

6. 铜帽饰（M14：14）

7. 玉挂坠（M14：12）

8. 料珠（M14：13）

彩版一〇七　东城区西革新里清代墓葬 M14 出土饰品

1. 补服（M14：15）正面

2. 补服（M14：15）背面

彩版一〇八　东城区西革新里清代墓葬 M14 出土补服

1. 补服（M14：16）正面

2. 补服（M14：16）背面

彩版一〇九　东城区西革新里清代墓葬 M14 出土补服

1. 蟒袍（M14：17）正面

2. 蟒袍（M14：17）背面

彩版一一〇　东城区西革新里清代墓葬 M14 出土蟒袍

1. 上衣（M14：18）

2. 百褶裙（M14：22）正面

彩版———　东城区西革新里清代墓葬 M14 出土上衣、百褶裙

1. 上衣（M14：19）正面

2. 上衣（M14：20）正面

彩版一一二 东城区西革新里清代墓葬 M14 出土上衣

1. 长袍（M14：21）正面

2. 袜子（M14：23）

3. 袜子（M14：24）

4. 补子（M14：25）

5. 织带（M14：26）

彩版一一三　东城区西革新里清代墓葬 M14 出土长袍、袜子等

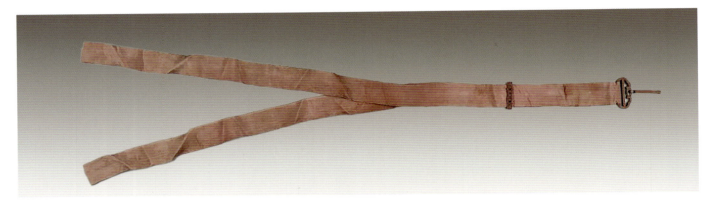

1. 衣带（M14：27）

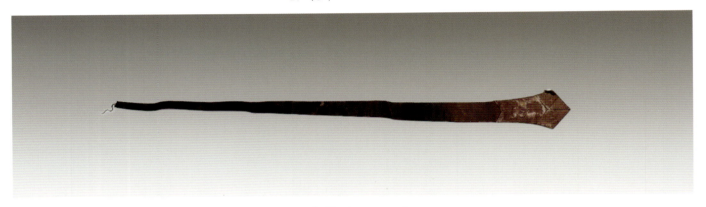

2. 衣带（M14：28）

3. 衣带（M14：29）

彩版一一四　东城区西革新里清代墓葬 M14 出土衣带

1. M2

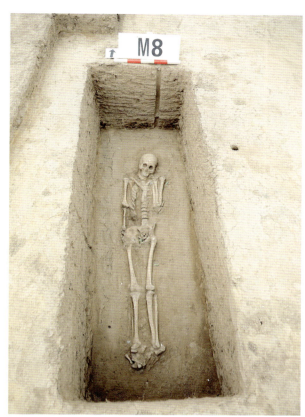

2. M8

3. M13

4. M23

彩版一一五　大兴区采育清代、民国时期墓葬 M2、M8、M13、M23

1. Y1

2. Y2

彩版一一六　大兴区采育清代、民国时期窑址 Y1、Y2

1. Y3

2. Y4

彩版一一七　大兴区采育清代、民国时期窑址 Y3、Y4

1. 陶器（M2：1）

2. 瓷碟（M2：2）

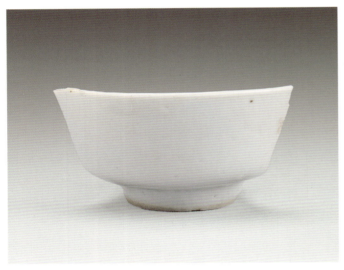

3. 瓷盅（M2：3）

4. 瓷盘（M2：4）

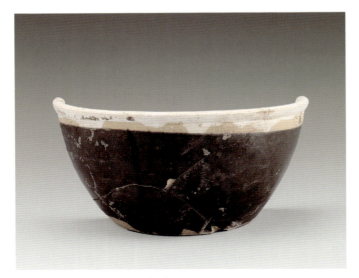

5. 瓷盆（M2：5）

6. 瓷碗（M2：6）

彩版一一八　大兴区采育清代墓葬 M2 出土器物

1. 瓷碗（M2：7）

2. 瓷碗（M2：8）

3. 瓷碗（M2：9）

4. 瓷罐（M8：1）

5. 瓷碗（M30：1）

6. 瓷碗（M50：1）

7. 陶盆（M53：1）

彩版一一九　大兴区采育清代、民国时期墓葬出土器物

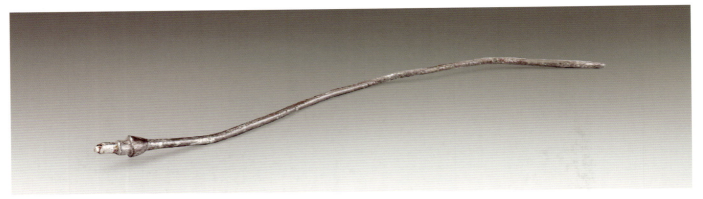

1. 铜簪（M8：2）

2. 铜烟锅（M23：1）

3. 玻璃烟嘴（M42：1）

4. 铜扣（M13：1）

5. 铜扣（M49：1-1）

6. 铜扣（M49：1-2）

7. 铜扣（M60：1）

8. 铜扣（M93：1）

彩版一二〇　大兴区采育清代、民国时期墓葬出土器物